21世纪高等学校会计学专业规划教材

高级财务会计

主　编　高艳茹　方光正
副主编　王义华　程明娥
　　　　丁　琦　张玉华
主　审　王福胜

武汉理工大学出版社

内容提要

本教材以2006年2月15日国家财政部颁布的新的《企业会计准则》为指导，在其内容的安排上，参考了一些国内外的同类教材，指导思想是既要满足当前我国会计实务的需要，又要考虑未来经济活动的发展对会计实务的影响，做到现实性与理论前沿的结合，全书共分十五章：绪论，企业合并，合并财务报表概述，合并财务报表的编制，股份支付，分部报告与中期报告，上市公司会计信息披露，租赁会计，外币会计，物价变动会计，期货合约会计，金融工具会计，企业清算与重组，企业年金基金，政府补助。本书适合于高等学校会计学、审计学、财务管理学专业和其他经济管理类企业的本科教学，也可作为企业财务会计人员工作的参考读物。

图书在版编目(CIP)数据

高级财务会计/高艳茹，方光正主编. —武汉：武汉理工大学出版社，2017.1重印
(21世纪高等学校会计学专业规划教材)
ISBN 978-7-5629-2501-9

Ⅰ.高…　Ⅱ.①高…　②方…　Ⅲ.财务会计-高等学校-教材　Ⅳ.F234.4

中国版本图书馆CIP数据核字(2007)第014844号

出版发行：武汉理工大学出版社
地　　址：武汉市武昌珞狮路122号　邮编：430070
　　　　　http://www.techbook.com.cn　理工图书网
印 刷 厂：武汉兴和彩色印务有限公司
开　　本：787×1092　1/16
印　　张：24.75
字　　数：513千字
版　　次：2007年2月第1版
印　　次：2017年1月第3次印刷
印　　数：6001—6600册
定　　价：30.00元

凡使用本教材的教师，可通过E-mail索取电子教案或邮件包。
E-mail：wutpcqx@163.com　　wutpcqx@tom.com
本社购书热线电话：027-87394412　87383695　87384729　87397097(传真)
凡购本书，如有缺页、倒页、脱页等印装质量问题，请向出版社发行部调换。

21世纪高等学校会计学专业规划教材
出版说明

本系列教材以2006年国家财政部发布的39项企业会计准则、48项注册会计师审计准则和新颁布的《企业会计准则——应用指南》为依据编写；内容力求简练，通俗易懂，并力求突出本系列教材“新颖、精练、实用”的特色。每章内容均包括：正文、本章小结、中英文对照专业名词、思考与练习、案例或实训题等。

本系列教材配有电子教案和邮件包（含模拟试卷和教材习题参考答案），供教师教学使用。

参加本系列教材编写的人员主要有中南财经政法大学、武汉理工大学、哈尔滨工业大学、西南大学、中国地质大学、广州大学、武汉科技学院、中原工学院、武汉工业学院、山东交通学院、西南科技大学、山东建筑大学、西安科技大学、太原科技大学、西南林学院、江汉大学、河南理工大学、福建师范大学、山西农业大学、洛阳理工学院等国内20多所高校相关院系的会计、财务和审计专业的骨干教师。

本系列教材主要适用于高等学校会计、财务、审计专业以及其他相关本科专业教学使用，也可供财会人员培训和自学使用。

21世纪高等学校会计学专业规划教材编委会

2007年1月

前　言

2006年2月15日，我国财政部在北京正式发布新修订的《企业会计准则》。为了更好地适应新准则体系，适应市场经济条件下对会计信息需求的多元化的需要，适应经济全球化下会计准则国际趋同的世界潮流，落实科学的发展观，我们以新的会计准则为指导，编写了这本《高级财务会计》教材。高级财务会计是建立在中级财务会计基础之上，但又有别于中级财务会计学的一个领域，它随着社会经济环境的变化而不断变化。特别是从2007年1月1日起又将实施新的《企业会计准则》，势必会给高级财务会计领域带来新的变革。因此，我们有针对性地对高级财务会计的内容进行了补充、延伸和拓展，利用财务会计的一些固有的方法，对于已经发生变化的一些特殊业务进行了较为深入的探讨。本书具有以下特点：一是新颖性。本书以最新的《企业会计准则》为指导，对新准则中变化颇大的内容，进行了较为系统、全面的阐述。如企业合并、企业年金基金会计、股份支付、政府补助会计等。二是系统性。在高级财务会计内容的安排上，尽量力求与学生已经学过的中级财务会计内容相互衔接，做到融会贯通，使中级财务会计与高级财务会计形成一个完整的有机的整体。三是注重理性认识与感性认识的结合。在系统阐述理论的同时，辅之以实例介绍，真正做到理论与实际的结合，由浅入深、通俗易懂，学为所用，为学生更好地适应社会奠定良好的基础。此外，每章均附有小结、中英文对照专业名词，并配有电子教案、练习题答案和模拟试卷，供教师参考使用。

本书由哈尔滨工业大学高艳茹担任主编，负责拟定全书的框架与编写大纲、总纂和定稿。哈尔滨工业大学管理学院会计系主任、博士生导师王福胜教授审定编写大纲。教材的编写分工如下：第一、二、三、十三、十四章由高艳茹执笔；第四章由哈尔滨工业大学丁琦执笔；第五章由哈尔滨工业大学李瑛执笔；第六、七章由山东建筑大学王义华执笔；第八、九章由中原工学院方光正执笔；第十、十一章由河南理工大学程明娥执笔；第十二章由山东建筑大学张玉华执笔；第十五章由哈尔滨工业大学王晓巍执笔。在教材的编写过程和出版过程中，得到了哈尔滨工业大学管理学院王福胜教授、武汉理工大学出版社的支持与帮助，在此一并表示由衷的谢意！

本书在撰写过程中参阅了相关的教材和著作，在此对这些教材和著作的作者表示诚挚的敬意和感谢！

由于本书涉及面较广，所讨论的问题中有的难度较大，而且恰逢新的《企业会计准则》及其应用指南刚刚出台，对新准则的理解和运用可能会有不恰当之处，特别是限于学识水平，因此在内容的安排及具体阐述方面难免出现疏漏，我们恳请读者提出宝贵意见，以便再版时修正和提高。

编　者

2007年1月

目　录

第一章 绪 论

高级财务会计是财务会计学科的重要组成部分，其理论与方法正处于完善过程之中。随着我国会计改革不断深入和会计继续教育的进一步深化，高级财务会计的相关内容发生了很大的变化，特别是2006年2月颁布的《企业会计准则》，对高级财务会计的相关内容作了进一步的调整。通过本章的学习，学生应掌握高级财务会计的概念、产生的理论基础、在财务会计学科中的地位、研究范围及包括的内容等基本理论问题。

第一节 高级财务会计产生的理论基础

财务会计发展的动力主要源自社会经济环境的变化和会计信息使用者信息需求的变化。随着市场经济的发展和完善，会计所面临的客观经济环境发生了巨大的变化，会计信息使用者的需要日益多样化、复杂化，财务会计需要根据这种变化，不断完善其理论体系和方法体系。

一、高级会计学的基础理论特征

按照我国《企业会计制度》的提示，一般财务会计的理论首先应当是会计主体、持续经营、会计分期、货币计量四项会计基本前提以及真实可靠性与内容完整性、相关性、清晰性、可比性、实质重于形式、重要性、谨慎性、及时性一般原则；其次才是会计假设、会计原则、密切相关的会计要素及其确认、计量的基本要求。《企业会计制度》的其他内容和行业会计制度，是在会计假设划定的框架内，以会计原则作为指导思想而建立的指导会计业务实践的行为规范。因此，我们可以将四项基本假设和八项一般原则视为财务会计学的核心理论。会计理论界在以此为核心进行理论研究时，都将会计假设视为会计理论的最高层次，即认为它是建立财务会计理论和实务的基础；同时将会计一般原则视为会计理论核心的另一重要组成内容，即认为会计原则是在会计假设指导下控制会计实务、制定会计行为规范的信条。

公认的会计原则的基础正在逐渐变化。美国注册会计师协会(AICPA)的一个专门小组正在提议改变企业对外报告的数据。该专门小组的成立是为了增加财务报告所披露的信息。20世纪中叶以后，美国会计界放弃了以会计假设作为会计理论研究起点的研究方式，代之以财务会计目标为会计理论研究的逻辑起点，并在较短的时间内建立起以财务目标、财务报表构成要素、会计信息质量特征、会计确认、会计计量、资本保全为核心的会计理论框架结构。

会计假设被会计界认为是“自我证明的会计环境命题”，在几个世纪以来都被认为是正确的推论。在西方会计理论中，假设通常被认为是原则赖以存在的基本假定。人们探求的会计理论正是要确定假设与原则的联系，以及假设、原则与会计法之间的关系。企业会计的原则和方法在几个世纪中能够获得较稳定的发展，是在会计假设与会计面临的经济环境基本一致，没有出现有悖于会计假设的“特殊事项”的条件下，人们不断探索的结果。高级财务会计对特殊会计事项处理的原则和方法与中级财务会计对一般会计事项的处理原则和方法存在很大差别，这种差别源于特殊会计事项对会计假设的背离。高级财务会计产生于会计所处的客观经济环境的变化，是客观经济环境发生变化引起会计假设松动后，人们对背离会计假设的特殊会计事项进行理论和方法研究的结果。

二、会计假设的松动

(一)会计主体假设的松动

会计主体是会计为之服务的单位。会计确认、计量和报告是用来说明特定企业所发生的交易或事项的，是对该对象个体的各项生产经营活动的记录和反映，应当与其所有者的活动、债权人的活动以及交易双方的活动相分离。会计主体界定了会计服务的空间。一般而言，会计主体可以是一个独立的核算单位，也可以是独立核算单位下的一个特定部分。典型的会计主体是一个独立核算的企业，会计以此为服务对象进行会计事项的处理，并通过编制财务报告系统反映该主体的财务状况、经营成果和现金流量情况。但是，随着科技进步和竞争的加剧，企业形式日益多样化、复杂化，构成母子关系的企业集团出现以后，会计主体显然突破了某一企业的概念。因为，母公司的本身是一个独立核算的企业，这一会计主体下的每一子公司及其他分支机构也是一个会计主体。在这种情况下，站在集团的角度，会计服务对象的空间范围显然是由母公司以及下属子公司构成的整体。即会计不仅要以每一独立的企业为单位进行核算、编制财务报表，还要以整个企业集团为服务对象，以个别报表为基础采用专门的方法编制合并财务报表。

(二)持续经营假设的松动

持续经营假设是指会计主体的经营活动按照现在的形式和既定的目标无限期地继续下去，在可以预见的将来，会计主体不会进行清算，它所持有的资产将按照预定的目的在正常的经营过程中被耗用、出售或转让，它所承担的债务也将如期偿还。

持续经营假设是整个权责发生制赖以建立的基础。例如，资产的计量尺度有历史成本(购买成本)、重置成本、现行市价、变现价值、公允价值等多种形式。在一份财务报告中究竟采用哪一种计量尺度，就与企业是否能够持续经营下去这个前提有密切关系。

持续经营假设为会计工作的正常活动作出了时间上的规定，为解决会计核算中资产计价问题提供了基础。如果企业面临清算，投资者和债权人关心的将是资产的变现价值和资产的偿债能力，按变现价值计价才能对决策者提供有用的信息；也正是在这一假设的前提下，会计确认和计量的原则和方法才具有稳定性和可比性。但是，实际上很多不确定性因素会影响到企业的持续经营能力，一旦有迹象表明企业因某种原因而面临破产或面临被兼并、收购等方式的重组，持续经营假设则丧失了前提，以此为基础的会计确认、计量的原则和方法无法采用。例如，当企业破产清算时，将采用破产清算程序，自查已清算价格计价，并编制清算开始日和结束日财务报表。因此，持续经营假设的松动，使得非持续经营的交易或事项构成了高级财务会计的内容，如破产清算会计正是该假设动摇的结果。

（三）会计分期假设的松动

会计分期假设是在持续经营假设的基础上产生的。但是对于一个持续经营的企业，会计不能在企业结束其全部业务活动后才进行财务状况和经营成果的报告，因此，需要将持续经营的生产经营过程人为地划分若干间隔时间跨度，为分期确定企业损益提供前提条件，并以此为基础编制财务报表。持续经营和会计分期假设是权责发生制的基础，是会计确认和计量的前提。但是随着客观经济环境的变化，持续经营假设的松动必然导致会计分期假设的松动，如当企业破产时，会计上就没有分期核算的必要，而是可以将破产清算期作为一个特定的会计期间。

（四）货币计量假设的松动

以货币为计量单位是会计核算区别于其他核算的显著特征。货币计量假设是会计对企业资产、负债、所有者权益、收入、费用以及利润的核算以货币为统一计量单位，财务报表反映的内容只限于能够用货币来计量的经济活动。货币计量假设中隐含着一个十分重要的假设——币值稳定。即如果以货币为计量单位的财务报表要能够为投资者、债权人以及财务报表的其他使用者提供有用的信息，会计计量所使用的货币本身的价值必须是稳定的，至少其价值波动必须限定在不足以使财务报表对经济业务产生歪曲的反映。但第二次世界大战以后，西方国家出现了普遍的、持续性的通货膨胀，在此期间货币购买力不断下降，货币计量假设中隐含的币值稳定的假定已严重脱离现实。因此仍以币值稳定为假设前提、以历史成本为基础的传统会计模式所提供的财务报表必然会严重失实，引起报表使用者的误解，迫使人们对物价变动会计货币进行研究。

货币计量的核心问题是计量单位的选择。我国《会计法》明确规定："会计核算以人民币为记账本位币。"我国企业的财务会计报告以人民币为报告货币。但随着跨国集团的出现，一方面突破了原来会计主体观念，出现了合并财务报表，且报表合并范围并不限于国内的子公司，即跨国集团为了实现对遍及于其他国家的子公司的管理，为了向报表的使用者提供决策所需的有关跨国集团整体财务状况和经营情况的信息，同样需要编制跨国集团的合并报表；另一方面，合并财务报表编制的前提之一是个别财务报表采用相同的报告货币，这就比国内企业集团合并报表更为复杂，要求在跨国集团合并报表之前，必须将以子公司所在国货币为记账本位币编制的财务报表折算成母公司报告货币表述的报表。如果各种货币之间的汇率一直是固定不变的，外币报表的折算不是一个困难的问题。只需将某一子公司按所在国或地区的货币编制的财务报表按固定汇率折合成本国货币即可。但在汇率变动的情况下，流动项目和非流动项目、货币项目和非货币项目受汇率的影响是不同的，因此，不同类型的项目必须采用不同的汇率折算。由此而出现的折算汇率选择和折算差异的处理问题是中级财务会计中的理论和方法所无法解决的。从而使外币报表折算成为高级财务会计研究的课题。

三、会计原则的强化和延伸

会计原则的强化，是指原有的、建立在会计假设基础之上的会计原则面临新的经济业务而进一步发挥了它原有的作用，将其指导思想贯穿于新的经济业务之中；会计原则的延伸是指面对新的经济环境，原有的、建立在会计假设基础之上的会计原则将其最初适用范围扩大，从而又在会计处理方面产生了新的效应。在原有的会计原则发生变化后，与之相关的会计原则是否仍在发挥作用。在新的经济环境下，会计假设虽然发生了很大的变化，但会计原则的作用不但没有减弱，而是得到了进一步的加强，它们的加强来自于弥补会计假设变动后出现的理论空缺的需要，也是促成高级财务会计业务真正成为财务会计处理惯例的理论依据。在以国际会计准则理论框架的内容为基础的前提下，将与高级财务会计理论基础有关的会计原则的强化、延伸作如下阐述。

(一)相关性原则

企业提供的会计信息应当与财务会计报告使用者的经济决策需要相关，有助于财务会计报告使用者对企业过去、现在或将来的情况做出评价或者预测。这里所说的相关性是指会计信息的预测价值、反馈价值和及时性。当企业合并和破产清算时所需的资料；新出现的期货业务、衍生的金融工具业务带来的利益和风险；企业融资租入资产的实际利益和风险的转移；企业形成集团化经营后，非法人实体的经济实体的结合状况及其经营成果；企业在两种以上货币进行业务经营时发生的外币业务，等等。所有这些业务必须按照相关性原则的要求予以会计处理并适当地报出。在新的经济环境下，相关性原则的作用处于更为重要的地位，得到了进一步的强化，为高级财务会计的形成奠定了坚实的理论基础。

(二)重要性原则

企业提供的会计信息应当反映企业财务状况、经营成果和现金流量等有关的所有重要交易或事项。如果某种会计资料的省略或发生差错会影响报表使用者进行正确的经济决策，则该种会计资料就具有重要性。例如企业集团的综合会计资料是重要的，期货、衍生金融工具等风险较大的业务信息也是重要的，租赁资产的特有利益，风险转移信息是重要的，披露企业年度报告以外的中期信息、分部信息也是重要的，等等。因此，对外报出合并财务报表、中期报告、分部报告，报告有关的期货、衍生的金融工具业务，对融资租赁是否采用特殊原则记录和报告，以及以特有的方式报告企业有关合并、解体清算会计信息也显得非常必要。凡此种种，都促使会计在新的经济环境中采取积极措施，运用新的方法来处理并反映上述有用信息，由此便为高级财务会计的形成和进一步发展提供了内在的动力。

(三)真实可靠性与内容完整性

企业应当以实际发生的交易或事项为依据进行会计确认、计量和报告，如实反映符合确认和计量要求的各项会计要素及其他相关信息，保证会计信息真实可靠、内容完整。真实可靠性是指会计信息值得信赖的程度，它又分为如实反映、可验证性和中立性。它要求在财务资料遇到不足以如实反映情况的风险时采用两种方法处理:对有的事项可以不予反映;对一些事项则应予以确认但同时揭示其确认和计量方面存在着差错的风险。这条原则要求企业即使面对确认、计量方面的风险，也必须反映一些新出现的经济业务，使高级财务会计需反映的业务事项具有不同的角度和不同的侧面，从而使高级财务会计在处理方法和披露方式上不断创新。

(四)可比性原则

企业提供的会计信息应当具有可比性。同一企业不同时期发生的相同或相似的交易或事项，应当采用一致的会计政策，不得随意变更。确需变更的，应当在附注中说明。不同企业发生的相同或相似的交易或事项，应当采用规定的会计政策，确保会计信息口径一致、相互可比。会计核算的相关性、重要性、如实反映原则还要求企业在会计计量方面进行历史成本与市场价格的比较，此为可比性原则在新的经济环境下延伸的突出表现。成本与市价的比较不仅存在于企业期末存货的计价方面，而且还是资产评估、企业合并、兼并等会计处理的基础。从高级会计的角度看，物价变动会计的形成与发展，企业合并中商誉的确认和计量，外币业务汇兑损益的确认和计量，期货、期汇交易的盈亏确认，等等，都和这一原则的延伸相关。从另一角度看，会计处理方法在不同的企业、不同时期的一致性，要求会计界逐步统一已有的会计处理方法;而正是在这种原则制约之下，才逐步形成了一些新的会计处理惯例，构成了高级会计学基本内容和现有体系。

(五)实质重于形式原则

企业应当按照交易或事项的经济实质进行会计确认、计量和报告，不应仅以交易或事项的法律形式为依据。这项要求可以理解为当法律形式不能准确表达交易或事项的经济实质的时候，应穿越法律形式，按照交易或事项的经济实质进行核算。从另一个角度，这项要求也可理解为：税法等法律、法规对相应的会计确认、计量和报告作出了规定，如坏账准备的计提比率等，但这并不表示以真实再现企业财务图像为目标的财务报表也要遵从此类法规而违背交易或事项的经济实质。这种认识是对会计功能定位的理念性改变。实质重于形式是从制度层面确保会计信息真实性的核心原则。例如，企业购售控股权以后的各法人与企业集团合并财务报表的会计主体之间的巨大差异，以及由此而形成的财务报表内容不一致；合并财务报表报出的销售收入额与法律上认可的集团企业的销售收入汇总额不一致；融资租赁资产被承租方确认为资产核算有悖于资产所有权转移的要求；一般提及的衍生金融工具的金融资产和金融负债，及其与其相近的期货合约价值，并不符合确认资产、负债的条件，却也要作为表内事项反映，等等。这些事项都是会计界棘手的问题，而对这些问题的处理原则则是实质重于形式，因此而形成的一系列业务处理方法，构成了高级财务会计的主要内容。

（六）谨慎性原则

企业对交易或事项进行会计确认、计量和报告应当保持应有的谨慎，不应高估资产或者收益、低估负债或费用。谨慎性原则反映了会计人员对其所承担的责任的一种态度，它可以在一定程度上降低管理当局对企业通常过于乐观的态度所可能导致的危险。新的经济环境对这条原则提出了新的要求，本原则要与中立性和可靠性原则相结合，不仅要合理核算可能发生的损失和费用，还要按谨慎性的要求合理核算可能形成的利得和收益。因而要求面对一些高收益、高风险的经济业务，或者是另外一些重要的经济业务，采用特殊的确认、计量方法，即各种损益没有最终形成，但需要进行提前确认的经济业务事项。例如外币业务的汇兑损益，期货交易的损益，物价变动时期的特殊报表等等。有很多预先确认损益的事项已体现在了高级财务会计之中，也构成了高级财务会计理论基础的又一组成部分。

上述会计原则的强化和延伸在高级财务会计各项业务的方面起了很大的作用。现阶段的会计原则已与早期的会计原则有了很大的区别，这种区别源于客观经济环境的变化，是客观经济环境变化在会计原则方面的反映。正是这样的变化，亦即会计原则的强化和延伸弥补了四项会计假设松动产生的理论空缺，形成了一种新的理论环境，高级财务会计就是建立在上述会计原则的强化和延伸的理论基础之上，它与中级财务会计学共同形成了财务会计的完整体系。

第二节　高级财务会计的含义

一、高级财务会计的定义

近几年，我国经济的发展促使会计环境的变化，并发生了大量的特殊的经济业务事项，使得高级财务会计日益受到我国会计理论和实务界的重视。高级财务会计是在对原财务会计理论和方法体系进行修正的基础上，对企业出现的特殊经济事项进行会计处理的理论和方法的总称。它包含以下几点：

(一)高级财务会计属于财务会计范畴

企业会计由财务会计和管理会计两大领域构成。财务会计以编制对外报告为目标；管理会计则从预算和内部管理控制两个方面提供内部管理所需的会计信息。高级财务会计解决的问题仍然是经济事项的对外报告问题。例如，物价变动会计研究物价变动达到一定程度的情况下的对外会计信息披露问题；合并财务报表则以企业集团为会计主体研究如何在个别报表的基础上编制能反映集团整体的财务状况、经营成果和现金流量情况的财务报表。即高级财务会计和中级财务会计的目标是一致的，都是向企业外部投资者、债权人以及其他与企业有利害关系的使用者提供有关企业财务状况、经营成果和现金流量情况的信息，以满足他们进行决策时对财务会计信息的要求。

(二)高级财务会计处理的是企业面临的特殊事项

构成高级财务会计对象的经济事项可分为一般事项和特殊事项。一般事项和特殊事项的划分标准是在一定时期发生的频率。一般事项属于企业经营过程中的经常事项，如固定资产、存货、投资、应收账款、应付款项的会计核算；特殊会计事项是企业在经营的某一特定阶段或某一特定条件下出现的事项，如公司在濒临破产的情况下进行的清算事项；跨国经营情况下的外币报表折算等。

(三)高级财务会计所依据的理论和采用的方法，是对原有财务会计理论和方法的拓展和修正

在中级财务会计所涉及的财务会计目标、会计信息质量特征、会计确认和计量原则等理论问题中，都严格遵守四项基本假设。当会计所处客观经济环境发生变化而出现突破四项基本假设的特殊会计事项时，就产生了高级财务会计。即会计假设松动必然引起以四项假设为基础的财务会计理论和方法发生相应的变化。例如当原会计实体无法持续其经营活动时，破产清算会计理论与方法则应运而生。

二、高级财务会计在财务会计学科中的地位

在会计学中，属于财务会计领域的有会计学原理、中级财务会计学和高级财务会计。会计学原理主要阐述会计确认、计量、记录和报告的一般原理，属于入门的课程。中级财务会计着重阐述企业一般会计事项，如货币资金、应收账款、存货、流动及长期负债、投资、固定资产、债务重组、非货币性资产交易、损益、所有者权益等事项的会计处理，是财务会计一般理论与方法的运用。高级财务会计着重研究企业因各种原因所面临的特殊事项的会计处理。高级财务会计之所以“高级”，是它对特殊事项的处理，无论在假设和原则上面，还是在程序和方法上面，都是对中级

财务会计的突破。只有在掌握会计学原理和中级财务会计之后，再掌握高级财务会计知识，才能对财务会计学科有一个比较系统的了解。

第三节　高级财务会计研究的内容与方法

一、高级财务会计研究的内容

（一）企业合并会计

企业合并分为同一控制下的企业合并和非同一控制下的企业合并，合并的形式分为控股合并、吸收合并和新设合并。控股合并行为是指合并企业法人资格都继续存在，它们之间形成母子之间的关系；吸收合并是指合并一方的法人资格继续存在，另一方法人资格取消，并入到续存企业；新设合并是指成立一家新企业，原合并各方法人资格取消，都并入到新成立的企业，成立一家新企业，原合并各方法人资格继续存在，成为新成立企业的全资子公司。因此，合并会计主要解决两个问题：一是不同企业合并所应采取的方法；二是合并财务报表的编制。围绕这两个问题，企业合并会计共分为三章：

第二章企业合并：本章主要阐述企业合并的种类和形式及其企业合并的会计处理方法——购买法和权益结合法的基本原理。

第三章合并报表概述：本章主要阐述合并报表的合并理论，合并报表的合并范围和条件，合并报表编制种类和程序。

第四章合并财务报表的编制：本章主要阐述股权取得日合并财务报表的编制，股权取得日后合并资产负债表、合并利润表及合并现金流量表的编制，股权取得日后连续各期合并财务报表的编制。企业集团内部交易事项的处理：主要阐述集团公司内部存货交易、内部往来、固定资产交易等事项的抵消的会计处理。

（二）股份支付

股份支付主要包括股份支付的概念、分类以及确认的原则。掌握以权益结算的股份支付会计处理的一般原则。掌握以换取职工服务的以权益结算的股份支付：授予后立即可行权的得以权益结算的股份支付、授予后须经过等待期的以权益结算的股份支付。掌握以权益结算的股份支付换取其他服务的会计处理、以权益结算的股份支付在行权日的会计处理。掌握以现金结算的股份支付的会计处理原则及会计处理。了解股份支付的披露。

（三）分部报告与中期报告

分部报告主要包括分部报告的适用范围，报告单位的确定，分部报告的信息披露及其他内容；中期报告主要包括中期报告的处理方法，中期报告的所得税会计，中期财务信息的披露。

(四)上市公司会计信息披露

上市公司两权分离、股票公开发行和交易的特点,决定其会计信息披露的特殊性,形成了有别于其他企业的信息披露的基本框架。上市公司会计信息披露主要包括公司股票初次发行、上市阶段的信息披露,公司经营阶段的信息披露。

(五)租赁会计

传统的租赁者涉及出租人、承租人两方当事者,主要表现为融物。现代意义上的租赁则是涉及多方当事人的一种新的信贷活动,通过融物达到融资的目的。按与一项资产所有权有关的全部风险和报酬是否转移为标志,可将租赁业务分为融资租赁和经营租赁。凡实质上转移与一项资产所有权相关的全部风险和报酬的租赁为融资租赁,否则为经营租赁。经营性租赁的会计处理较为简单,但融资租赁的会计处理则较为复杂,本教材除阐述了经营租赁和融资租赁外,也对售后回租的会计处理作了介绍。

(六)外币会计

外币会计主要包括外币交易会计和外币报表折算,其核心问题是选择何种汇率对外币交易和外币报表进行折算,以及由此产生的外币折算差额应如何处理。就外币交易会计而言,其货币计量不仅表现为以原币来表述交易事项,还表现为以记账本位币来对外币进行一次再计量。高级财务会计必须研究外币报表折算方法的系统设计问题。

(七)物价变动会计

以货币为计量单位是会计核算区别于其他核算的根本特征,它将不可比的经济事项用货币这一计量单位进行统一的反映,使会计核算具有综合性和全面性。但是,一旦货币计量假设中隐含的币值稳定假设受到动摇且物价波动超过一定的幅度,会计对企业财务状况和经营成果的反映就会失去客观性,使会计信息无法成为制定经济决策和处理各方面经济利益的可靠依据。为了消除物价变动对会计事项的歪曲反映,真实再现企业财务状况和经营成果,必须在传统的财务会计模式之外寻求新的会计模式。物价变动对会计信息的影响大体可分为两类:一是动摇会计计量单位的稳定性;二是影响会计计量基础的客观性。从理论上看,除传统会计模式外,任何一种计量属性与任何一种计量单位都能组成一个不同程度上的消除物价波动影响的会计模式。

(八)期货合约会计

期货合约会计的发展决定于期货市场的发育状况。我国期货市场的组织结构一般由期货交易所、期货经纪公司和期货投资公司企业三大部分组成,与此相应,期货合约会计分为期货商品会计、投机套利会计、期货经纪人会计、套期保值会计。

(九)金融工具会计

金融工具的创新冲击了一直沿用的财务会计模式,迫使我们对财务会计的概念进行重新思考,对会计确认、计量基础与标准进行修正或补充,金融工具会计也由此而成为当今会计界的前沿性课题。金融工具包括基础金融工具和衍生金融工具。现金、票据、证券等基础金融工具已在中级财务会计中做出了系统的阐述,且向传统会计模式提出全方位挑战的主要是衍生金融工具。基础金融工具:企业在正常经营活动过程中可能遭受汇率和利率变动影响的各项财务资产和负债。衍生金融工具的分类:股权式衍生金融工具,以股票或股票指数为基础工具,包括股票期货、股票指数期货、股票期权、股票指数期权等。按照基础金融工具的交易方式分类,衍生金融工具的确认和计量、衍生金融工具蕴含的权利与义务符合资产、负债的定义,应予确认和计量。衍生金融工具的会计处理:会计处理要点:(1)对初始保证金的确认及其调整。(2)转手平仓的差额结算和到期实际交割。期货合约的初始确认,衍生金融工具的确认:初始确认、终止确认:(1)交易双方风险收益对称的衍生金融工具。(2)交易双方风险收益不对称的衍生金融工具。

按照衍生金融工具本身交易的方法和特点分类分为:金融远期、金融期货、金融期权、金融互换。货币式衍生金融工具:以各种货币为基础金融工具,包括远期利率协议、利率期货、利率期权、利率互换。

(十)重组与破产清算会计

当企业无法持续经营而破产时,必须采用破产会计程序。破产会计以破产法及相关法律制度为依据,采用有别于持续经营状态下的会计原则与方法,向债权人、清算组、人民法院以及其他信息使用者提供破产会计信息。破产会计是在企业进入破产清算状态而采用的会计程序,其会计要素的确认、计量以及财务报表体系均与持续经营状态下的会计存在着重大的差别。破产会计主要研究破产资产、破产债务、清算债务、清算净资产以及清算损益的确认与计量,破产企业债务清偿顺序的确定,破产会计报告体系的构成与编制。

(十一)企业年金基金

根据《企业会计准则》的规定,企业年金基金是根据依法制定的企业年金计划筹集的资金及其投资运营收益形成的企业补充养老保险基金。主要介绍了企业年金基金的概念、企业年金基金的分类、企业年金基金会计核算的特点、企业年金基金核算应当设置的会计科目。企业年金基金资产包括:货币资金的核算、应收账款的核算、投资的核算。企业年金基金负债包括:应付赎回款、应付赎回费、应付其他费用。企业年金基金收入和费用包括:企业年金基金收入、企业年金基金费用。企业年金基金净资产包括:实收基金、损益平准金、企业年金基金净资产。企业年金基金财务报表包括:资产负债表、净资产变动表、附注。

(十二)政府补助

政府补助是指企业从政府无偿取得货币性资产或非货币性资产,但不包括政府作为企业所有者投入的资本,政府向企业提供补助的目的在于,鼓励企业采取某些行动。政府补助概述部分介绍了政府补助的概念、政府补助的分类、政府补助会计核算应当设置的会计科目、政府补助的会计处理方法。政府补助的确认和计量：政府补助确认的条件，政府补助的初始计量，政府补助的后续计量，政府补助的列示与披露等内容。

二、高级财务会计研究的方法

(一)以新的《企业会计准则》为依托、中级财务会计为起点，进行深层次的研究

由于本书可以作为会计专业、财务管理专业本科生及研究生使用的教材，因此在编写过程中注重处理好《中级财务会计》与《高级财务会计》之间的关系，力争做到二者都有自己完整的理论体系和方法体系，而且在理论、方法上相互协调、密切配合、紧密衔接。以新的《企业会计准则》为依托，严格按新准则的要求，进行教材各个专题的研究，如企业合并一章，发生了很大的变化，我们按新准则的定位和变化，重新梳理其理论和实际业务的处理等。

按上述要求，我们强调了本书所述内容既要与《中级财务会计》相区别，又要对其内容进行比较和向纵深化发展，二者共同形成一个完整的理论方法体系。这一点体现在各章节内容的安排设置及具体内容之中。在一些章节的内容上进行了相关的、必要的、更深层次的理论研究和探讨，并按不同于《中级财务会计》的方式，从不同的角度进行了范围更为广泛的例题讲解，在研究这些问题的同时，充分兼顾了有关理论方法基础并将其作为论述的起点。

(二)注重理论和实务的结合，重视具体业务分析和实例演示

与一般财务会计学相比，高级会计学在理论阐述与应用业务举例之间的关系结合方面也有其独到的特色。众所周知，一般的财务会计理论大都集中于会计假设和会计原则的解释、各会计要素的说明以及对各会计要素的确认和计量方面。由此也就形成了《中级财务会计》理论部分相对集中在教材的第一章和各章的第一节，实务部分则大都在以后各章节中说明，理论阐述与处理方法演示界限分明的结构体系。但是，在我们编写本书时所遇到的情况是：高级财务会计不仅有着不同于一般财务会计学的理论基础，各个专题中还有其各自的基础理论和与各专题事项相关的会计理论、处理方式等。因此就必须恰当处理本书中阐述的理论与业务处理之间的关系。

按照具体问题具体分析的原则处理这一关系。在每一个相对独立的专题中，首先说明与会计核算相关的各专题基础理论；然后再说明在这一专题中会计处理的一般要求；进而探讨各专题在会计处理程序、方法上与一般财务会计的不同之处及其原因。

(三)以各个有特色的会计业务为核心，进行专题研究

在阐述每一专题时所遵循的原则是：对提出的问题，尽可能圆满地解决问题，

既不回避难点，也不故弄玄虚；如所阐述的问题会涉及另外的会计业务，则尽量在说清一方面问题的同时也把另一方面的相关内容介绍清楚；对一些内容相近但又有区别的会计业务，如企业解散清算与破产清算、外币业务与报表折算等，则尽量分析它们之间的相互关系，从相同与相异两个方面说明理论、探讨实际业务处理中的特殊之处。

(四)进行全方位比较，坚持“洋为中用”，着重分析我国的实际问题

这里讲的“全方位比较”主要是进行国外经济法规、国际会计准则、国外的其他习惯做法与我国相关法律、法规、准则、制度比较，目的是通过比较认清各专题的规律性与取得共识问题的处理程序方法，应以此为基础进一步分析我国现行做法与国际通行做法的异同及原因。

“洋为中用”强调将国外的做法加以介绍，并在基础条件相似的情况下，尽可能吸收国外方法的优点，经过嫁接为我所用。按此要求，在经过加工、处理后，再结合我国的习惯，符合中国实际情况，而编写的这本《高级财务会计》。为了更好地实现这一目的，在编写过程中着重注意以下几点：首先，按我国2006年2月颁布的新的《企业会计准则》以及2006年11月发布的应用指南的要求设置和使用会计科目，按我国会计人员的习惯使用会计术语，使内容更通俗易懂；其次，对一些与我国现实经济生活结合紧密且我国急需引进的业务处理方式，阐述尽可能细腻入微，全面、深入地论述关于实施这方面会计业务的看法；再次，国内国外都有、差异不大的业务，按我国的法规、制度要求解释；最后，国内国外都有、差异较大的业务，在阐述基本做法的同时进行国内外的比较说明。

坚持了上述几点做法，研究问题的重点自然落到了解决我国的实际问题方面，加之在有的专题中，特别侧重了将会计处理与我国现阶段新会计准则和相关法规的结合说明，因此，本书的内容不仅接近我国的实际国情，而且能在指导实际业务方面发挥作用。

本章小结

本章首先阐述了高级财务会计产生的理论基础，财务会计发展的动力主要源自社会经济环境的变化和会计信息使用者信息需求的变化。随着市场经济的发展和完善，会计所面临的客观经济环境发生了巨大的变化，会计信息的使用者的需要日益多样化、复杂化，财务会计需要根据这种变化，不断完善其理论体系和方法体系。高级财务会计的含义，从以下几个角度来阐述：①高级财务会计属于财务会计范畴；高级财务会计处理的是企业面临的特殊事项；高级财务会计所依据的理论和采用的方法，是对原有财务会计理论和方法的拓展和修正。②高级财务会计在财务会计学科中的地位。③高级财务会计研究的方法，以新的《企业会计准则》为依托、中级财务会计为起点，进行深层次的研究；注重理论和实务的结合，重视具体业务分析和实例演示；以各个有特色的会计业务为核心，进行专题研究；进行全方位比较，坚持“洋为中用”，着重分析我国的实际问题。

中英文对照专业名词

高级财务会计 (Advanced Financial Accounting)
会计主体 (Accounting Entity)
会计确认 (Accounting Recognition)
持续经营 (Going Concern)
会计计量 (Accounting Measurement)
资本保全 (Capital Maintenance)
货币计量 (Monetary Measurement)
会计分期 (Accounting Periods)

思考与练习

1. 什么是高级财务会计？从哪个角度来理解？
2. 简述高级财务会计产生的理论基础。
3. 如何理解高级财务会计假设的松动？
4. 试述会计原则的强化和延伸。
5. 简述高级财务会计在财务会计学科中的地位及研究的内容。
6. 简述高级财务会计研究的方法。

第二章　企业合并

本章主要讨论企业合并及其会计处理。通过本章的学习，应了解企业同一控制下的企业合并和非同一控制下的企业合并及其会计处理，商誉的会计处理，企业合并的程序，企业合并过程中的会计处理：购买性质的企业合并应采用购买法来进行会计处理；股权联合性质的企业合并应采用权益结合法进行会计处理，合并以后的会计处理。控股合并完成后，站在集团的角度看，会计服务对象的空间范围显然是由母公司以及下属单位构成的整体，也就是说，会计不仅要以每一独立的企业为单位进行核算，编制个别企业财务报表，还要以整个企业集团为服务对象，在个别企业财务报表的基础上编制合并财务报表。

第一节　企业合并概述

一、企业合并的概念及其分类

（一）企业合并的概念

企业合并是指将两个或两个以上单独的企业合并成一个报告主体的交易或事项。包括以下几层含义：(1)企业合并的目的是一个报告主体通过另一个报告主体拥有所有权方式实现对另一个报告主体的控制权或取得其净资产的控制权；(2)企业合并可以是一个企业对另一个企业，也可以是一个企业对多个企业；(3)企业合并可以是购买企业整体，也可以是购买企业的某项资产或资产组合；(4)企业合并后，被合并企业可以保留法人资格，也可以不保留法人资格，但合并后的报告主体只有一个。

本定义不涉及下列企业合并：①两方或者两方以上形成的合营企业的企业合并，合营企业合并主要是通过合同的方式所实现的合作经营企业，其合并应按国家相关合营企业法的规定执行；②仅通过合同而不是所有权份额将两个或者两个以上单独的企业合并成一个报告主体的企业合并，这种合并可能是为实现一定经营目标而实行的一种松散型的临时性的合作关系，并不是通过产权纽带实施的实质性的合并，所以将其排除在准则规定的企业合并之外。

（二）企业合并的分类

按照控制的对象，将企业合并分为同一控制下的企业合并和非同一控制下的企业合并两种类型。合并形式主要有控股合并、吸收合并和新设合并。

1.同一控制下的企业合并

同一控制下的企业合并，是指同一方控制下，一个企业获得另一个或多个企业的股权或净资产的行为。参与合并的企业，在合并前后均受同一方或相同的多方最终控制，且该控制并非是暂时性的，而是实质上的控制。例如，母公司将全资子公司的净资产转移至母公司并注销子公司；又如，母公司将其拥有的对一个子公司的权益转移至另一子公司等。

实施最终控制的一方，通常是指企业集团中的母公司或者有关单位。实施最终控制的一方为有关单位的，企业合并是指在某一主管单位主导下进行的合并，但如果有关单位并未参与企业合并过程中具体商业条款的制定，如并未参与合并定价、合并方式及其他涉及企业合并的具体安排等，不属于同一控制下的企业合并。

相同的多方，是指根据投资者之间的协议约定，为扩大其中的某一投资者对被投资单位的控制地位，在对被投资单位的生产经营行使表决权时发表相同意见的两个或两个以上的法人或其他组织。

控制并非暂时性，是指参与合并各方在合并前后较长的时间内受同一方或多方控制，控制时间通常在1年以上(含1年)。

一方或相同的多方控制下的企业合并，合并双方的合并行为不完全是自愿进行和完成的，这种企业合并不属于交易行为，而是参与合并方资产和负债的重新组合。

一般情况下，同一企业集团内部各子公司间、母公司之间的合并属于同一控制下的企业合并。

同一控制下的企业合并，在合并日取得对其他参与合并企业控制权一方为合并方。合并日是指合并方实际取得对被合并方控制权的日期，即合同或协议生效的日期。通过一次交换交易实现合并的，交易完成日即为合并日；通过多次交换交易实现合并的，购买方最终确认被购买方的投资，或者取得净资产的日期为合并日。

同一控制下的企业合并具有以下特点：①从最终实施控制方的角度来看，其所能够实施控制的净资产，没有发生变化；②由于该类合并一般均发生于关联方之间，因此，交易作价往往存在不公允，很难以双方议定的价格作为核算基础。

2.非同一控制下的企业合并

非同一控制下的企业合并是指不存在一方或多方控制的情况下，一个企业购买另一个或多个企业股权和净资产的行为。参与合并的各方，在合并前后均不属于同一方或多方最终控制。非同一控制下的企业合并，在购买日取得对其他参与合并企业控制权一方为购买方，参与合并的其他企业为被购买方。购买日是指购买方实际取得对被购买方控制权的日期，即双方所签合同或协议生效的日期。

非同一控制下的企业合并具有以下特点：①一般是非关联企业之间进行的合

并；②以公允价值为基础，交易对价相对公平合理。

3.企业合并的形式

(1)控股合并：即一家企业通过支付现金、转让非现金资产、承担债务或是发行权益性证券的方式取得另一家企业的控制权。交易完成后，合并企业和被合并企业作为两个不同的法人实体依然存在，只不过两者之间形成母子公司的控股与被控股关系。

(2)吸收合并：即一家企业通过支付现金、转让非现金资产、承担债务或是发行权益性证券的方式取得另一家企业的净资产(接收全部资产和负债)，吸收公司继续存在，被吸收公司解散。

(3)新设合并：两个或两个以上的企业合并成立一个新的企业，原企业或解散，或作为新设企业的全资子公司而存在。

4.企业合并的支付方式

企业合并的支付方式主要有：①支付现金：即以现金购买另一个企业的股权或净资产；②转让非现金资产：即以非现金资产置换另一企业的股权或净资产；③承担债务：即以承担另一企业的债务为条件接受其资产或股权；④发行权益性证券：即通过发行权益性证券置换另一企业的股权或净资产，一般是通过发行股票的方式来实施置换。

通过企业的合并行为，会产生如下几个结果：合并企业法人资格都继续存在，它们形成母子公司的关系；合并一方的法人资格继续存在，另一方法人资格取消，并入到续存企业；成立一家新企业，原合并各方法人资格继续存在，成为新成立企业的全资子公司。

二、企业合并的程序

随着我国市场经济的完善，我国企业合并的案例越来越多，不仅是国内企业之间的合并，而且包括我国企业与外资企业的合并。更值得一提的是，目前全球掀起了又一次合并的浪潮，已加入 WTO 的我国将会面临更多更复杂的会计问题。实施企业合并一般必须经过下列程序：

(一) 签订合并协议

合并各方首先由其最高权力机构——股东会或董事会作出合并决议。然后，就其合并事项进行反复协商，取得一致的意见后，以协议的形式确认下来。合并协议的内容一般应有以下几项：①合并各方的名称、所在地；②合并后存续企业或新设企业的名称、所在地；③合并各方的债权、债务的处理办法；④合并各方的资产状况和处理办法；⑤存续企业或新设企业因合并而增资的总额；⑥合并各方认为需要载明的其他事项。

(二) 确认债权、债务转让价格

合并各方协议合并时,应编制各自的资产负债表及财产清单,并委托公正、权威的资产评估机构,对企业的流动资产、固定资产、无形资产及其他各项资产进行评估,确认其债权和债务。然后,按评估后资产的公允价值减去负债后的余额,作为产权转让的基价。在此基础上,合并各方再根据被合并企业的技术水平、人员素质及离退休人数等因素,协商确定产权转让价格。

(三) 报经有关部门批准

企业合并协议签订以后,根据协商确定的转让价格,合并各方应向各自的有关主管部门提出合并申请,报经批准后,才能正式实施合并。

(四) 办理财产变更、税务变更手续

合并协议经有关主管部门审核批准后,合并各方应依法向工商行政管理机关,分别申请变更登记、设立登记或注销登记。同时,依法向税务机关申报办理税务变更登记、重新登记或注销登记手续。

至此,企业合并的过程全部结束。合并后的企业即可进入正常经营。

三、企业合并涉及的会计问题

企业合并涉及的会计问题,包括合并过程中的会计处理和合并以后的会计处理。

(1)企业合并过程中的会计处理:①购买性质的企业合并应采用购买法来进行会计处理;②股权联合性质的企业合并应采用权益结合法进行会计处理。

(2)合并以后的会计处理。控股合并完成后,站在集团的角度看,会计服务对象的空间范围显然是由母公司以及下属单位构成的整体,也就是说,会计不仅要以每一独立的企业单位进行核算,编制个别企业财务报表,还要以整个企业集团为服务对象,在个别企业财务报表的基础上编制合并财务报表。合并财务报表的编制,无论从编制的基础上看,还是从编制的程序和编制的方法上看,都与个别企业的财务报表不同,这是控制合并完成后面临的新的会计问题。

四、分步实现的非同一控制下企业合并的会计处理

通过多次交易分步实现的非同一控制下的企业合并,合并成本为每一单项交换成本之和。购买方在购买日,应按照以下步骤进行处理:

(1)将原持有的对被购买方的投资账面价值恢复调整至最初的成本,相应调整留存收益等所有者权益项目。

(2)比较每一单项交易成本与交易在影响被投资单位可辨认净资产公允价值中的份额,确定每一单项交易中应予确认的商誉金额(或者应计入取得投资损益的金额)。

(3)购买方在购买日应确认的商誉应为每一单项交易产生的商誉之和。

五、非同一控制下的企业合并取得可辨认资产和负债公允价值的确定

企业应当按照以下规定确认合并中取得的被购买方各项可辨认资产、负债及或有负债的公允价值。

(1)货币资金。按照购买日被购买方的原账面价值确定。

(2)有活跃市场的股票、债券、基金等金融工具,按照购买日活跃市场中的市场价值确定。

(3)应收款项。短期应收款项,因其折现后的价值与名义金额相差不大,可以直接运用其名义价值作为公允价值;对于收款期在3年以上的长期应收款项,应以适当的现行利率折现后的现值确定其公允价值。在确定应收款项的公允价值时,要考虑发生坏账的可能性及收款费用 。

(4)存货。产成品和商品按估计售价减去估计的销售费用、相关税费,以及购买方通过自身的努力在销售过程中对于类似的产成品或商品可能实现的利润确定;在产品按完工产品的估计售价减去至完工仍将发生的成本 、预计销售费用、相关税费以及基于同类或类似产成品的基础上估计可能实现的利润确定;原材料按现行重置成本确定。

(5)不存在活跃市场的金融工具如权益性投资等,采用估值技术确定其公允价值。

(6)房屋建筑物。存在活跃市场的,应以购买日的市价确定其公允价值;本身不存在活跃市场,但同类或类似房屋建筑物存在活跃市场的,应参照同类或类似房屋建筑物的市场价格确定其公允价值;同类或类似房屋建筑物也不存在活跃市场的,无法取得有关市场信息的,应按照一定的估值技术确定其公允价值。

采用估值技术确定的公允价值估计数的变动区间很小,或者在公允价值估计变动区间内,各种用于确定公允价值估计数的概率能够合理确定的,视为公允价值能够可靠计量。

(7)机器设备。存在活跃市场的,应按购买日的市场价值确定其公允价值;本身不存在活跃市场,但同类或类似机器设备存在活跃市场的,应参照同类或类似机器设备的市场价格确定其公允价值;同类或类似机器设备也不存在活跃市场,或因有关的机器设备具有专用性,在市场上很少出售、无法取得确定其公允价值的市场证据,可采用收益法或考虑该机器设备损耗后的重置成本估计其公允价值。

(8)无形资产。存在活跃市场的,参考市场价格确定其公允价值;不存在活跃市场的,应当基于可获得的最佳信息基础上,以估计熟悉情况的双方在公平的市场交易中为取得该项资产应支付的金额作为其公允价值。

(9)应付账款、应付票据、应付职工薪酬、长期债券、长期应付款。对于短期债

务，因其折现后的价值与名义金额相差不大，可以名义金额作为公允价值；对于长期债务，应当按照适当的折现率折现后的现值作为其公允价值。

（10）取得的被购买方的或有负债，其公允价值在购买日能够可靠计量的，应单独确认为预计负债。此项负债应当按照假定第三方愿意代购买方承担该项义务，就其所承担义务需要买方支付金额计量。

（11）递延所得税资产和递延所得税负债。对于企业合并中取得的被购买方各项可辨认资产、负债及或有负债的公允价值与其计税基础之间存在差额的，应当按照《企业会计准则第18号——所得税》的规定确认相应的递延所得税资产和递延所得税负债，所确认的递延所得税资产和递延所得税负债的金额不折现。

六、业务合并的处理

除了一个企业对另外一个企业的合并外，应当区分同一控制下的业务合并与非同一控制下的业务合并进行处理。

业务是指企业内部某些生产经营活动或资产组合，该组合一般具有投入、加工处理过程和产出能力，能够独立计算其成本费用或所产生的收入，但不构成独立法人资格的部分。例如，企业的分公司、独立的生产车间、不具有独立法人资格的分部等。

一个企业对另一企业的某分公司、分部或具有独立生产能力的生产车间的并购均属业务合并。

第二节　同一控制下企业合并的会计处理

由于同一控制下的企业合并一般是在企业集团内部进行的，合并各方存在关联交易，从最终实施控制的角度看，其交易的净资产并没有发生实质性的变化。因此，企业合并中对资产的确认与计量应采取遏制企业利用关联交易实行利润操纵行为的会计处理方法。

一、同一控制下的企业合并概述

（一）同一控制下的企业合并的概念

同一控制下的企业合并，是指同一方控制下，一个企业获得另一个或多个企业的股权或净资产的行为。它包括在一个企业集团内部的企业合并和在同一所有者控制下的企业合并两种情形。要正确理解和掌握同一控制下的企业合并，必须对控制、同一控制、共同控制等概念有清醒的认识。

（二）控制的概念

控制是指有权决定一个企业的财务和经营政策，并能据以从该企业的经营活动中获取利益。控制具有以下特点：

(1)决定一个企业的财务和经营政策是控制的主要标志。在一个企业的日常经营活动中，确定经营方针、谋划经营策略、掌握资金调度和财务政策是至关重要的。当一个企业或个人能够决定某个企业的财务和经营政策时，可认为该企业或个人能够控制这个企业。

(2)获取经济利益是控制的主要目的。一个企业或个人控制另一个企业的主要目的是为了获取一定的经济利益，这与投资的目的相同。例如，通过使用被控制方得到罕有技术，从而获得超额收益；通过一方控制另一方或多方，形成产供销整体等。

控制可以采取不同的途径，主要有：①以所有权方式达到控制目的。这是指一方拥有另一方半数以上表决权资本，包括：直接控制、间接控制、直接和间接控制。②以所有权和其他方式达到控制目的。这是指一方拥有另一方有表决权资本的比例不超过半数，但通过其拥有的表决权资本和其他方式达到控制。主要包括：通过与其他投资者的协议，拥有另一方半数以上表决权资本的控制权；根据章程和协议，有权控制另一方的财务和经营政策；有权任免董事会等类似机构的多数成员；在董事会或类似权力机构会议上有半数以上的投票权。③以法律或协议形式达到控制目的，这是指一方虽然不拥有另一方有表决权资本的控制权，但通过法律或协议的形式实质上能够控制另一方的财务和经营政策。如企业承包一家无投资关系也无其他关联方关系的企业，则承包企业通过协议达到实际上能够控制被承包企业的目的。

(三)同一控制与共同控制

1.同一控制

同一控制是指不同企业受同一个企业或个人控制。它具有如下特征：①两个或多个不同企业的财务和经营政策由同一个主体来决定。②控制主体可以是企业，也可以是个人。③控制关系可以通过所有权来实现，也可以通过法律、协议或其他方式来实现。

2.共同控制或联合控制

共同控制或联合控制是指两方或多方按照合同约定对某项经济活动或者合营企业所共有的控制。共同控制的基本特征是：①两方或多方共同决定某项经济活动的财务和经营政策，合营中的任何一方都不能单方面做出决定；②共同控制的基本方式是：合营各方所持表决权资本的比例相同，并按合同约定共同控制；合营各方虽然所持表决权资本的比例不同，但按合同约定共同控制；③共同控制是以合营合同来约束的。

(四)同一控制下企业合并的判断

前面提到同一控制下的企业合并包括一个集团内部的企业合并和在同一控制

下的企业合并两种情形。在具体操作中，由于企业间的实际关系复杂多样，有时很难一目了然地归于某一类型，这时就需要会计人员进行职业判断。总体上判断同一控制下的企业合并，应当遵循实质重于形式的原则。

就企业集团内部的企业合并来说，集团公司的下属公司也存在不同的类型：有全资子公司，有控股子公司，还有参股公司。全资子公司和控股公司之间的合并很显然是同一控制下的企业合并；而一般涉及参股公司的合并则不作为同一控制下的企业合并，但有一种情形除外，那就是当集团公司拥有该参股公司的实际控制权时，集团内部涉及该参股公司的合并视做同一控制下的企业合并，包括该参股公司与集团内部其他全资子公司或控股子公司的合并，也包括该参股公司与集团公司另一具有控制权的参股公司之间的合并。

至于同一所有者控制下的企业合并，则较为容易判断，需要注意的是这里的"所有者"不仅包括企业和个人，也包括国家。即国有企业和由国家控股的企业之间的合并都是同一控制下的企业合并。

(五)合并日的确定

合并日是指合并方实际取得对被合并方控制权或净资产的日期。

(六)权益结合法

权益结合法是将企业合并视为参与合并各企业所有者权益的结合，在企业合并日就视同这些企业在以前就结合在一起了，因此参与合并的企业各自的财务报表均保持原来账面的价值。对同一控制下的企业合并，原则上应按照权益结合法的会计处理方法进行。

二、同一控制下企业合并的总体原则

(一)会计政策一致性原则

会计政策一致性原则是指同一控制下的企业合并，被合并方采用的会计政策与合并方不一致的，合并方应在合并日按照本企业会计政策对被合并方的财务报表相关项目进行调整。

(二)采用类似权益结合法的处理方法

采用类似权益结合法的处理方法是指对于被合并方的资产、负债按照原账面价值确认，不按公允价值进行调整，不形成商誉，合并对价与合并中取得的净资产份额的差额调整权益项目，即首先调整资本公积，资本公积不足冲减的调整留存收益。

三、同一控制下企业合并的合并成本

(一)在控股合并的情况下

①合并方以支付现金、转让非现金资产或承担债务方式支付对价的，应在合并

日以支付的现金、转让非现金资产或承担债务的账面价值作为取得被合并方长期股权投资的成本。

②合并方以发行权益性证券支付对价的，应在合并日按取得被合并方账面净资产份额作为长期股权投资的成本，按发行股份面值总额作为股本或实收资本，确认的长期股权投资成本与所发行股份的面值金额的差额，调整资本公积和留存收益。

(二)在吸收合并和新设合并的情况下

合并方在合并日取得资产和负债的入账价值，应当按照合并方的原账面价值确认。合并方相关资产和负债所采用的会计政策与被合并方不同的，应当对取得的资产和负债进行调整，按调整后的账面价值确认。

合并确认取得的净资产账面价值与放弃净资产账面价值的差额，已发行权益性证券的方式确认的净资产账面价值与发行股份面值之间的差额，调整资本公积和留存收益。

四、同一控制下企业合并的合并费用

企业合并过程中所发生的费用应区分不同的情况分别处理。具体表现为：

①合并方进行企业合并而发生的各项直接相关费用，包括为进行企业合并而支付的审计费用、评估费用、法律服务费用等，应当于发生时计入当期损益。

②为企业合并发生的债券或承担其他债务所支付的手续费、佣金等，应当计入所发行债券及其他债务的初始计量金额。

③企业合并中发行权益性证券发生的手续费用、佣金等费用，应当抵减权益性证券溢价收入，溢价收入不足冲减的，冲减留存收益。

五、同一控制下企业合并的合并财务报表

企业合并属于吸收合并、新设合并的，合并方应当在合并日编制合并日以及合并当期期末的合并财务报表作为新企业以后持续经营的初始财务报表。控股合并即企业合并形成母子公司关系的，母公司应当编制合并日的合并资产负债表、合并利润表和合并现金流量表。

①合并资产负债表中被合并方的资产及负债，应当按其账面价值进行计量。

②合并利润表应当反映合并前及合并后的收入、费用和利润，即参与合并各方子公司合并当年年初(或当期期初)至合并日所发生的收入、费用和利润。

为防止企业利用同一控制下的企业合并操纵利润，在编制合并利润表时，对于被合并方在合并日以前实现的净利润在利润表中单列一项反映，有关使用者在运用该信息时，应以扣除该部分合并前实现的净利润后的当期净损益情况对企业盈利情况进行分析。

③ 合并现金流量表应当包括参与合并各方自合并当期期初至合并日的现金流量。

④ 对于合并日及以前期间存在的合并各方的内部交易及其他事项，应当按照第四章合并报表进行处理。

【例 2-1】 甲乙公司同为丙公司控制下的子公司。20×7 年 6 月 1 日甲公司以现金 1 200 万元的对价收购了乙公司 100%的股权。在这次合并过程中发生审计费用、法律服务等直接相关费用为 16 万元。20×6 年，乙公司当年实现盈利 200 万元，其中 6 月 1 日至 12 月 31 日实现利润 100 万元。20×7 年 5 月 31 日，甲乙两公司的资产负债表数据见表 2-1。

(1)6 月 1 日甲公司通过支付乙公司 1 200 万元现金取得了乙公司 100%的股权。由于甲、乙公司同受丙公司控制，所以它们是同一控制下的企业合并。因此，甲公司取得乙公司股权日的账务处理为：

借：长期股权投资　　　　1 000 万

　　资本公积或留存收益　　200 万

　贷：银行存款　　　　　　1 200 万

表 2-1　甲乙公司资产负债表

20×7 年 5 月 31 日　　　　单位：万元

项　目	甲公司	乙公司	公允价值
现　金	100	40	40
应收账款	900	360	300
存　货	600	400	360
固定资产净值	2 000	600	800
短期借款	1 400	400	400
实收资本	2 600	1 000	1 000

(2)为进行企业合并发生的相关费用 16 万元，应直接计入当期损益：

借：管理费用　　　　16 万

　贷：银行存款　　　　16 万

(3)如果乙公司不再续存，乙公司与甲公司所采用的会计政策一致，则甲公司在编制企业合并报表时，应按乙公司的账面价值而不是公允计量。因此合并日的会计分录为：

借：现金　　　　40 万

　　应收账款　　360 万

　　存货　　　　400 万

　　固定资产净值　600 万

贷:短期借款　　400万

　长期股权投资　　1 000万

(4)如果乙公司续存,乙公司实现利润200万元时,12月31日甲公司的会计处理为:

借:长期股权投资　　200万

　贷:投资收益　　200万

在控股合并的情况下,合并方以支付现金、转让非现金资产或承担债务方式支付对价的,应在合并日以支付的现金、转让非现金资产及所承担债务的账面价值作为取得被合并方长期股权投资的成本。这里需要对非货币性交易与同一控制下的企业合并进行区别。非货币性交易涉及双方财产的交换,而同一控制下的合并涉及的是一方资产被另一方兼并。上面讲的"账面价值",一般为资产的账面余额扣除有关资产减值准备后的金额。其中,账面余额是指账户的期末实际余额,即账户在扣除有关资产减值准备之前的余额。例如存货的账面价值就是存货的账面余额扣除存货有关的跌价准备后的余额。

【例2-2】 丙集团计划将旗下的甲、乙公司合并,合并的计划如下:乙公司以控股合并的方式兼并甲公司,为此乙公司拿出现金7 500万元,同时承担甲公司所欠丁公司的2 500万元债务,兼并后乙公司共持有甲公司55%的股份。

分析:我们由已知条件可以判定是同一控制下的合并,其中乙公司为合并方。因而,乙公司在计算长期股权投资成本时应以支付的现金及所承担债务的账面价值为基础。

乙公司所作的会计处理为:

借:长期股权投资　　10 000万

　贷:银行存款　　7 500万

　　应付账款　　2 500万

甲公司的会计处理为:

借:银行存款　　7 500万

　应付账款　　2 500万

　贷:股本　　10 000万

【例2-3】 丙公司计划将旗下的甲、乙公司合并。合并计划如下:乙公司以控股合并的方式兼并甲公司,为此乙公司将应收2 500万元的债权转与甲公司,该债权已提取1 000万元的坏账准备。另将自己生产的60台机械设备转与甲公司,这些机器作为甲公司的固定资产使用,每台售价25万元,成本14万元。兼并后乙公司持有55%股权。

分析:从已知条件可以判定是同一控制下的合并,其中乙公司为合并方,乙公司为兼并甲公司的长期股权投资成本为:1 500万元的应收债权以及转移的商品,视同销售的60台机器设备。

此时乙公司的账务处理为：

借：长期股权投资　　2 595万

　坏账准备　　1 000万

　贷：应收账款　　2 500万

　　库存商品　　840万

　　应交税费——应缴增值税(销项税额)　　255万

甲公司的账务处理：

借：固定资产　　1 095万

　应收账款　　2 500万

　贷：实收资本　　2 595万

　　坏账准备　　1 000万

第三节　非同一控制下合并的会计处理

非同一控制下的企业合并，是指不存在同一方或多方控制的情况下，一个企业购买另一个企业或多个企业股权或净资产的行为。

一、非同一控制下的企业合并总体原则

是同一个企业购买另一个企业的交易，按照购买法进行核算，按照公允价值确认取得的资产和负债。

在计量基础上，购买法视合并企业为购买行为，注重合并完成日资产、负债的公允价值。而权益结合法视企业合并为企业资源的联合，认为是两家或两家以上原企业所有者风险和利益的联合，因此不要求对被购买企业的资产加以重估，即按原账面价值入账。

二、购买法概述

(一)购买

购买是指通过转让资产、承担负债或发行股票等方式，由一个企业获得另一个企业净资产和经营活动控制权的企业合并。用购买法核算购买企业的原则类似于核算购买其他资产的原则，因此用购买成本记录所购资产。购买成本是指买方支付的现金或现金等价物的金额，或者交易发生日购买企业为取得对其他企业净资产的控制权而放弃其他购买对价的公允价值。购买成本超过购买企业在所取得的可辨认资产和负债的公允价值中的股权份额部分，应作为商誉并确认为一项资产，反之确认为负商誉。并购当年买方的收益包括其本身当年实现的收益和合并以后

被并购企业所实现的收益，被并购企业的留存收益不能转入实施合并的企业。购买法比较客观、真实地反映企业并购这种特殊的产权交易活动的实质，提供的会计信息具有较强的相关性，而且计量基础与传统的资产交易相同。但是，购买法导致合并商誉的确认及摊销成为会计界的一大难题；合并后子公司会计计价基础也是一个难以确定的问题，即所谓的下推会计，而且公允价值容易被人为操纵；另外，购买法下较低的利润和较高的资产会导致资产报酬率的下降。

（二）购买法

购买法是将企业合并视为一家企业购买另一家或几家企业的行为。它要求对被购买企业的资产负债表进行重新估价，并按估价后的公允价值反映在购买企业的账户中或合并的财务报表上。

购买法从被认定为购买方参与合并主体的角度来看待企业合并，购买方的资产与负债并不是交易的对象，所以购买方资产和负债的计量，以及购买方由于交易而确认的额外资产或负债的计量，都不受合并交易的影响。

（三）购买方的辨认

控制是认定购买方的关键所在，它是指掌握被合并主体的财务与经营决策，并从其经营活动中取得收益的权利。在几乎所有的企业中，总有一个参与合并的企业能够控制其他参与合并的企业，从而能够辨别出哪个是购买企业。一个参与合并的企业控制了其他参与合并企业一半以上有表决权的股份时，便可认为获得了控制权，除非在某些例外情况下，能够清楚地证明这种所有权不构成控制。

例如：①通过与其他投资者之间的协议，获得对其他企业一半以上表决权的权力；②通过法律或协议，获得决定其他企业财务和经济政策的权力；③获得任命或解除其他企业董事会或对等决策团体大多数成员的权力；④获得其他企业董事会会议或同等决策团体会议中多数席位的权力。

事实上，在没有上述情形出现的情况下，购买方的辨认是很难确认的。因而我们只有通过并购中的以下几方面迹象来确定购买方。

(1)参与合并一方净资产的公允价值远远大于另一方的，净资产的公允价值较大的一方为购买方。

(2)通过支付现金、转让非现金资产或承担债务方式取得另一方有表决权股份的，支付现金、转让非现金资产或承担债务的一方为购买方。

(3)通过发行权益性证券取得另一方有表决权股份的，发行权益性证券的一方为购买方。

(4)参与合并一方的管理层能够控制合并后企业管理人员的任命，并能够实施主导作用的一方为购买方。

需要说明的是，如(3)所言，发行权益性证券通过权益交换来实现企业合并的，发行的主体往往是购买方。但是仍然要考虑所有合并交易相关的情况，以确定交易实质的控制特征。在一些合并中,一个企业获得了另一个企业股份的所有权,但交易的一部分以发行足额有表决权的股票作为出价,结果导致合并后的企业控制权转给了股份已被购买企业所有者。这种情况称为反向购买。虽然法律上可以将发行股份的企业视为母公司或与原先一样的企业,但现在控制着合并后企业的股东所属的企业才收买企业,它享有对于被控制主体的表决权或其他经营决策的权力。发行股票的企业认为已被其他企业购买,后者认定为购买企业,并将购买法运用于发行股票企业的资产与负债。

当企业合并涉及两个以上参与主体时,应当依据可获得的证据,特别是确定是哪一方发起的合并,或者参与主体的资产或收入显著增长程度超过了其他方。比如,甲、乙、丙三个公司作为合并事项的参与方,其中甲公司资产或收入增加40%,而其他公司的资产和收入增加仅15%。那么认定甲公司作为购买方。

(四)购买日的确定

非同一控制下的企业合并的会计处理应在购买日进行,因此,确定购买日是进行会计处理的重要前提。从理论上讲购买日是指被购企业的净资产和经营的控制权实质上转移给购买企业的日期,也是购买法开始应用的日期。自购买日起,被购企业的净资产和经营控制权上的主要风险和报酬已转移给购买企业。在实务中,被购企业净资产和经营控制权上的主要风险和报酬的转移,应当在满足参与合并各方权益的所有条件时予以认定。这些条件一般包括:①购买协议已获股东大会通过,并已获得相关政府部门的批准;②购买企业和被购企业已办理必要的财产交接手续;③购买企业已支付价款的大部分(一般应超过50%);④购买企业实际上已经控制被购企业的财务和经营决策,并从其活动中获得利益或承担风险。

三、合并成本的确认

(一) 合并成本的含义

合并成本是购买方为换取被购买方的控制权而放弃的资产、发生或承担的负债以及发行的权益性工具在交易日的公允价值。

(二)合并成本的确认

(1)一次交易是指通过一次交换交易实现的企业合并,其合并成本为购买方在购买日为取得另一方控制权并由此放弃的资产、发生或承担的负债以及发行权益性证券的公允价值。由于非同一控制下的企业合并采用购买法合并,因此合并成本按公允价值计量。

(2)多次交易是指通过多次交换交易分步实现的企业合并,其合并成本为每一单项交易成本之和,即为每一次所发生的所支付资产、发生或承担的负债以及发生的权益性证券公允价值之和。

(3)购买方为进行企业合并发生的各项直接相关费用应直接计入合并成本,而不是作为当期费用处理。

(4)在企业合并或协议中对可能影响企业合并成本的未来事项作出约定的，购买日如果估计未来事项作出约定的，且估计未来事项和可能发生并对合并成本的影响金额能够可靠的计量，购买方应当将其计入合并成本。这句话有两层含义：一是在企业合并协议中，可能允许一项或多项未来事项对合并成本进行调整，例如，调整可能与未来期间能够实现的特定盈利水平相联系，或者与维持所发行工具的市价相联系，在对合并进行会计处理时，即使存在一些不确定性，通常仍对此类调整作出估计；二是当企业协议规定的调整事项不能被可靠的计量时，则合并的会计处理不应将这类调整包括在合并成本之中。需要注意的是，在某些情况下，购买方可能要向被合并方原所有者进行后续支付，以补偿被合并方的资产所享有的权益或者原来负债的价值增加。例如，购买方对作为企业合并成本的部分而发行的权益或债务工具的市价做出担保，并为了恢复最初确定的成本而必须额外发行的收益或债务工具的不确认企业合并成本的增加。以及在发行权益工具(如增发普通股)的情况下，追加支付给合并方的原所有者的公允价值被首次发行权益工具价值的减少所抵消；在债务工具(如长期债券)的情况下，追加的支付被视为首次发行溢价的减少或溢价的增加。

如果一项正在进行的被购方研发项目符合无形资产定义，并且能用公允价值可靠计量，则购买者应将其单独确认为一项资产。也就是说，无形资产与商誉的最大差别就在于是否独立于其他资产而存在。对于预期会由合并引起的未来损失或其他可能会发生的成本，因为不是购买方为换取被购买方控制权而发生或承担的负债，所以不包括在合并成本中。

四、差额及相关费用的处理

(一)差额的处理

购买方原已持有的对被购买方的投资，在购买日的公允价值与其账面价值的差额，以及因企业合并破产所放弃的资产、发生或承担的负债以及发行的权益性证券的公允价值与其账面价值的差额，计入当期损益。

(二) 相关费用的处理

企业合并过程中发生的相关费用，包括所有可直接归属于合并的成本，如支付给实现合并而聘请的会计师、法律顾问、评估师以及其他人员的业务费用。还有一部分行政成本，包括收购部门的营运成本，以及其他不能直接归属于所核算的特定合并成本，都不包括在合并成本中，这些相关费用应在发生时确认为费用。其中，发行权益性证券的发行费用应冲减所发行的权益性证券的溢价收入，权益性证券发行无溢价或溢价收入不足以冲减的部分，计入当期损益。

五、初始计量

企业合并成本，应当分别按以下情况进行计量：

(1) 在控股合并的情况下，购买方应按确定的企业合并成本作为对被购买方的长期股权投资成本。

(2) 在吸收合并和新设合并的情况下，购买方在购买日取得被购买方的各项资产（不限于已被确认的资产），如果其所带来的未来的经济利益预计能够流入企业且公允价值能够可靠的计量，应按其公允价值确认为资产。

(3)购买方在合并日取得被购买方的各项负债，如果履行有关的义务预期导致经济利益流出企业，且公允价值能够可靠的计量，应按其公允价值确认为负债。

被购方可辨认的资产与负债，购买方应确认终止或缩减被购方活动所形成的负债，以此作为合并成本的一部分，这些被购方的负债必须是在购买日存在的；购买方在分配企业合并成本时，不应确认因企业合并预期发生的未来损失或其他成本形成的负债。

主体在企业合并中按照合同规定应当进行支付，如对其雇员或供应商的支付，是该主体的现实义务，在该企业合并很可能发生前，被视为或有负债。当企业合并很可能发生且该负债能够可靠的计量时，该合同应被确认为负债。因此，当企业合并实现时购买方作为分配合并成本的一部分确认被购买方的该负债。

如果被购方重组的计划实施是以企业合并中被购买为条件的，则该计划在企业合并之前并不是被购方的一项现时义务。该计划在企业合并之前也不是被购方的一项或有负债，因为其并非一项产生于过去事项的可能义务，该义务的存在只能通过一件或多件不完全由被购方控制不确定未来事项发生或不予发生予以证实。因此，购买方不应将此类重组计划的负债作为分配合并成本一部分予以确认。

可辨认资产和负债包括购买方购买或承担的全部被购方的资产或负债，包括其全部的金融资产和金融负债。其中可能还包括前期未在被购方财务报表中确认的资产和负债，如在购买前不符合确认标准的资产和负债。例如，如果购买方很可能存在可由被购买方的未确认所得税利益抵消的未来应税利润，则这项产生于被购方所得税的亏损，且在企业合并前未由被购方确认的所得税利益，就符合了确认为可辨认资产的标准。

当企业全部合并成本或部分合并成本的结算递延时，应当考虑结算可能发生的溢价或折价，将应付金额折现为交易日的现值，以此来确定递延部分的公允价值。

发行权益性证券在交易日的牌价，应该是该权益性证券的公允价值。当然，在特殊的情况下，当购买方能够证实交易日的牌价并不能代表公允价值，并且存在其他的公允价值估价办法能够提供可靠计量时，才可以考虑其他的办法。如当证券市场萧条时，交易日的牌价就不能代表该证券的公允价值。其中购买日是指购买方实际获得被购买方控制权或净资产的日期。通过一次交换交易实现的，购买日即为交易完成日；通过多次交换交易实现合并的，购买日是指购买方最终确认被购买方的投资或者取得净资产的日期。如乙公司通过分次购买甲公司股权的方式实现控股合并，1月1日购买了甲公司10%的股份，1月10日购买45%股份，则1月10日即为乙公司的购买日。

筹备与发行金融负债的成本是负债发行交易的组成部分，而不是直接归属于合并的成本，甚至当发行负债是为了实现企业合并时也是如此。因此，合并主体不应将这样的成本包括在合并成本中。

合并中取得的被购买方的或有负债，购买方在企业合并合同或协议中承诺对被购买方进行重组等原因，与合并后支付给被购买方的职工或其他补偿，在预计很可能发生且金额能够可靠计量的情况下，应单独确认为负债。

六、商誉的会计处理

（一）商誉的定义

商誉是指在购买法下，购买价格通常超过子公司净资产账面价值，我们把超过可辨认净资产项目的重估增值部分，确认为合并商誉，即认为并购方之所以愿意付出较账面净资产价值更高的价格，是由于被购企业具有超正常的盈利能力。

商誉是指商人基于良好的经营而取得营业信誉，以及由此而带来的超额利益，它与营业场所、商品名称和商标关系密切，但其本质表明企业与其顾客的关系。《国际会计准则第3号——企业合并》认为，商誉是指不能分别辨认并单独确认的资产所形成的未来经济收益。从会计角度讲，商誉资产的增加不代表偿债能力增强；商誉的摊销对企业的利润指标会产生负面影响；商誉创造超额收益的能力不随价值摊销而消失。

随着经济的发展，国际经济形势发生了巨大的变化。国际上企业的购并案中出现了商誉的绝对额和相对额都相当大的情况，1998年飞利浦·摩里斯公司为收购Kraft公司支付的129亿美元中，90%要归于商誉。2001年1月美国在线与时代华纳并购案（属于新设合并），当美国在线与时代华纳宣布合并时，时代华纳净资产的公允价值不到200亿美元，而收购价格却为1 647亿美元（正是美国股市的巅峰），它确认了13.4亿美元的重组负债以及确认商誉1 400亿美元。并购完成之后，AOL Time Warner成为新经济的典范，其资产结构也反映出新经济特有的泡沫。

从会计角度看，对商誉存在下列三种解释：①对企业好感的价值；②未来超额收益的现值；③总计价账户。目前，会计实务中对购买商誉就是根据第三种观点定义的。在企业并购时所确认的购买商誉可能包括下列六种要素：①在收购日期被收购企业净资产的公允价值超过账面价值的剩余额。②被收购企业未能确认的其他净资产的公允价值。③被收购企业能够“持续经营”这一因素的公允价值。④因收购企业与被收购企业合并产生的预期协同效应的公允价值。⑤由于对“对价”进行估价的误差而由收购企业所付出的过高估价。⑥收购企业过高支付或过低支付。

(二)商誉的初始计量

由于商誉仅仅作为企业合并交易的一部分，必须随着资产的购买而存在，因而，合并交易成本就成为商誉初始计量的基础。企业收购成本的计量主要取决于双方交易的内容。收购成本和商誉的计量困难，主要存在于采用发行股票进行并购的“对价”方式，如果“对价”全部或部分采用收购企业股票，可能会存在对“对价”的过高估计。然而，在企业并购中，“对价”全部或部分采用收购企业股票时的计量困难，并不仅仅限于商誉的计量，企业收购的所有净资产都会存在；而且，只要是以购买企业的股票方式交换取得单项或多项资产的任何交易，都会面临相同的问题。此外，在企业并购时，即使收购成本能够准确计量，但要将收购成本分配到“一揽子”购买的每一项净资产(包括商誉)也会存在困难。

由于商誉不能独立于企业而存在，使得商誉的计量也存在一定的困难。也正是由于计量上的困难，使我们在会计实务上不得不对购买商誉按收购成本的剩余额，即按收购成本的公允价值超过所收购的净资产的公允价值的差额进行初始计量。因此，现行的购买商誉初始计量方法，是对于现有会计计量理论和技术所做出的一种现实选择。除此之外，别无他法。

在会计处理上，购买方于购买日的合并成本大于确认的各项可辨认资产、负债公允价值净额的差额，确认为商誉。这里存在着正商誉与负商誉的问题。购买方确认的各项可辨认资产、负债公允价值净额大于合并成本的差额，称为负商誉。对于负商誉是否存在，会计界还存在过争议。美国著名的会计学家亨德里克森在其所著的《会计理论》中认为：假使认为商誉是企业不可辨认的有利属性，并可以与可辨认资产分离，则很难想象出存在负商誉的情况。因为如果整个企业的价值小于各个资产价值的总和，原业主就会个别地出售其资产而不是把企业整体出售，因而负商誉是不存在的。国际财务报告准则第3号在56段中指出：购买方应采取如下措施：①重新评估被购方可辨认资产、负债及或有负债的认定和计量，以及企业合并成本的计量；②立即将重新评估后依然存在的差额在损益中确认。

(三)商誉的后期处理

对于商誉的后期处理，理论界存在两种不同的观点，即是否对商誉进行摊销。

1.会计后期的商誉不摊销观点

不摊销的支持者认为，由于商誉的价值一般只会增加而不会下降，从而商誉不是一种耗费性资产，对价值不会下降的商誉进行摊销将会使财务报告失去其真实性。而且因为“新”(内部创造的)商誉可以重置“旧”(购买的)商誉，在新商誉费用化的同时摊销旧商誉会构成双重费用。支持者还认为，根据寿命和摊销方式确定的任何摊销计划几乎都是武断的。因此，他们认为商誉不应该摊销，但应该进行价值减损评价。这种处理方法同样是不恰当的，原因在于：差额的要素，可能具有与“持续经营”企业本身相同的无限寿命。但是，记录为商誉的某些要素却可能具有有限的寿命，初始确认的购买商誉中包括新商誉的资产要素，它们则是应摊销的消耗性资产。但人们不可能从初始确认的商誉中分清哪些是消耗性资产，哪些不是消耗性资产。另外，仅仅依靠价值减损评价作为商誉后续计量方法，也是难以行得通的。因为与其他进行价值减损评价的资产不同，商誉并不具有独立的现金流量。企业进行合并是为了降低成本，或将被收购企业与收购企业合并以取得协同效应，因此，与购买商誉相关的现金流量和与内部创造商誉相关的现金流量混在一起。除了收购企业仍然保留被收购企业经营活动的独立性这种特殊情况外，为了价值减损评价目的，不可能将购买商誉与自创商誉分开。

2. 在有效的经济寿命期内进行摊销

这种观点认为：①摊销商誉就是将分摊到商誉的成本进行分配，以实现收益与费用的配比。②所有的旧商誉是一种被耗费的资产，而且被新商誉重置，因此旧商誉必须进行摊销。③商誉的寿命估计不能达到可靠的满意程度，也无法知道商誉与被耗费的形式，在武断确定的期间内进行摊销，是对难以应付的问题唯一务实的解决方法，要比将商誉立即注销更可取。这一方法是一种相对科学、合理的方法，因为购买商誉中的一部分具有有限的寿命，应该在其寿命期内进行摊销。尽管商誉是以成本的剩余价值计量的，但是，商誉不是成本而是资产，对其进行摊销反映了该种资产的耗费和损耗。

然而，由于有一部分商誉是非消耗资产而具有无限寿命，这部分商誉不应进行摊销，会计上只需要进行价值减损评价。由于人们不可能将该部分商誉与消耗性商誉区分开来，如果对所有的商誉都进行摊销，会降低财务报表的真实性。因此，要使财务报表的真实性达到可靠的、可接受的程度，是精心设计商誉会计所面临的挑战之一。商誉的有效寿命和它被耗费的方式都是难以预计的，而其摊销又依赖于这种预计。因而，在任一期间摊销的商誉，都仅仅是在该期间商誉价值下降的估计，商誉摊销的局限性会客观存在。因此，比较科学的方法应该是，在对购买商誉进行摊销的同时，进行商誉价值的减损评价。

从实务上看，世界范围内各国对合并商誉的会计处理主要有两种模式：一是可摊销模式，主要由美国、加拿大、日本、英国等采用，其中英国还经历了一个曲折的过程；二是灵活处理的方式，主要由墨西哥、印度以及除英国以外的欧盟国家等采用，这些国家对商誉的处理规定，即可将合并商誉资本化为一项可摊销资产，又可将其直接冲减控股公司的股东权益，其中瑞士还允许将合并商誉资本化为一项不可摊销资产，德国的做法别具一格，在《商法》第301条中，允许企业合并采用账面价值与重估法，法国公司采用的方法类似德国。

针对该问题的争论，新的《企业会计准则》规定：

(1)商誉应按企业消耗该项资产产生的经济利益的方式,在预计使用期限内采用系统合理的方法摊销。如果无法可靠地确定商誉所产生经济利益的消耗方式,应采用直线法按不超过 10 年摊销。

(2)会计期末,企业应对商誉按照《企业会计准则第 8 号——资产减值》进行减值测试,以确定其减值金额。商誉计提减值准备后,应当按照扣除减值准备后的账面价值与预计使用年限,重新计算以后各期的摊销额。

在购买日,购买方的合并成本小于可辨认资产、负债公允价值净额的差额,按以下规定进行处理:①取得的被购买方的各项可辨认资产、负债的公允价值进行复核。②经复核后仍有差额的,计入当期损益。

七、财务报表列示

购买方在编制财务报表时,应遵循以下原则:

(1)资产负债表应当按照购买日取得被购买方可辨认资产、负债的公允价值确认,购买方的合并成本与其确认的各项可辨认资产、负债公允价值的差额,确认为商誉。会计期末对商誉进行减值测试时,按照测试确认的金额在资产负债表上列示,差额计入当期损益,减少留存收益。对于负商誉,重新评估后,在损益中确认,同时增加留存收益。

(2)利润表应当在购买日取得被购买方的各项可辨认资产、负债的公允价值为基础,将自购买日至报告期末止被购买方的相关收入、费用、利润纳入利润表。值得注意的是,在同一控制下,合并利润表反映年初至年末的全部损益,而非同一控制下仅仅反映购买日至报告期末的损益。

(3)现金流量表应当包括被购买方自购买日起至报告期末止的现金流量情况,和利润表相同,也仅仅反映自购买日起至报告期末止的相关数据,而不是整个会计期间。

(4)在提供比较财务报表时,不调整比较报表期间的年初数(或期初数)或上年数(或上期期初数)。

(5)购买方编制合并财务报表的,在按上述同一原则处理的基础上,对于购买日以后合并各方的内部交易以及其他事项,应当按照第四章合并财务报表进行处理。对于非同一控制下的企业合并,新准则取消了原来对商誉进行摊销的做法,体现了国际准则的趋同。但是,对于母公司或集团内一个子公司自另一个子公司的少数股东手里购买其拥有的全部或部分少数股权的情况,仍要求按照购买法原则进行处理。

【例 2-4】甲公司以 3 000 万现金收购乙公司的 100%股权,对乙公司实行吸收合并。购买日乙公司持有资产账面价值与公允价值见表 2-2:

表 2-2　乙公司账面价值与公允价值表　　单位：万元

项　目	账面价值	公允价值
固定资产	1 200	1 700
长期股权投资	1 100	1 300
长期借款	750	700
实收资本	1 600	1 600

则甲公司在购买日企业合并的账务处理如下：

借：固定资产　　1 700 万
　　长期股权投资　　1 300 万
　　商誉　　700 万
　贷：长期借款　　700 万
　　　银行存款　　3 000 万

【例 2-5】丁公司以固定资产账面价值 5 600 万元、公允价值 7 000 万元的资产置换戊公司 100%的股权(控股合并)，实现对戊公司合并；在企业合并中发生的与合并相关的直接费用为 100 万元。戊公司的资产项目价值情况见表 2-3：

表 2-3　戊公司账面价值与公允价值表　　单位：万元

项　目	账面价值	公允价值
货币资金	1 600	1 600
存　货	1 000	800
固定资产	4 400	5 600
长期借款	800	800
实收资本	6 200	6 200

丁公司合并过程中所发生的账务处理如下：

(1)丁公司确立合并成本

本例中，合并成本包括合并时支付的固定资产公允价值 7 000 万元，加上所发生的直接费用 100 万元，作为长期股权投资成本入账，而所置换出的固定资产的公允价值与账面价值的差额则作为当期费用入账。

借：长期股权投资　　7 100 万
　贷：管理费用　　1 400 万
　　　固定资产——置换出的固定资产　　5 600 万
　　　银行存款　　100 万

(2)合并成本的分配与商誉的确认

首先需要对被购买方可辨认资产价值调整为按公允价值计量；其次，对于合并成本大于被购买方可辨认资产公允价值份额的差额确认为商誉，本例中为负商誉，因此，应将其差额计入当期损益；最后编制合并会计分录：

借：银行存款　　1 600万
　存货　　800万
　固定资产　　5 600万
　贷：长期借款　　800万
　　长期股权投资　　7 100万
　　留存收益(负商誉)　　100万

【例2-6】甲公司于20×7年1月1日以现金700万元取得了乙公司20%的所有权。乙公司可辨认资产在该日的公允价值是2 000万元，账面价值是1 600万元。假设乙公司在该日没有或有负债。20×7年1月1日的资产负债见表2-4：

表2-4　乙公司账面价值与公允价值表　　单位：万元

项　目	账面价值	公允价值
现金和应收账款	400	400
土　地	1 200	1 600
合　计	1 600	2 000

已发行权益：100万普通股　　1 000万元
留存收益　　600万元
合计　　1 600万元

截至20×7年12月31日，乙公司当年实现利润1 200万元，没有支付股利。此外，土地的市价由1 600万元增加到2 200万元，乙公司账面价值期末未做调整。20×7年12月31日，乙公司普通股的股价为60元。20×7年12月31日的资产负债见表2-5：

表2-5　乙公司资产负债表　　单位：万元

项　目	账面价值	公允价值
现金和应收账款	1 600	1 600
土　地	1 200	2 200
合　计	2 800	3 800

已发行权益：100万普通股　　1 000万元
留存收益　　1 800万元
合计　　2 800万元

则甲公司的会计处理：

(1)购买日以公允价值确认乙公司可辨认资产

借:土地(1 600万－1 200万)　　400万
　贷:资产重估增值　　400万

(2)购买日确认商誉

借:已发行权益(1 000万×20%)　　200万
　资产重估增值(400万×20%)　　80万
　留存收益(600万×20%)　　120万
　商誉(700万－2 000万×20%)　　300万
　贷:长期股权投资　　700万

(3)12月31日以公允价值确认乙公司的可辨认资产

借:土地(2 200万－1 600万)　　600万
　贷:资产重估增值　　600万

20×8年1月1日,甲公司以现金4 400万元进一步确定乙公司60%的股权,从而获得了控制权。

(4)再次确认商誉

借:已发行权益(1 000万×60%)　　600万
　资产重估增值[(400万＋600万)×60%]　　600万
　留存收益(1 800万×60%)　　1 080万
　商誉(4 400万－3 800万×60%)　　2 120万
　贷:长期股权投资　　4 400万

(5)确认乙公司的少数股权

借:已发行权益(1 000万×20%)　　200万
　资产重估增值[(400万＋600万)×20%]　　200万
　留存收益(1 800万×20%)　　360万
　贷:少数股权　　760万

第四节　信息披露

一、企业合并发生当期末,合并方应当在附注中披露与同一控制下的企业合并有关的信息

(1)判断属于同一控制下的企业合并的依据,以及合并日的确定;

(2)参与合并企业的名称和情况说明,以及合并前后企业实施同一控制下一方或多方的基本情况,包括企业名称、所在行业等;

(3)以支付现金、非现金资产以及所承担负债作为支付对价的,应当说明支付对价的账面价值,以及参与合并方通过合并所持有表决权股份的比例;

(4)合并中发行权益性证券的数量及定价原则，以及参与合并各方交换有表决权股份的比例；

(5)参与合并各方的资产、负债在合并日的账面价值；

(6)合并各方自合并当期期初至合并日的收入、净利润、现金流量变化等情况，或者合并日至年末的收入、净利润、现金流量变化等情况，内部交易金额等；

(7)被合并方对同一交易或事项采用的会计政策与合并方不一致所作调整情况的说明，以及因调整对被合并方财务状况和经营成果的影响；

(8)编制合并日合并财务报表中抵消内部交易的有关情况；

(9)合并日是在资产负债表日后事项期间的，应当说明因企业合并预计将对企业财务状况和经营成果的影响。

二、企业合并发生当期末，购买方应当在附注中披露与非同一控制下的企业合并有关的信息

(1)参与合并企业名称、所在行业以及相关情况说明；

(2)购买日确定的依据；

(3)取得被购买方有表决权股份的比例；

(4)合并成本，包括构成合并成本每一具体组成部分的账面价值、公允价值及其确定方法，发行的权益证券的数量及确定权益性证券公允价值所考虑的因素；

(5)与企业合并直接相关计入当期损益的各项费用及金额；

(6)企业合并后拟处置资产、负债的具体情况；

(7)合并中取得被购买方在购买日各项可辨认资产、负债的公允价值及其公允价值的确定方法；

(8)被购买方自购买日起至报告期末止的经营成果，包括营业收入、利润总额和净利润等；

(9)合并中商誉及其价值的具体确定方法，确定商誉的减值方法、计提减值准备金的金额；

(10)合并成本小于确认的各项可辨认资产、负债公允价值净额的差额计入当期损益的金额；

(11)存在或有支付协议的情况下，有关或有支付协议的内容；

(12)本期购买的子公司，在以前期间资产负债表日资产和负债的金额，包括流动资产、长期资产、固定资产、无形资产及其他资产，以及流动负债、长期负债和所有者权益等。

本章小结

企业合并分为同一控制下的企业合并和非同一控制下的企业合并。企业合并的形式分为控股合并、吸收合并和新设合并。企业合并的支付方式主要有:①支付现金:即以现金购买另一个企业的股权或净资产;②转让非现金资产:即以非现金资产置换另一企业的股权或净资产;③承担债务:即以承担另一企业的债务为条件接受其资产或股权;④发行权益性证券:即通过发行权益性证券置换另一企业的股权或净资产,一般是通过发行股票的方式来实施置换。

企业合并的程序为:签订合并协议,确认债权、债务转让价格,报经有关部门批准,办理财产变更、税务变更手续。

企业合并涉及的会计问题,包括合并过程中的会计处理和合并以后的会计处理:①购买性质的企业合并应采用购买法来进行会计处理;②股权联合性质的企业合并应采用权益结合法进行会计处理。控股合并完成后,站在集团的角度看,会计服务对象的空间范围显然是由母公司以及下属单位构成的整体,也就是说,会计不仅要以每一独立的企业单位进行核算,编制个别企业财务报表,还要以整个企业集团为服务对象,在个别企业财务报表的基础上编制合并财务报表。合并财务报表的编制,无论从编制的基础上看,还是从编制的程序和编制的方法上看,都与个别企业的财务报表不同,这是控制合并完成后面临的新的会计问题。商誉的确认、计量、账务处理,企业合并及商誉在财务报表中的揭示。

中英文对照专业名词

企业合并 (Business Combination)
新设合并 (Consolidation)
吸收合并 (Merger)
控股合并 (Acquisition)
购买法 (Purchase Method)
商誉 (Goodwill)
权益结合法 (Pooling of Interests Method)

思考与练习

一、思考题

1. 简述企业合并的成因。
2. 企业合并的种类有哪些?并说明其有何异同?
3. 什么是同一控制下的企业合并?什么是非同一控制下的企业合并?

4. 试述购买法的特点及其应用。
5. 试述权益结合法的特点及其应用。
6. 企业并购规程中出现的商誉如何处理？
7. 购买法与权益结合法在会计处理上有什么不同？

二、练习题

1. 甲乙公司同为丙公司控制下的子公司。20×7年6月1日甲公司以现金2 400万元的对价收购了乙公司100%的股权。在这次合并过程中发生审计费用、法律服务等直接相关费用为32万元。2006年，乙公司当年实现盈利400万元，其中6月1日至12月31日实现利润200万元。20×7年5月31日，甲乙两公司的资产负债表数据见表2-6：

表2-6　甲乙公司资产负债表

20×7年5月31日　　　　单位：万元

项　目	甲公司	乙公司	公允价值
现　金	200	80	80
应收账款	1 800	720	600
存　货	1 200	800	720
固定资产净值	4 000	1 200	1 600
短期借款	2 800	800	800
实收资本	5 200	2 000	8 000

要求：进行甲公司取得乙公司股权日、合并发生的相关费用、合并日和盈利时的账务处理。

2. 甲公司以6 000万现金收购乙公司的100%股权，对乙公司实行吸收合并。购买日乙公司持有资产账面价值与公允价值见表2-7：

表2-7　乙公司账面价值与公允价值表　　　　单位：万元

项　目	账面价值	公允价值
固定资产	2 400	3 400
长期投资	2 200	2 600
长期借款	1 500	1 400
实收资本	3 200	3 200

要求：做出甲公司在购买日企业合并的账务处理。

3. 丁公司以固定资产账面价值11 200万元、公允价值14 000万元的资产置换戊公司100%的股权（控股合并），实现对戊公司合并；在企业合并中发生的与合并相关的直接费用为200万元。戊公司的资产项目价值情况见表2-8：

表2-8 戊公司账面价值与公允价值表 单位：万元

项 目	账面价值	公允价值
货币资金	3 200	3 200
存 货	2 000	1 600
固定资产	8 800	11 200
长期借款	1 600	1 600
实收资本	12 400	12 400

要求：做出丁公司合并过程中所发生的账务处理。

4.甲公司于20×7年1月1日以现金1 400万元取得了乙公司20%的所有权。乙公司可辨认资产在该日的公允价值是4 000万元，账面价值是3 200万元。假设乙公司在该日没有或有负债。20×7年1月1日的资产负债见表2-9：

表2-9 乙公司账面价值与公允价值表 单位：万元

项 目	账面价值	公允价值
现金和应收账款	800	800
土 地	2 400	3 200
合 计	3 200	4 000

已发行权益：200万普通股	2 000万元
留存收益	1 200万元
合计	3 200万元

截至20×7年12月31日，乙公司当年实现利润2 400万元。没有收到支付股利。此外，土地的市价由3 200万元增加到4 400万元，乙公司账面价值期末未做调整。20×7年12月31日，乙公司普通股的股价为120万元。20×7年12月31日的资产负债见表2-10：

表2-10 乙公司资产负债表 单位：万元

项 目	账面价值	公允价值
现金和应收账款	3 200	3 200
土 地	2 400	4 400
合 计	5 600	7 600

已发行权益：200万普通股	2 000万元
留存收益	3 600万元
合计	5 600万元

20×8年1月1日，甲公司以现金8 800万元进一步确定乙公司60%的股权，从而获得了控制权。

要求：做出甲公司相关的账务处理。

第三章　合并财务报表概述

本章主要阐述了合并报表的作用与特点。现行的合并会计理论主要有：母公司理论、实体理论；合并报表编制的范围和条件；合并报表编制的原则和程序。

第一节　企业合并报表的合并理论

一、合并财务报表的作用与特点

（一）合并财务报表的定义

合并财务报表是指反映母公司和其全资子公司形成的企业集团整体财务状况、经营成果和现金流量的财务报表。合并财务报表应当以母公司和其子公司的财务报表为基础，根据其他有关资料，按照权益法调整子公司的长期股权投资后，由母公司编制。

合并财务报表是市场经济特别是资本市场发展的产物，它最早出现于美国。1940 年，美国证券交易委员会规定上市公司必须编制和提供合并财务报表。英国 1948 年公司法中规定，企业在有子公司时必须在提供个别财务报表的基础上，编制反映整个集团经营状况的财务报表（即合并财务报表）。德国在 1965 年公共公司法中要求企业编制集团财务报表。法国证券交易委员会于 1971 年要求公开发行证券的公司、股票上市公司以及所有公营企业编制合并财务报表。日本从 1977 年开始，要求编制和公开合并财务报表，并制定了合并财务报表准则及其细则。为协调各国合并财务报表的编制，国际会计准则委员会早在 20 世纪 70 年代中期，即开始制订发布关于合并财务报表方面的规定。

我国财政部于 1992 年 11 月发布的《企业会计准则》中规定："企业对外投资如占资本总额半数以上，或者实质上拥有被投资企业控制权的，应当编制合并财务报表。"这是我国关于合并财务报表编制要求的最早的规范性文件。此后，1995 年 2 月，财政部制订并颁布了《合并会计报表暂行规定》，填补了我国长期以来企业合并财务报表实务在理论上的空白。之后，在 1998 年 1 月发布的《股份有限公司会计制度——会计账户和会计报表》和 2000 年 12 月颁布的《企业会计制度》第 158 条中都规定："公司对其他单位投资如占该单位资本总额 50%以上（不含 50%），或虽然占该单位资本总额不足 50%但具有实质控制权的，应当编制合并财务报表。"而关于合并财务报表的合并范围、合并原则、编制程序和方法等则按照《合并会计报表暂行规定》执行。可以看出，在过去的近10年多的时间中，该规定在指导合并财务报表编制的实践方面发挥着相当重要的作用。然而，随着资本市场的发展和会计准则国际趋同步伐的加快，一些股份制企业开始公开发行股票，并在深圳、上海证券交易所上市交易，或到中国香港、纽约等海外证券交易所上市交易。为了满足海内外证券上市的需要，这些股份制企业均应按规定对外编报合并财务报表。

为了规范企业对合并报表的会计处理和相关信息的披露，在财政部借鉴国际财务报告准则和充分考虑我国特殊国情的基础上，根据《企业会计准则——基本准则》制定了合并财务报表准则，以此来规范合并财务报表的编制工作，做到有章可循。

(二) 合并财务报表的作用

合并财务报表的作用主要表现在两个方面：一方面，合并财务报表能够对外提供反映母公司组成的企业集团整体经营情况的会计信息。在控股经营的情况下，母公司和子公司都是独立的法人实体，需要分别编制各自的财务报表，分别反映各自的生产经营情况、财务状况，但这些财务报表并不能够有效地提供反映整个企业集团的会计信息。为此，要了解整个集团整体经营情况，就需要将控股公司与被控股子公司的财务报表进行合并，通过编制合并财务报表提供反映企业集团整体经营的会计信息，以满足企业集团管理当局强化对被控股企业管理的需要，同时也满足投资者特别是潜在投资者的需要。另一方面，合并财务报表有利于避免一些企业集团利用内部控股关系，人为粉饰财务报表情况的发生。通过编制合并财务报表，可以将企业集团内部交易所产生的收入及利润、净资产增加额予以抵消，使财务报表反映企业集团客观真实的财务和经营情况，有效防止和避免控股公司人为操纵利润，粉饰财务报表现象发生。

(三) 合并财务报表的特点

合并财务报表是以整个企业集团为会计主体，以组成企业集团的母公司和子公司个别财务报表(指企业单独编制的财务报表，为了与合并报表相区别，将其称为个别财务报表)为基础，抵消内部交易或事项对个别财务报表的影响后而成的。与个别财务报表比较，它具有如下特点：

(1)合并财务报表反映的是母公司与子公司组成的企业集团整体财务状况和经营成果，反映的对象是由若干法人组成的会计主体，是经济意义上的会计主体。个别财务报表反映的则是单个企业法人的财务状况和经营成果，反映的对象是企业法人。对于由母公司和若干子公司组成的企业集团来说，母公司和子公司编制的个别财务报表，分别反映母公司本身或子公司本身各自的财务状况和经营成果，而合并财务报表则反映母公司和子公司组成的集团这一会计主体综合的财务状况和经营成果。

(2)并不是企业集团中所有企业都必须编制合并财务报表，更不是所有企业都需要编制合并财务报表,而是由企业集团中对其他企业有控制权的控股公司或母公司编制。与此不同,个别财务报表是由独立的法人企业编制,无论是母公司还是子公司,所有企业都需要编制个别财务报表。

(3)合并财务报表是以个别财务报表编制为基础。企业编制个别财务报表,从设置账簿、审核凭证、编制凭证、登记会计账簿到编制财务报表,都有一套完整的会计核算方法体系。而合并财务表报表则不同,它是以属于合并范围的企业的个别财务报表为基础,根据其他有关涉及内部交易的资料,抵消有关会计事项对个别财务报表汇总的影响而编制的,它并不需要在现行会计核算方法体系之外,单独设置一套账簿核算体系。

(4)合并财务报表编制有其独特的方法。个别财务报表的编制有其固有的一套编制方法和程序。合并财务报表则是在对纳入合并范围的个别财务报表的数据进行加总的基础上,通过编制抵消分录将企业集团内部的经济业务对个别财务报表的影响予以抵消,然后按照合并报表的各项目的数额编制的财务报表。

还须注意的是,合并财务报表也不同于汇总财务报表,汇总财务报表主要是行政管理部门根据所属企业报送的财务报表,汇总财务报表主要采用简单汇总方法编制。

二、合并财务报表的合并理论

现行的合并财务报表理论主要有:母公司理论和实体理论。

(一)母公司理论

母公司理论认为,公司集团的业主权力隶属于母公司的股东。编制合并财务报表的主要特征有:

(1)不把子公司资产负债表中的只拥有少数股权的股东权益包括在合并资产负债的股东权益内,而以"少数股权"这个单独项目列示在负债与所有者权益两大项之间。

(2)子公司的少数股东权益在各该子公司净收益中的应享有份额从合并净收益中扣除。

(3)在收购的合并方式下,对子公司的同一资产项目采取双重计价:其属于母公司权益的按购买价格,就是按子公司的所有者权益的历史成本计价;属于少数股东权益的部分则按子公司的账面价值计价。

(4)子公司间的未实现利润本应该按照母公司拥有的股权比例进行消除。但是基于只有实行控股权的母公司才能决定公司间的内部销售价格,因而集团公司必须承担公司间交易的全部会计影响,将公司间的内部利润实行100%的消除。

(二)实体理论

实体理论认为不能把各子公司的少数股权排除在集团这个单一主体的业主权

之外，正像不能把单一公司中的少数股权排除在业主权益之外一样。以实体观点为依据编制合并财务报表在程序上的主要特征有：

(1)应该把子公司资产负债表少数股东权益包括在合并资产负债表的股东权益内。

(2)子公司的享受少数股东权益的股东在该子公司净收益中的应享收益份额应包含在合并净收益中。

(3)同一资产项目都应按资产合并日(母公司收买股权日)的购买价格重新计价，同一资产项目进行双重计价是不合理的。

(4)公司间未实现利润应100%扣除。

第二节　合并财务报表的合并范围和条件

一、合并财务报表的范围

编制合并财务报表，必须首先确定合并范围。合并范围是指合并财务报表的子公司的范围，主要明确哪些子公司应当包括在编制合并财务报表的编报范围之内，哪些子公司应当排除在合并财务报表编报的范围以外。

合并财务报表的合并范围应当以控制为基础加以确定，控制是指一个企业能够决定另一个企业的财务和经营政策，并能据以从另一个企业的经营活动中获得利益的权利。

母公司直接或通过子公司间接拥有被投资单位半数或以上的表决权资本，表明母公司能够控制被投资单位，应当将该被投资单位认定为子公司，纳入合并财务报表的合并范围。但是，有证据表明母公司不能控制被投资单位除外。母公司应当将其全部子公司纳入合并财务报表的合并范围。通常情况下，母公司拥有被投资单位半数或以上的有表决权资本，包括三种情况：

(1)母公司直接拥有被投资单位半数以上表决权资本。如甲公司直接拥有乙公司发行的普通股的40%，同时还拥有15.5%的普通股股权的可转换债券，在这种情况下，甲公司在编制合并报表时应该将乙公司纳入合并范围。

(2)母公司间接拥有被投资企业半数以上表决权资本。间接拥有表决权资本是指母公司对子公司拥有半数以上表决权资本(潜在表决权资本)。如甲公司直接拥有乙公司发行的普通股的40%，同时还拥有15.5%的普通股股权的可转换债券，与此同时，乙公司拥有可认购丙公司25%的认股权证及26%的普通股股权，在这种情况下，甲公司应将丙公司纳入合并范围。需要注意的是，甲公司间接拥有和控制丙公司的前提是甲公司对乙公司拥有控制权。

(3)母公司直接和间接方式合计拥有、控制被投资单位半数以上有表决权资本。直接和间接方式合计拥有和控制半数以上表决权资本，是指母公司以直接的方式拥有、控制某已被投资企业一定数量（半数以下）的表决权资本，同时又通过其他的方式如通过子公司拥有、控制被投资企业一定数量的表决权资本，两者合计拥有、控制该被投资企业超过半数以上的表决权资本。如甲公司拥有乙公司70%的股份，拥有丙公司35%的股份；乙公司拥有丙公司10%的股份，以及持有可转换为丙公司20%普通股股权的可转换债券。在这种情况下，乙公司为甲公司的子公司，甲公司通过乙公司间接拥有、控制丙公司的股份30%，与直接拥有、控制35%的股份合计，甲公司共拥有、控制丙公司股份合计65%，从而丙公司属于甲公司的子公司，甲公司编制合并报表时，也应当将丙公司纳入其合并范围。

有些情况下，母公司拥有被投资单位半数或以下的表决权，满足下列条件之一的，视为母公司能够控制的被投资单位，应当将该被投资单位认定为子公司，纳入合并财务报表的合并范围；但是，有证据表明母公司不能控制被投资单位除外：

(1)通过与被投资单位其他投资者之间的协议，拥有被投资单位半数以上的表决权。这种情况是指母公司与其他投资者共同投资某企业，同时母公司与这些投资者签订协议，由母公司受托管理和控制这些已被投资企业，从而在被投资企业享有实质上的控制权，在这种情况下，母公司应将此公司纳入合并报表的范围。

(2)根据公司章程或协议，有权决定被投资单位的财务和经营政策。这种情况是指被投资单位公司章程等文件上明确母公司对其财务和经营政策能够实施管理和控制。这样就使该被投资单位成为实质上的子公司，它应当被纳入编制合并会计范围。

(3)有权任免被投资单位的董事会或类似机构的多数成员。这种情况是指能够通过任免公司董事会的董事，从而控制被投资企业的生产经营决策权。此时，该被投资企业也就处于母公司控制下的生产经营活动，被投资企业成为事实上的子公司，它从而应当纳入母公司的合并范围。

(4)在被投资单位的董事或类似机构占多数表决权。这种情况是指母公司能够控制董事会等权力机构的会议，从而操纵公司董事会的经营决策，使该公司的生产经营活动在母公司的间接控制下进行，使被投资企业成为事实上的子公司，因此，也应当将其纳入母公司的合并范围。

在确定能否控制被投资单位时，应当考虑企业和其他企业持有的被投资单位的当期可转换的公司债券、当期可执行的认股权证等潜在表决权因素。

母公司应当将其全部子公司纳入合并财务报表的合并范围。

二、合并财务报表的条件

合并财务报表应当以母公司和其子公司的财务报表为基础，根据其他有关资料，按照权益法调整对子公司的长期股权投资后，由母公司编制。由于合并财务报表涉及两个或两个以上的会计主体与独立法人，所以为了保证合并财务报表能够准确、全面地反映出企业集团的真实情况，在编制合并财务报表时必须具备一些基本条件。这些条件主要包括：

（一）母公司与子公司统一的财务报表决算日和会计期间

母公司应当统一子公司的会计期间，使子公司的会计期间与母公司保持一致。由于财务报表是反映企业一定日期的财务状况和一定会计期间内的经营成果，所以只有在母公司与子公司的个别财务报表反映财务状况的日期和反映经营成果的会计期间一致的情况下，才能以这些个别的财务报表为基础编制合并财务报表。因此为了编制合并财务报表，必须要求子公司的财务报表决算日和会计期间与母公司保持一致，以便统一企业集团内部各企业的财务报表决算日和会计期间，使各子公司均能提供相同会计决算日和会计期间的财务报表。子公司的会计期间与母公司不一致的，应当按照母公司的会计期间对子公司财务报表进行调整；或者要求子公司按照母公司的会计期间另行编报财务报表。

（二）统一母公司与子公司采用的会计政策

会计政策是企业进行会计核算和编制财务报表时所采用的会计原则、会计程序和会计处理方法，它们是编制财务报表的基础，是保证财务报表各项所反映的内容保持一致的情况下，才能以它们为基础编制合并财务报表。因此，在编制合并财务报表之前，必须要求子公司采用相同的会计政策，各子公司均能提供采用相同会计政策编报的财务报表。

（三）统一母公司与子公司的编制货币

财务报表是以货币为单位而编制的，只有在母公司与子公司采用相同币种编报个别财务报表的情况下，才能以它们为基础编制合并财务报表。由于我国允许外币业务较多的企业采用某一外币作为其记账本位币，同时境外企业一般也是采用其所在国或地区的货币作为其记账本位币，因此，在编制合并财务报表之前，必须将这些以外币编报的个别财务报表折算为母公司所采用的记账本位币表示的财务报表。

（四）对子公司的权益性投资采用权益法核算

对子公司的权益性投资可采用成本法或权益法等不同的方法进行核算。只有在采用权益法核算的情况下，母公司长期投资的账面价值才能反映其在被投资企业所有者权益中所享有的份额。而在编制合并财务报表时，所需要抵消的项目之一就是母公司对子公司的长期投资与子公司所有者权益各项目。因此，在采用权益法的情况下，有利于合并财务报表的编制，以下所介绍的抵消方法也是以采用权益法为基础的。

上述四点是编制合并财务报表应具备的基本条件，但在实际工作中，属于合并范围的子公司不仅要提供个别财务报表，还应提供合并财务报表应具备的其他翔

实资料,这些资料一般应包括:

(1)子公司所采用的与母公司不同的会计政策和会计处理方法;

(2)母公司与母公司的其他子公司之间的购销业务、债权债务、投资业务等资料;

(3)子公司所有者权益变动的明细资料;

(4)子公司利润分配的有关资料;

(5)编制合并财务报表所需的其他资料。

第三节　合并财务报表编制的种类、原则和程序

一、合并财务报表编制的种类

合并财务报表主要包括合并资产负债表、合并利润表、合并现金流量表、合并所有者权益(或股东权益,下同)变动表、附注。它们分别从不同的方面反映企业集团的经营情况,构成一个完整的合并财务报表体系。

1. 合并资产负债表。合并资产负债表是反映母公司和子公司所形成的企业集团某一特定日期财务状况的报表。

2. 合并利润表。合并利润表是反映母公司和子公司所形成的企业集团在一定期间内经营成果的财务报表。

3. 合并现金流量表。合并现金流量表是反映母公司和子公司形成的企业集团在一定期间现金流入、流出量以及现金净增减变动情况的财务报表,表明企业集团获得现金或现金等价物的能力。

4. 合并所有者权益变动表。该表是反映母公司和子公司的所有者权益变动情况的财务报表。各项目应根据"实收资本(或股本)"、"资本公积"、"盈余公积"、"利润分配"账户的发生额分析填列。

5. 附注。财务报表附注是为便于财务报表使用者理解财务报表的内容而对合并财务报表编制的基础、编制的依据、编制的原则和方法及主要项目所作的解释。财务报表附注至少应当包括下列内容:

①不符合基本会计假设的说明。

②重要会计政策和会计估计及其变更情况、变更原因及其对财务状况和经营成果的影响。

③或有事项和资产负债表日后事项的说明。

④关联方关系及其交易说明。

⑤重要资产转让及其出售情况。

⑥企业合并分立。

⑦重大投资、融资活动。

⑧财务报表中重要项目的明细资料。

⑨有助于理解和分析财务报表需要说明的其他事项。

二、合并财务报表编制的原则

合并财务报表作为财务报表，必须符合财务报表编制的一般原则和基本要求。这些基本要求包括真实可靠、全面完整和编报及时。合并财务报表又与个别财务报表不同，它反映母公司和子公司组成的企业集团整体财务状况，反映的是若干法人共同形成的会计主体的经营状况和财务状况。因此，合并财务报表的编制除遵循财务报表编制的一般原则和要求外，还应遵循以下原则和要求：

（一）以个别财务报表为编制基础

合并财务报表作为财务报表并不是直接根据母公司和子公司账簿直接编制，而是利用母公司和子公司编制的反映各自财务状况和经营成果的财务报表提供的数据，通过合并财务报表的特有的方法进行编制的。以纳入合并范围的母公司个别财务报表为基础，可以说是客观性原则在财务报表编制时的具体体现。

（二）一体性原则

合并财务报表反映的是企业集团的财务状况和经营成果，反映由多个法人企业组成的一个会计主体的经营情况和财务状况，在编制合并财务报表时应当将母公司和所有子公司作为一个整体来看待，视为同一个会计主体，母公司和子公司的经营活动都应当从企业集团的角度进行考虑。因此，在编制合并财务报表时，对于母公司和子公司相互之间发生的经济业务，应当视为同一会计主体之下的不同核算单位的内部业务，一并将其影响抵消。

（三）重要性原则

合并财务报表要综合反映这样的会计主体的财务情况，必然要涉及重要性的判断问题。依据重要性原则，对于子公司的资产总额、销售收入及当期利润小于母公司与其所有子公司相应指标合计数10%，该子公司可以不纳入合并范围。同时规定，对于银行和保险等特殊行业的子公司，可以不纳入合并范围。在这种情况下，一些项目虽然在企业集团中的某一企业不具有重要性，但可能对于整个企业集团的发展具有一定的影响，所以在根据重要性原则的要求对财务报表项目进行取舍时，要充分估计到这些项目对于报表使用者决策的影响。重要性原则并不能破坏会计信息的完整性、有效性。有鉴于此，会计的重要性主要体现在内部交易的抵消和相关信息的披露上。

三、合并财务报表编制的程序

（一）编制合并工作底稿

合并工作底稿的作用是为合并报表的编制提供基础。在合并工作底稿中，对母公司和纳入合并范围的子公司的个别报表项目的数额进行汇总和抵消处理，最终计算出合并财务报表各项目的合并数。

（二）将母公司纳入合并范围的子公司的个别财务报表的数据过入合并工作底稿

将母公司纳入合并范围的子公司的个别资产负债表、利润表及利润分配表、所有者权益增减变动表各项目数据过入合并工作底稿，并在合并工作底稿中对母公司和子公司财务报表数据进行加总，计算出个别资产负债表、个别利润表及个别利润分配表、现金流量表、所有者权益增减变动表各项目合计数。

（三）编制抵消分录

将母公司与子公司、子公司之间发生的经济业务对财务报表有关项目的影响进行抵消处理。编制抵消分录，进行抵消处理是合并财务报表编制的关键和主要内容，其目的在于将个别财务报表各项目的加总数据中重复的因素予以抵消。

（四）计算合并财务报表各项目的合并数额

计算合并财务报表各项目的合并数额，即在母公司和纳入合并范围的子公司个别财务报表项目加总的基础上，分别计算财务报表中的资产项目、负债项目、所有者权益项目、收入项目和费用项目的合计数。其计算方法如下：

①资产类各项目，其合计数根据该项目加总的数额，加上该项目抵消分录有关的借方发生额，减去该项目抵消分录有关的贷方发生额计算确定。

②负债类各项目和所有者权益各项目，其合并数据根据该项目加总的数额，减去该项目抵消分录有关的借方发生额，加上该项目抵消分录有关的贷方发生额计算确定。对于合并非全资子公司资产负债表中的少数股东权益额，则视同抵消分录发生额计算确定。

③收益类各项目，其合并数据根据该项目加总的数额，减去该项目抵消分录有关借方发生额，加上该项目抵消分录的贷方发生额计算确定。

④成本费用类项目和利润分配各项目，其合并数据根据该项目加总的数额，加上该项目抵消分录的借方发生额，减去该项目抵消分录的贷方发生额计算确定。

（五）填列合并财务报表

根据合并工作底稿中计算出的资产、负债、所有者权益、收入、成本费用类各项目的合计数，填列正式的合并财务报表。

四、合并财务报表编制实务中的注意事项和问题

(1)在判断母公司对被投资企业是否具有实质控制权时,除了暂行规定所给出的情形外,是否还需要对股权比例有一定的最低需求。例如40%,才能将被投资企业纳入合并范围。

处理原则:股权关系不是判断合并的先决条件。股权关系是判断合并的先决条件,但不必设最低持股比例。应设定最低持股比例:避免操纵,已有先例。应重视控制的判断条件而非持股比例。

(2)对于母公司持股比例超过50%,但认为对其不具有控制的被投资单位,是否应纳入合并范围。

处理原则:为避免操纵,应纳入合并范围。理论上以控制为基准,实务上以国情为基准。

(3)资不抵债但仍持续经营的子公司应纳入合并的范围。

(4)母公司虽然对子公司持有50%以上权益性资本,但已将此子公司委托给其他企业经营管理,或者由其他企业承包。这类公司是否应当将其纳入合并财务报表的合并范围?母公司是否还需要按权益法核算该子公司?如果母公司受托经营管理或承包经营管理其他企业,这类企业是否应当将其纳入合并财务报表的合并范围?如果受托方需要合并被委托经营的单位,是合并财务报表层面先采用权益法进行调整再合并,还是在受托方报表先采用权益法核算再进行合并。

①委托方的处理应具体问题具体分析:考虑的因素有委托性质、控制与否、期限长短、获利方式、风险报酬是否转移等等。无条件的不合并,有条件的应当进行合并。

②受托方的处理:考虑控制与获利的方式。有股权的应当合并,无股权的则无需进行合并。同时考虑风险报酬的转移。

(5)母公司将对子公司的控制权委托给管理层行使或者放弃行使控制权时,是否可以认为母公司丧失了对子公司的控制权?分别情况处理:

①已丧失控制权的,无法控制子公司的财务与经营决策。

②未丧失控制权的,委托或放弃不等于无力行使,类似法律上的作为与不作为。

(6)当存在多层控股结构时,该结构中的所有母公司是否都必须编制合并报表?如果不是,在什么情况下母公司可以不编制合并财务报表?若母公司可以不编制合并财务报表,其个别财务报表对子公司的核算在遵循投资准则之外,是否还需要增加其他规定?

处理原则:按现有规定执行,余下由管理层决定。所有母公司都必须编制。或依合并报表的编制方法而定:同步法或逐级法。

本章小结

合并报表是指反映母公司和其全资子公司形成的企业集团整体财务状况、经营成果和现金流量的财务报表。合并财务报表应当以母公司和其子公司的个别财务报表为基础，根据其他有关资料，按照权益法调整子公司的长期股权投资后，由母公司编制。现行的合并会计理论主要有：母公司理论、实体理论。

编制合并财务报表，必须首先确定合并范围。合并范围是指合并财务报表的子公司的范围，主要明确哪些公司应当包括在编制合并财务报表的编报范围之内，哪些子公司应当排除在合并财务报表编报的范围以外。

合并财务报表主要包括合并资产负债表、合并利润表、合并现金流量表、合并所有者权益(或股东权益，下同)变动表、附注。它们分别从不同的方面反映企业集团的经营情况，构成一个完整的合并财务报表体系。合并财务报表编制的原则：以个别财务报表为编制基础、一体性原则、重要性原则。合并财务报表编制的程序：编制合并工作底稿、将母公司纳入合并范围的子公司的个别财务报表的数据过入合并工作底稿、编制抵消分录、计算合并财务报表各项目的合并数额、填列合并财务报表。

中英文对照专业名词

母公司理论 (Parent-company Theory) 实体理论 (Entity Theory)
会计政策 (Accounting Policies) 权益性投资 (Equity Investment)
合并财务报表 (Consolidated Financial Statements)
合并资产负债表 (Consolidated Balance Sheet)
合并利润表 (Consolidated Income Statement)
合并现金流量表 Consolidated Statement of Cash Flow)
合并所有者权益变动表 (Consolidated Statement of Equity Change)

思考与练习

1.什么是合并财务报表？哪些企业需要编制合并财务报表？
2.合并报表的作用和特点如何？
3.试述合并报表的编制理论。
4.试述合并报表编制的范围和条件。
5.简述合并报表编制的种类、原则和程序。

第四章　合并财务报表的编制

本章主要阐述了股权取得日合并财务报表采用购买法与权益结合法的编制；股权取得日后合并财务报表的编制，要求学生掌握合并资产负债表、合并利润表、合并利润分配表以及合并现金流量表的编制；股权取得日后连续各期合并财务报表的编制，主要掌握母公司对子公司股权投资的抵消、母公司投资收益与子公司分配项目的抵消、盈余公积的抵消、集团内部交易的抵消以及连续各期合并财务报表编制的应用。

第一节　股权取得日合并财务报表的编制

合并报表按照其编制时间，可以分为股权取得日的合并财务报表和股权取得日后的合并财务报表。母公司常常在会计年度的中间取得对子公司的控股权，会计实务中，在控股权取得日不要求编制合并财务报表。但由于企业控股权取得日的会计处理对以后各期的合并财务报表有很大影响，因此在讨论合并财务报表时，不可避免地要讨论控股权取得日的合并财务报表问题。

一、购买法

购买法是将母公司投资取得股权视为一个企业取得另一个企业净资产的交易行为。按购买法要求，合并前的收益与留存收益是作为购买成本的一部分，而不纳入合并企业的收益及留存收益，因而在控股权取得日编制合并财务报表，只需要编制合并资产负债表。由于被投资企业的产权转让价格通常与其账面净资产不同，由此就会产生资产增值或减少，以及合并商誉问题。下面分别就不同情况举例说明。

(一)投资成本等于被投资企业净资产的账面价值

【例4-1】M公司于2005年6月30日以现金1 200 000元购买N公司的全部股权，购买日报表如表4-1所示。

M公司取得N公司时，做会计分录：

借：长期股权投资——N(投资成本)　　1 200 000

　贷：银行存款　　1 200 000

表 4-1　M 公司和 N 公司资产负债表

2005 年 6 月 30 日　　　　单位:元

项　　目	M 公司	N 公司
资产		
银行存款	2 500 000	400 000
应收账款	1 400 000	150 000
存货	820 000	240 000
固定资产	4 680 000	1 420 000
资产总额	9 400 000	2 210 000
应付账款	620 000	210 000
长期借款	1 200 000	800 000
长期债券	1 600 000	
负债合计	3 420 000	1 010 000
股本	5 000 000	1 000 000
资本公积	500 000	
盈余公积	300 000	180 000
未分配利润	180 000	20 000
所有者权益	5 980 000	1 200 000
负债及所有者权益	9 400 000	2 210 000

股权取得后 M 公司银行存款为 1 300 000 元,长期股权投资 1 200 000 元,资产总额仍然是 9 400 000 元。N 公司资产负债表各项目仍然保持原有记录。在编制股权取得日的合并报表的合并工作底稿时,为了反映母、子公司整体的资产、负债和所有者权益情况,需要将母公司的长期股权投资与子公司的所有者权益项目相互抵消。假设合并前 M 公司和 N 公司没有往来款项(下同),合并时应编制抵消分录:

借:股本　　1 000 000

　盈余公积　　180 000

　未分配利润　　20 000

　贷:长期股权投资——N(投资成本)　　1 200 000

编制合并资产负债表工作底稿如表 4-2 所示。

表 4-2　合并资产负债表工作底稿

2005 年 6 月 30 日　　单位:元

项　目	M公司	N公司	合计数	抵消分录		少数股东权益	合并数
				借方	贷方		
银行存款	1 300 000	400 000	1 700 000				1 700 000
应收账款	1 400 000	150 000	1 550 000				1 550 000
存货	820 000	240 000	1 060 000				1 060 000
长期股权投资	1 200 000		1 200 000		1 200 000		0
固定资产	4 680 000	1 420 000	6 100 000				6 100 000
资产总额	9 400 000	2 210 000	11 610 000		1 200 000		10 410 000
应付账款	620 000	210 000	830 000				830 000
长期借款	1 200 000	800 000	2 000 000				2 000 000
长期债券	1 600 000		1 600 000				1 600 000
股本	5 000 000	1 000 000	6 000 000	1 000 000			5 000 000
资本公积	500 000		500 000				500 000
盈余公积	300 000	180 000	480 000	180 000			300 000
未分配利润	180 000	20 000	200 000	20 000			180 000
负债及所有者权益	9 400 000	2 210 000	11 610 000	1 200 000			10 410 000

(二)投资成本大于被投资企业净资产的账面价值

子公司所有者权益中不属于母公司的份额,应当作为少数股东权益,在合并资产负债表中所有者权益项目下以“少数股东权益”项目列示。

【例 4-2】 M 公司于 2005 年 6 月 30 日以现金 1 100 000 元购买 N 公司的 80% 股权,购买日报表如表 4-1 所示。

M 公司取得 N 公司时,做会计分录:

借:长期股权投资——N(投资成本)　　1 100 000

　贷:银行存款　　1 100 000

股权取得后 M 公司银行存款为 1 400 000 元,长期股权投资 1 100 000 元,资产总额仍然是 9 400 000 元。N 公司资产负债表各项目仍然保持原有记录。在编制股权取得日的合并报表的合并工作底稿时,由于 M 公司购入股权的成本高于取得 N 公司权益性资本应享有的份额,其差额在合并报表中单独列做“商誉”,对于母公司未持有的那部分股权 240 000(1 200 000×20%),在合并资产负债表中单独以“少数股东权益”项目列示。股权取得日编制合并报表时,应编制抵消分录:

借:股本　1 000 000
　盈余公积　180 000
　未分配利润　20 000
　商誉　140 000
　贷:长期股权投资　1 100 000
　　少数股东权益　240 000

编制合并资产负债表工作底稿如表4-3所示。

表4-3　合并资产负债表工作底稿

2005年6月30日　　单位:元

项　目	M公司	N公司	合计数	抵消分录		少数股东权益	合并数
				借方	贷方		
银行存款	1 400 000	400 000	1 800 000				1 800 000
应收账款	1 400 000	150 000	1 550 000				1 550 000
存货	820 000	240 000	1 060 000				1 060 000
长期股权投资	1 100 000		1 100 000		1 100 000		0
商誉				140 000			140 000
固定资产	4 680 000	1 420 000	6 100 000				6 100 000
资产总额	9 400 000	2 210 000	11 610 000	140 000	1 100 000		10 650 000
应付账款	620 000	210 000	830 000				830 000
长期借款	1 200 000	800 000	2 000 000				2 000 000
长期债券	1 600 000		1 600 000				1 600 000
股本	5 000 000	1 000 000	6 000 000	1 000 000			5 000 000
资本公积	500 000		500 000				500 000
盈余公积	300 000	180 000	480 000	180 000			300 000
未分配利润	180 000	20 000	200 000	20 000			180 000
归属于母公司所有者权益合计							5 980 000
少数股东权益						240 000	240 000
所有者权益合计							6 220 000
负债及所有者权益	9 400 000	2 210 000	11 610 000	1 200 000		240 000	10 650 000

根据合并工作底稿表4-3编制合并财务报表如表4-4所示。

表 4-4　M 公司和 N 公司合并资产负债表

2005 年 6 月 30 日　　单位:元

项　　目	金　　额
银行存款	1 700 000
应收账款	1 550 000
存货	1 060 000
固定资产	6 100 000
长期股权投资	0
商誉	140 000
资产总额	10 650 000
应付账款	830 000
长期借款	2 000 000
长期债券	1 600 000
股本	5 000 000
资本公积	500 000
盈余公积	300 000
未分配利润	180 000
归属于母公司所有者权益合计	5 980 000
少数股东权益	240 000
负债及所有者权益	10 650 000

(三)投资成本小于被投资企业净资产的账面价值

【例 4-3】 M 公司于 2005 年 6 月 30 日以现金 800 000 元购买 N 公司的 80%股权,购买日报表如表 4-1 所示。

M 公司取得 N 公司时,作如下会计分录:

借:长期股权投资——N(投资成本)　　800 000

　贷:银行存款　　800 000

股权取得后 M 公司银行存款为 1 700 000 元,长期股权投资 800 000 元,资产总额仍然是 9 400 000 元。N 公司资产负债表各项目仍然保持原有记录。在编制股权取得日的合并报表的合并工作底稿时,由于 M 公司购入股权的成本低于取得 N 公司权益性资本应享有的份额,其差额在合并报表中单独列做“商誉”,对于母公司未持有的那部分股权 240 000(1 200 000×20%),在合并资产负债表中单独以“少数股东权益”项目列示。股权取得日编制合并报表时,应编制抵消分录:

借:股本　　1 000 000
　盈余公积　　180 000
　未分配利润　　20 000
　贷:长期股权投资　　800 000
　　少数股东权益　　240 000
　　商誉　　160 000

编制合并资产负债表工作底稿如表4-5所示。

表4-5　合并资产负债表工作底稿

2005年6月30日　　单位:元

项　　目	M公司	N公司	合计数	抵消分录		少数股东权益	合并数
				借方	贷方		
银行存款	1 700 000	400 000	2 100 000				2 100 000
应收账款	1 400 000	150 000	1 550 000				1 550 000
存货	820 000	240 000	1 060 000				1 060 000
长期股权投资	800 000		800 000		800 000		0
商誉					160 000		－160 000
固定资产	4 680 000	1 420 000	6 100 000				6 100 000
资产总额	9 400 000	2 210 000	11 610 000		960 000		10 650 000
应付账款	620 000	210 000	830 000				830 000
长期借款	1 200 000	800 000	2 000 000				2 000 000
长期债券	1 600 000		1 600 000				1 600 000
股本	5 000 000	1 000 000	6 000 000	1 000 000			5 000 000
资本公积	500 000		500 000				500 000
盈余公积	300 000	180 000	480 000	180 000			300 000
未分配利润	180 000	20 000	200 000	20 000			180 000
归属于母公司所有者权益合计							5 980 000
少数股东权益						240 000	240 000
所有者权益合计							6 220 000
负债及所有者权益	9 400 000	2 210 000	11 610 000	1 200 000		240 000	10 650 000

根据合并工作底稿表4-5编制合并财务报表如表4-6所示。

表4-6 合并资产负债表

2005年6月30日　　单位:元

项　目	金　额
资产	
银行存款	2 100 000
应收账款	1 550 000
存货	1 060 000
商誉	−160 000
固定资产	6 100 000
资产总额	10 650 000
应付账款	830 000
长期借款	2 000 000
长期债券	1 600 000
负债合计	4 430 000
股本	5 000 000
资本公积	500 000
盈余公积	300 000
未分配利润	180 000
归属于母公司所有者权益合计	5 980 000
少数股东权益	240 000
所有者权益合计	6 220 000
负债及所有者权益合计	10 650 000

二、权益结合法

权益结合法适用于股权联合性质的合并，一般由母公司增发股票换取子公司的全部股份，以取得子公司的控股权。采用权益结合法编制股权取得日的合并财务报表，只需要将子公司净资产的账面价值作为母公司的长期股权投资成本，而不需要按公允价值对子公司的资产、负债进行评估，因而不会产生商誉。如果母公司的长期股权投资成本高于发行股票的面值，其差额在抵扣了子公司的留存收益后计入资本公积。由于权益结合法要将合并企业合并前的留存收益和利润并入合并报表，因而在股权取得日既要编制合并资产负债表，还要编制合并利润表。下面举例说明采用权益结合法编制股权取得日合并财务报表编制。

【例4-4】 M公司以每股面值1元的50万股股票换取了N公司的全部股份，2005年6月30日作为股权登记日。合并前M公司和N公司的资产负债表如表4-7，利润表如表4-8所示。

表4-7 M公司和N公司资产负债表

2005年6月30日　　单位：元

项目	M公司	N公司
资产		
银行存款	2 500 000	400 000
应收账款	1 400 000	150 000
存货	820 000	240 000
固定资产	4 680 000	1 420 000
资产总额	9 400 000	2 210 000
应付账款	620 000	210 000
长期借款	1 200 000	800 000
长期债券	1 600 000	
负债合计	3 420 000	1 010 000
股本	5 000 000	1 000 000
资本公积	500 000	
盈余公积	300 000	180 000
未分配利润	180 000	20 000
所有者权益合计	5 980 000	1 200 000
负债及所有者权益合计	9 400 000	2 210 000

表4-8　M公司和N公司利润表

2005年6月30日　　单位:元

项　　目	M公司	N公司
营业收入	600 000	330 000
减:营业成本	340 000	250 000
营业费用	80 000	50 000
营业利润	180 000	30 000
减:所得税	60 000	10 000
净利润	120 000	20 000
加:年初未分配利润	60 000	
年末未分配利润	180 000	20 000

M公司取得N公司时,作如下会计分录:

借:长期股权投资——N(投资成本)　　1 200 000
　贷:股本　　500 000
　　盈余公积　　180 000
　　未分配利润　　20 000
　　资本公积　　500 000

股权取得后M公司股本为5 500 000元,资本公积1 000 000元,盈余公积480 000元,未分配利润200 000元,长期股权投资1 200 000元,资产总额增加了1 200 000元,所有者权益总额增加了1 200 000元。N公司资产负债表各项目仍然保持原有记录。在编制股权取得日的合并报表时,假设合并前M公司和N公司没有往来款项和内部交易事项,应编制抵消分录:

借:股本　　1 000 000
　盈余公积　　180 000
　未分配利润　　20 000
　贷:长期股权投资　　1 200 000

编制合并报表工作底稿如表4-9所示。

根据合并工作底稿编制合并报表如表4-10、表4-11所示。

如果M公司只是通过发行股票取得N公司一部分权益性资本,编制股权取得日合并财务报表时对少数股东持有的股权在合并资产负债表中应以“少数股东权益”项目单独列示反映,对利润表中属于少数股东应享有的净利润以“少数股东收益”项目在合并利润表中单独反映,其他抵消分录和合并基本原理与上例基本相同。

表 4-9　合并报表工作底稿

2005 年 6 月 30 日　　　　单位:元

项　目	M公司	N公司	合计数	抵消分录		少数股东权益	合并数
				借方	贷方		
银行存款	2 500 000	400 000	2 900 000				2 900 000
应收账款	1 400 000	150 000	1 550 000				1 550 000
存货	820 000	240 000	1 060 000				1 060 000
长期股权投资——对子公司投资	1 200 000		1 200 000		1 200 000		0
固定资产	4 680 000	1 420 000	6 100 000				6 100 000
资产总计	10 600 000	2 210 000	12 810 000		1 200 000		11 610 000
应付账款	620 000	210 000	830 000				830 000
长期借款	1 200 000	800 000	2 000 000				2 000 000
长期债券	1 600 000		1 600 000				1 600 000
股本	5 500 000	1 000 000	6 500 000	1 000 000			5 500 000
资本公积	1 000 000		1 000 000				1 000 000
盈余公积	480 000	180 000	660 000	180 000			480 000
未分配利润	200 000	20 000	220 000	20 000			200 000
负债及所有者权益总计	10 600 000	2 210 000	12 810 000	1 200 000			11 610 000
营业收入	600 000	330 000	930 000				930 000
减:营业成本	340 000	250 000	590 000				590 000
营业费用	80 000	50 000	130 000				130 000
营业利润	180 000	30 000	210 000				210 000
减:所得税	60 000	10 000	70 000				70 000
净利润	120 000	20 000	140 000				140 000
加:年初未分配利润	60 000		60 000				60 000
年末未分配利润	180 000	20 000	200 000				200 000

表 4-10　合并利润及利润分配表

2005 年 6 月 30 日　　　　单位:元

项　　目	金　　额
营业收入	930 000
减:营业成本	590 000
营业费用	130 000
营业利润	210 000
减:所得税	70 000
净利润	140 000
加:年初未分配利润	60 000
年末未分配利润	200 000

表 4-11　合并资产负债表

2005 年 6 月 30 日　　　　单位:元

项　　目	金　　额
资产	
银行存款	2 900 000
应收账款	1 550 000
存货	1 060 000
固定资产	6 100 000
资产总额	11 610 000
应付账款	830 000
长期借款	2 000 000
长期债券	1 600 000
负债合计	4 430 000
股本	5 500 000
资本公积	1 000 000
盈余公积	480 000
未分配利润	200 000
所有者权益合计	7 180 000
负债及所有者权益合计	11 610 000

第二节　股权取得日后合并财务报表的编制

母公司在取得子公司股权之后的各期，对子公司的股权投资必须按权益法核算，对子公司的净利润或净损失以及子公司的股利分配等情况进行反映。

在控股合并的情况下，合并后母公司和子公司分别是独立的经济实体，相互之间也可能发生各种各样的内部交易事项，这些内部交易事项也必然会反映在各自的账簿记录中，并体现在个别财务报表中。站在企业集团的角度，上述事项属于内部事务，因此股权取得日后的合并财务报表，应在母公司和子公司个别财务报表的基础上，除了抵消母公司投资与子公司所有者权益以外，还要抵消母公司与子公司的内部交易事项对合并财务报表的影响。

一、集团公司内部交易事项

集团公司内部交易事项是指集团公司内部母公司与其所属的子公司之间以及各子公司之间发生的除股权投资以外的各种往来业务及交易事项。

在实际工作中，母公司与子公司之间很可能会发生各种各样涉及损益或不涉及损益的内部交易事项，这种交易事项发生后，已经分别反映在母公司或子公司的个别财务报表中，从企业集团的角度看，其财务报表中不应包括这类交易事项，因而应将反映在个别财务报表中内部交易事项对合并财务报表的影响予以抵消。

(一)集团公司内部交易事项的类型

1.按内部交易事项是否涉及损益分类

(1)涉及损益的内部交易事项

涉及损益的内部交易事项是指集团公司内部母公司与子公司及子公司之间发生的与损益有关的内部交易事项。如母公司将其生产的产品出售给所属的子公司，导致母公司营业收入和营业成本增加。

涉及损益的内部交易事项按其损益是否实现，又可以分为已实现集团公司内部损益的交易事项和未实现集团公司内部损益的交易事项两种。

前者是指集团公司内部母公司与子公司及各子公司之间发生了涉及损益的内部交易事项后，其购买方已于当期全部向集团外出售。如母公司将其生产的产品出售给所属的子公司后，子公司在当期将其从母公司购进的存货全部出售给集团外的其他公司。

后者是指集团公司内部母公司与子公司及各子公司之间发生了涉及损益的内部交易事项后，其购买方在当期尚未向集团外出售。如母公司将其生产的产品出售给所属的子公司后，子公司存放在仓库尚未向集团外出售，形成期末存货或固定资产等，就出售方的个别财务报表来说，已经反映销售收入和销售成本，并形成销售利润，但由于购买方尚未对外出售，在其个别财务报表中表现为存货或固定资产，因此对集团公司来说，销售利润并未真正实现。

(2)不涉及损益的内部交易事项

不涉及损益的内部交易事项是指集团公司内部母公司与子公司及子公司之间发生的交易只与资产负债表项目相关，与各公司的损益确定无关的事项。如集团公司内部的无息贷款业务，内部债权债务等。

2.按内部交易事项的具体内容分类

按内部交易事项的具体内容可以分为：

(1)内部存货交易；

(2)内部债权债务；

(3)内部固定资产交易；

(4)内部无形资产交易；

(5)其他内部交易。

(二)内部交易事项的消除方法

集团公司内部交易事项的消除方法实际上是以企业集团为报告主体，将一方的内部销售与另一方的内部购进予以抵消，从而消除集团内部未实现损益和虚增的资产与负债，通常情况下，集团公司内部购销事项按其销售方向，可以分为顺销、逆销和平销。

顺销就是母公司对子公司的销售；逆销就是子公司对母公司的销售；平销就是子公司之间的销售。

当母公司对子公司的持股比例不同时，不同方向内部交易事项，其消除方法也有所不同。

当母公司拥有子公司全部股权时，顺销和逆销所形成的集团公司内部未实现损益都应予以全部消除。

当母公司拥有子公司部分股权时，顺销所形成的集团公司内部未实现损益体现在母公司的财务报表中，应予以全部消除；而逆销所形成的集团公司内部未实现损益体现在子公司财务报表中，对此有全部消除法和部分消除法两种消除方法。

全部消除法是指对集团公司内部由于逆销而发生的未实现损益全部予以消除，使得合并后的净利润中不包含内部未实现损益。部分消除法是指对集团公司内部由于逆销而发生的未实现损益按母公司持股比例予以消除。按母公司理论编制合并财务报表，集团公司内部交易事项的逆销采用全部消除法。

二、合并资产负债表、合并利润表及利润分配表的编制

股权取得日后的合并财务报表包括合并资产负债表、合并利润及利润分配表、合并现金流量表和合并所有者权益变动表。股权取得日后的合并财务报表抵消分

录的类型包括：

1. 各子公司的所有者权益与母公司长期股权投资的抵消；

2. 利润分配表中各子公司当年利润分配项目与母公司当年投资收益的抵消；

3. 母公司与子公司以及子公司之间的内部往来和内部交易事项的抵消。

企业会计准则规定，投资企业能够对被投资企业实施控制的长期股权投资采用成本法核算，编制合并财务报表时应根据追溯调整法将其调整为权益法核算后进行合并（相关调整在合并工作底稿中进行）。

(一)对子公司拥有全部股权

1. 各子公司的所有者权益与母公司长期股权投资的抵消

当子公司是母公司的全资子公司时，编制合并财务报表时，因不存在少数股东权益，应将母公司长期股权投资与子公司的全部所有者权益予以抵消。

抵消分录为：

借：股本

　　盈余公积

　　未分配利润

　贷：长期股权投资

同时，将子公司“应付利润”或“应付股利”与母公司“应收股利”抵消。

抵消分录为：

借：应付股利

　贷：应收股利

2. 利润分配表中各子公司当年利润分配项目与母公司当年投资收益的抵消

抵消分录为：

借：投资收益

　贷：提取的盈余公积

　　　应付股利

　　　年末未分配利润

3. 恢复已抵消的盈余公积

上述将母公司投资收益与子公司的利润分配项目相互抵消时，已经将子公司计提的盈余公积全部抵消。但我国《公司法》规定，盈余公积由个别企业按照本期实现的税后利润计提。当子公司是全资子公司时，其净利润就是母公司获取的投资收益，因此，子公司已根据净利润计提了盈余公积，母公司的投资收益作为净利润的组成部分也计提了盈余公积。盈余公积的计提，实际上使年末可供分配的利润减少，为了客观地反映集团公司可供分配的利润，应将上述已抵消的盈余公积予以转回。编制恢复已抵消的盈余公积的调整分录为：

借：提取的盈余公积

贷:盈余公积

(二)对子公司拥有部分股权

当纳入合并范围的子公司为非全资子公司时,应将母公司对子公司的权益性资本投资的数额与子公司所有者权益中属于母公司的数额抵消,子公司所有者权益中属于少数股东的份额,作为少数股东权益,在合并资产负债表中所有者权益项目下以"少数股东权益"项目列示。

1.各子公司的所有者权益与母公司长期股权投资的抵消

当子公司是母公司的非全资子公司时,编制合并财务报表时,因存在少数股东权益,应将母公司长期股权投资与子公司的全部所有者权益予以抵消的同时,确认少数股东权益。

抵消分录为:

借:股本

盈余公积

未分配利润

贷:长期股权投资

少数股东权益

同时,将子公司"应付利润"或"应付股利"与母公司"应收股利"抵消。

抵消分录为:

借:应付股利

贷:应收股利

2. 利润分配表中各子公司当年利润分配项目与母公司当年投资收益的抵消

子公司当期净损益中属于少数股东的份额,应当在合并利润表中净利润项目下以"少数股东损益"项目列示。

抵消分录为:

借:投资收益

少数股东损益

贷:提取的盈余公积

应付股利

年末未分配利润

3.恢复已抵消的盈余公积

上述将母公司投资收益与子公司的利润分配项目相互抵消时,已经将子公司计提的盈余公积全部抵消。但我国《公司法》规定,盈余公积由个别企业按照本期实现的税后利润计提。当子公司是非全资子公司时,由于抵消的少数股权中含有一部分盈余公积,恢复已抵消的盈余公积时,只需要将母公司所拥有的数额转回。编制恢复已抵消的盈余公积的调整分录为:

借：提取的盈余公积

　贷：盈余公积

4. 母公司与子公司以及子公司之间的内部往来和内部交易事项的抵消

(1)集团公司内部存货交易

母公司与子公司以及子公司之间的内部存货交易主要是指商品或产品的购销业务。对于发生在企业集团内部的购销业务，购销双方都以独立的会计主体的身份进行了核算。销售企业已将其销售收入和销售成本计入了当期损益，列示在利润表中。对购买企业来说，其购进的商品可能用于对外销售，也可能作为固定资产使用。在购买企业将内部购进的商品用于对外销售时，可能出现以下三种情况：

第一种情况是内部购进的商品本期全部对外销售，按实现的销售收入再一次确认销售收入，并按内部购进价格结转销售成本；第二种情况是内部购进商品全部未对外销售，形成期末存货，因而期末存货价值中含有销售企业已确认的毛利；第三种情况是内部购进的商品部分实现对外销售，销售企业实现的毛利一部分转入销售成本，另一部分形成期末存货价值。

当购买企业将内部购进的存货作为固定资产使用时，销售企业实现的毛利则增加了固定资产价值。

因此，对内部存货交易虚增的利润和资产价值予以抵消时，应分不同情况处理。

①购买企业从集团内部购入的存货当期全部对外销售

在购买企业集团内部购入的存货当前全部对外销售的情况下，从销售企业来说，销售给集团内部的其他成员的商品与销售给集团外部企业的会计处理是相同的，即在销售时确认销售收入、销售成本、计算损益，并在个别利润表中反映；对于购买企业来说，当企业从内部购进的商品对外销售时，也要一方面确认销售收入，另一方面按内部转让价格结转销售成本，在个别利润表中分别作为销售收入和销售成本反映，并确认损益。也就是说，对于同一批存货，在销售企业和购买企业的个别利润表上都反映销售收入和销售成本。但从企业集团来看，这批存货只实现了一次销售，其销售收入只是购买企业对集团外销售所形成的销售收入，其销售成本只是集团内生产并销售该产品的企业的销售成本，企业集团内部的存货购销业务应属于存货调拨活动，使存货的存放地点发生了变动。

因此，在编制合并财务报表时，就必须将销售企业的内部销售收入与购买企业按内部转让价格结转的销售成本予以抵消。在合并工作底稿中编制抵消分录：

借：主营业务收入(集团内销售企业的销售收入)

　贷：主营业务成本(集团内购买企业的销售成本)

【例4-5】A公司是B公司的子公司，本期A公司向B公司购进商品一批，B公司该批商品成本500 000元，向A公司的售价为650 000元；年内A公司将该批商品全部对集团外售出，售价为680 000元。

这笔业务在A、B公司的个别报表中，分别作如下反映：

A公司：主营业务收入680 000元，主营业务成本650 000元；

B公司：主营业务收入650 000元，主营业务成本500 000元。

从集团角度看，这笔业务实际成本是500 000元，实现的销售收入是680 000元。在合并利润表上只能反映主营业务收入680 000元，主营业务成本500 000元。在合并工作底稿上应编制抵消分录：

借：主营业务收入　　　　650 000

　贷：主营业务成本　　　　650 000

②购买企业从集团内部购进的存货全部未对外销售

在内部购进的存货未实现对集团外销售的情况下，从销售企业来说，将存货转让给集团内成员时，已按一般的销售业务确认了销售收入，结转了销售成本，并列示于利润表中，购买企业按内部的销售价格记录了存货的成本。这一业务从企业整体的角度来看，实际上只是商品存放地点发生了变化，没有真正地实现对企业集团的销售，不能确认实现的销售收入，也没有发生销售成本，存货也不会因存放地变动就发生增值。因此，在编制合并财务报表时，应将购买企业由此而确认的内部销售收入和结转的内部销售成本予以抵消，同时还应将购买企业资产负债表的期末存货中包含的销售企业确认的毛利予以抵消，将集团内购买企业的存货成本还原为存货的原始成本，消除虚增的存货价值。在合并工作底稿中编制抵消分录为：

借：主营业务收入（集团内销售企业的销售收入）

　贷：主营业务成本（集团内销售企业的销售成本）

　　存货（购买企业存货中包含的销售企业的毛利）

【例4-6】乙公司为甲公司的子公司，接近期末乙公司向甲公司购进A商品一批，甲公司该批商品成本价200 000元，销售价格250 000元，该批商品乙公司尚未对集团外销售。

该笔业务在甲公司和乙公司的个别报表中，分别作如下记录：

甲公司：主营业务收入250 000元，主营业务成本200 000元；

乙公司：存货250 000元。

从企业集团角度看，该笔业务没有实现销售，存货的价值只有200 000元。在合并工作底稿上应编制抵消分录：

借：主营业务收入　　　　250 000

　贷：主营业务成本　　　　200 000

　　存货　　　　50 000

③购买企业从内部购进的存货部分对外销售，部分形成期末存货

购买企业从集团内部购进的存货部分对外销售，部分形成期末存货的情况可

以将内部购买的商品分为两部分理解：一部分为当期购买的商品已全部对外销售，另一部分全部未对外销售而形成了期末存货。

【例4-7】乙公司为甲公司的子公司，接近期末乙公司向甲公司购进A商品一批，甲公司该批商品成本价200 000元，销售价格250 000元，年内乙公司将该批商品60%对集团外销售，售价为210 000元。

该笔业务在甲公司和乙公司的个别报表中，分别作如下记录：

甲公司：主营业务收入250 000元，主营业务成本200 000元；

乙公司：主营业务收入210 000元，主营业务成本150 000元，存货100 000元。

从企业集团的角度看，该笔业务对外销售实际成本只能是120 000元(200 000×60%)，实现的销售收入只有210 000元，期末存货成本80 000元(200 000×40%)。在合并利润表上只能反映主营业务收入210 000元，主营业务成本120 000元。应抵消销售收入250 000元、销售成本230 000元(200 000+150 000－120 000)、存货20 000元。在合并工作底稿上应编制抵消分录：

借：主营业务收入　　250 000
　贷：主营业务成本　　230 000
　　存货　　20 000

上笔业务也可作如下抵消分录：

借：主营业务收入　　250 000
　贷：主营业务成本　　250 000

同时：

借：主营业务成本　　20 000
　贷：存货　　20 000

(2)集团公司内部固定资产交易

内部固定资产交易是指企业集团内部交易的某一方发生了固定资产及无形资产有关的购销业务。对于企业集团内部固定资产交易，根据销售企业销售的是产品还是固定资产，可以划分为三种类型：

第一类是企业集团内部某企业将自身使用的固定资产变卖给企业集团内部的其他企业作为固定资产使用；第二类是企业集团内部某企业将自身生产的产品销售给企业集团内部的其他企业作为固定资产使用；第三类是企业集团内部某企业将自身使用的固定资产变卖给企业集团内部的其他企业作为普通商品对外销售。第三种类型的固定资产交易，在企业集团内部发生得极少。

固定资产的使用往往跨越几个会计期间，内部交易的固定资产不仅与交易发生当期相关，而且与以后使用该固定资产的会计期间相关，在编制合并财务报表时，不仅在该交易发生当期要考虑固定资产原价中包含的未实现内部销售利润的抵消，而且在以后持有该固定资产的期间每年都要考虑原价中包含的未实现内部销售利润的抵消。

固定资产在使用期内，是以原值为基数分期计提折旧的。由于购买企业的固定资产原价中包含的未实现内部销售利润，并据此计提了折旧，所以每期多提的折旧额必然大于按销售企业销售成本计提的折旧额。因此，在编制合并财务报表时，应将多计提的折旧与多计的折旧费用予以抵消。

①第一种类型内部固定资产交易的抵消

企业集团内部某企业将自身使用的固定资产变卖给企业集团内部的其他企业作为固定资产使用，对于销售企业来说，其资产负债表中已表现为固定资产原价和累计折旧的减少，处理固定资产的净收益或净损失，作为营业外收入或营业外支出列示在利润表中。对于购买企业来说，其个别报表中则按照销售企业的转让价格计入固定资产增加。因而在购买企业的固定资产原价中，既包括了该固定资产在原销售企业的净值，也包括了销售企业因变卖该固定资产所实现的收益。但从整个集团角度看，这一交易属于企业集团内部固定资产的调拨，只是使用地点发生了变化，既不能实现收益，也不会使固定资产的净值发生变化。因此，在编制财务报表时，必须将内部固定资产交易未实现内部销售利润与固定资产净值的增加额抵消。

【例4-8】乙公司为甲公司的子公司，乙公司将净值为100 000元的某固定资产，以120 000元的价格变卖给甲公司作为管理用固定资产使用。甲公司固定资产按照120 000元入账。假定甲公司从乙公司购入的固定资产使用期限为5年，预计净残值为零，甲公司采用平均年限法计提折旧，第一年多提取折旧4 000元(120 000/5－10 000/5)。对此，集团公司在编制合并财务报表时，应编制如下抵消分录：

借：营业外收入　　20 000
　贷：固定资产原价　　20 000

然后，

借：累计折旧　　4 000
　贷：管理费用　　4 000

②第二种类型内部固定资产交易的抵消

企业集团内部某企业将自身生产的产品销售给企业集团内部的其他企业作为固定资产使用，对于销售企业来说，已将销售产品的收入和销售成本计入了当期的损益，列示在利润表中。购买固定资产的企业则按照销售企业的销售价格作为固定资产原价列示在资产负债表中。但从整个企业集团来看，应该相当于自建固定资产然后交付使用，不可能发生销售产生利润。作为固定资产生产企业(销售企业)，既不能实现销售收入，也不会发生销售成本。因此，编制合并财务报表时，必须将该项交易所形成的内部销售收入和内部销售成本及未实现的内部销售利润予以抵消，使合并财务报表上反映的固定资产原价是内部销售企业的原价。

【例 4-9】乙公司为甲公司的子公司，乙公司将自产的产品，成本为 100 000 元，以 120 000 元的价格出售给甲公司作为管理用固定资产使用。甲公司固定资产按照 120 000 元入账。假定甲公司从乙公司购入的固定资产使用期限为 5 年，预计净残值为零，甲公司采用平均年限法计提折旧，第一年多提取折旧 4 000 元（120 000/5－10 000/5）。对此，集团公司在编制合并财务报表时，应编制如下抵消分录：

借：主营业务收入　　120 000
　贷：主营业务成本　　100 000
　　固定资产原价　　20 000

然后，

借：累计折旧　　4 000
　贷：管理费用　　4 000

（3）内部债权债务的抵消

母公司与子公司之间、子公司相互之间的债权债务项目，包括母公司与子公司之间、子公司相互之间的应收票据与应付票据、应收账款与应付账款、预付账款与预收账款、其他应收款与其他应付款等。发生在母公司与子公司之间、子公司相互之间的债权债务，从其个别财务报表中，债权方与债务方分别以资产、负债列示于资产负债表上，但是，从整个集团的角度出发，这些债权债务只是内部资金往来，既不会因此而产生额外资产，也不会产生额外负债。因此在编制合并财务报表时，应当将内部的债权债务项目相互抵消，同时还应将因这种债权所计提的坏账准备予以抵消。

【例 4-10】母公司个别资产负债表中应收账款 90 000 元中有 40 000 元是子公司的应付账款；预收账款 40 000 元中有 15 000 元是子公司的预付账款；另有子公司甲的其他应收款 100 000 元是子公司乙的其他应付款。年末编制合并财务报表时，集团公司编制抵消分录：

借：应付账款　　40 000
　预收账款　　15 000
　其他应付款　　100 000
　贷：应收账款　　40 000
　　预付账款　　15 000
　　其他应收款　　100 000

在坏账损失采用备抵法核算时，债券企业均按照应收款项的一定比例计提坏账准备，并在个别报表中予以列示。在编制合并财务报表时，随着内部往来款项的抵消，相应也要将内部往来所计提的坏账准备予以抵消。

接上例，假定该集团均按应收款项的2%计提坏账准备，则母公司对内部应收账款计提的坏账准备为800元。编制合并财务报表时，应编制抵消分录：

借：坏账准备　　800

　贷：管理费用　　800

三、合并现金流量表的编制

合并现金流量表是综合反映母公司及子公司形成的企业集团在一定会计期间现金流入、现金流出及现金增减变动情况的财务报表。合并现金流量表应当以母公司和子公司的现金流量表为基础，在抵消母公司与子公司、子公司相互之间发生的内部交易对合并现金流量表的影响后，由母公司合并编制。合并现金流量表的编制原理与个别现金流量表是一致的。合并现金流量表的编制方法有两种：一种是以合并资产负债表和合并利润表为基础，采用与编制个别现金流量表相同的方法编制合并现金流量表；另一种方法则是以母公司和纳入合并范围的子公司的个别现金流量表为基础，采用与编制合并资产负债表、合并利润表及利润分配表相同的编制原理、编制方法和编制程序来编制合并现金流量表。即首先编制合并工作底稿，将母公司和子公司个别现金流量表各项目的金额过入合并工作底稿；然后，根据当期母公司与子公司以及子公司相互之间发生的影响其现金流量增减变动的经济业务，编制抵消分录，以便将个别现金流量表重复反映的现金流入量和现金流出量予以抵消；最后，计算出合并工作底稿中现金流量各项目的合并数，据以编制合并现金流量表。

(一)编制合并现金流量表的要求

1.母公司与子公司、子公司相互之间当期以现金投资或收购股权增加的投资所产生的现金流量应当抵消。

2.母公司与子公司、子公司相互之间当期取得投资收益收到的现金，应当与分配股利、利润或偿付利息支付的现金相互抵消。

3.母公司与子公司、子公司相互之间以现金结算债权与债务所产生的现金流量应当抵消。

4.母公司与子公司、子公司相互之间当期销售商品所产生的现金流量应当抵消。

5.母公司与子公司、子公司相互之间处置固定资产、无形资产和其他长期资产收回的现金净额，应当与购建固定资产、无形资产和其他长期资产支付的现金相互抵消。

6.母公司与子公司、子公司相互之间当期发生的其他内部交易所产生的现金流量应当抵消。

(二)子公司与少数股东之间的现金流入与流出

与个别现金流量表相比，编制合并现金流量表的一个特殊问题是，在纳入合并范围的子公司为非全资子公司时,涉及子公司与其少数股东之间的现金流入与现金流出的处理问题。从企业集团整体来看,子公司与少数股东之间发生的现金流入与现金流出,必然影响其整体的现金流入与现金流出数量的增减变动,所以应该在合并现金流量表中予以反映。子公司与少数股东之间发生的影响现金流入与现金流出的经济业务主要包括:少数股东增加对子公司的权益性投资;少数股东依法从子公司抽回权益性投资;子公司向其少数股东发放现金股利等。为了便于母公司股东及其债权人等了解掌握其现金流量情况,有必要将子公司与其少数股东之间的现金流入与现金流出的情况单独予以反映。

1.对于少数股东在子公司增加的权益性投资,应当在合并现金流量表中"筹资活动产生的现金流量"之下"吸收投资所收到的现金"项目之后单独列示"子公司吸收少数股东权益性投资所收到的现金"项目予以反映。

2.对于子公司的少数股东依法抽回在子公司中的权益性投资,应当在合并现金流量表中"筹资活动产生的现金流量"之下的"支付的其他与筹资活动有关的现金"项目中反映。

3.对于子公司向少数股东支付的现金股利,应当在合并现金流量表中"筹资活动产生的现金流量"之下的"分配股利或利润所支付的现金"项目之后单列"向少数股东分配股利或利润所支付的现金"项目反映。

4.对于少数股东收益,应当在合并现金流量表的补充资料部分中"经营活动产生的现金流量"之下的"计提的资产减值准备"项目之前单列"少数股东收益"项目反映。

合并现金流量表补充资料可以根据合并资产负债表和合并利润表进行编制。

母公司在报告期内因同一控制下企业合并增加的子公司,应当将该子公司合并当期期初至报告期末的现金流量纳入合并现金流量表。

因非同一控制下企业合并增加的子公司,应当将该子公司购买日至报告期末的现金流量纳入合并现金流量表。母公司在报告期内处置子公司,应当将该子公司期初至处置日的现金流量纳入合并现金流量表。

四、合并所有者权益变动表

合并所有者权益变动表应当以母公司和子公司的所有者权益变动表为基础,在抵消母公司与子公司、子公司相互之间发生的内部交易对合并所有者权益变动表的影响后,由母公司合并编制。

1.母公司对子公司的长期股权投资应当与母公司在子公司所有者权益中所享有的份额相互抵消。各子公司之间的长期股权投资以及子公司对母公司的长期股权投资,应当比照上述规定,将长期股权投资与其对应的子公司或母公司所有者权益中所享有的份额相互抵消。

2.母公司对子公司、子公司相互之间持有对方长期股权投资的投资收益应当抵消。

3.母公司与子公司、子公司相互之间发生的其他内部交易对所有者权益变动的影响应当抵消。

合并所有者权益变动表也可以根据合并资产负债表和合并利润表进行编制。

有少数股东的,应当在合并所有者权益变动表中增加“少数股东权益”栏目,反映少数股东权益变动的情况。

第三节 股权取得日后连续各期合并财务报表的编制

在首期编制合并财务报表时,已将集团内部由于股权投资产生的母公司长期股权投资与子公司所有者权益、母公司投资收益与子公司利润分配以及集团公司内部交易等项目进行了抵消。但是,这种抵消仅仅是在合并工作底稿中进行的,并没有相应计入企业集团母公司及子公司的个别账户中。因而,这些企业在以后年度仍然是以个别企业账簿记录为依据编制个别财务报表,而合并财务报表也是以这些个别财务报表为基础编制,所以在第二期以及以后各期连续编制合并财务报表时,不仅要抵消企业集团在本年度发生的股权投资和内部交易事项,还要考虑以前年度企业集团内部业务对本年度个别报表的后续影响。

一、母公司对子公司股权投资的抵消

【例4-11】甲公司于2005年1月1日对乙公司投资50万元,取得乙公司70%的股权。为简化核算,假定甲公司采用权益法核算对乙公司的长期股权投资。甲公司采用权益法核算。2005年和2006年甲公司长期股权投资和乙公司利润分配情况如表4-12所示。

表4-12 甲公司长期股权投资与乙公司利润分配表 单位:万元

甲公司	2005年初	2005年末	2006年末	乙公司	2005年初	2005年末	2006年末
长期股权投资——对乙公司投资	50	57	67.5	股本	50	50	50
投资收益		14	21	资本公积	10	10	10
				盈余公积		2	5
				年末未分配利润		8	20
				所有者权益合计	60	70	85
				净利润		20	30
				提取盈余公积		2	3
				应付利润		10	15

1. 根据上述资料甲公司在2005年末编制合并财务报表时应做抵消分录：

将甲公司的长期股权投资与乙公司所有者权益项目抵消。

借：股本	500 000	
资本公积	100 000	
盈余公积	20 000	
未分配利润	80 000	
商誉	80 000	
贷：长期股权投资		570 000
少数股东权益		210 000

2. 根据上述资料甲公司在2006年末编制合并财务报表时应做抵消分录：

将甲公司的长期股权投资与乙公司所有者权益项目抵消。

虽然2005年末编制合并财务报表时母公司的长期股权投资与其子公司的所有者权益已经抵消，但2006年甲公司和乙公司的个别财务报表并未对其予以抵消，因此在2006年末仍然要将甲公司的长期股权投资与乙公司所有者权益项目抵消。

借：股本	500 000	
资本公积	100 000	
盈余公积	50 000	
未分配利润	200 000	
商誉	80 000	
贷：长期股权投资		675 000
少数股东权益		255 000

二、母公司投资收益与子公司利润分配项目的抵消

1. 接上例，甲公司在2005年末编制合并财务报表时应做抵消分录：

(1)甲公司的应收股利与乙公司的应付股利的抵消

借：应付股利	70 000	
贷：应收股利		70 000

(2)将利润表中乙公司对本期利润的分配、期末未分配利润与甲公司当年的投资收益、乙公司期初未分配利润相抵消

借：投资收益	140 000	
少数股东损益	60 000	
贷：提取的盈余公积		20 000
应付利润		100 000
年末未分配利润		80 000

2.甲公司在2006年末编制合并财务报表时应做抵消分录：

(1)甲公司的应收股利与乙公司的应付股利的抵消，编制抵消分录：

借：应付股利　　105 000
　贷：应收股利　　105 000

(2)将利润表中乙公司对当年利润的分配与甲公司当年的投资收益相抵消

由于乙公司本期已分配利润和期末未分配利润中含有年初未分配利润8万元(20－2－10)，因此在抵消乙公司2006年的利润分配数额时还应将乙公司的年初未分配利润进行抵消。编制抵消分录：

借：投资收益　　210 000
　少数股东损益　　90 000
　年初未分配利润　　80 000
　贷：提取的盈余公积　　30 000
　　应付利润　　150 000
　　年末未分配利润　　200 000

三、盈余公积的抵消处理

1.接上例，甲公司在2005年末编制合并财务报表时应做抵消分录：恢复已抵消的盈余公积：

借：提取的盈余公积　　14 000
　贷：盈余公积　　14 000

2.甲公司在2006年末编制合并财务报表时应做抵消分录：

在第二年和以后各期编制合并财务报表时，需要恢复的母公司已抵消的盈余公积，除了恢复本期计提的部分以外，还要恢复以前累计计提部分，以反映企业集团因已计提的盈余公积，而相应减少的未分配利润。恢复上年度计提的盈余公积，应调整减少年初未分配利润。

甲公司2006年恢复盈余公积的抵消分录：

借：提取的盈余公积　　21 000
　年初未分配利润　　14 000
　贷：盈余公积　　35 000

四、集团公司内部交易的抵消

(一)内部存货交易

对于上批内部购进商品全部实现对外销售的情况，在本期连续编制合并财务报表时，不需考虑对本期的影响。但在上批内部购进商品形成期末存货的情况下，由于本期编制合并财务报表时是以母公司和子公司本期个别财务报表为基础，而母公司和子公司个别财务报表中未实现内部销售利润是作为上期实现利润包括在年初未分配利润之中，因此，上期编制合并财务报表时抵消的内部购进存货中包含的未实现内部销售利润，也对本期的年初未分配利润产生影响。本期编制合并财务报表时必须在合并母、子公司年初未分配利润的基础上，将上期抵消的未实现内部销售利润对本期年初未分配利润的影响予以抵消，调整本期年初未分配利润的数额。

在连续编制合并财务报表的情况下，首先必须将上期抵消的期末存货价值中包含的未实现内部销售利润对本期年初未分配利润的影响予以抵消，调整本期年初未分配利润的数额，然后再对本期内部购进存货进行抵消处理，具体抵消处理程序如下：

1. 将上期抵消的存货价值中包含的未实现内部销售利润对本期年初未分配利润的影响予以抵消。即按照上期内部购进存货价值中包含的未实现内部销售利润的数额，借记“年初未分配利润”项目，贷记“主营业务成本”项目。这一抵消分录，可以理解为上期内部购进的存货中包含的未实现内部销售利润在本期视同为实现利润，将上期未实现内部销售利润转为本期实现的利润，冲减当期的合并销售成本。

2. 对于本期内发生的集团内部购销业务，将内部销售收入、内部销售成本予以抵消。即按照销售企业内部销售收入的数额，借记“主营业务收入”项目，贷记“主营业务成本”项目。

3. 对于本期内部购进存货价值中包含的未实现内部销售利润予以抵消。对于内部购进形成的期末存货（包括上期结转形成的本期期末存货），应按照购买企业期末内部交易存货价值中包含的未实现内部销售利润的数额，借记“主营业务成本”项目，贷记“存货”项目。这一抵消分录实际上可以理解为本期期末内部购进存货全部为本期购进商品形成的期末存货，按本期销售企业毛利率进行抵消处理。

【例 4-12】乙公司为甲公司的子公司，乙公司期初存货中有从甲公司购进的产品 200 000 元，本期乙公司又向甲公司购进 A 商品一批，购进价为 100 000 元，已知甲公司上年和本年的销售毛利率为 30%。年内乙公司将上年从甲公司购进的存货全部对集团外销售，本年购进的 A 商品的 60%未对集团外销售。

乙公司本期产品销售成本为 230 000 元（200 000＋100 000×30%）；

其中包括甲公司上年内部销售的毛利 60 000 元（200 000×30%）；

甲公司本年内部销售毛利 18 000 元（100 000×60%×30%）；

乙公司期末存货成本中包含未实现毛利 12 000 元（100 000×40%×30%）。

甲公司上年内部销售实现的毛利，虽然在上年末编制合并财务报表的抵消分录予以抵消，但在个别财务报表中并未予以抵消，集团公司本年编制合并财务报表时，应将乙公司本年虚增的成本与甲公司的年初未分配利润抵消。根据上述资料，集团公司在合并工作底稿上应编制如下抵消分录：

1.将乙公司销售期初存货虚增的成本与甲公司的年初未分配利润抵消

借：年初未分配利润　60 000

　贷：主营业务成本　60 000

2.将本期内部交易存货的内部销售收入与销售成本及期末存货虚增的成本予以抵消

借：主营业务收入　100 000

　贷：主营业务成本　88 000

　　　存货　12 000

或者

借：主营业务收入　100 000

　贷：主营业务成本　100 000

借：主营业务成本　12 000

　贷：存货　12 000

（二）内部固定资产交易的抵消

1.内部固定资产交易以后各期的抵消

在固定资产交易以后的各会计期间，内部交易的固定资产购买企业仍然以其含有内部销售利润的原价在个别财务报表中列示。相应的销售企业以前年度由于该内部固定资产交易的固定资产所实现的内部销售利润，形成销售当期的净利润结转到以后各期的年初未分配利润，列示于个别利润表中。因此在以后各期编制合并财务报表时，首先必须将其固定资产原价中包含的未实现内部销售利润与销售企业的年初未分配利润予以抵消。其次，对于购买企业该固定资产在以前会计期间多提的折旧而增加的费用使各期的利润减少，也已逐年结转影响到年初未分配利润，因此在编制合并财务报表时，还必须按照以前会计期间累计多计提的折旧额抵消期初累计折旧和年初未分配利润。最后，该内部交易固定资产在本期多计提折旧导致本期有关费用项目增加和累计折旧增加，也应予以抵消。通过以上抵消，使该内部交易固定资产原价恢复为原销售企业的成本价，各期计提的累计折旧恢复为以不包含内部销售利润的原价为基础计提的累计折旧额。其具体程序如下：

（1）将内部交易固定资产原价中包含的未实现内部销售利润抵消，并调整年初未分配利润，即按照固定资产原价中包含的未实现内部销售利润的数额，借记“年初未分配利润”项目，贷记“固定资产原价”项目。

（2）将以前会计期间内部交易固定资产多计提的累计折旧予以抵消，并调整年初未分配利润。借记“累计折旧”项目，贷记“年初未分配利润”项目。

（3）将本期由于该内部交易固定资产的使用而多计提的折旧费用予以抵消，并调整本期计提的累计折旧额。借记“累计折旧”项目，贷记“管理费用”项目。

【例4-13】以【例4-9】的资料为例，乙公司为甲公司的子公司，乙公司将自产的产品，成本为100 000元，以120 000元的价格出售给甲公司作为管理用固定资产使用。甲公司固定资产按照120 000元入账。假定甲公司从乙公司购入的固定资产使用期限为5年，预计净残值为零，甲公司采用平均年限法计提折旧。

第二年至第四年集团公司在编制合并财务报表时，对甲、乙公司内部交易的固定资产应作如下抵消分录：

(1)第二年编制合并财务报表

①将固定资产原价中包含的未实现内部销售利润抵消

借：年初未分配利润　　20 000

　贷：固定资产原价　　20 000

②将第一年多计提的折旧予以抵消

借：累计折旧　　4 000

　贷：年初未分配利润　　4 000

③将当年多计提的折旧予以抵消

借：累计折旧　　4 000

　贷：管理费用　　4 000

(2)第三年编制合并财务报表

①将固定资产原价中包含的未实现内部销售利润抵消

借：年初未分配利润　　20 000

　贷：固定资产原价　　20 000

②将第一、第二年多计提的折旧予以抵消

借：累计折旧　　8 000

　贷：年初未分配利润　　8 000

③将当年多计提的折旧予以抵消

借：累计折旧　　4 000

　贷：管理费用　　4 000

(3)第四年编制合并财务报表

①将固定资产原价中包含的未实现内部销售利润抵消

借：年初未分配利润　　20 000

　贷：固定资产原价　　20 000

②将第一、第二、第三年多计提的折旧予以抵消

借：累计折旧　　12 000

　贷：年初未分配利润　　12 000

③将当年多计提的折旧予以抵消

借:累计折旧　　4 000
　贷:管理费用　　4 000

2.内部交易固定资产清理期间的抵消处理

内部交易的固定资产,对于销售企业来说,交易实现的利润,总是作为年初未分配利润的一部分结转到以后会计期间。对于购买企业来说,每年多计提的折旧减少的利润也累计结转到以后各会计期间年初未分配利润。站在集团公司的角度,当固定资产使用期满,销售企业销售固定资产未实现的年初未分配利润与购买企业多计提的折旧所减少的年初未分配利润已自然抵消,另一方面,购买企业在固定资产报废时,该固定资产原价和已计提的折旧也都通过"固定资产清理"账户予以抵消,期末已不包含在资产负债表中。正常情况下,报废当年需要抵消的只有当年多计提的折旧费。由于固定资产的折旧年限是估计的使用年限,实际工作中固定资产清理的时间可能出现三种情况:(1)如期清理;(2)超期清理;(3)提前清理。

(1)如期清理

【例 4-14】 以【例 4-9】的资料为例,乙公司从甲公司购进的固定资产在第五年如期报废。根据前述资料,内部交易固定资产在第五年编制合并财务报表时,应编制如下抵消分录:

①将固定资产原价中包含的未实现内部销售利润抵消

借:年初未分配利润　　20 000
　贷:固定资产原价　　20 000

②将多计提的折旧予以抵消

借:累计折旧　　20 000
　贷:年初未分配利润　　16 000
　　管理费用　　4 000

但在固定资产如期进行清理报废的情况下,内部交易的固定资产的折旧已经提足,购买固定资产的企业将固定资产原价与其计提的折旧均已转账注销,固定资产原价中包含的未实现内部销售利润和累计折旧中包含的因未实现内部销售利润多提的折旧在个别财务报表中均不复存在。只有本期管理费用中包含的多计提的折旧费用需要抵消。所以在固定资产清理当年只需要作抵消分录:

借:年初未分配利润　　4 000
　贷:管理费用　　4 000

(2)超期使用

内部交易固定资产超期使用时,该固定资产在其预计的使用期内的最后一个会计期间,仍然要计提折旧,同时该固定资产的原价及其已经计提的折旧仍然列示在购买企业的资产负债表中。所以在最后一个会计期间,仍然要将固定资产原价中包含的未实现内部销售利润予以抵消,以调整年初未分配利润,同时还要将以前多计提的折旧予以抵消，并将本期管理费用中多计提的折旧予以抵消。

【例4-15】以【例4-9】的资料为例，乙公司从甲公司购进的固定资产第七年报废。

(1)第五年编制合并财务报表时，应编制抵消分录

①将固定资产原价中包含的未实现内部销售利润予以抵消

借：年初未分配利润　　20 000

　贷：固定资产原价　　20 000

②将多计提的折旧予以抵消

借：累计折旧　　20 000

　贷：年初未分配利润　　16 000

　　管理费用　　4 000

(2)第六年编制合并财务报表时

在集团内部交易的固定资产超期使用，在多个会计期间内，虽然购买企业不再计提折旧，但由于固定资产仍在使用，并将其列示在资产负债表中，所以集团公司在编制合并财务报表时，必须将该固定资产原价中包含的未实现内部销售利润与多计提的折旧予以抵消。销售企业年初未分配利润包含的未实现的利润与购买企业每年多确认的折旧费对年初未分配利润的累计影响已经自然抵消。应编制抵消分录：

①将固定资产原价中包含的未实现内部销售利润予以抵消

借：年初未分配利润　　20 000

　贷：固定资产原价　　20 000

②将多计提的折旧予以抵消

借：累计折旧　　20 000

　贷：年初未分配利润　　20 000

或编制抵消分录：

借：累计折旧　　20 000

　贷：固定资产原价　　20 000

(3)第七年，该固定资产进行清理，因购买企业将固定资产原价与其计提的折旧均已注销，该内部固定资产对合并财务报表不再产生影响，不必做任何抵消分录。

3. 内部交易固定资产提前清理的抵消处理

内部交易固定资产使用期限未满提前进行清理的情况下，购买企业将固定资产原价与其计提的折旧均已注销，固定资产原价中包含的未实现内部销售利润和累计折旧中包含的因未实现销售利润多计提的折旧已不复存在，所以这些已不必再予抵消。但是由于固定资产提前报废，购买企业计入“营业外支出”的固定资产

清理净损失中含有固定资产原价一部分未实现的内部销售利润，需要与销售企业的年初未分配利润予以抵消，此外，本期管理费用中包含的因内部销售利润多计提的折旧费用也需要予以抵消。

【例 4-16】以【例 4-9】的资料为例，乙公司从甲公司购进的固定资产第四年进行清理。第四年集团公司编制合并财务报表时，应编制抵消分录：

(1)抵消当年多计提的折旧

借：年初未分配利润　　4 000

　贷：管理费用　　4 000

(2)抵消多确认的清理净损失

借：年初未分配利润　　4 000

　贷：营业外支出　　4 000

(三)内部债权债务的抵消

集团公司在以后各期存在的内部往来可能有三种情况：(1)本期应收款项余额与上期末相等；(2)本期应收款项余额大于上期末余额；(3)本期应收款项余额小于上期末余额。

1. 本期末应收款项余额与上期末相等

由于本期内部应收款项余额与上期相等，所以，本期内部应收款项不需补提坏账准备，也不用冲销坏账准备，只需要将上期计提的坏账准备对年初未分配利润的影响予以抵消。

【例 4-17】以【例 4-10】的资料为例，母公司个别资产负债表中应收账款 90 000 元中有 40 000 元是子公司的应付账款；子公司甲的其他应收款 100 000 元是子公司乙的其他应付款。第二年末集团公司内部的应收账款余额仍为 40 000 元，其他应付款余额仍为 100 000 元。该集团按应收款项的 2%计提坏账准备。

编制合并财务报表时，应编制抵消分录：

(1)抵消集团公司内部往来

借：应付账款　　40 000

　　其他应付款　　100 000

　贷：应收账款　　40 000

　　　其他应收款　　100 000

(2)坏账准备与年初未分配利润抵消

借：坏账准备　　2 800

　贷：年初未分配利润　　2 800

2. 本期末应收款项余额大于上期期末余额

当本期末应收款项余额大于上期期末余额时，债权增加的一方在上年已计提的坏账准备的基础上本期补提了坏账准备。编制合并财务报表时，一方面要将上期计提的坏账准备抵消，调整年初未分配利润；另一方面要将本期内补提的坏账准备予以抵消。

【例 4-18】 以【例 4-10】的资料为例，第二年末集团公司内部的应收账款余额仍为 100 000 元，其他应付款余额仍为 150 000 元。该集团按应收款项的 2%计提坏账准备。内部应收款项较上年共增加 110 000 元，补提了坏账准备 2 200 元。

编制合并财务报表时，应编制抵消分录：

(1)抵消集团公司内部往来

借：应付账款　　100 000

　　其他应付款　　150 000

　贷：应收账款　　100 000

　　　其他应收款　　150 000

(2)坏账准备与年初未分配利润抵消

借：坏账准备　　2 800

　贷：年初未分配利润　　2 800

(3)将本期补提的坏账准备与管理费用抵消

借：坏账准备　　2 200

　贷：管理费用　　2 200

或者将(2)、(3)合并抵消

借：坏账准备　　5 000

　贷：年初未分配利润　　2 200

　　　管理费用　　2 800

3. 本期末应收款项余额小于上期期末余额

当本期末应收款项余额小于上期期末余额时，收回债权的一方在上年已计提的坏账准备的基础上调整减少坏账准备。编制合并财务报表时，一方面要将上期计提的坏账准备抵消，调整年初未分配利润；另一方面要将本期内转销的坏账准备与当期冲销的管理费用予以抵消。

【例 4-19】 以【例 4-10】的资料为例，第二年末集团公司内部的应收账款余额为 0 元，其他应付款余额仍为 130 000 元。该集团按应收款项的 2%计提坏账准备。内部应收款项较上年共减少了 120 000 元，个别财务报表已转销坏账准备 2 400 元。

编制合并财务报表时，应编制抵消分录：

(1)抵消集团公司内部往来

借：其他应付款　　130 000

　贷：其他应收款　　130 000

(2)坏账准备与年初未分配利润抵消

借:坏账准备　　2 800

　贷:年初未分配利润　　2 800

(3)将本期转销的坏账准备与管理费用抵消

借:管理费用　　2 400

　贷:坏账准备　　2 400

或者将(2)、(3)合并抵消

借:管理费用　　2 400

　　坏账准备　　400

　贷:年初未分配利润　　2 800

第四节　连续各期合并财务报表编制方法运用

一、首期合并财务报表编制举例

(一)合并财务报表编制的基本资料

甲公司是乙公司的母公司,甲公司以1 000 000元购入乙公司80%有表决权资本。购入时,乙公司的注册资本为1 000 000元。为简化核算,假定甲公司采用权益法核算对乙公司的长期股权投资。2005年,甲公司和乙公司之间发生如下经济业务:

(1)1月1日,甲公司购买了乙公司发行的一次还本付息5年期债券500 000元,票面年利率8%,乙公司共发行债券1 000 000元。

(2)9月29日,乙公司购入甲公司生产的产品,作为管理用固定资产使用,价税合计应支付585 000元(增值税率为17%),投入使用,款项尚未支付。甲公司该产品成本为300 000元。乙公司确定该固定资产的使用年限为5年,预计净残值为零,采用直线法计提折旧。

(3)10月10日,甲公司购入乙公司生产的一批产品,乙公司不含税售价为1 000 000元,增值税率为17%,货款一部分与乙公司前欠货款抵消,另一部分尚未支付。乙公司该批产品的销售成本为600 000元,甲公司购入乙公司的产品中,有60%已对集团外出售。

(4)年末,乙公司计提债券利息80 000元,计入财务费用。

(5)甲公司和乙公司均按应收账款年末余额的10%提取坏账准备。

2005年,甲公司和乙公司个别资产负债表、利润表和利润分配表的数据如表4-13、表4-14所示。

表4-13　甲公司和乙公司资产负债表

2005年12月31日　　　　单位:元

资　　产	甲公司	乙公司	负债及所有者权益	甲公司	乙公司
货币资金	3 080 000	350 000	短期借款	100 000	146 500
交易性金融资产	200 000		应付票据	50 000	
应收票据	100 000	200 000	应付账款	1 200 000	
应收账款	1 000 000	585 000	预收账款	50 000	
减:坏账准备	100 000	58 500	应付职工薪酬	100 000	
应收账款净额	900 000	526 500	应付股利	1 000 000	400 000
预付账款	300 000	250 000	其他流动负债		
应收股利	320 000		流动负债合计	2 500 000	546 500
其他应收款			长期借款	1 000 000	
存货	1 000 000	350 000	长期债券		1 080 000
流动资产合计	5 900 000	1 676 500	长期应付款	500 000	
长期股权投资	1 520 000		非流动负债合计	1 500 000	1 080 000
其中:对子公司投资	1 520 000		负债合计	4 000 000	1 626 500
持有至到期投资	540 000		实收资本	4 000 000	1 000 000
固定资产净值	2 000 000	1 200 000	资本公积	100 000	
在建工程		300 000	盈余公积	900 000	200 000
无形资产	40 000	100 000	未分配利润	1 000 000	450 000
			所有者权益合计	6 000 000	1 650 000
资产总计	10 000 000	3 276 500	负债与所有者权益合计	10 000 000	3 276 500

表4-14 甲公司和乙公司利润及利润分配表

2005年12月31日　　单位:元

项　目	甲公司	乙公司
一、营业收入	8 020 000	3 100 000
减:营业成本	5 000 000	1 500 000
营业税金及附加	100 000	40 000
销售费用	200 000	160 000
管理费用	500 000	200 000
财务费用	200 000	100 000
资产减值损失		
加:投资收益	880 000	
二、营业利润	2 900 000	1 100 000
加:投资收益	880 000	
营业外收入	150 000	100 000
减:营业外支出	50 000	
四、利润总额	3 000 000	1 200 000
减:所得税	1 000 000	150 000
五、净利润	2 000 000	1 050 000
加:年初未分配利润	500 000	
六、可供分配的利润	2 500 000	1 050 000
减:提取盈余公积	500 000	200 000
应付利润	1 000 000	400 000
七、未分配利润	1 000 000	450 000

(二)账务处理程序

根据上述资料,按以下程序进行处理:

1.将母公司和子公司个别财务报表的数据过入合并工作底稿,合并工作底稿如表4-15所示。

2.在合并工作底稿中将母公司和子公司个别财务报表各项目数据加总,计算得出个别财务报表各项目加总后的合计数。

3.对于上述内部经济往来,编制抵消分录如下:

(1)抵消权益性资本投资和投资收益

借:投资收益　　840 000

少数股东损益 210 000
贷:提取盈余公积 200 000
应付利润 400 000
年末未分配利润 450 000
借:实收资本 1 000 000
盈余公积 200 000
商誉 200 000
年末未分配利润 450 000
贷:长期股权投资 1 520 000
少数股东权益 330 000
(2)将抵消的盈余公积按母公司持股比例转回
借:提取盈余公积 160 000
贷:盈余公积 160 000
(3)内部存货交易的抵消
借:主营业务收入 1 000 000
贷:主营业务成本 840 000
存货 160 000
(4)抵消内部固定资产交易和多计提的累计折旧
借:主营业务收入 500 000
贷:主营业务成本 300 000
固定资产原价 200 000
借:累计折旧 10 000
贷:管理费用 10 000
(5)抵消内部往来和坏账准备
借:应付账款 585 000
贷:应收账款 585 000
借:坏账准备 58 500
贷:管理费用 58 500
(6)内部债券利息与投资收益的抵消
借:投资收益 40 000
贷:财务费用 40 000
(7)内部债券投资与长期债券的抵消
借:长期债券 540 000
贷:持有至到期投资 540 000
(8)应收股利与应付股利的抵消

借:应付股利　　320 000

　贷:应收股利　　320 000

4.将抵消分录过入合并工作底稿。编制的合并工作底稿如表4-15所示。

表4-15　甲公司合并工作底稿

2005年12月31日

利润及利润分配表部分　　单位:元

项　目	甲公司	乙公司	合计数	抵消分录		少数股权	合并数
				借方	贷方		
营业收入	8 020 000	3 100 000	11 120 000	③1 000 000 ④500 000			9 620 000
营业成本	5 000 000	1 500 000	6 500 000		③840 000 ④300 000		5 360 000
营业税金及附加	100 000	40 000	140 000				140 000
营业费用	200 000	160 000	360 000				360 000
管理费用	500 000	200 000	700 000		④10 000 ⑤58 500		631 500
财务费用	200 000	100 000	300 000		⑥40 000		260 000
投资收益	880 000		880 000	③840 000 ⑥40 000			0
营业利润	2 900 000	1 100 000	4 000 000	2 380 000	1 248 500		2 868 500
营业外收入	150 000	100 000	250 000				250 000
营业外支出	50 000		50 000				50 000
利润总额	3 000 000	1 200 000	4 200 000	2 380 000	1 248 500		3 068 500
减:所得税费用	1 000 000	150 000	1 150 000				1 150 000
净利润	2 000 000	1 050 000	3 050 000	2 380 000	1 248 500		1 918 500
归属于母公司所有者的净利润	2 000 000	1 050 000	3 050 000	2 380 000	1 248 500	210 000	1 718 500
少数股东损益						①210 000	210 000
年初未分配利润	500 000		500 000				500 000
可供分配的利润	2 500 000	1 050 000	3 550 000	2 380 000	1 248 500	210 000	2 208 500
提取盈余公积	500 000	200 000	700 000	②160 000	①200 000		660 000
应付利润	1 000 000	400 000	1 400 000		①400 000		1 000 000
未分配利润	1 000 000	450 000	1 450 000	2 540 000	1 848 500	210 000	548 500

资产负债表部分 续表 4-15

项目	甲公司	乙公司	合计数	抵消分录		少数股权	合并数
				借方	贷方		
货币资金	3 080 000	350 000	3 430 000				3 430 000
交易性金融资产	200 000		200 000				200 000
应收票据	100 000	200 000	300 000				300 000
应收账款	1 000 000	585 000	1 585 000		⑤585 000		1 000 000
减:坏账准备	100 000	58 500	158 500	⑤58 500			100 000
应收账款净额	900 000	526 500	1 426 500	58 500	585 000		900 000
预付账款	300 000	250 000	550 000				550 000
应收股利	320 000		320 000		⑧320 000		0
存货	1 000 000	350 000	1 350 000		③160 000		1 190 000
流动资产合计	5 900 000	1 676 500	7 576 500	58 500	1 065 000		6 570 000
长期股权投资 其中:对子公司投资	1 520 000		1 520 000		①1 520 000		0
持有至到期投资	540 000		540 000		⑦540 000		0
商誉				①200 000			200 000
固定资产原价	2 500 000	1 600 000	4 100 000		④200 000		3 900 000
减:累计折旧	500 000	400 000	900 000	④10 000			890 000
固定资产净值	2 000 000	1 200 000	3 200 000	10 000	200 000		3 010 000
在建工程		300 000	300 000				300 000
无形资产		100 000	100 000				100 000
长期待摊费用	40 000		40 000				40 000
资产总计	10 000 000	3 276 500	13 276 500	268 500	3 325 000		10 220 000
短期借款	100 000	146 500	246 500				246 500
应付票据	50 000		50 000				50 000
应付账款	1 200 000		1 200 000	⑤585 000			615 000
预收账款	50 000		50 000				50 000
应付职工薪酬	100 000		100 000				100 000
应付股利	1 000 000	400 000	1 400 000	⑧320 000			1 080 000
流动负债合计	2 500 000	546 500	3 046 500	905 000			2 141 500
长期借款	1 000 000		1 000 000				1 000 000
长期债券		1 080 000	1 080 000	⑦540 000			540 000
长期应付款	500 000		500 000				500 000
非流动负债合计	1 500 000	1 080 000	2 580 000	540 000			2 040 000
负债合计	4 000 000	1 626 500	5 626 500	1 445 000			4 181 500
实收资本	4 000 000	1 000 000	5 000 000	①1 000 000			4 000 000
资本公积	100 000		100 000				100 000

续表 4-15

项　　目	甲公司	乙公司	合计数	抵消分录		少数股权	合并数
				借方	贷方		
盈余公积	900 000	200 000	1 100 000	①200 000	②160 000		1 060 000
未分配利润	1 000 000	450 000	1 450 000	①450 000 2 540 000[①]	1 848 500[①]		548 500[①]
归属于母公司所有者权益合计							5 378 500
少数股东权益						①330 000	330 000
所有者权益合计	6 000 000	1 650 000	7 650 000	3 740 000	2 008 500	210 000[②]	5 708 500
负债与所有者权益合计	10 000 000	3 276 500	13 276 500	5 185 000	2 008 500	120 000	10 220 000

①根据利润分配表合并抵消数和合并数填列；

②根据少数股东收益填列。

5. 编制合并财务报表

根据上述合并工作底稿的资料，编制合并资产负债表、合并利润及利润分配表如表 4-16、表 4-17 所示。

表 4-16　合并资产负债表

编制单位：甲公司　　　　2005 年 12 月 31 日　　　　单位：元

资　　产	年末数	负债及所有者权益	年末数
货币资金	3 430 000	短期借款	246 500
交易性金融资产	200 000	应付票据	50 000
应收票据	300 000	应付账款	615 000
应收账款	1 000 000	预收账款	50 000
减：坏账准备	100 000	应付职工薪酬	100 000
应收账款净额	900 000	应付股利	1 080 000
预付账款	550 000	其他流动负债	
应收股利	0	流动负债合计	2 141 500
其他应收款		长期借款	1 000 000
存货	1 190 000	长期债券	540 000
流动资产合计	6 570 000	长期应付款	50 000
长期股权投资		非流动负债合计	2 040 000

续表 4-16

资　　产	年末数	负债及所有者权益	年末数
商誉	200 000	负债合计	4 181 500
持有至到期投资			
固定资产原价	3 900 000	实收资本	4 000 000
减:累计折旧	890 000	资本公积	100 000
固定资产净值	3 010 000	盈余公积	1 060 000
在建工程	300 000	未分配利润	548 500①
固定资产合计	3 310 000	归属于母公司所有者权益合计	5 378 500
无形资产	100 000	少数股东权益	330 000
长期待摊费用	40 000	所有者权益合计	5 708 500
资产总计	10 220 000	负债与所有者权益合计	10 220 000

表 4-17　合并利润及利润分配表

编制单位:甲公司　　　　2005 年 12 月 31 日　　　　单位:元

项　　目	上年累计数	本年累计数
一、营业收入		9 620 000
减:营业成本		5 360 000
营业税金及附加		140 000
营业费用		360 000
管理费用		631 500
财务费用		260 000
加:投资收益		0
二、营业利润		2 868 500
加:营业外收入		250 000
减:营业外支出		50 000
三、利润总额		3 068 500
减:所得税费用		1 150 000
四、净利润		1 918 500
归属于母公司所有者的净利润		1 718 500
少数股东损益		210 000

二、连续各期合并财务报表的编制

(一)合并财务报表基本资料

仍采用2005年的资料，连续编制甲公司和乙公司组成的企业集团2006年合并财务报表。2006年内，甲公司和乙公司之间发生的经济业务如下：

(1)乙公司购入甲公司一批产品，甲公司售价600 000元，增值税102 000元，尚有300 000元货款未付。甲公司该批产品成本为360 000元，乙公司年内已对集团外销售50%，其余部分尚未售出。

(2)乙公司计提债券利息80 000元，计入财务费用，甲公司应得利息收入40 000元，计入投资收益。

(3)乙公司上年从甲公司购进的固定资产，本期继续提取折旧。

(4)甲公司欠乙公司的货款585 000元已经付清，甲公司上年从乙公司购入的产品本期已全部对集团外售出。

2006年，甲公司和乙公司个别资产负债表、利润表及利润分配表数据如表4-18和表4-19所示。

表4-18　甲公司和乙公司资产负债表

2005年12月31日　　单位：元

资　　产	甲公司	乙公司	负债及所有者权益	甲公司	乙公司
货币资金	4 957 600	500 000	短期借款	750 000	60 000
交易性金融资产	250 000		应付票据	150 000	
应收票据	50 000	70 000	应付账款	430 000	200 000
应收账款	1 200 000	400 000	预收账款	250 000	
减：坏账准备	120 000	40 000	应付职工薪酬	420 000	20 000
应收账款净额	1 080 000	360 000	应付股利	1 240 000	678 000
预付账款	120 000	270 000	其他流动负债		
应收股利	542 400		流动负债合计	3 240 000	958 000
其他应收款			长期借款	1 100 000	
存货	2 000 000	800 000	长期债券	1 000 000	1 160 000
流动资产合计	9 000 000	2 000 000	长期应付款	1 500 000	
长期股权投资	1 705 600		非流动负债合计	3 600 000	1 160 000
持有至到期投资	580 000		负债合计	6 840 000	2 118 000
固定资产原价	3 000 000	2 000 000			
减：累计折旧	700 000	480 000	实收资本	4 000 000	1 000 000
固定资产净值	2 300 000	1 520 000	资本公积	100 000	
在建工程	700 000	330 000	盈余公积	1 460 000	382 000
无形资产	100 000	80 000	未分配利润	2 000 000	500 000
长期待摊费用	14 400	70 000	所有者权益合计	7 560 000	1 882 000
资产总计	14 400 000	4 000 000	负债与所有者权益合计	14 400 000	4 000 000

表4-19 甲公司和乙公司利润及利润分配表

2005年12月31日 单位:元

项 目	甲公司	乙公司
一、营业收入	10 500 000	3 400 000
减:营业成本	6 000 000	1 800 000
营业税金及附加	150 000	40 000
营业费用	200 000	60 000
管理费用	1 000 000	270 000
财务费用	200 000	90 000
加:投资收益	1 000 000	10 000
二、营业利润	3 950 000	1 150 000
加:营业外收入	200 000	200 000
减:营业外支出	150 000	50 000
三、利润总额	4 000 000	1 300 000
减:所得税	1 200 000	390 000
四、净利润	2 800 000	910 000
加:年初未分配利润	1 000 000	450 000
五、可供分配的利润	3 800 000	1 360 000
减:提取盈余公积	560 000	182 000
应付利润	1 240 000	678 000
六、未分配利润	2 000 000	500 000

(二)账务处理程序

根据上述资料,按下列程序进行处理:

1.将母公司和子公司个别财务报表的数据过入合并工作底稿,合并工作底稿如表4-15所示。

2.在合并工作底稿中将母公司和子公司个别财务报表各项目数据加总,计算得出个别财务报表各项目加总后的合计数。

3.对于上述内部经济往来,编制抵消分录如下:

(1)抵消权益性资本及投资收益

借:投资收益 728 000

　少数股东损益 182 000

　年初未分配利润 450 000

贷:提取盈余公积 182 000

应付利润 678 000

年末未分配利润 500 000

借:实收资本 1 000 000

盈余公积 382 000

商誉 200 000

年末未分配利润 500 000

贷:长期股权投资 1 705 600

少数股东权益 376 400

(2)将抵消的盈余公积按母公司比例转回

借:年初未分配利润 160 000

提取盈余公积 145 600

贷:盈余公积 305 600

(3)抵消内部往来项目

借:应付账款 300 000

贷:应收账款 300 000

借:应付股利 320 000

贷:应收股利 320 000

(4)抵消上年应收账款的坏账准备、本年冲销的坏账准备

借:坏账准备 58 500

贷:管理费用 58 500

借:管理费用 28 500

贷:坏账准备 28 500

(5)抵消上期期末存货中包含的未实现内部销售利润

借:年初未分配利润 160 000

贷:主营业务成本 160 000

(6)抵消本期发生的内部交易存货确认的收入、成本和存货中包含的未实现内部销售利润

借:主营业务收入 600 000

贷:主营业务成本 480 000

存货 120 000

(7)抵消内部交易固定资产原价中包含的未实现内部销售利润

借:年初未分配利润 200 000

贷:固定资产原价 200 000

借:累计折旧 50 000

贷:管理费用　　40 000

年初未分配利润　　10 000

(8)抵消内部债券投资及利息收入

借:长期债券　　580 000

贷:持有至到期投资　　580 000

借:投资收益　　40 000

贷:财务费用　　40 000

4.将抵消分录过入合并工作底稿。编制的合并工作底稿如表4-20所示。

表4-20 甲公司合并工作底稿

2005年12月31日

利润及利润分配表部分　　单位:元

项目	甲公司	乙公司	合计数	抵消分录		少数股权	合并数
				借方	贷方		
营业收入	10 500 000	3 400 000	13 900 000	⑥600 000			13 300 000
营业成本	6 000 000	1 800 000	7 800 000		⑤160 000 ⑥480 000		7 160 000
营业税金及附加	150 000	40 000	190 000				190 000
营业费用	200 000	60 000	260 000				260 000
管理费用	1 000 000	270 000	1 270 000	④28 500	⑦40 000		1 258 500
财务费用	200 000	90 000	290 000		⑧40 000		250 000
投资收益	1 000 000	10 000	1 010 000	①728 000 ⑧40 000			242 000
营业利润	3 950 000	1 150 000	5 100 000	1 396 500	720 000		4 423 500
营业外收入	200 000	200 000	400 000				400 000
营业外支出	150 000	50 000	200 000				200 000
利润总额	4 000 000	1 300 000	5 300 000	1 396 500	720 000		4 623 500
减:所得税费用	1 200 000	390 000	1 590 000				1 590 000
净利润	2 800 000	910 000	3 710 000	1 396 500	720 000		3 033 500
归属于母公司所有者的净利润	2 800 000	910 000	3 710 000	1 396 500	720 000	182 000	2 851 500
少数股东损益						①182 000	182 000
年初未分配利润	1 000 000	450 000	1 450 000	①450 000 ②160 000 ⑤160 000 ⑥200 000	④58 500 ⑦10 000		548 500
可供分配的利润	3 800 000	1 360 000	5 160 000	2 366 500	788 500		3 400 000
提取盈余公积	560 000	182 000	742 000	②145 600	①182 000		705 600
应付利润	1 240 000	678 000	1 918 000		①678 000		1 240 000
未分配利润	2 000 000	500 000	2 500 000	2 512 100	1 648 500	182 000	1 454 000

资产负债表部分　　　　续表 4-20

项　　目	甲公司	乙公司	合计数	抵消分录		少数股权	合并数
				借方	贷方		
货币资金	4 957 600	500 000	5 457 600				5 457 600
交易性金融资产	250 000		250 000				250 000
应收票据	50 000	70 000	120 000				120 000
应收账款	1 200 000	400 000	1 600 000		③300 000		1 300 000
减:坏账准备	120 000	40 000	160 000	④58 500	④28 500		130 000
应收账款净额	1 080 000	360 000	1 440 000	58 500	328 500		1 170 000
预付账款	120 000	270 000	390 000				390 000
应收股利	542 400		542 400		③542 400		0
存货	2 000 000	800 000	2 800 000		⑥120 000		2 680 000
流动资产合计	9 000 000	2 000 000	11 000 000	58 500	990 900		10 067 600
长期股权投资 其中:对子公司投资	1 705 600		1 705 600		①1 705 600		0
持有至到期投资	580 000		580 000		⑧580 000		0
商誉				①200 000			200 000
固定资产原价	3 000 000	2 000 000	5 000 000		⑦200 000		4 800 000
减:累计折旧	700 000	480 000	1 180 000	⑦50 000			1 130 000
固定资产净值	2 300 000	1 520 000	3 820 000	50 000	200 000		3 670 000
在建工程	700 000	330 000	1 030 000				1 030 000
无形资产	100 000	80 000	180 000				180 000
长期待摊费用	14 400	70 000	84 400				84 400
资产总计	14 400 000	4 000 000	18 400 000	308 500	3 476 500		15 232 000
短期借款	750 000	60 000	810 000				810 000
应付票据	150 000		150 000				150 000
应付账款	430 000	200 000	630 000	③300 000			330 000
预收账款	250 000		250 000				250 000
应付职工薪酬	420 000	20 000	440 000				440 000
应付股利	1 240 000	678 000	1 918 000	③542 400			1 375 600

续表 4-20

项目	甲公司	乙公司	合计数	抵消分录		少数股权	合并数
				借方	贷方		
流动负债合计	3 240 000	958 000	4 198 000	842 400			3 355 600
长期借款	1 100 000		1 100 000				1 100 000
长期债券	1 000 000	1 160 000	2 160 000	⑧580 000			1 580 000
长期应付款	1 500 000		1 500 000				1 500 000
非流动负债合计	3 600 000	1 160 000	4 760 000	580 000			4 180 000
负债合计	6 840 000	2 118 000	8 958 000	1 422 400			7 535 600
实收资本	4 000 000	1 000 000	5 000 000	①1 000 000			4 000 000
资本公积	100 000		100 000				100 000
盈余公积	1 460 000	382 000	1 842 000	①382 000	②305 600		1 765 600
未分配利润	2 000 000	500 000	2 500 000	①500 000 2 512 100[①]	1 648 500[①]	182 000	1 454 400[①]
归属于母公司所有者权益合计						376 400	6 943 600
少数股东权益						①376 400	376 400
所有者权益合计	7 560 000	1 882 000	9 442 000	3 894 100	1 954 100	182 000[②]	7 320 000
负债与所有者权益合计	14 400 000	4 000 000	18 400 000	5 316 500	1 954 100	194 400	15 232 000

①根据利润分配表合并抵消数和合并数填列；

②根据少数股东收益填列。

5. 编制合并财务报表

根据上述合并工作底稿的资料，编制合并资产负债表、合并利润及利润分配表如表 4-21、表 4-22 所示。

表 4-21　合并资产负债表

编制单位:甲公司　　　　2006年12月31日　　　　单位:元

资产	年初数	年末数	负债及所有者权益	年初数	年末数
货币资金	3 430 000	5 457 600	短期借款	246 500	810 000
交易性金融资产	200 000	250 000	应付票据	50 000	150 000
应收票据	300 000	120 000	应付账款	615 000	330 000
应收账款	1 000 000	1 300 000	预收账款	50 000	250 000
减:坏账准备	100 000	130 000	应付职工薪酬	100 000	440 000
应收账款净额	900 000	1 170 000	应付股利	1 080 000	1 375 600
预付账款	550 000	390 000	其他流动负债		
应收股利	0	0	流动负债合计	2 141 500	3 355 600
存货	1 190 000	2 680 000	长期借款	1 000 000	1 100 000
流动资产合计	6 570 000	10 067 600	长期债券	540 000	1 580 000
长期股权投资			长期应付款	50 000	1 500 000
商誉	200 000		非流动负债合计	2 040 000	4 180 000
持有至到期投资			负债合计	4 181 500	7 535 600
固定资产原价	3 900 000	200 000	实收资本	4 000 000	4 000 000
减:累计折旧	890 000	4 800 000	资本公积	100 000	100 000
固定资产净值	3 010 000	1 130 000	盈余公积	1 060 000	1 765 600
在建工程	300 000	3 670 000	未分配利润	548 500①	1 454 400①
固定资产合计	3 310 000	1 030 000	归属于母公司所有者权益合计	5 378 500	6 943 600
无形资产	100 000	180 000	少数股东权益	330 000	376 400
长期待摊费用	40 000	84 400	所有者权益合计	5 708 500	7 320 000
资产总计	10 220 000	15 232 000	负债与所有者权益合计	10 220 000	15 232 000

表 4-22　合并利润及利润分配表

编制单位：甲公司　　　　2006年12月31日　　　　单位：元

项目	上年累计数	本年累计数
一、营业收入	9 620 000	13 300 000
减：营业成本	5 360 000	7 160 000
营业税金及附加	140 000	190 000
营业费用	360 000	260 000
管理费用	631 500	1 258 500
财务费用	260 000	250 000
加：投资收益	0	242 000
二、营业利润	2 868 500	4 423 500
加：营业外收入	250 000	400 000
减：营业外支出	50 000	200 000
三、利润总额	3 068 500	4 623 500
减：所得税费用	1 150 000	1 590 000
四、净利润	1 918 500	3 033 500
归属于母公司所有者的净利润	1 718 500	2 851 500
少数股东损益	210 000	182 000

本章小结

首先阐述了在股权取得日全资子公司和非全资子公司购买法和权益法下合并财务报表的编制。在股权取得日首先抵消母公司长期股权投资和子公司的所有者权益，然后抵消母公司的投资收益和子公司的利润分配，以及对已抵消的子公司提取的盈余公积按母公司持股比例重新恢复。

然后说明了控股权取得日后全资子公司和非全资子公司合并财务报表的编制，包括抵消母公司长期股权投资和子公司的所有者权益、母公司的投资收益和子公司的利润分配，以及内部债权债务、内部往来业务所形成的未实现内部销售利润。

在控股权取得日后连续合并财务报表的期间，首先还是要抵消母公司长期股权投资和子公司的所有者权益、母公司的投资收益和子公司的利润分配；然后重点考虑合并财务报表的编制依据是母公司和各子公司当年的个别财务报表，由于母公司和各个子公司的会计数据都依据其上年末以及当年的经济业务资料编制，所以在连续编制合并财务报表时，要把上年已经抵消的经济业务对本年年初未分配利润的影响额加以抵消，然后再抵消本年的内部往来中所形成的未实现内部销售利润。

中英文对照专业名词

内部交易 (Internal Transaction) 少数股东权益 (Minority Interests)

抵消 (Contra)

股权取得日 (The Day of Interest Acquired)

未实现内部销售利润 (Unrealized Internal Profit)

年初未分配利润 (Retained Earnings at Beginning of Year)

思考与练习

一、思考题

1.试述在股权取得日全资子公司和非全资子公司购买法合并财务报表的编制。

2.试述在股权取得日全资子公司和非全资子公司权益法下合并财务报表的编制。

3.控股权取得日后全资子公司和非全资子公司合并财务报表的编制。

4.控股权取得日后全资子公司和非全资子公司内部交易事项的抵消。

5.试论在控股权取得日后连续合并财务报表的期间集团公司内部交易事项的抵消及合并报表的编制。

二、练习题

2005 年 1 月 1 日，P 企业以 200 000 元的价格购入 S 企业 80%的股份，其时，S 企业股本 100 000 元，未分配利润 150 000 元。有关资料如下。

1. 2005 年度 P 企业和 S 企业之间的经济业务如下：

(1)P 企业向 S 企业销售商品 200 000 元，其中的 150 000 元 S 企业尚未对集团外销售，仍包含在 2005 年 12 月 31 日的存货之中，P 企业该商品的销售毛利率为 50%。

(2)S 企业向 P 企业销售商品 50 000 元，其中的 10 000 元 P 企业尚未对集团外销售，仍包含在 2005 年 12 月 31 日的存货之中，S 企业该商品的销售毛利率为 30%。

(3)S 企业欠 P 企业 65 000 元于 12 月 31 日尚未支付，P 企业未对该债权提取坏账准备。

(4)S 企业于 2002 年 1 月 2 日对外按面值发行债券 300 000 元，该债券五年到期，年利率 10%，利息按年支付。P 企业当天按面值购入该债券 200 000 元。

P 企业和 S 企业 2005 年度个别财务报表如表 4-23、表 4-24 所示。

表 4-23　P 企业和 S 企业资产负债表

2005 年 12 月 31 日　　　　单位：元

资　产	P企业	S企业	负债及所有者权益	P企业	S企业
现金	348 000	65 000	应付账款	150 000	65 000
应收账款	300 000	80 000			
坏账准备	100 000	20 000	长期借款	900 000	
存货	400 000	200 000	长期债券		300 000
长期股权投资	211 200		负债合计	1 050 000	365 000
持有至到期投资	200 000				
固定资产原价	1 000 000	300 000			
累计折旧	450 000	115 000	股本	250 000	100 000
固定资产净值	550 000	185 000	未分配利润	609 200	180 000
无形资产		45 000	所有者权益合计	859 200	190 000
资产合计	1 909 200	555 000	负债及所有者权益合计	1 909 200	555 000

表4-24　P企业和S企业利润及利润分配表简表

2005年度　　单位:元

项　目	P企业	S企业
营业收入	1 000 000	200 000
减:营业成本	450 000	70 000
减:营业费用	320 000	60 000
管理费用		
财务费用	30 000	30 000
营业利润	200 000	40 000
加:投资收益	39 200	
净利润	239 200	40 000
加:年初未分配利润	470 000	150 000
可供分配的利润	709 200	190 000
提取盈余公积	0	0
应付利润	100 000	10 000
未分配利润	609 200	180 000

要求:编制P企业和S企业在2005年末编制合并财务报表的抵消分录。

2.2006年度P企业和S企业之间的经济业务如下:

(1)S企业2006年初存货中含有150 000元从P企业购入的存货,当时,P企业该存货毛利率为50%,该存货2006年度被S企业对集团外销售了60%。

(2)P企业2006年初存货中含有10 000元从S企业购入的存货,当时,S企业该存货毛利率为30%,该存货2006年度被P企业对集团外全部售出。

(3)2006年度,P企业向S企业销售商品300 000元,其中的200 000元S企业尚未对集团外销售,仍包含在2006年12月31日的存货之中,P企业该商品的销售毛利率为40%。

(4)2006年度,S企业向P企业销售商品50 000元,其中的10 000元P企业尚未对集团外销售,仍包含在2006年12月31日的存货之中,S企业该商品的销售毛利率为20%。

(5)P企业欠S企业50 000元于12月31日尚未支付,S企业未对该债权提取坏账准备。

(6)S企业于2006年6月30日以105 000元的价格向P企业购回发行在外的面值为100 000元的债券,该债券由S企业于2005年1月1日按面值发行。

(7)2006年1月1日,P向S转让一台机器设备,该设备作价100 000元,在P企业账簿中记录固定资产原价150 000元,累计折旧75 000元,采用直线法按10

年提取折旧，转让时已提取了5年。S企业购入后，直接增加固定资产原价，并对该固定资产采取同样的折旧政策。P企业和S企业2006年度个别财务报表如表4-25、表4-26所示。

表4-25　P企业和S企业资产负债表

2006年12月31日　　单位：元

资　产	P企业	S企业	负债及所有者权益	P企业	S企业
现金	261 800	40 000	应付账款	200 000	50 000
应收账款	200 000	60 000	长期借款	1 000 000	
坏账准备	100 000	20 000	长期债券		200 000
存货	500 000	140 000	负债合计	1 200 000	250 000
长期股权投资	262 400				
长期债权投资	100 000		股本	250 000	100 000
固定资产原价	2 000 000	400 000	资本公积	290 800	
累计折旧	700 000	150 000	盈余公积	100 000	50 000
固定资产净值	1 300 000	250 000	未分配利润	683 400	200 000
无形资产		40 000	所有者权益合计	1 324 200	260 000
资产合计	2 524 200	510 000	负债及所有者权益合计	2 524 200	510 000

表4-26　P企业和S企业利润及利润分配表简表

2006年度　　单位：元

项　目	P企业	S企业
营业收入	1 200 000	250 000
减：营业成本	540 000	70 000
营业利润	660 000	180 000
减：营业费用	455 000	75 000
管理费用		
财务费用	30 000	25 000
营业利润	175 000	80 000
加：投资收益	74 200	
营业外收入	25 000	
净利润	274 200	80 000
加：年初未分配利润	609 200	180 000
可供分配的利润	883 400	260 000
提取盈余公积	100 000	50 000
应付利润	100 000	10 000
未分配利润	683 400	200 000

要求：编制P企业和S企业在2006年末编制合并财务报表的抵消分录。

第五章 股份支付

本章主要介绍了股份支付的概念、分类以及确认的原则。掌握以权益结算的股份支付会计处理的一般原则。掌握以换取职工服务的以权益结算的股份支付：授予后立即可行权的以权益结算的股份支付、授予后须经过等待期的以权益结算的股份支付。掌握以权益结算的股份支付换取其他服务的会计处理、以权益结算的股份支付在行权日的会计处理。掌握以现金结算的股份支付的会计处理原则及会计处理。了解股份支付的披露。

第一节 股份支付概述

一、股份支付的概念

根据企业会计准则的规定，股份支付，是指企业为获取职工和其他方面提供的服务而授予权益工具或者承担以权益工具为基础确定的负债的交易。

根据股份支付的概念，企业进行股份支付的目的，在于获取职工或其他相关方提供的服务，这是一种常见的雇员薪酬支付的方式，并不仅仅针对企业的董事和高级行政人员，还包括企业的其他雇员以及向企业提供专业服务的人士。

二、股份支付的种类

根据企业会计准则的规定，股份支付分为以权益结算的股份支付和以现金结算的股份支付。

（一）以权益结算的股份支付

以权益结算的股份支付是指企业为获取以股份或其他权益工具作为对价进行结算的交易。在以权益结算的股份支付中，企业以本企业的权益工具（包括股份或股份期权）作为接受商品或服务的对价。其中，权益工具是指企业自身的权益工具。

（二）以现金结算的股份支付

以现金结算的股份支付是指企业为获取服务以股份支付或其他权益工具为基础计算确定的交付现金或其他资产义务的交易。在以现金结算的股份支付中，企业从商品或服务的供应商那里取得商品或服务并发生负债，负债的金额是基于企业的股份或其他权益性工具的价格来确定的。

三、股份支付的确认原则

一般情况下，商品或服务的消耗会产生费用。例如，服务一般是立即消耗的，在这种情况下当对方提供了服务时，就应该立即确认为费用。商品可能在一段时间内消耗，或者对于存货而言，在以后某一日期被出售。在这种情况下，当商品被消耗或出售时确认为费用。但是，在商品或服务被消耗或出售以前有时就有必要确认为一项费用，因为它们不符合确认为资产的条件。例如，企业可能在开发新产品项目的研究阶段购买商品，虽然这些商品还未被消耗，但是按照相应的企业会计准则，它们可能不符合确认为资产的条件。

企业应在取得商品或服务时确认通过股份支付所接受或取得的商品服务。如商品或服务在以权益结算的股份支付中取得，企业应确认相应增加的权益，或者如果商品或服务在以现金结算的股份支付中取得，企业应确认相应的负债。如果在以权益结算的股份支付中接受或取得的商品或服务不符合确认为资产的条件，则应当确认为费用。

四、等待期内每个资产负债表日的处理

股份支付在授予后通常不能立即行权，而是必须履行一定服务年限达到一定业绩才可行权。

业绩条件分为市场条件和非市场条件。市场条件是指行权价格、可行权状况以及可行使性与权益工具的市场价格相关的业绩条件，如股份支付协议中关于至少上升至何种水平才可行权的规定。非市场条件是指除市场外的其他业绩条件。

（1）等待期内每个资产负债表日，企业应将取得的职工或其他方提供的服务计入成本费用，除权益结算的对其他方股份支付外，计入成本费用的金额应当按照权益工具的公允价值计量。

对于权益结算的涉及职工的股份支付，应按授予日权益工具的公允价值计量，确定成本费用和相应的资本公积，不确认后续公允价值的变动；对于现金结算的涉及职工的股份支付，应按当日权益工具的公允价值重新计量，确认成本费用和相应的应付职工薪酬，在可行权日后的公允价值变动计入公允价值变动损益。

对于授予的股份期权等权益工具的公允价值，应当按照其市场价格计量；没有市场价格的，应当参照具有相同交易条款期权的市场价格；以上两者均无法获得的，应采用期权定价估计模型估计，选用的期权定价模型至少应当考虑以下因素：①期权的行权价格；②期权的有效期；③ 标的股份的现行价格；④股份的预计利润；⑤期权有效期内的无风险利率。

（2）等待期内每个资产负债表日，企业应当根据最新可取得的可行权职工人数变动等后续信息做出最佳估计，修正预计可行权的权益性工具数量。在可行权日，

最终预计可行权的权益工具的数量应当与实际可行权数量一致。根据预计可行权的权益工具数量和上述权益工具的公允价值，计算截至当期累计应确认的成本费用金额，再减去前期累计已确认金额，作为当期应确认的成本费用金额。

第二节　以权益结算的股份支付

一、以权益结算的股份支付会计处理的一般原则

（一）会计处理的一般原则

根据企业会计准则的规定，以权益结算的股份支付换取职工提供服务的，应当以授予职工权益工具的公允价值计量。其中，权益工具的公允价值，应当按照《企业会计准则第22号——金融工具的确认和计量》确定。

一般情况下，股份、股份期权或其他权益性工具是除了现金工资和其他雇员福利以外给予雇员的薪酬的一部分。通常情况下，企业不可能直接计量所取得的雇员薪酬中的一个特定组成部分相对应的服务。在不直接计量所授予的权益性工具公允价值的情况下，企业也不可能独立地直接计量全部薪酬的公允价值。另外，股份支付有时是作为奖金安排的一部分，而不是作为基本薪酬的一部分授予的，如作为鼓励雇员继续在企业工作的激励或是奖励他们在提高企业业绩方面的努力。除了其他形式的薪酬外，通过授予股份或股份期权，企业支付了额外的薪酬以获得额外的利益。此时，企业估计这些额外利益的公允价值可能存在困难。由于直接计量所取得服务的公允价值存在困难，企业应参考所授予的权益性工具的公允价值来计量所取得服务的公允价值。

（二）权益性公允价值的确定

根据《企业会计准则第22号——金融工具的确认和计量》的规定，权益性工具公允价值的确定方法如下。

（1）存在活跃市场的金融资产或金融负债，活跃市场中的报价应当用于确定其公允价值。活跃市场中报价是指易于定期从交易所、经纪商、行业协会、定价服务机构等获得的价格，且代表了在公平交易中实际发生的市场交易的价格。

具体包括以下内容：①在活跃市场上，企业已持有的金融资产或拟承担的金融负债的报价，应当是现行出价，企业拟购入的金融资产或已承担的金融负债的报价，应当是现行要价。②企业持有可抵消市场风险的资产和负债时，可采用市场中间价确定可摊销市场风险头寸的公允价值；同时，用出价或要价作为确定净敞口的公允价值。③金融资产或金融负债没有现行出价或要价，但最近交易日后经济环境没有发生重大变化的，企业应当采用最近交易的市场报价确定该金融资产或金融负债的公允价值。最近交易日后经济环境发生了重大变化时，企业应当参考类

似金融资产或金融负债的现行价格或利率，调整最近交易的市场报价，以确定该金融资产或负债的公允价值。企业有足够的证据表明最近交易的市场报价不是公允价值的，应当对最近交易的市场报价作出适当的调整，以确定该金融资产或金融负债的公允价值。④金融工具组合的公允价值，应当根据该组合内单项金融工具的数量与单位市场报价共同确定。⑤活期存款的公允价值，应当不低于存款人可支取时应付的金额；通知存款的公允价值，应当不低于存款人要求支取时应付金额从可支取的第一天起进行折现的现值。

（2）金融工具不存在活跃市场的，企业应当采用估值技术确定其公允价值，采用估值技术得出的结果，应当反映估值日在公平交易可能采用的交易价格。估值技术包括参考熟悉情况并自愿交易的各方最近进行的市场价交易中使用的价格，参照实质上相同的其他工具的当前公允价值、现金流量折现法和期权定价模型等。企业应当选择市场参与者普遍认同，且被以往市场交易价格验证具有可靠性的估值技术确定金融工具的公允价值：①采用估值技术确定金融工具的公允价值时，应当尽可能使用市场参与者在金融工具定价时考虑的所有市场参数，包括无风险利率、信用风险、外汇风险、商品价格、估价或股价指数、金融工具价格未来波动率、提前偿还风险、金融资产或金融负债的服务成本等，尽可能不使用与企业特定相关的参数。②企业应当定期使用没经过修正或重新组合的金融工具公开交易价格校正所采用的估值技术，并测试该估值技术的有效性。③金融工具的交易价格应当作为其初始确认时的公允价值的最好证据，但有客观证据表明相同金融工具公开交易价格更公允，或采用仅考虑公开市场参数的估值技术确定的结果更公允的，不应当采用交易价格初始确认时的公允价值，而应当采用更公允的交易价格或估值结果确定公允价值。

（3）初始取得或源生的金融资产或承担的金融负债，应当以市场交易价格作为其确定其公允价值的基础。债务工具的公允价值，应当根据取得日或发行日的当前市场情况，或其他类似债务工具的当前市场利率确定。债务人的信用风险和适用的信用风险贴水在债务工具发行后没有改变的，可使用基准利率估计当前市场率确定债务工具发行后没有改变的，可使用基准利率估计当前市场利率确定债务工具的公允价值。债务人的信用风险和相应的信用风险贴水在债务工具发行后发生改变的，应当参考类似的债务工具的当前价格和利率，并考虑金融工具之间的差异调整，确定债务工具的公允价值。

（4）企业采用未来现金流量折现法确定金融工具公允价值的，应当适用合同条款和特征，包括金融工具本身的信用质量、合同规定采用固定利率计算剩余期间、支付本金的剩余期间以及支付所采用的货币等。没有标明利率的短期应收款项和应付款款项的现值与实际交易价格相差很小的，可以按照实际交易价格计量。

（5）在活跃市场中没有报价的权益工具投资，以及与该权益工具挂钩并须通过交付该权益工具结算的衍生工具，满足下列条件之一的，表明其公允价值能够可靠地计量：①该金融工具公允价值合理估计数的变动区间很小。②该金融工具公允价值变动区间内，各种用于确定公允价值合理估计数的概率能够合理地确定。

二、换取职工服务的以权益结算的股份支付

（一）授予后立即可行权的以权益结算的股份支付

根据企业会计准则的规定，授予后立即行权的换取职工服务的以权益结算的股份支付，应当在授予日按照权益工具的公允价值计入相关成本费用，相应增加资本公积。

授予日是指股份支付协议获得批准的日期。具体来说，在授予日，必须既有要约，又有承诺。因此，一方向另一方发出要约的当天不是授予日，授予日是另一方承诺的当天。在某些情况下，对方明确同意安排，如通过签订合同。在其他情况下，达成一致可能不明显。例如就与雇员进行许多以股份支付为基础的安排而言，雇员的同意是通过他们开始服务来表现的。此外，要使双方就股份支付安排达成一致，双方都必须对安排的条款和条件有一个共识。因此，如果安排的部分条款和条件是在某一日达成一致的，而剩余的条款和条件是在晚一些的时日达成一致的，那么授予日是所有条款和条件都已达成一致的、晚一些的那天。例如，如果企业同意向雇员发放股份期权，但是期权的行权价格将由3个月后开会的组织来制定，授予日就是相关机构制定行权价格的那天。在某些情况下，授予日可能发生在被授予权益性工具的雇员已经开始提供服务之后。例如如果权益性工具的授予要经过股东大会批准，授予日可能发生在雇员已经就此授予提供服务的几个月之后。根据企业会计准则的规定，企业应在收到服务时确认该服务。在这种情况下，为确认服务在服务开始日和授予日之间收到的服务，企业应当估计授予日权益性工具的公允价值。授予日一旦确定，企业应修改以前的估计，以便使为就该授予收到的服务而确认的金额最终是以权益性工具授予日的公允价值为基础的。即所授予的权益性工具立即给予，对方无需完成一段规定期间的服务即有权无条件地享有这些权益性工具。在不存在相反证据的情况下，企业应假设已取得了对方作为权益性工具对价所提供的服务。在这种情况下，企业应确认所取得的全部服务，并相应地增加权益。具体来说，企业应当按照授予日权益性工具的公允价值，借记“管理费用”、“制造成本”、“在建工程”等科目，贷记“资本公积”科目。

【例5-1】20×7年5月31日，甲股份有限公司股东大会批准向公司管理层授予200 000份股份期权，每股股份期权的公允价值为10元。假定公司管理层可立即行使相应的权利，不考虑其他因素。甲股份公司的会计处理如下：

借：管理费用　　2 000 000

　贷：资本公积——其他资本公积　　2 000 000

(二)授予后须经过等待期的以权益结算的股份支付

根据企业会计准则的规定,完成等待期内的服务或达到规定业绩条件才可行权的换取职工服务的以权益结算的股份支付,在等待期内的每个资产负债表日,应当以对可行权权益工具数量的最佳估计为基础,按照权益工具授予日的公允价值,将当期取得的服务计入相关成本或费用和资本公积。在资产负债表日,后续信息表明可行权权益工具的数量。等待期,是指可行权条件得到满足的期间。对于可行权条件为规定服务期间的股份支付,等待期为授予日至可行权日的期间;对于可行权条件为规定业绩的企业股份支付,应当在授予日根据最可能的业绩结果预计等待期的长度。可行权日,是指可行权条件得到满足、职工和其他方面具有从企业取得权益工具或现金的权利的日期。

事实上企业在授予雇员权益性工具时通常会附加一些条件。例如,授予雇员的股份或股份期权一般都附有要求雇员在企业服务一段特定的时间,也有可能需要满足一定业绩条件,如企业的业绩实现特定的增长或使企业的股票价格达到一定的增长等。在计量估计股份或股份期权的公允价值时不应考虑市场条件以外的其他条件。相反,企业在调整包括在交易金额计量中的权益性工具的数量时应考虑给予的条件,使得最终作为授予权益性工具对价所取得的商品或服务的确认金额,应基于最终将给予的权益性工具的数量。因此,在累积的基础上,如果已经给予的权益性工具由于无法满足给予条件而未给予,那么,企业不应确认取得的商品或服务金额。例如,对方没有完成某一特定期间的服务,或者是业绩条件没有满足等。即如果所授予的权益性工具只有在对方完成了一段规定期间的服务以后才能给予,此时,企业应假设对方作为权益性工具的对价应提供服务将在未来给予期间内取得。企业对取得的服务,应随着对方在给予期间内服务的提供进行会计处理,相应增加所有者权益。例如:①如果授予雇员股份期权,且前提条件是完成3年的服务,则企业应假设该雇员作为股份期权对价提供的服务在未来的3年给予期间内取得。②如果雇员被授予股份期权,前提条件是达到一定的业绩并且在满足该业绩条件时仍为企业所雇用,同时给予期间的长短能够随满足条件的时间而变化,那么企业应假设雇员作为股份期权对价应提供的服务,在预期的未来给予期间内取得。在授予日,企业应基于最可能的业绩结果,估计预期给予期间的长度。如果业绩条件是市场条件,对于预期给予期间的长度的估计应与在估计所授予期权的公允价值时使用的假设一致,以后期间也不应加以修订。如果业绩条件是非市场条件,以后期间的信息表明给予期间的长度与以前的估计不同,有必要的话,企业应修正其对给予期间长度的估计。

具体讲,企业应当在等待期内的每个资产负债表日,以对可行权权益工具数量的最佳估计为基础,按照权益工具授予日的公允价值,借记“管理费用”、“制造成本”、“在建工程”等科目,贷记“资本公积”科目。

【例5-2】 20×7年1月1日，乙股份有限公司决定为其管理层500名雇员每名都授予200份股份期权，每一股份期权均要求雇员在未来3年内留在企业继续工作。乙股份有限公司估计每份股份期权的公允价值为15元。假设基于加权平均概率，乙股份有限公司估计有20%的雇员将在未来3年内离开，这部分雇员的股份期权将作废。此外，假定事实确如乙股份有限公司估计得那样，乙股份有限公司应在未来3年内对作为股份期权的对价而取得的服务在给予期间确认以下金额，见表5-1。

表5-1　乙股份有限公司在未来3年内作为股份期权的对价而取得的服务金额的确认

单位：元

年　度	计算过程	当期职工薪酬	累计职工薪酬
第1年	100 000份期权×80%×15×1/3	400 000	400 000
第2年	100 000份期权×80%×15×2/3－400 000	400 000	800 000
第3年	100 000份期权×80%×15×3/3－800 000	400 000	1 200 000

乙股份有限公司在3年以后3年中的每一年，会计处理如下：

借：管理费用　　400 000

　贷：资本公积——其他资本公积　　400 000

【例5-3】 沿用【例5-2】的资料。同时假定，在第1年内，有20名雇员离开。乙股份有限公司将估计的3年中雇员离开率由20%(100名雇员)修正为15%(75名雇员)。第2年内，又有22名雇员离开。乙股份有限公司将估计的3年中雇员离开率由15%修正为12%(60名雇员)。第3年内，另有15名雇员离开。因此，3年中共有57名雇员对公司的股份期权作废，同时在3年末累计给予88 600[(500－20－22－15)×200]股份期权。乙股份有限公司的计算过程见表5-2。

表5-2　乙股份公司的计算过程　　单位：元

年　度	计算过程	当期职工薪酬	累计职工薪酬
第1年	100 000份期权×85%×15×1/3	425 000	425 000
第2年	100 000份期权×88%×15×2/3－425 000	455 000	880 000
第3年	88 600份期权×15－880 000	449 000	1 329 000

乙股份有限公司每年的会计处理如下：

(1)第1年

借：管理费用　　425 000

　贷：资本公积——其他资本公积　　425 000

(2)第2年

借：管理费用　　455 000

贷:资本公积——其他资本公积　455 000

(3)第3年

借:管理费用　449 000

贷:资本公积——其他资本公积　449 000

需要注意的是,企业在可行权日之后不再对已确认的相关成本或费用和所有者权益总额进行调整。

三、以权益结算的股份支付换取其他方服务的会计处理

根据企业会计准则规定,以权益结算的股份支付换取其他方服务的,应当分别按下列情况处理。

(1)其他方服务的公允价值能够可靠计量的,应当按照其他方服务在取得日的公允价值,计入相关成本或费用,应相应增加所有者权益。具体来说,在其他方服务的公允价值能够可靠计量时,企业应当按照其他方服务的公允价值,借记"管理费用"、"制造成本"、"在建工程"等科目,贷记"资本公积"科目。

(2)其他方服务的公允价值不可能可靠计量但权益工具公允价值能够可靠计量的,应当按照权益工具在服务取得日的公允价值,计入相关成本或费用,相应增加所有者权益。具体来说,在其他方服务的公允价值不能可靠计量但权益性工具公允价值能够可靠计量时,企业应当按照权益性工具在服务取得日的公允价值,借记"管理费用"、"制造成本"、"在建工程"等科目,贷记"资本公积"。

四、以权益结算的股份支付在行权日的会计处理

根据企业会计准则的规定,在行权日,企业根据实际行权的权益工具数量,计算确定应转入实收资本或股本的金额,将其转入实收资本或股本。行权日,是指职工和其他方行使权力、获取现金或权益工具的日期。企业应当在行权日根据实际行权的权益性工具的数量,计算确定应转入实收资本或股本的金额,借记"资本公积"科目,贷记"实收资本"、"股本"等科目。

五、可行权日后的处理

对于以权益结算的股份支付,在可行权日之后不再对已确认的成本费用和所有者权益总额进行调整。企业应在行权日根据行权的状况,确认股本和资本溢价,同时结转等待期内确认的资本公积。如果全部或部分权益工具未被行权而失效或作废,应在行权有效期截止日将其从资本公积(其他资本公积)转入未分配利润,不冲减成本费用。账务处理借记"银行存款"、"资本公积——其他资本公积"科目;贷记"股本"、"资本公积——资本溢价"科目。

六、回购股票进行职工期权激励

《公司法》第143条规定，企业可回购本公司股份奖励给本公司职工，用于收购的资金应当从公司的税后利润中支付。属于权益结算的股份支付，应当进行以下处理：

(1)企业实行职工期权激励所需要的资金，应控制在当期可供投资者分配的利润数额之内。预留回购股份的全部支出应当通过备查簿入账，借记"利润分配——未分配利润"科目，贷记"资本公积"科目。

(2)回购股份。企业实际回购股份时，应当按照回购股份的全部支出，借记"库存股"科目，同时贷记"银行存款"科目。

(3)确认成本费用。企业应当在等待期内每个资产负债表日，将取得的职工或其他方提供的服务计入成本费用，同时增加资本公积。

(4)职工行权。职工在行权日应按照期权激励办法规定的价格，行使购买企业股份的权力。企业应按职工行权时购买本企业股票收到的价款，借记"银行存款"等科目，同时转销等待期内在其他资本公积中累计确认的金额，借记"资本公积——其他资本公积"科目，按回购的库存股成本，贷记"库存股"科目，按照上述借贷方差额，贷记"资本公积——资本溢价"科目。

第三节 以现金结算的股份支付

一、以现金结算的股份支付在行权日的会计处理原则

在企业的生产经营活动过程中，企业可能将股份增值权作为雇员薪酬的一部分授予雇员，雇员有权在未来取得以企业的股份在一段特定时间内从某一特定水平的增长为基础计算的现金支付，而非权益性工具。或者企业可能通过授予雇员取得赎回股份(包括由于行使股份期权而将发行的股份)的权利，该赎回或者是强制性赎回(如在雇员终止服务时)，或者是在雇员的选择下赎回，从而取得未来现金支付的权利。

对于这些现金结算的股份支付，根据企业会计准则的规定，以现金结算的股份支付，应当按照企业承担的以股份或其他权益性工具为基础计算确定的负债的公允价值。

二、授予后立即可行权的以现金结算的股份支付的会计处理

随着雇员服务的提供，企业应确认所取得的服务以及为支付所取得的服务相应产生的负债。例如一些股份增值权立即给予，因此不要求雇员完成一段时间的

服务就有权享有该部分现金款项。在不存在相反证据的情况下，企业应假定已经取得了用于交换股份增值权的雇员所提供的服务。因此，企业应立即确认所取得的服务以及相应产生的负债。

根据企业会计准则的规定，授予后立即可行权的以现金结算的股份支付，应当在授予日以企业承担负债的公允价值，借记“管理费用”、“制造成本”、“在建工程”等科目，贷记“应付职工薪酬”科目。

三、授予后经过等待的以现金结算的股份支付的会计处理

在某些情况下，企业提供的以现金结算的股份支付，只有在雇员完成了特定期间的服务后才能给予。此时，企业应当在该期间内的每个资产负债表日，随着雇员服务的提供，相应确认所取得的服务以及为支付所取得的服务而产生的负债。

根据完成等待期内的服务或达到规定业绩条件以后可行权的以现金结算的股份支付，在等待期内的每个资产负债表日，应当以对可行权情况的最佳估计为基础，按照企业承担负债的公允价值金额，将当期取得的服务计入成本或费用和相应的负债。在资产负债表日，后续信息表明企业当期承担债务的公允价值与以前估计不同的，应当进行调整，并在可行权日调整至实际水平。授予后须经过等待期的以现金结算的股份支付，应当在每个资产负债表日以对可行权情况的最佳估计为基础，按照企业应当承担负债的公允价值，借记“管理费用”、“制造成本”、“在建工程”等科目，贷记“应付职工薪酬”科目。

【例 5-4】 20×7 年 1 月 1 日丁股份有限公司股东大会决定对现有制造车间的 1 000 名雇员授予现金股份增值权，同时附有 3 年内受雇于企业的条件。第 1 年，有 70 名雇员离开。丁股份有限公司估计还会有 120 名雇员将在第 2 年和第 3 年离开。第 2 年，有 80 名雇员离开，丁股份有限公司估计还会有 50 名雇员将在第 3 年离开。第 3 年，有 44 名雇员离开。第 3 年末，300 名雇员行使了现金股份增值权，另外 280 名雇员于第 4 年年末行使了现金股份增值权，剩余的 226 雇员于第 5 年末行使了现金股份增值权。丁公司估计了作为负债存在的现金股份增值权的内在价值见表 5-3。

表 5-3　丁股份有限公司行权日现金股份增值权的公允价值与内在价值　单位：元

年　度	公允价值	内在价值
第 1 年	14.4	
第 2 年	15.5	
第 3 年	18.2	15
第 4 年	21.4	20
第 5 年	25	

第五章　股份支付

根据上述资料，丁股份有限公司在未来5年内每年的费用金额分别见表5-4。

表5-4　丁股份有限公司计算的费用金额　单位：元

年度	计算过程	费用	负债
第1年	(1 000－190)×100×14.4×1/3	388 800	388 800
第2年	(1 000－200)×100×15.5×2/3－388 800	437 867	826 667
第3年	(1 000－194－300)×100×18.2－826 667	544 254	1 370 920
第4年	(506－280)×100×21.4－544 254＋280×100×20	122 720	483 640
第5年	0－122 720＋226×100×25	81 360	0

丁股份有限公司在未来5年内每年的会计处理分别为：

(1)20×7年1月1日

授予日不做会计处理。

(2)第1年年末

借：制造费用　388 800

　贷：应付职工薪酬——股份支付　388 800

(3)第2年年末

借：制造费用　437 867

　贷：应付职工薪酬——股份支付　437 867

借：应付职工薪酬——股份支付　388 800

　贷：银行存款　388 800

(4)第3年年末

借：制造费用　544 254

　贷：应付职工薪酬——股份支付　544 254

借：应付职工薪酬——股份支付　826 667

　贷：银行存款　826 667

(5)第4年年末

借：制造费用　122 720

　贷：应付职工薪酬——股份支付　122 720

借：应付职工薪酬——股份支付　1 370 920

　贷：银行存款　1 370 920

(6)第5年年末

借：制造费用　81 360

　贷：应付职工薪酬——股份支付　81 360

借：应付职工薪酬——股份支付　483 640

　贷：银行存款　483 640

四、可行权日之后的处理

对于以现金结算的股份支付，企业在可行权日之后不再确认换入服务引起的成本费用增加，但负债公允价值的变动应当计入公允价值变动损益。账务处理为，借记“公允价值变动损益”科目，贷记“应付职工薪酬——股份支付”科目；同时，借记“应付职工薪酬——股份支付”科目，贷记“银行存款”科目。

五、确认的以现金结算的股份支付负债公允价值的复核

对于以现金结算的股份支付确认的负债，在初始确认后至结算止的每一资产负债表日，企业应当根据期权定价模型计算的股份增值的公允价值，对上一资产负债表确认日的负债账面价值进行调整。在复核日对负债的账面价值进行调整时，应当考虑所授予的股份增值权的条款和条件，以及雇员到目前为止所提供的服务。

根据企业会计准则的规定，企业应当在相关负债的每个资产负债表日以及结算日，对负债的公允价值重新计量，其变动计入当期损益。具体来说，企业应当在资产负债表日按照调整增加的负债的公允价值金额，借记“管理费用”、“制造成本”、“在建工程”等科目，贷记“应付职工薪酬”科目；按照调整减少的负债的公允价值金额，借记“应付职工薪酬”科目，贷记“管理费用”、“制造成本”、“在建工程”等科目。

第四节　股份支付的披露

一、关于股份支付有关的信息

根据企业会计准则规定，企业应当在附注中披露与股份支付有关的下列信息：

(1)当期授予、行权和失效的各项权益工具总额，即企业应当在附注中披露当期授予、行权和失效的各项权益工具总额，企业不需要分别每项权益工具披露当期授予、行权和失效的权益工具。

(2)期末发行在外的股份期权或其他权益性工具证券价格的范围和合同剩余期限，即企业应当在附注中披露期末发行在外的股份期权或其他权益工具行权价格的范围和合同的剩余期限。

(3)当期行权的股份期权或其他权益工具以其行权价格计算的加权平均价格，即企业应当在附注中披露当期行权的股份期权或其他权益工具按行权价格计算的加权平均价格。

(4)权益工具公允价值的确定方法，即企业应当在附注中披露权益工具公允价值的确定方法，如权益工具公允价值是按照市场价格确定的，还是根据权益工具的

未来现金流量限制确定的，或是其他更为合理的方法。

对于以上信息，对性质相似的股份支付信息，企业可以合并披露。

二、股份支付的影响信息

根据企业会计准则的规定，企业应当在附注中披露股份支付交易对当期财务状况和经营成果的影响，至少包括下列信息：

(1)当期因以权益结算的股份支付而确认的费用总额，即企业应当在附注中披露当期由于以权益结算的股份支付而确认的费用总额，企业不需要在附注中分别披露每项以权益结算的股份支付确认的费用金额。

(2)当期因以现金结算的股份支付而确认的费用总额，即企业应当在附注中披露当期因以现金结算的股份支付而确认的费用总金额，企业不需要在附注中分别披露每项以现金结算的股份支付确认的费用总额。

(3)当期以股份支付换取的职工服务总额及其他方服务总额，即企业应当在附注中披露当期以股份支付换取的职工服务总额以及其他方服务总额，企业不需要在附注中分别每项股份支付披露换取的职工服务金额以及其他方的服务金额。

本章小结

股份支付，是指企业为获取职工和其他方面提供服务而授予权益工具或者承担以权益工具为基础确定的负债的交易。股份支付分为以权益结算的股份支付和以现金结算的股份支付。股份支付的确认原则：企业应在取得商品或服务时确认通过股份支付所接受或取得的商品服务。如商品或服务在以权益结算的股份支付中取得，企业应确认相应增加的权益，或者如果商品或服务在以现金结算的股份支付中取得，企业应确认相应的负债。如果在以权益结算的股份支付中接受或取得的商品或服务不符合确认为资产的条件，则应当确认为费用。

以权益结算的股份支付：以权益结算的股份支付换取职工提供服务的，应当以授予职工权益工具的公允价值计量。换取职工服务的以权益结算的股份支付，授予后立即可行权的以权益结算的股份支付，授予后须经过等待期的以权益结算的股份支付。

以现金结算的股份支付：以现金结算的股份支付在行权日的会计处理原则，授予后立即可行权的以现金结算的股份支付的会计处理，授予后经过等待的以现金结算的股份支付的会计处理。

股份支付的披露：关于股份支付有关的信息、股份支付的影响信息。

中英文对照专业名词

股份支付　(Share-based Payment)　　权益结算　(Equity Settlement)
现金结算　(Cash Settlement)　　公允价值　(Fair Value)
金融工具　(Financial Instruments)　　金融资产　(Financial Assets)
金融负债　(Financial Liability)　　授予日　(Grant Day)
权益性工具　(Equity Instruments)
股份增值权　(Right of Share Appreciation)

思考与练习

一、思考题

1. 什么是股份支付？其具体分类及股份支付确认的原则是什么？
2. 以权益结算的股份支付会计处理的一般原则及会计处理是什么？
3. 以现金结算的股份支付的会计处理原则及会计处理是什么？
4. 股份支付应披露的信息是什么？

二、练习题

1. 20×7年5月31日，甲股份有限公司股东大会批准向公司管理层授予100 000份股份期权，每股股份期权的公允价值为10元。假定公司管理层可立即行使相应的权力，不考虑其他因素。甲股份公司的会计处理如何？

2. 20×7年1月1日，乙股份有限公司决定为其管理层500名雇员每名都授予100份股份期权，每一股份期权均要求雇员在未来3年内留在企业继续工作。乙股份有限公司估计每份股份期权的公允价值为15元。假设基于加权平均概率，乙股份有限公司估计有20%的雇员将在未来3年内离开，这部分雇员的股份期权将作废。此外，假定事实确如乙股份有限公司估计得那样，乙股份有限公司应在未来3年内对作为股份期权的对价而取得的服务在给予期间确认金额。

3. 同练习题2的资料。同时假定，在第1年内，有20名雇员离开。乙股份有限公司将估计的3年中雇员离开率由20%(100名雇员)修正为15%(75名雇员)。第2年内，又有22名雇员离开。乙股份有限公司将估计的3年中雇员离开率以15%修正为12%(60名雇员)。第3年内，另有15名雇员离开。因此，3年中共有57名雇员对公司的股份期权作废，同时在3年末累计给予44 300[(500－20－22－15)×100]股份期权。

请作出乙股份有限公司每年的会计处理(会计分录)。

4. 20×7年1月1日丁股份有限公司股东大会决定对现有制造车间的500名雇员授予现金股份增值权,同时附有3年内受雇于企业的条件。第1年,有35名雇员离开,丁股份有限公司估计还会有60名雇员将在第2年和第3年离开。第2年,有40名雇员离开,丁股份有限公司估计还会有25名雇员将在第3年离开。第3年,有22名雇员离开。第3年末,150名雇员行使了现金股份增值权,另外140名雇员于第4年年末行使了现金股份增值权,剩余的113雇员于第5年末行使了现金股份增值权。丁公司估计了作为负债存在的现金股份增值权的内在价值见表5-5。

表5-5　丁股份有限公司行权日现金股份增值权的公允价值与内在价值　单位:元

年　度	公允价值	内在价值
第1年	14.4	
第2年	15.5	

请作出丁股份有限公司在未来5年内每年的会计账务处理(会计分录)。

第六章　分部报告与中期报告

要保证证券公司健康有序地运转，完善的信息披露机制的建立是必不可少的。在这一市场中，上市公司是主角。上市公司是现代公司发展的最高级的形式，而两权分离是上市公司的一个主要特征。为了解决因信息不对称而导致公司代理成本过高的问题，加强对上市公司信息披露包括对整个证券市场的监管，是证券市场有效运行的关键。为了让投资者更及时、更全面地了解上市公司经营状况，除了定期地（每年一次）要求上市公司进行信息披露外，还要求上市公司每季（中期）报告企业全面的经营状况（分部）。

第一节　分部报告

一、分部报告及其适用范围

分部报告是指在企业的财务会计报告中，按照确定的企业内部组成部分（业务分部或地区分部）提供的有关各组成部分收入、资产和负债等信息的报告。

随着市场经济的发展，企业的生产经营规模日益扩大，在激烈的市场竞争中，企业经营范围日益突破单一业务界限，而成为从事多种产品生产的经营和从事多种经营业务活动的综合经营体。一般的企业财务报表所提供的会计信息，只是反映该企业生产经营情况综合的会计信息，而难以提供从事各项具体业务活动所取得的收入、所占用的资产等会计信息。要对企业的生产经营情况、盈利能力和发展做出判断，则必须借助于各业务部门所形成的较为详细的具体的会计信息。

与此同时，随着企业生产规模的扩大，其生产经营范围有的已突破国界，延伸和发展到其他国家和地区，如在境外设立分公司和子公司，从而发展成为大型跨国公司，成为国际性企业。这些跨国公司业务往往跨越若干个国家和地区，在某一个国家生产原材料、零配件，在另一国进行深加工，进行组装，而在第三国进行销售或提供劳务。对于这些跨国公司来说，由于各国有着不同的社会、政治、经济、法律环境，各生产经营地政治的动荡、政府的更替、法律的变化等，都将对其生产经营活动产生影响，因而企业的各生产经营所在地存在着不同性质、不同程度的风险。要分析其经营风险、预测其经营业绩，则有必要使用其按不同地区提供的各地区分部的会计信息，才能分析某一地区的经营风险，预测其经营业绩，从而对该跨国公司的经营风险和经营业绩做出准确的、综合性的评价，以有助于各投资者、债权人进行投资决策，有助于企业的生产经营者或管理当局进行经营决策和长期决策。

通过以上分析并且根据《分部报告》准则规定，企业存在多种经营或跨地区经营的情况下，应当提供分部信息，其他法律法规另有规定除外。此外，分部信息属于企业财务报表附注披露的组成内容，对于从事多种经营或存在跨地区经营的企业或企业集团，披露分部信息是必要的。

二、分部报告的意义

提供分部信息的主要目的，是为了帮助会计信息使用者评估不同因素对企业的影响，以便更好地理解企业以往的经营业绩，并对其未来的发展趋势做出合理的预测和判断。

1.通过分部报告可以更好地理解企业以往的业绩

分部收入是指可归属于分部的对外交易收入和对其他分部收入。分部收入通常为营业收入，下列项目不包括在内：①利息收入和股利收入，如采用成本法核算的长期股权投资股利收入（投资收益）、债券投资的利息收入、对其他部分贷款的利息收入，但分部日常活动是金融性质的除外。②采用权益法核算的长期股权投资在被投资单位实现的净收益中应享有的份额，以及处置投资形成的净收益，但分部活动是金融性质的除外。③营业外收入，如处置固定资产、无形资产形成的净收益。企业生产经营业绩，是企业各项经营活动的综合结果，是由企业生产的各种（或各类）产品，或提供的各种（或各类）劳务的盈亏综合而成的。企业各种（或各类）产品在其整体的经营活动中所占的比重各不相同，其营业收入、成本以及其所产生的利润也不尽相同，要把握企业的经营业绩，不仅要分析企业的整体情况，而且也有必要分析每一种（或每一类）产品的生产经营情况，从而才能更全面地理解企业取得的经营业绩。从企业生产经营的地区来说，企业整体的生产经营业绩是由各生产经营地的经营业绩所组成的，要了解和把握企业取得的经营业绩，则需要分析各生产经营地的经营业绩，分析各生产经营地的资产占用情况、销售情况等，从而才能准确把握企业经营业绩。

2.通过分部报告可以更好地评估企业的风险和报酬

企业应当区分主要报告形式和次要报告形式披露部分信息。在确定报告分部的主要报告形式和次要报告形式时，应当考虑风险和报酬的主要来源和性质。企业风险和报酬的主要来源性质，通常与提供的产品和劳务，或者经营所在国家或地区密切相关。企业在分析所承担的风险和报酬时，应当注意以下因素：①所生产产品或劳务的性质、过程、客户类型、销售方式；②所生产产品或提供劳务受法律、行政法规的影响等；③所处经济、政治环境等。在市场经济条件下，准确地评估企业的经营风险和报酬，对于企业经营管理者、投资者、债权人以及社会有关方面进行决策具有重要的意义。企业的整体风险由企业生产经营部分、各生产经营地区的风险和报酬所构成。企业生产的各种产品所具有风险和报酬的程度和性质是不相同的，在不同地区的生产经营也有着不同性质的、不同程度的风险和报酬。要具体了解企业的风险和具体的报酬情况，则必须借助分部报告按不同业务部门或不同的地区提供的收入、费用、经营成果以及资产占用等较为详细的分部信息。通过对分部报告提供信息的分析，可以了解各种产品或业务所处的发展阶段、风险的大小、报酬的高低等。

3.通过分部报告能更有效地控制费用

分部费用是指可归属于分部的对外交易费用和对其他分部交易费用。分部费用通常包括营业成本、营业税金、销售费用等，下列项目不包括在内：①利息费用，如发行的债券、向其他分部借款的利息费用，但分部日常活动是金融性质除外。②采用权益法核算的长期股权投资在被投资单位发生的净损失中应承担的份额以及处置投资形成的净损失，但分部日常活动是金融性质除外。③与企业整体相关的管理费用和其他费用。但是，企业代所属分部支付的、与分部经营活动相关的、能直接归属于或按合理基础分配给该分部的费用，属于分部费用。④营业外支出，如处置固定资产、无形资产发生的净损失。⑤所得税费用。

综上所述，通过分部报告所提供的会计信息，可以更好地把握企业的经营业绩，可以更好地对企业的风险和报酬进行评估。因此，通过分部报告可以为企业的经营管理者、投资者、债权人提供更为有用的、更为具体的会计信息，以便于其从整体上对企业做出更有根据的、更为准确的判断，为其进行决策提供依据。

三、分部的确定

（一）企业分部的确定

要编制分部报告，首先要确定按照什么标准将企业整体分为不同的部分来提供会计信息。一般来说，有按企业的业务进行分部和按所在的地区进行分部两种形式。

1.业务分部

业务分部，是指企业内部可区分的组成部分，该组成部分提供单项产品或劳务，或一组相关的产品或劳务，并且承担着不同于其他组成部分所承担的风险和报酬。

在理解业务分部时，应注意以下几个问题：

(1)业务部门按照企业提供产品或劳务的同质性和相关性来划分，具有相同、相似的性质或具有相关性的产品或劳务为一个业务分部；

(2)业务分部并非指企业的业务部门，而是考虑一系列因素，特别是风险与报酬因素而确定的，因此，一个业务分部可能就是企业的某个业务部门，也可能包括若干个业务部门；

(3)划分业务分部应考虑的主要因素是各业务部门所承担的风险与报酬,一个业务分部不应包括在风险和报酬方面存在重大差异的产品或劳务。

在确定产品或劳务是否同质、相关,是否具有相同或相似的风险和报酬时,应综合考虑以下因素:产品或劳务的性质是否类似,产品生产或劳务提供的过程是否相关,产品或劳务的客户类型是否类似,销售产品或提供劳务所使用的方法是否相关,相关的法规环境是否类似等。

2.地区分部

地区分部,是指企业内部可区分的组成部分,该组成部分在一个特定的经济环境内提供产品或劳务,并且承担着不同于在其他经济环境中经营的组成部分所承担的风险和报酬。

理解地区分部,应注意以下问题:

(1)地区部门按照企业所处地区特定经济环境的相似性来划分,具有相似经济环境的地区归为一个业务分部;

(2)地区分部并非单纯按照企业的子公司、分公司等组成部分所处的不同行政区域来划分,而是主要考虑各地区不同的风险和报酬来划分,因此,一个地区分部可以是一个国家、一个地区,也可能包括几个国家,或是一个国家内几个地区的组合;

(3)划分地区分部应考虑的主要因素是各业务部门所承担的风险和报酬,一个地区分部不应包括在风险和报酬方面存在重大差异的环境中的经营活动。

在确定不同地区和国家具有的风险和报酬相似性时,应综合考虑以下因素:经济和政治环境是否相似,不同地区经营活动之间的关系是否密切,经营地点是否接近,是否存在与某地区相关的特定风险,外汇控制规定是否相似,潜在货币风险是否相似等。

3.业务分部和地区分部的具体确定

确定业务分部或地区分部的主要依据是业务或地区在报酬和风险上的相似性。那么,在实际中,究竟如何按报酬和风险上的相似性来确定分部呢?

一般来说,企业都是根据其经营风险和报酬来确定企业的组织和管理形式。企业的内部组织结构、管理结构和内部财务报告制度通常反映了企业的主要风险来源和不同的报酬率,因此,企业的组织和管理结构及其内部财务报告制度可以作为确定分部的基础。具体来说,如果企业的组织、管理结构和内部财务报告制度以单项产品或劳务或一组相关的产品和劳务为基础,或以地区为基础,且内部管理报告单位符合业务分部或地区分部的定义,则企业应按内部管理报告单位确定业务分部或地区分部。如果企业的组织、管理结构和内部财务报告制度不以单项产品或劳务或一组相关的产品和劳务为基础,也不以地区为基础,则企业应对内部管理报告单位进行评价:对于符合业务分部或地区分部定义的报告单位,不需再作进一步划分；对于不符合业务分部和地区分部定义的报告单位，则应以产品和劳务地区为基础作进一步划分，使业务分部和地区分部得以确定。

在以企业的组织、管理结构和内部财务报告制度为确定分部的基础的同时，企业还应注意，不应将那些在风险和报酬上存在重大差异的产品和劳务或经营活动划分在同一个业务分部或地区分部中。

(二)报告分部的确定

报告分部，是指符合业务分部或地区分部的定义，并且按要求应予报告的分部。企业在确定报告分部之前，应首先确定分部报告的主要报告形式和次要报告形式。

1. 主要分部报告形式和次要分部报告形式

一个企业可能既提供多种产品和劳务，又在不同的国家或地区从事经营活动。也就是说，它既可分割为业务分部，又可分割为地区分部。这时，应按哪种分部提供分部信息呢？这就涉及主要分部报告形式和次要分部报告形式的问题。

(1)主要分部报告形式和次要分部报告形式确定的主要依据。主要分部报告形式，是指在财务会计报告中按照该种分部来披露基本会计信息的分部。不作为主要分部报告形式披露的分部信息为次要分部报告形式。

确定主要分部报告形式的主要依据是企业经营风险和报酬的主要来源和性质。如果企业的经营风险和报酬主要受其产品和劳务差异的影响，或者同时较大地受其产品和劳务的差异以及经营所在地区差异的影响，则业务分部应当作为分部报告的主要报告形式，地区分部应作为分部报告的次要报告形式。而如果企业的经营风险和报酬主要受其在不同的国家或地区经营的影响，则地区分部应当作为分部报告的主要报告形式，业务分部应作为分部报告的次要报告形式。

(2)实践中确定主要分部报告形式和次要分部报告形式的方法。国际会计准则第 14 号《分部报告》指出："企业的内部组织和管理结构及其内部对董事会和总经理报告的制度，通常是确定企业面临风险的主要来源和性质以及不同收益率的基础，从而也是确定哪种报告形式是主要的、哪种报告形式是次要的基础"；"对大多数企业来说，风险和收益的主要来源决定了企业如何组织和管理。企业的组织和管理机构及其内部财务报告制度，通常为其分部报告目的提供了其主要风险和收益来源的最好证据。因此，除了在少数情况下，企业应在其财务报表中按期对内向最高管理层按报告一致的原则报告分部信息。"在实践中，通常通过对企业的组织和管理机构及其内部财务报告制度的分析来替代对企业的风险和报酬的主要来源的确定过程，以企业为了组织、管理和内部报告而建立的分部为确定主要分部报告形式和次要分部报告形式的基础。

(3)其他情况。有时，企业的内部管理报告制度可能既不以产品和劳务为基础，也不以其所在的国家、地区为基础。在这种情况下，企业应当仔细地对企业的风险和报酬的主要来源进行分析，看其是更多地与经营不同业务相关，还是更多地与所处的不同地区相关，再据此确定分部报告的主要报告形式和次要报告形式。

2.报告分部的各种具体标准

确定主要分部报告形式和次要分部报告形式后，就明确了在会计报告中按哪种分部方式披露各分部的会计信息。接下来，要在已确定的分部报告形式下选择需要进行披露的分部，即确定应该对哪些分部的会计信息进行报告。某个分部能否成为报告分部，主要看其是否满足以下三个标准：

(1)单项重要性标准——10%。一个分部要作为报告分部，应符合重要性标准，即这一分部对企业整体应具有重要性。重要性可以从三个方面来衡量：收入、利润和资产。一个分部至少应符合这三个方面的其中一个方面，才能作为报告分部。某个分布能否成为报告分部，主要看其是否满足以下三个标准：

一个分部的对外销售和提供劳务赚取的收入和与其他分部进行交易所赚取收入的总额，应达到所有分部收入总额的10%以上(包括10%)。

一个分部的资产占所有分部资产总额的10%以上(包括10%)。

一个分部的利润或亏损的绝对值，占以下两项的绝对值较大者的10%以上(包括10%)：所有盈利分部的分部利润总额，所有亏损分部的分部亏损总额。

上述判定过程详见下例：

【例6-1】晶晶公司2004年度的有关资料见表6-1。

表6-1　收入、利润与可辨认资产表　　单位：元

项　目	销售收入			经营利润(亏损)	可辨认资产
	非联属	部门间	合计		
分部一	200 000	30 000	230 000	90 000	560 000
分部二	40 000	0	40 000	(20 000)	160 000
分部三	460 000	80 000	540 000	260 000	2 200 000
分部四	90 000	10 000	100 000	(120 000)	640 000
分部五	74 000	16 000	90 000	50 000	590 000
分部六	280 000	28 000	308 000	170 000	1 520 000
合　计	1 144 000	164 000	1 308 000	430 000	5 670 000
总公司	120 000	0	120 000	40 000	0
总　计	1 264 000	164 000	1 428 000	470 000	5 670 000

另外，总公司的费用为 50 000 元，投资收入为 30 000 元。

根据上述资料分别采用上述三种方法判定，见表 6-2、表 6-3、表 6-4。

表 6-2　采用销售收入 10% 判定法

单位：元

项　目	销售收入			判定值	是否应列报
	非联属收入	部门间	合计	1 428 000×10%	
分部一	200 000	30 000	230 000>	142 800	是
分部二	40 000	0	40 000<	142 800	否
分部三	460 000	80 000	540 000>	142 800	是
分部四	90 000	10 000	100 000<	142 800	否
分部五	74 000	16 000	90 000<	142 800	否
分部六	280 000	28 000	308 000>	142 800	是
总公司	120 000	0	120 000<	142 800	否
总　计	1 264 000	164 000	1 428 000		

表 6-3　采用可辨认资产 10% 判定法

单位：元

项　目	可辨认资产	判定值 (5 670 000×10%)	是否应列报
分部一	560 000<	567 000	否
分部二	160 000<	567 000	否
分部三	2 200 000>	567 000	是
分部四	640 000>	567 000	是
分部五	590 000>	567 000	是
分部六	1 520 000>	567 000	是
合　计	5 670 000		

注：上述判定中若分部一的财务活动对全公司的财务状况和经营成果产生重大影响时，根据重要性原则，也可以将其列为分部列报。

表 6-4　采用营业收益 10% 判定法

单位:元

项　目	经营利润(亏损)	判　定 (610 000×10%)	是否应列报
分部一	90 000>	61 000	是
分部二	(20 000)<	61 000	否
分部三	260 000>	61 000	是
分部四	(120 000)>	61 000	是
分部五	50 000<	61 000	否
分部六	170 000>	61 000	是
总公司	40 000<	61 000	否
合　计	470 000		

注:此表中判定值采用的是经营利润和亏损中较大值作为判定值。

从上面判定过程中,可以看出分部一、分部三、分部四、分部五、分部六至少满足上述三条标准之一,故此五个部门均为应列报部门。

(2)总量限额标准。这种标准包括上下限两方面标准:

下限标准——75%。报告分部应达到一定的数量,以便提供较为全面和相关的信息。报告分部的数量是否达到能提供较为全面的信息的程度,由报告分部的营业收入占企业营业收入总额的比重决定。具体标准是:按重要性标准确定的所有报告分部的对外营业收入总额,应该达到企业总收入(或企业合并收入)的75%。如果该比重小于75%,则应当增加报告分部的数量,将那些没有达到重要标准的分部确定为报告分部,直至该比重达到75%为止。

上限标准——10个。报告分部的数量又不宜过多,过多的报告分部会导致披露的信息琐碎,反而不宜突出重点,也不符合成本效益原则。一般来说,企业的报告分部不应超过10个。如果报告分部总数超过10个,则应将相似的或相对不重要的报告分部加以合并,直到总的报告分部数量等于或低于10个为止。

除了遵循上述标准之外,在确定报告分部时,还应考虑它在不同会计期间的一贯性。如果在前期达到重要性标准而被确定为报告分部的分部,在本期未达到重要性标准,但企业认为其依然重要,则应当仍然确定为本期的报告分部。反之亦然。

四、分部报告的信息披露

企业应在确定主要报告形式和次要报告形式,并明确拟披露的报告分部之后,再着手进行分部报告的信息披露。

(一)主要报告形式的披露

企业的主要报告形式可以是业务分部,也可以是地区分部。企业对主要报告形式的披露应包括以下内容:

1. 分部收入,其中,应分别是披露对外营业收入和对企业内其他分部交易所赚取的收入;

2. 分部利润(亏损);

3. 当期计入分部利润(亏损)中的分部费用总额,其中,折旧费、摊销费以及其他重大的非现金费用应单独披露;

4. 分部资产的账面价值总额;

5. 分部负债的账面价值总额;

6. 当期购置的固定资产和无形资产的成本总额;

7. 按报告分部披露的信息在企业财务报表(或合并财务报表)总额信息之间的调节情况。其中,分部信息与财务报表中的总额信息之间的调整是指,通过对分部信息的调整,使得分部报告各项目总的金额等于企业财务报表中的总额。

(二)次要报告形式的披露

企业不仅要对主要报告形式进行披露,而且要对次要报告形式予以披露,只是对次要报告形式的披露要简单一些。

1. 如果分部报告的主要报告形式为业务分部时,对作为次要报告形式的地区分部信息披露的要求是:

对于向外部客户销售收入占企业所有外部客户销售收入总额10%以上(含10%,下同)的每个地区,应以客户所在地为基础,披露从该地区的外部客户赚取的分部收入。

对于其分部资产占所有地区分部资产总额的10%以上的每个地区分部,应披露按资产所在地划分的分部资产的账面价值总额;其中,当期购置的固定资产和无形资产的成本总额应单独披露。

2. 如果分部报告的主要报告形式为地区分部,作为次要报告形式的业务分部信息披露的要求是:

对于向外部客户销售收入占企业所有向外部客户销售收入总额10%以上的业务分部,应当披露来自外部客户的分部收入。

对分部资产占所有分部资产总额10%以上的业务分部,应当披露分部资产的账面价值总额,其中,当期购置的固定资产和无形资产成本总额应单独披露。

下面是业务分部和地区分部的报表格式示例,见表6-5和表6-6。

表6-5　分部报表(业务分部)

编制单位：　　　　　　　　　　××年度　　　　　　　　　　单位：元

项　　目	××业务		××业务		××业务		……	其他业务		抵消		未分配项目		合计	
	本年	上年	本年	上年	本年	上年		本年	上年	本年	上年	本年	上年	本年	上年
一、营业收入合计															
其中：对外营业收入															
分部间营业收入															
二、销售成本合计															
其中：对外销售成本															
分部间销售成本															
三、期间费用合计															
四、营业利润合计															
五、资产总额															
六、负债总额															

表6-6　分部报表(地区分部)

编制单位：　　　　　　　　　　××年度　　　　　　　　　　单位：元

项　　目	××地区		××地区		××地区		……	其他业务		抵消		未分配项目		合计	
一、营业收入合计	本年	上年	本年	上年	本年	上年		本年	上年	本年	上年	本年	上年	本年	上年
其中：对外营业收入															
分部间营业收入															
二、销售成本合计															
其中：对外销售成本															
分部间销售成本															
三、期间费用合计															
四、营业利润合计															
五、资产总额															
六、负债总额															

【例6-2】假如一个企业根据风险和报酬的主要来源确定业务分布为其主要的报告形式，并且确定了家用电器和工业设备两个报告分部。企业的其他经营包括计算机软件开发和相关配套服务。一个典型的以业务分部为主要报告形式的分部

报告见表6-7。

表6-7 分部报告 单位：百万元

项目	家用电器		工业设备		其他经营		抵消		未分配项目		合计	
	2005	2004	2005	2004	2005	2004	2005	2004	2005	2004	2005	2004
一、营业收入合计	140	120	60	62	18	18	(54)	(42)	—	—	164	158
其中：对外营业收入	110	110	40	34	14	14			—	—	164	158
分部间营业收入	30	20	20	28	4	4	(54)	(42)	—	—	0	0
二、销售成本合计	80	75	35	40	12	13	(32)	(30)	—	—	95	98
其中：对外销售成本	60	60	23	25	12	13			—	—	95	98
分部间销售成本	20	15	12	15	0	0	(32)	(30)	—	—	0	0
三、期间费用合计	20	11	7	8	3	2			5	4	35	25
四、营业利润合计	40	34	18	14	3	3	(22)	(12)	(5)	(4)	34	34
五、资产总额	108	110	68	60	20	18			10	8	206	196
六、负债总额	50	30	16	22	2	2			16	18	84	72

以地区分部为主要报告形式的分部报告与之相似，只要“分部”这一栏填写的是各个地区分部的名称，如中国分部、美国分部、印度分部等。

在上例中，该企业以地区分部为次要报告形式，若该企业的主要客户分布在中国、美国、英国和印度四个国家，主要资产分布在中国、美国和印度三个国家，那么该公司还应该按表6-8的格式和表6-9的格式披露如下信息。

表6-8 销售收入表 单位：万元

项目	销售收入	
	2005	2004
中国	70	68
美国	40	45
英国	20	20
印度	34	25
合计	164	158

表6-9 资产分布表 单位：万元

项目	资产			
	分部资产的账面价值		当期购置的固定资产和无形资产	
	2005	2004	2005	2004
中国	110	105	6	3
美国	54	50	7	4
印度	42	41	4	3
合计	206	196	17	10

五、分部报告的其他内容

确定分部报告后，就需要确定分部报告的内容。分部报告的构成内容主要包括分部收入、分部费用、分部经营成果、分部资产和分部负债，还包括分部经营成果中对当期分部资产的折旧费、摊销费、重大的非现金费用、分部数据与合并数据之间的调整等等。这些项目的确认属于会计确认中再确认层次，即考虑收入、费用、资产和负债等如何在分部之间分配，哪些需要计入分部，具体计入哪一分部，哪些需要计入调整项目的问题。分部报告核心目的计量则是指应计入分部的收入、费用、资产及负债等计入的金额是多少的问题。

（一）分部收入

分部收入，是指从经营活动中产生的、可以直接归属于某一分部的收入，以及企业收入中能按合理的基础分配给该分部的份额。包括该分部对外销售或提供劳务赚取的收入和对企业内其他分部进行交易而赚取的收入。但是，分部收入不包括下列项目：

1.非常项目取得的收入，即营业外收入；

2.利息收入和股利收入，包括因预付或借给其他分部款项所赚取的利息，但当该分部的经营活动主要是金融性质时除外；

3.投资转让形成的收益，但当该分部的经营主要是金融性质时除外。

（二）分部费用

分部费用，是指在经营活动中产生的、可直接归属于某一分部的费用，以及企业的费用中能按合理的基础分配给该分部的费用份额。包括该分部对外销售或提供劳务产生的费用和对企业内其他分部进行交易而产生的费用。例如，能归属于某一分部或能按合理基础分配给这一分部的销售成本、营业费用、管理费用和财务费用。分部费用不包括：

1.非常项目产生的损失，即营业外支出；

2.利息费用，包括因预收或向其他分部借款所承担的利息，但当该分部的经营活动主要是金融性质时除外；

3.投资转让形成的损失，但当该分部的经营主要是金融性质时除外；

4.所得税费用；

5.一般管理费、总部的费用以及其他与整个企业相关的费用。

但是，当这些费用由企业代表分部支付，与分部的经营活动相关，且能直接归属于或按合理的基础分配给该分部时，则应归属于分部费用。

（三）分部利润

分部利润，是指用分部收入减去分部费用后的差额。分部利润应在对少数股东损益进行调整之前确定。

(四)分部资产

分部资产,是指在分部的经营活动中使用的、可以直接归属于该分部或能按合理的基础分配给该分部的经营资产。包括用于分部经营活动的流动资产、固定资产(包括融资租入的固定资产)和无形资产等。如果分部利润包括利息或股利收入,则分部资产应包括相关的应收款项、贷款、投资或其他产生收益的资产。但分部资产不包括所得税借项,也不包括企业总部一般用途的资产。在分部报告中,分部资产的金额应当按扣除了折旧(或摊销)和减值准备等直接备抵项目之后的余额列示。

(五)分部负债

分部负债,是指在分部的经营活动中形成的、可以直接归属于该分部或能按合理的基础分配给该分部的经营负债。包括应付账款、其他应付款、应计负债、预收账款、产品担保准备和其他与商品和劳务准备相关的索赔款等。如果分部利润(亏损)包括利息费用,则分部负债应包括相关的附息债务。但分部负债不包括递延所得税贷项,也不包括借款、与融资租入的固定资产相关的负债以及其他为融资目的而非为经营目的所承担的负债。

上述项目都应按集团内部交易抵消之前的数额确定。对于不直接归属于任何报告分部且无法按合理基础分配给报告分部的收入、费用、利润、资产和负债,应当作为未分配项目列示于分部报告中。

第二节 中期报告

一、中期报告的作用以及涉及的问题

中期报告是指包括涵盖一个中期的一套完整的财务会计报告。中期,是指短于一个会计年度的会计期间。目前企业(包括上市公司)已经编报的半年度财务会计报告、季度财务会计报告和月度财务会计报告都属于在年度中间对外提供的财务会计报告,均为中期财务会计报告。中期也可以是其他短于一个会计年度的期间,如一年的1月1日至8月1日。至于企业实际使用的中期应根据相关的法规政策及会计信息使用者的要求来确定。

(一)中期报告的作用

1.有利于提高会计信息质量。及时性原则要求企业及时对外报告会计信息,这也是会计信息质量的重要体现。中期财务会计报告及时向企业外部报告了会计信息,满足了会计信息的使用者对其时效性的要求。

2.有助于健全上市公司信息披露制度。中期财务会计报告是相关人员分阶段(会计中期)了解和评价上市公司财务状况、经营业绩和现金流量的主要依据,其作用将越来越重要，作为年度财务报告的重要补充，是上市公司信息披露制度不可或缺的有机组成部分。

3.有助于规范企业行为。投资者、债权人和国家相关部门等通过中期财务会计报告能及时掌握企业的历史和预测以后的趋势，便于及时发现问题，充分发挥监督作用，减少重大决策的盲目性和决策失误的概率，促使企业在正常的轨道中运行。

(二)中期报告编制的理论基础

中期报告编制的理论基础主要有两种：一种是“独立观”，另一种是“一体观”。我国是侧重于采用独立观，视每一中期为一个独立的会计期间，其会计估计、成本分配、各应计项目的处理与年度财务报告政策相一致。而美国则侧重于一体观，视每一中期为年度会计期间的有机组成部分，中期会计估计、成本分配、各应计项目的处理必须考虑到全年将要发生的情况，年度经营费用需基于年度预测活动水平(如销售量、业务量)来进行估计，并分配给各个中期独立观和一体观各有优缺点。

采用独立观编制中期报告的优点是它所反映的企业业绩资料较具可靠性，不易被操纵；缺点是容易导致中期收入和费用的不合理配比，影响对企业业绩的正确评价与预测。

采用一体观编制中期报告的优点是可以避免因人为割裂会计期间而导致年度内各期间收益的非正常波动，使收入和费用能合理配比，提高中期报告信息的相关性；缺点是容易导致年度内各中期收益的平滑化和盈利操纵，影响信息的可靠性。

采用哪一种方法编制中期报告很大程度上与其编制目的和所在环境有关。美国编报的目的是为报表使用者提供决策有用的信息，帮助其预测未来，确定发展趋势，估计全年财务状况和经营业绩。因此，其中期报告强调相关性和提供预测信息，也就采用了一体观。美国证券市场发展时间较久也较完善，会计人员的职业判断水平较高，也给一体观的采用提供了客观环境。我国目前尚不具备这些条件，因此更强调可靠性，采用独立观。

(三)中期报告的编制原则

企业在确认计量和披露各中期财务报表项目时，应当遵循重要性原则。企业在判断重要性程度时，应当以中期财务数据为基础，而不应以预计的年度财务数据为基础。与年度财务数据相比较，中期会计计量可在更大程度上依赖于估计。

1.重要性判断应以中期财务数据为基础

这里的中期财务数据既包括本中期的财务数据，也包括年初至本中期末的财务数据。但企业不得以预计的年度财务数据为基础对中期财务会计报表项目进行重要性判断。因为有些对预计年度财务会计报告显得不重要的财务数据对会计中期而言是重要的财务数据，因此，虽然以后的年度财务会计报告对此不需要详细反映，但在中期财务会计报告中应披露这些信息。

【例6-3】甲公司在2003年第一季度转回前期已计提的长期投资减值准备50万元，公司第一季度利润表反映的投资收益为20万元，净利润为90万元，公司预计全年净利润为4 000万元。以预计全年净利润为基础进行重要性判断时，可能认为该事项属于非重要事项而不予披露；但以中期财务数据（在此例中，只得出第一季度的投资收益和第一季度的净利润）为基础进行重要性判断时，该事项则为重要事项应在第一季度的中期财务会计报告中予以披露。

2.中期会计计量可在更大程度上依赖于估计

会计中期比会计年度短，中期报告的编制要求也就比年度报告的要求松。在中期财务会计报告的编制过程中，对重要性进行评估时，中期会计计量相对于年度财务数据而言，可在更大程度上依赖于估计。如中期采用毛利率法（而不是实地盘存法）来估计中期期末存货的价值。

3.重要性原则的运用应当保证所提供的中期财务会计报告包括了与理解企业中期末财务状况和中期经营成果及其现金流量相关的信息。

4.重要性程度的判断需要依赖于会计人员的职业判断，需要根据具体情况进行具体分析和判断

通常在判断某一项目的重要性程度时，应当将项目的金额和性质结合在一起予以考虑。在判断项目金额的重要性时，应当以资产总额、负债总额、净资产总额、营业收入总额、净利润等直接相关项目数字作为比较基础，并综合考虑其他相关因素。另外，还要考虑项目的性质，如会计政策变更从性质上看就属于重要事项，应当在中期财务会计报告中予以披露。

（四）中期报告涉及的问题

编制中期报告虽一般适用于编制年度报告相同的会计政策、程序、方法，但由于会计期间的缩短，而在经营成果的确定上涉及一系列问题。

某些季节性很强的企业（如农业企业、旅游企业、某些零售企业等）因其生产与销售的季节性波动而使收入与成本费用在各中期报告期间有很大的升降变化，这种收入如果按收入发生时确认的原则，就可能会对年度内收入或利润的预测产生误导，如果不遵循发生时确认收入的原则，又如何进行分配？同样，季节性的成本费用是直接计入当期，还是按全年业务总量情况平均分摊到各中期？

有些费用是在年度中不均匀地发生，如周期性发生的年度大修理费用；有些费用是不重复发生的，例如重组费用。在某一中期发生的这些费用是直接计入当期还是根据费用收益期间在不同的中期进行估计或递延？

资产减值产生的损失，如采用成本与市价孰低法核算的存货，期末由于可变现净值或重置成本低于实际成本而发生的损失，固定资产、长期投资等长期资产价值减损而产生的损失，对这类资产的估价及损失确认一般是在年底进行的，编制中期报告时是否应予考虑？

另外，在中期报告的期末存货计价，及相应的确定报告期间的销售成本上也有不同于年终的情况。对采用定期盘存制的企业，若报告期末不是盘点日，只能用估计的方法计算；对采用永续盘存制的企业，虽有存货账面纪录，但未经实物盘点核对，存货数量及价值也不够准确。还有，一些以年度业务为基础并在会计年度终了后才能确认的会计事项，如销售退回、备抵坏账、年底奖金、所得税等，是否应进行合理估计并分摊到中期报告期间？总之，由于会计报告期间的缩短，有关收入、成本与费用的确认、估计与分配工作将更为频繁地发生，会计估计的偏差及错误对经营成果的确认影响更为明显。

二、中期报告涉及问题的处理方法

由于基于不同的中期报告编制理论基础，对以上问题有不同的处理方法，以下所述的是各国采用较多的一些做法。

（一）收入

在中期报告期间销售产品或提供劳务所获得的收入，应按整年所用的相同基础确认。有较明显波动的季节性收入，应揭示该业务活动的季节特征。

（二）与收入有关的成本

与收入的取得有直接关系的成本与费用，或可予分配的成本费用，在中期报告的会计处理上要求其与在年度报告中相同。然而，在中期报告中对于存货的计价及由此计算的销售成本方面，需要注意的有以下几点：

在确定中期报告期末的存货成本及售出货物成本时，可使用预计的毛利率估计，或使用其他不同于年终报表的方法。但应在中期报告中揭示所用方法的内容，和采用该方法所得的中期期末存货估计数与年度实地盘存数之间可能出现的较大的调整事项及结果。

对存货计价采用后进先出法的企业，在中期报告期末要按使用存货的期末重置成本调整报告期的货物销售成本；在报告期后则要将此调整对年末报告的影响再更改过来。举例说明如下：

【例6-4】某公司在某会计年度的上半年发出存货数量为10 000件，成本暂记为50 000元，而前6个月最后一批进货11 000件，单价为7元/件。在7月份购进的第一批存货的价值为60 000元。该公司存货发出采用后进先出法。则在提供的上半年中期报告中应将上半年货物销售成本调为期末现行重置成本。分录为：

借：货物销售成本　　20 000

　贷：存货计价调整　　20 000

7月份则应将以上存货计价调整对年末报告的影响调回，分录如下：

借：存货　　40 000

　　存货计价调整　　20 000

贷:应付账款　　60 000

如果中期报告日存货市价的下跌是非暂时性的,要按成本与市价孰低法调低存货价值并确认当期损失。若以后存货的市价回升,则下一中间报告期就应在前一中间报告期确认的损失范围内,确认当期利得。

使用计划成本法确定存货与销售成本的公司,应比照会计年度的做法,在中间报告期列报计划成本差异。预计在全年度可被抵消的成本差异可在中期报告期末予以递延。

(三) 其他成本及费用

产品销售成本以外的成本及费用,应在发生时作为中期报告期间的成本费用结转当期损益,或在估计的收益期间或相关期间按年度列报经营成果相同的程序与方法进行分摊。但具体有如下规定:

发生在某一中期报告期间的成本费用,在不易确定与其他中间报告期的业务活动或收益有关时,应直接计入发生当期的中期报告损益,而不能随意将其分配给其他中间报告期。另外,这样的成本费用与上一年度是对应的。

中期报告期的类似事项有所差别,应在中期报告中揭示该类成本的性质与差异。

在同一会计年度内,发生在某一中期报告期间的类似于年底不应递延的损失与利得,应直接由该中期报告期间负担,而不应将其递延给同一会计年度内后一中期报告期间。

对一些以年度业务为基础并在年末才得以确定的成本费用项目,如存货跌价、坏账冲销、年终奖金等,在中期报告期间要进行合理估计与正确分配,以使每一中期报告期间能较合理地分担这些成本费用的一部分。

(四) 所得税费用

由于所得税通常都是以年为基础计算的,因此中期所得税的计算若要采用独立观是很困难的。这是因为年度最终收益只有等到年底才能确定,因此计算所得税时,需要考虑全年的情况,要预估全年有效所得税率。在中期所得税问题上,几乎所有的国家都采用一体观的原则,处理方法为:在中期报告期末,按公司的预计利润、规定比例税率、预计年度应纳税所得额计算预计的年度有效税负率,并据此计算中期报告期间的应交税费及所得税费用。举例说明如下:

【例6-5】某公司上半年的利润额为100万元,预计全年利润额为250万元。假设该公司估计的年度利润额与应纳税所得额之间存在永久性差异10万元,全年的国债利息收入为5万元,所得税税率为33%。则该公司预计年度应纳税所得额为250+10−5=255万元,预计年度应纳所得税为255×33%=84.15万元,有效税负率为84.15÷250×100%=33.66%,该公司据此计算的上半年度的所得税费用为:100×33.66%=33.66(万元)。

会计分录为：

借：所得税　　336 600

　贷：应交税费——应交所得税　　336 600

三、中期报告中的所得税会计

企业应当在中期确认所得税，不能因为我国企业所得税实行按年计征的方式而不在中期财务报表中确认所得税。中期所得税的确认和计量原则应当与年度财务报表中所采用的所得税确认和计量原则一致，即企业如果在年度财务报表中采用应付税款法核算所得税，则在中期财务报表中也应当按照应付税款法的核算原则预计中期所得税；企业如果在年度财务报表中采用纳税影响会计法核算所得税，则在中期财务报表中也应当按照纳税影响会计法的核算原则预计中期所得税。其中，如果企业在年度财务报表中是采用递延法核算所得税的，则在中期财务报表中也应当按照递延法的核算原则预计中期所得税；如果企业在年度财务报表中采用债务法核算所得税的，则在中期财务报表中也应当按照债务法的核算原则预计中期所得税。企业既不得在中期随意变更所得税的核算方法，也不得采用与年度财务报表不相一致的所得税核算方法。与此同时，企业在具体确认和计量各中期所得税时，应当以年初至本中期末为基础。

（一）按照应付税款法确认和计量中期所得税举例

【例6-6】甲公司为一家需编制季度财务报告的企业，公司所得税按年计征、分季预缴。公司在2002年第1季度的应纳税所得额为1 000万元，上半年累计应纳税所得额为1 800万元，1～9月份累计应纳税所得额为3 200万元，全年应纳税所得额为4 400万元。该公司适用的所得税税率为33%。公司年度财务报表采用应付税款法核算所得税。

根据上述资料，计算甲公司2002年度各季度应交的所得税、应确认的所得税费用和各季度应做的账务处理如下：

1.第1季度：

本季度应纳税所得额＝1 000（万元）

本季度应交的企业所得税＝1 000×33%＝330（万元）

本季度应确认的所得税费用＝330（万元）

账务处理：

借：所得税　　3 300 000

　贷：应交税费——应交所得税　　3 300 000

2.第2季度：

本季度应纳税所得额＝1 800－1 000＝800（万元）

本季度应交的企业所得税＝800×33%＝264（万元）

本季度应确认的所得税费用＝264(万元)

账务处理：

借:所得税　　2 640 000

　贷:应交税费——应交所得税　　2 640 000

3.第3季度：

本季度应纳税所得额＝3 200－1 000－800＝1 400(万元)

本季度应交的企业所得税＝1 400×33%＝462(万元)

本季度应确认的所得税费用＝462(万元)

账务处理：

借:所得税　　4 620 000

　贷:应交税费——应交所得税　　4 620 000

4.第4季度：

本季度应纳税所得额＝4 400－1 000－800－1 400＝1 200(万元)

本季度应交的企业所得税＝1 200×33%＝396(万元)

本季度应确认的所得税费用＝396(万元)

账务处理：

借:所得税　　3 960 000

　贷:应交税费——应交所得税　　3 960 000

(二)按照纳税影响会计法确认和计量中期所得税举例

【例6-7】ABC公司为一家需要编制季度财务报告的企业。公司所得税按年计征,按季预缴。公司按规定,计税工资的人均月扣除最高限额为800元,公司共有员工500人,在20×2年内公司员工人数没有发生变化,则公司各月的计税工资总额为40万元,每季的计税工资总额为120万元。公司在20×2年各季度实际发放的工资数见表6-10。

表6-10　各季度实际发放工资表　　单位:万元

项　目	第1季度	第2季度	第3季度	第4季度	合计
实发工资	320	220	500	600	1 640

公司在20×1年12月31日购入一项固定资产,固定资产原价为1 501万元,预计净残值为1万元,预计使用年限为5年。按照税法规定企业只能采用年限平均法计提折旧,企业考虑到该项固定资产更新较快,在会计上采用年数总和法计提折旧,两者折旧年限一致,则公司在20×2年至20×6年各年的会计折旧和税收折旧见表6-11。

表 6-11　20×2～20×6 年会计及税收折旧表　单位:万元

项　　目	20×2 年	20×3 年	20×4 年	20×5 年	20×6 年	合计
会计折旧	500	400	300	200	100	1 500
税收折旧	300	300	300	300	300	1 500
时间性差异	200	100	0	(100)	(200)	0

据此,ABC 公司在 20×2 年各季度的会计折旧和税收折旧见表 6-12。

表 6-12　20×2 年会计及税收折旧表　单位:万元

项　　目	第 1 季度	第 2 季度	第 3 季度	第 4 季度	合计
会计折旧	125	125	125	125	500
税收折旧	75	75	75	75	300
时间性差异	50	50	50	50	200

ABC 公司在 20×2 年各季度实现的税前会计利润见表 6-13。

表 6-13　20×2 年各季度实现的税前会计利润表　单位:万元

项　　目	第 1 季度	第 2 季度	第 3 季度	第 4 季度	合计
会计利润	1 000	800	1 200	1 500	4 500

假定 ABC 公司适用的所得税税率为 33%,20×2 年度无其他纳税调整事项,公司在年度财务报表中采用债务法核算所得税。

分析:由于公司在年度财务报表中采用债务法核算所得税,所以在编制季度财务报告时,也应当采用债务法核算每个季度的所得税。

根据上述资料计算 ABC 公司在 20×2 年各季度的所得税费用和递延所得税费用(即时间性差异的影响金额),见表 6-14。

表 6-14　ABC 公司 20×2 年各季度的所得税费用和递延所得税费用表　单位:万元

项　　目	第 1 季度	第 2 季度	第 3 季度	第 4 季度
年初至本季度末已实现的税前会计利润	1 000	1 800	3 000	4 500
年初至本季度末永久性差异	200	300	680	1 160
年初至本季度末时间性差异	50	100	150	200
年初至本季度末应纳税所得额	1 250	2 200	3 830	5 860
所得税税率	33%	33%	33%	33%
年初至本季度末应交所得税	412.5	726	1 263.90	1 933.80
本季度应交所得税	412.5	313.50	537.90	669.90
年初至本季度末时间性差异的影响金额	16.50	33	49.50	66
本季度时间性差异的影响金额	16.50	16.50	16.50	16.50
本季度所得税费用	396	297	521.40	653.40

根据表6-14，对20×2年各季度应确认的所得税费用，递延税款和应交所得税进行账务处理如下：

1. 第1季度：

借：所得税　3 960 000

　递延所得税资产　165 000

　贷：应交税费——应交所得税　4 125 000

2. 第2季度：

借：所得税　2 970 000

　递延所得税资产　165 000

　贷：应交税费——应交所得税　3 135 000

3. 第3季度：

借：所得税　5 214 000

　递延所得税资产　165 000

　贷：应交税费——应交所得税　5 379 000

4. 第4季度：

借：所得税　6 534 000

　递延所得税资产　165 000

　贷：应交税费——应交所得税　6 699 000

20×3～20×6年间各季度所得税的会计处理方法与20×2年相同。

四、中期报告中的会计变更

企业在中期如果发生了会计政策的变更，应当按照《企业会计准则——会计政策、会计估计变更和会计差错更正》的规定处理，并在财务报表附注中作相应披露。其中，在会计政策变更的累积影响数能够合理确定的情况下，除非国家规定了相关的会计处理方法，企业应当对所提供的以前年度比较财务报表最早期间的期初留存收益和这些财务报表其他相关项目的数字进行追溯调整；同时，涉及本会计年度内会计政策变更以前各中期财务报表相关项目数字的，也应当予以追溯调整，视同该会计政策在整个会计年度和可比财务报表期间一贯采用。

（一）会计政策变更发生在会计年度第一季度的情况

如果企业的会计政策变更发生在会计年度的第一季度，则企业除了计算会计政策变更的累积影响数并作出相应的账务处理之外，在财务报表的列报方面，只需要根据变更后的会计政策编制第1季度和当年度以后季度财务报表，并对根据规定要求提供的以前年度比较财务报表最早期间的期初留存收益和这些财务报表的其他相关项目数字作相应调整。在财务报表附注的披露方面，应当披露会计政策变更对以前年度的累积影响数（包括对比较财务报表最早期间期初留存收益的影响数和以前年度可比中期损益的影响数)和对当年第一季度损益的影响数,在当年第一季度之后的其他季度财务报表附注中,则应当披露第1季度发生的会计政策变更对当季度损益的影响数和年初至本季度末损益的影响数。

(二)会计政策变更发生在会计年度内第一季度之外的其他季度

如果企业的会计政策变更发生在会计年度内第一季度之外的其他季度,如第2季度、第3季度等,企业除了应当计算会计政策变更的累积影响数并作相应的账务处理之外,在财务报表的列报方面,还需要调整根据规定要求提供的以前年度比较财务报表最早期间的期初留存收益和比较财务报表其他相关项目的数字,以及在会计政策变更季度财务报告中或者变更以后季度财务报告中所涉及的本会计年度内发生会计政策变更之前季度财务报表相关项目的数字。在财务报表附注的披露方面,企业需要披露会计政策变更对以前年度的累积影响数,包括对比较财务报表最早期间期初留存收益的影响数和以前年度可比中期损益的影响数(这里所指的可比中期损益的影响数,包括可比季度损益的影响数和可比年初至本季度末损益的影响数),以及对当年度变更季度、年初至变更季度末损益的影响数和当年度会计政策变更前各季度损益的影响数。同时,在发生会计政策变更以后季度财务报表附注中也需要做出相应披露。例如,某企业在第3季度发生了会计政策变更,则在其第3季度财务报告中,需要调整上年度年初留存收益和上年度末资产负债表、上年度第3季度利润表和上年度年初至第3季度末利润表相关项目的数字。同时,在财务报表附注中还需要对会计政策变更对以前年度累积影响数,上年度年初留存收益影响数,上年度第3季度净利润影响数,上年度年初至第3季度末净利润影响数,以及对本年度第3季度净利润影响数,本年度年初至第3季度末净利润影响数和本年度第1、第2季度净利润影响数分别做出说明。

五、中期财务信息的披露

中期财务报告至少应当包括资产负债表、利润表、现金流量表和财务报表附注。

(一)中期财务报表的格式和内容

在中期财务报告中按规定提供的资产负债表、利润表和现金流量表应当是完整的财务报表,其格式和内容应当与上年度的财务报表相一致。如果法律、行政法规或者规章(如当年新施行的会计准则)对当年度财务报表的格式和内容进行了修改,则中期财务报表应当按照修改后的报表格式和内容编制,与此同时,上年度比较财务报表的格式和内容也应当作相应调整。

(二)在中期财务报告中编制合并财务报表和母公司财务报表的要求

如果企业在上年度财务报告中编制的是合并财务报表,则企业在中期期末也应当编制合并财务报表;如果企业在上年度财务报告中还包括母公司财务报表,则企业在中期财务报告中也应当提供母公司财务报表。如果企业上年度财务报告中既包括了合并财务报表，也包括了母公司财务报表，但是在报告中期内，企业处置了所有纳入上年度合并财务报表编制范围的子公司，则企业在中期财务报告中只需要提供母公司财务报表，但是要求提供的上年度比较财务报表应当包括合并财务报表，除非上半年度可比中期的财务报告没有提供合并财务报表。

【例6-8】乙公司为一上市公司，要求按季度提供中期财务报告。自2001年开始拥有两家子公司A和B的控制权，在2002年年末分别拥有A公司的80%股权、B公司的100%股权，乙公司在编制2002年度财务报表时将两子公司都列入了合并报表中。2003年2月1日乙公司将B公司的股权全部出售，则乙公司在编制2003年第1季度中期财务报告时，只需将A公司纳入合并报表范围。由于上市公司的中期财务报告需要同时提供合并财务报表和母公司财务报表，乙公司在编制2003年第1季度中期财务报告时，应同时编制乙公司（母公司）的个别财务报表和包含A公司在内的合并财务报表；在提供上年度比较财务报表时，应当同时提供合并财务报表（包括A公司和B公司）和乙公司（母公司）财务报表。

【例6-9】丙公司要求按半年度提供中期财务报告，在2002年初没有任何子公司，在2002年7月对外投资，拥有了C公司70%的控制权，因此在2002年年度财务报告中，丙公司需要同时提供合并财务报表和母公司财务报表。2003年第2季度，丙公司将C公司50%的股权有偿转让，仅拥有C公司20%的股权，失去了对C公司的控制权，在2003年半年度财务报告中，只需要提供个别财务报表；由于在2002年半年度财务报告中没有编制合并财务报表，所以在提供比较财务报表时，除了上年度末的资产负债表仍然应当包括合并财务报表和母公司财务报表外，其他比较财务报表（包括利润表和现金流量表）都不必提供合并财务报表。

（三）关于比较财务报表

在中期财务报告中，企业应当提供以下比较财务报表：

1. 本中期期末的资产负债表和上年度末的资产负债表；

2. 本中期的利润表、年初至本中期期末的利润表以及上年度可比期间的利润表（其中上年度可比期间的利润表是指上年度可比本中期的利润表和上年度年初至可比本中期末的利润表）；

3. 年初至本中期末的现金流量表和上年度年初至可比本中期末的现金流量表。

【例6-10】我国企业会计年度为每年1月1日至12月31日，A公司为一上市公司，要求按季度提供中期财务报告，则A公司2004年第1、第2、第3季度季报中，应当分别提供如下财务报表：

（1）2004年第1季度财务报告中应当提供的财务报表，如表6-15所示。

表6-15　2004年第1季度财务报告表

报表类别	本年度中期财务报表时间（或者期间）	上年度比较财务报表时间（或者期间）
资产负债表	2004年3月31日	2003年12月31日
利润表*	2004年1月1日至3月31日	2003年1月1日至3月31日
现金流量表	2004年1月1日至3月31日	2003年1月1日至3月31日

* 在第1季度财务报告中，“本中期”与“年初至本中期末”的期间是相同的，所以在第1季度财务报告中只需要提供一张利润表，因为在第1季度，本中期利润表即为年初至本中期末利润表，相应的，上年度的比较财务报表也只需提供一张利润表。

(2)2004年第2季度财务报告中应当提供的财务报表如表6-16所示。

表6-16　2004年第2季度财务报告表

报表类别	本年度中期财务报表时间（或者期间）	上年度比较财务报表时间（或者期间）
资产负债表	2004年6月30日	2003年12月31日
利润表（本中期）	2004年4月1日至6月30日	2003年4月1日至6月30日
利润表（年初至本中期末）	2004年1月1日至6月30日	2003年1月1日至6月30日
现金流量表	2004年1月1日至6月30日	2003年1月1日至6月30日

(3)2004年第3季度财务报告中应当提供的财务报表如表6-17所示。

表6-17　2004年第3季度财务报告表

报表类别	本年度中期财务报表时间（或者期间）	上年度比较财务报表时间（或者期间）
资产负债表	2004年9月30日	2003年12月31日
利润表（本中期）	2004年7月1日至9月30日	2003年7月1日至9月30日
利润表（年初至本中期末）	2004年1月1日至9月30日	2003年1月1日至9月30日
现金流量表	2004年1月1日至9月30日	2003年1月1日至9月30日

需要说明的是，企业在中期财务报告中提供比较财务报表时，应当注意以下三点：

其一，企业如果在中期对财务报表项目进行了调整或者修订，那么在中期财务报告中所提供的上年度比较财务报表项目的有关金额就应当按照本年度中期财务报表的要求予以重新分类，并在财务报表附注中说明财务报表项目金额重新分类的原因及其内容。如果企业无法对比较财务报表中的有关金额进行重新分类，企业应当在中期财务报表附注中说明不能进行重新分类的原因。

其二，企业如果在中期发生了会计政策变更或者重大会计差错更正事项，则应当调整当期相关比较财务报表期间的净损益和其他有关项目，视同该项会计政策比较财务报表期间一贯采用或者该重大会计差错在产生的当期已经得到了更正。对于比较财务报表可比期间以前的会计政策变更的累积影响数或者重大会计差错，应当根据规定调整比较财务报表最早期间的期初留存收益，财务报表其他相关项目的数字也应当一并调整。

其三，对于在年度中期内发生的调整以前年度损益事项，企业应当调整本年度财务报表相关项目的年初数，同时，中期财务报告中相应的比较财务报表也应当为已经调整以前年度损益后的报表。

(四)在年度财务报表中的披露

在同一会计年度内，如果以前中期财务会计报告中所披露的会计估计在最后一个中期发生了重大变更，而企业又不单独披露该最后中期的财务报告，则企业应当在其年度财务报表附注中披露该项会计估计变更的内容、理由及其影响金额。例如，某公司为一家需要编制季度财务报告的企业，但是无需单独披露第四季度财务报告，假设公司在第四季度里，对第一、二或者三季度财务报表中所采用的会计估计(如固定资产折旧年限的估计、各项资产减值金额的估计、预计负债的估计、所得税的估计等)作了重大变更，则需要在其年度财务报表附注中，对此事项作特别说明，说明的要求应当根据《企业会计准则——会计政策、会计估价变更和会计差错更正》关于会计估计变更的规定。同样地，假如一家公司是需要编制半年度财务报告的企业，但不单独披露下半年的财务报告，则如果该公司对于上半年财务报告中所采用的会计估计在下半年作了重大变更，也应当在其年度财务报表附注中予以说明。

本章小结

随着市场经济的发展，企业的生产经营规模日益扩大，在激烈的市场竞争中，一般的企业财务报表所提供的会计信息，只是反映该企业生产经营情况综合的会计信息，而难以提供从事各项具体业务活动所取得的收入、所占用的资产等会计信息。由此本章分别对企业会计报告中的分部报告和中期报告进行了介绍，重点说明了分部报告中的分部确定以及分部报告中的信息披露；同时对中期报告中的会计变更处理也作了详细介绍，以便为财务人员在实际操作中提供可靠的依据。

中英文对照专业名词

分部报告 (Segment Report)　　生产分部 (Business Segment)

地区分部 (Geographical Segments)

中期报告 (Intermediate Stage Report)

独立观 (Discrete View)　　　　一体观 (Integral View)

思考与练习

一、思考题

1. 简述分部报告的意义。
2. 简述分部报告中分部的确定。
3. 简述分部报告中的信息披露。
4. 简要概括中期报告中的会计变更处理。

二、练习题

1. 宇航公司2001年3月共发生间接费用900 000元，该公司化工部和体育部有关销售净额、工资总额和固定资产的资料如下：(单位：元)

	化工部	体育部
销售净额	5 600 000	1 800 000
工资总额	450 000	320 000
固定资产	8 100 000	2 500 000

要求：

将间接费用按销售总额、工资总额和固定资产的算术平均数在化工部和体育部之间进行分配并编制间接费用分配工作底稿。

2. 凯迪公司2001年6月30日有关其海外分布的销售资料如表6-18所示：

表6-18　凯迪公司销售资料　　单位：万美元

项　目	北美	西欧	亚洲	非洲	总额
海外销售总额	700	400	500	40	1 640
本公司以外销售	60	30	20	10	120
公司内部销售	50	20	10	10	90
销售收入合计	810	450	530	60	1 850
直接费用	300	250	360	60	970
营业利润	510	200	170	0	880
可辨认资产总额	2 000	1 200	1 000	150	4 350

要求：

(1)分别计算各分部销售收入、营业利润和可辨认资产占总额的比例。

(2)根据上面的计算结果确定对外报告的分部单位。

3. 陕岭公司 2001 年第 1 季度有关资料如下(单位:元)

税前会计利润	2 000 000
减:国库券利息收入	60 000
加:不可抵减商誉摊销	80 000
实发工资超税法规定工资	150 000
应纳所得税额	2 170 000

假设该公司采用应付税款法核算所得税,所得税税率为 33%。

要求:

(1)计算该公司 2001 年第 1 季度所得税费用和应交所得税额,并编制会计分录。

(2)计算实际所得税税率。

第七章　上市公司会计信息披露

随着市场经济的不断发展，投资者、债权人、政府等外部利益相关者越来越认识到掌握企业信息的重要性。上市公司是一种公众性公司，其股权的分散性和流动性使得其利益相关者比一般企业更多。而且，由于上市公司的资本量较大，如发生经营波动或亏损将导致巨额社会财富流失。因此，对其信息披露进行规范十分重要。可以说，完善上市公司信息披露是外部使用者决策的内在要求，也是各国证券市场赖以生存和经济稳定发展的重要保障。

从理论上看，企业的信息披露可以分为会计信息和非会计信息两方面。会计信息主要包括有关企业经营业绩、财务状况、现金流量等。非会计信息主要包括企业的经营范围及主营业务、企业所处行业的国内外基本情况（如行业竞争状况、市场容量、技术水平等）、企业的主要产品的质量控制情况、企业的主要客户及供应商、企业的发展战略和经营目标、产品开发计划等。但在实践中，会计信息和非会计信息并不能完全分开，它们是紧密相连、互为补充的。各国在对企业应披露的信息规范时，也未严格区分会计与非会计信息。

第一节　上市公司会计信息披露概述

信息披露即信息揭示，是指信息按照一定要求，采用一定形式的对外报告。信息披露狭义上是指证券市场上有关人员依照上市地国家证券监管部门及证券交易所的法律规定，在证券发行、上市和交易等一系列环节中，以规定的方式向社会公众及有关方面公开与证券有关的信息。从广义上讲，还包括在规定之外针对特定对象的私下披露。就一般意义而言，会计信息披露专指股份有限公司通过招股说明书（或债券募集说明书）、上市公告书、定期报告及其他披露文件，向广大投资者、债权人及其他信息使用者披露公司财务状况、经营成果及现金流量等诸多对投资有用的信息。

上市公司会计信息披露，是指上市公司按规定向证券管理与交易机构提供经注册会计师审计的财务报告，并在国家证券交易管理委员会指定的相关媒体及场所进行的会计信息的公开披露。通过公开披露会计信息可以为证券交易提供行之有效的行为标准，维护广大投资者的正当权益，从而有利于证券市场的健康发展。

为了保证上市公司会计信息披露规范性，国家有关部门先后发布了一系列与上市公司会计信息披露有关的法规，如《公司法》、《股票发行与交易管理暂行条例》、《公开发行股票公司信息披露实施细则(试行)》、《禁止证券欺诈行为暂行办法》、《证券法》、《公开发行股票公司信息披露的内容与格式准则》等,构成了我国证券市场会计信息公开披露的规范体系。

一、上市公司及其标准

简言之,上市公司即为所发行的股票经政府机构或政府授权证券管理机构批准,可以在证券交易所上市交易的股份有限公司。从这个概念可看出,上市公司是股份有限公司的一种特有类型,它与非上市的股份有限公司的区别就在于其股票可在证券交易所进行场内流通转让。这也是上市公司的主要特征。

从世界各国的情况看,对上市公司的要求都比较严格,其标准大多在资本总额、股东状况、经营规模和获利能力方面。

例如,美国纽约证券交易所对上市公司的标准为:(1)持有100股以上的股东不少于2 000人;(2)公开发行股票的市值至少为1 800万美元;(3)上一年度税前盈利在250万美元以上;(4)过去两年每年税前盈利在200万美元以上;(5)公司有形资产净值在1 800万美元以上;(6)公司股票至少要有110万股为公众所有(不包括董事、经理及有10%股权股东所拥有的股数)。

又如,日本东京证券交易所近期上市的最低标准为:(1)每年税前利润与净资产的比率在20%以上;(2)有5年的上市准备期和考察期;(3)在上市前3年,企业税前利润总额要达到2亿日元以上;(4)公司上市股票数在2 000万股以上;(5)公司资产净值在10亿日元以上;(6)每股红利在5日元以上。

我国《公司法》对上市公司的要求也较为严格,主要为:(1)其股票已公开发行;(2)发行后的股本总额不少于人民币5 000万元;(3)持有面值人民币1 000元以上的股东人数不少于1 000人,向社会公开发行股份达公司股份总数的25%以上,公司股本总额超过人民币4亿元的向社会公开发行股份的比例为15%以上;(4)公司有最近3年连续盈利的记录,原国有企业改组为上市公司的,原企业有最近3年连续盈利的记录;(5)公司在最近3年内无重大违法行为,财务会计报告无虚假记载等。

从上述规定可以看出:上市公司一般都规模较大、经济效益较好,否则,难以符合上市的标准。除此之外,有的国家还有关于对上市后公司审查的问题,在纽约、东京,若上市公司经营不良,低于了上述标准,则要被取消股票在市场上流通的资格。

二、上市公司会计信息披露的动因

会计信息披露一般系指股份有限公司通过招股说明书(或债券募集说明书)、上市公告书、定期报告、临时报告及其他披露文件,向广大投资者、债权人及其他信息使用者披露公司财务状况、经营成果、现金流量等诸多对决策有用的信息。对于股票市场来说，上市公司会计信息披露是其资源配置的重要依据，而股票市场对上市公司会计信息披露也提出了严格的要求。在市场经济条件下，上市公司会计信息披露对社会经济资源的分配具有极大的作用。及时、正确的会计信息披露能有效地推动社会经济资源进行合理的配置，而虚假、错误的会计信息会导致社会经济资源无效、不公的配置。从根本上说，证券市场的产生和发展是会计信息披露制度形成的根本动力。具体来说，上市公司进行会计信息披露的动因主要来自于以下几个方面：

（一）投资者的决策需要是会计信息披露的推动力

对上市公司而言，所有者和经营者相分离，而且所有者对企业的经营权可以流动。所有者投资的目的是追求投资回报最大化，而经营者则希望在使所有者满意的前提下使自己的利益最大化，这是一种较为复杂的代理关系。在这种组织结构下，所有者需要通过阅读和分析公司所披露的财务状况、经营成果及现金流量变动等信息，从中获得公司以往和本期的盈利水平和风险状况，进而结合公司管理水平、市场利率变动、行业发展周期、国内外盈利水平和风险状况做出合理预期，进而判断其所投资的产业方向是否正确以做出理性经济决策，同时还要据此评价经营者的管理水平，对企业的未来发展做出预测，为其经济决策提供依据，而这种评价、判断和预测均是建立在对企业信息掌握的基础上，因此，企业的所有者会要求经营者披露信息。

（二）利益相关者的需要是会计信息披露的外在需求压力

除了所有者外，债权人、员工、政府部门、潜在的投资者以及与公司有业务往来关系的供销商等，他们从自身利益出发，同样要求公司经营者披露相关方面信息。债权人希望通过会计信息，评价公司资产变现能力、偿债能力、长期盈利能力等，以便做出相应的长、短期信贷决策；员工希望通过会计信息了解公司的经济地位、获利能力、发展前景等，以便据此提出报酬、福利要求等；政府部门也要求公司提供相关信息以便为宏观调控服务；潜在的投资者也需要根据相关信息判断公司的发展潜力前景，以便做出是否投资的决策；供销商希望了解公司的财务、信誉等情况以便决定是否与其合作等等。

（三）经营者的内在公积动力

公司的经营者有时也会因自身利益的需要而主动向外界披露会计报告规范未作要求的信息。如为了争取潜在的投资人或扩大企业或产品的社会影响，有时会自愿在财务报表之外多披露一些信息，如财务预测信息、主要产品与市场占有率等；为了取得潜在投资者和债权人的信任，公布公司的经营成果、财务状况和业务发展前景等；为了区别于劣质经营者，优秀的企业经营者为表明自己的管理水平，也会主动向外界披露公司的信息。

(四)监管机构施加的强制性推动力

监管机构为了维护广大投资者即股份有限公司的利益，本着“公开、公平、公正”的原则，极力主张建立规范的会计信息披露制度。会计信息披露既是基于投资者的利益需要，也是基于上市公司的利益需要，但两者利益未必一致。以投资者为代表的信息使用者希望能得到反映公司真实财务状况和经营成果的信息，而上市公司基于自身利益考虑，对那些不利于公司但对投资者十分重要的会计信息可能不予披露，因此，往往不能满足投资者的相关决策需要。上市公司之间由于利益的冲突，可能提供虚假和误导的信息，从而使得会计信息披露真伪难辨，因此，监管机构应充分发挥其职责，切实维护各方利益，保证会计信息披露的真实性、准确性、完整性。

三、上市公司会计信息披露的规范体系及其质量特征

(一)上市公司信息披露体系

世界各国通过一系列的制度改进，已经形成证券市场信息披露的基本框架，在法律上形成了信息披露的法律体系。一般而言，这个体系的构成如图 7-1 所示：

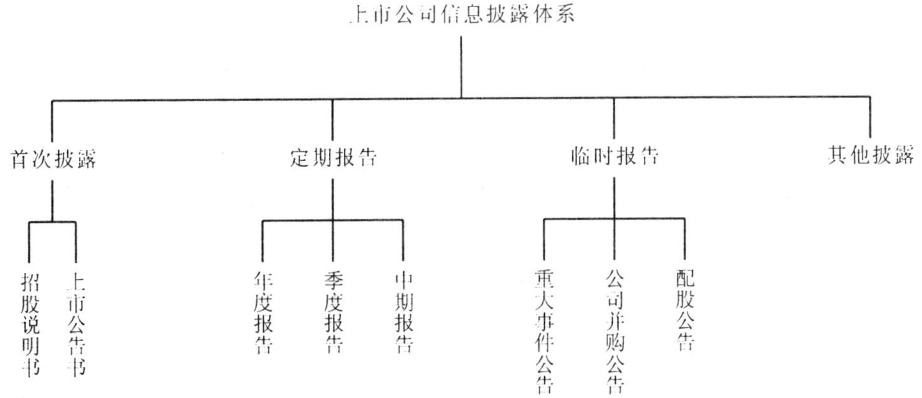

图 7-1　上市公司信息披露体系

(二)上市公司会计信息披露的质量要求

信息披露要求本身也是一个动态的过程，需根据环境的不同变化予以调整。但总的来说，信息披露应满足一个总的目标，应具备一些首要的基本原则，这些基本原则也称为信息披露的质量特征。信息质量特征就是信息为满足信息使用者的需要而应具备的质量要求。它决定披露的内容以何种方式汇集、生成以及信息披露的内容、详细程度和方式等。从以往信息披露的内容来看，会计信息历来都是信息披露的核心内容，而其他非会计信息是为了更好地理解会计信息而做出的相应说明。因此，研究信息披露的质量特征主要就是研究信息的质量特征。

美国财务会计准则委员会(FASB)在公布的第二号《财务会计概念公告》的

“会计信息质量特征”中对会计信息的基本质量要求进行了系统的阐述和说明，提出了会计信息质量的框架结构(见图 7-2)。

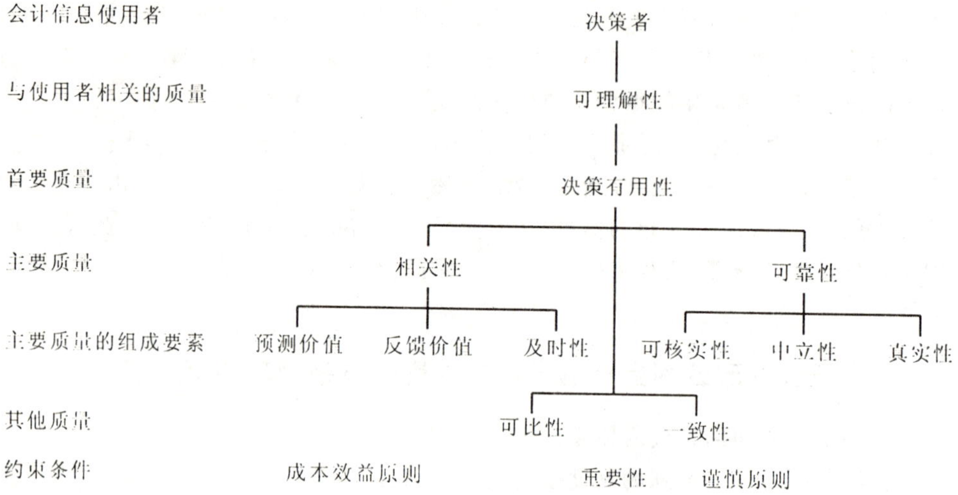

图 7-2　上市公司会计信息披露的质量要求

美国 FASB 提出的这一信息披露的框架结构，被认为是研究信息披露的比较权威的理论成果，并已得到会计学界的广泛接受。FASB 这一对于会计信息质量的描述，同样适用于证券市场中会计信息和其他信息的披露。

第二节　上市公司股票初次发行上市阶段的信息披露

一、资产评估与初始股权界定

(一)资产评估及其相关的账项调整

资产评估是指评估人按照特定的目的，遵循法定或公允的标准、程序，运用科学的方法，对被评估资产的现行价格进行评定和估算的业务活动。资产评估依据不同的工作目的和工作对象，会有不同的评估方法，按现在情况看，一般有现行市价法、重置成本法、收益现值法、清算价格法四种方法。

我们可根据上市公司的特征看出：各股东付出代价、投资入股已使各股东聚集在了以公司为标志的利益共同体中，各股东的地位与其资产在公司中所占份额和在公司中发挥的作用紧密相连，为保证各股东的正当权益，就必须对发起人等以非货币资产投资入股的部分进行价值重估，并将其合理折合为公司股份；因此，资产评估是进行资本结合的中介，是由非货币投资项目组建上市公司，尤其是由其他公司改组为上市公司过程中必不可少的前提条件。

按照我国现阶段证券法规的要求，上市公司应当是符合我国《公司法》要求的股份有限公司，如果拟发行股票企业不是股份有限公司，则要按照"先改制、后上市"的要求，先完成由其他类型企业向股份有限公司的改制转换。这样，在我国的国有企业改制为上市公司的过程中，首先要进行与企业改制有关的股权界定工作，即由专门的执业评估人员对企业所拥有的资产进行价值重估，依据评估价值调整净资产数额，并将评估确认的净资产折合为股份有限公司股份，为公司股票的公开发行、上市做好准备。

【例 7-1】某企业在改制为股份有限公司时，按我国法规的要求对资产价值进行了评估。该企业评估前的财务报表详见表 7-1。

表 7-1 资产负债表

（资产评估前）

年　月　日　　单位：元

资　产	金　额	负债与股东权益	金　额
货币资金	5 760 000	应付票据	8 800 000
应收票据	4 620 000	应付账款	9 200 000
应收账款净额	13 670 000	其他应付款	4 000 000
存货	21 650 000	长期债券	20 000 000
长期投资	9 800 000	负债合计	42 000 000
固定资产原价	60 400 000	股本	40 000 000
减：累计折旧	15 100 000	资本公积	5 000 000
固定资产净值	45 300 000	盈余公积	15 000 000
无形资产	1 200 000	股东权益合计	60 000 000
资产总计	102 000 000	负债与股东权益总计	102 000 000

经该企业聘请的专业评估机构评估之后，有关账面数据变动情况详见表 7-2。

表 7-2 资产评估情况数据表　　单位：元

资产项目	账面价值	评估后确认价值	差异额
存货	21 650 000	21 780 000	130 000
长期投资	9 800 000	10 200 000	400 000
固定资产净值	45 300 000	46 060 000	760 000
无形资产	1 200 000	1 000 000	－200 000
合计	77 950 000	79 040 000	1 090 000

补充资料：

1. 固定资产经评估后的原价为 65 800 000 元，按实际使用的程度定为七成新，得出净值为46 060 000元。

2. 无形资产在企业以前年度进行的资产评估时，曾有重估增值额250 000元，本次评估的差异额可直接冲减该项目的重估差价部分。

据此资料，该公司应做下述会计分录：

1. 调整存货项目。

借：存货　　130 000

　贷：资本公积　　130 000

2. 调整长期投资项目。

借：长期投资　　400 000

　贷：资本公积　　400 000

3. 调整固定资产项目。

借：固定资产　　5 400 000

　贷：累计折旧　　4 640 000

　　　资本公积　　760 000

4. 调整无形资产项目。

借：资本公积　　200 000

　贷：无形资产　　200 000

经调整后，该公司的资产负债表详见表7-3。

表7-3　资产负债表(资产评估后)

年　　月　　日

单位：元

资　产	金　额	负债与股东权益	金　额
货币资金	5 760 000	应付票据	8 800 000
应收票据	4 620 000	应付账款	9 200 000
应收账款净额	13 670 000	其他应付款	4 000 000
存　货	21 780 000	长期债券	20 000 000
长期投资	10 200 000	负债合计	42 000 000
固定资产原价	65 800 000	股本	40 000 000
减：累计折旧	19 740 000	资本公积	6 090 000
固定资产净值	46 060 000	盈余公积	15 000 000
无形资产	1 000 000	股东权益合计	61 090 000
资产总计	103 090 000	负债与股东权益总计	103 090 000

(二)初始股权界定及其账务处理

股权界定亦即将公司的产权界定后，按一定的标准，折为股份有限公司股权。在将非上市公司或其他类型企业改组为上市公司时，这是界定公司发起人利益，乃至公司其他股东利益最为重要的一环。

一般来说，公司发起人应占有公司较大比例的股权，亦即控股权，然后再以对外部筹资的方式向社会公众募集所需股份。从各国的情况来看，各国的证交所一般都对公众持有股份占公司总股份的比例数有所规定。比如，香港联交所规定上市公司至少有25%左右的发行股本额供社会公众认购，我国也规定社会公众认购的股份不低于公司股份总额的25%。就此而言，将发起人公司的净资产折为股份有限公司的股本，既可清楚地界定发起人在股份有限公司中的股权界限，又可以为确定公众股的发行数量提供依据。

仍以前例，设该公司将作为主要发起人组建上市公司，公司在政府管理部门的注册资本额预测为55 000 000元。发起人的股份额为总股本额的75%，其余部分向社会公众募集。由此可知，该公司将其全部净资产折为41 250 000元的股本(55 000 000×75%)，而应向社会公众募集的股本为13 750 000元。由此，我们可作如下计算：

1. 折股比率。按以下公式计算：

$$\text{折股比率}=\frac{\text{可折合的股本}}{\text{发行前公司净资产}}\times 100\% \qquad (7\text{-}1)$$

$$=\frac{41\ 250\ 000}{61\ 090\ 000}\times 100\% = 67.52\%$$

2. 折股倍数。按以下公式计算：

$$\text{折股倍数}=\frac{\text{发行前公司净资产}}{\text{可折合的股本}}\times 100\% \qquad (7\text{-}2)$$

$$=\frac{61\ 090\ 000}{41\ 250\ 000}\times 100\% = 148.10\%$$

可看出，上述两个公式互为倒数，反映的分别是公司发行公众股时净资产与所换取股份的比率情况。若该公司新发行的股票为每股1元时，则每股占有的实际净资产额约为1.48元。即若该公司按公允价值对外发售其股份，其每股的最低价格不应低于1.48元。

发起人应做的会计账项调整为：

借：实收资本——原企业部分	40 000 000	
资本公积——原企业部分	6 090 000	
盈余公积——原企业部分	15 000 000	
贷：股本——股份有限公司		41 250 000
资本公积——股份有限公司		19 840 000

二、招股说明书和上市公告书

按照《中华人民共和国公司法》和《股票发行与交易管理暂行条例》的规定，股份有限公司公开发行股票时，应当编制招股说明书。股票上市时，应当编制上市公告书。招股说明书和上市公告书均应按规定予以公告，向社会公开披露有关信息。

（一）招股说明书

招股说明书是公开发行股票的公司在发行股票时向社会公众披露有关公司的基本情况及与本次股票发行相关的股本结构、资金运用、盈利水平、财务状况的书面报告。招股说明书是面向一级市场的，即面向股票发行市场。

招股说明书是公司向社会公众发出招股要约的法律文件，公司对招股说明书中叙述的内容承担保证其真实、准确和完整的责任。

中国证监会根据《中华人民共和国公司法》与《股票发行与交易管理暂行条例》制定了《公开发行股票公司信息披露的内容与格式准则第一号——招股说明书的内容与格式》。

1.编制招股说明书的原则

编制招股说明书的基本原则是要求发行人将一切对投资者进行投资判断有重大影响的信息予以充分披露，以利于投资者更好地做出投资决策。

(1)凡对投资者做出投资决策有重大影响的信息，不论准则是否有规定，均应予以披露。

(2)发行人认为有助于投资者做出投资决策的信息，如果准则没有规定，发行人可增加这部分内容。

(3)准则的某些具体要求对发行人确实不适用的，发行人可根据实际情况做出适当修改，同时以书面形式报告证监会，并在招股说明书中予以说明。发行人成立不足3年的，应提供其自成立之日起，至进行股票公开发行准备工作之时止的经营业绩及其他资料。

如果发行人由原有企业经改制而设立，且改制不足3年，则发行人在根据准则的要求对其历史情况进行披露时，应包括原有企业情况。

境内上市外资股的发行人，应当增加关于中国经济、政治、法律等有助于外国投资人了解中国一般情况的资料，以及有助于对发行人增加了解的其他资料。必要时，境内上市外资股份发行人还应编制招股说明书的外文文本。发行人应当保证两种文本内容的一致性。在对两种文本的理解上发生歧义时，以中文文本为准。

发行人尚未成立董事会、监事会，而由筹备机构代行其权利的，招股说明书中凡要求董事会、监事会在股票发行过程中以及对招股说明书所应承担的责任与义务，由筹备机构承担，对董事、监事有关情况的披露改为对筹备机构成员有关情况的披露。

2.招股说明书的内容与格式

(1)招股说明书的封面;

(2)招股说明书目录;

(3)招股说明书正文;

(4)附录。

招股说明书应载明以下事项:

(1)公司的名称、住所;

(2)发起人、发行人简况;

(3)筹资目的;

(4)公司现有股本总额,本次发行的股票种类、总额,每股的面值、售价,发行前的每股净资产值和发行结束后每股预期净资产值,发行费用和佣金;

(5)初次发行的发起人认购股本的情况、股权结构及验资证明;

(6)承销机构的名称、承销方式与承销数量;

(7)发行的对象、时间、地点,股票认购和股款缴纳的方式以及本次股份未募足时认股人可撤回所认股份的说明;

(8)认股人的权利、义务;

(9)所筹资金的运用计划及收益、风险预测;

(10)公司近期发展规划和经注册会计师审核并出具审核意见的公司下一年盈利预测文件;

(11)重要合同,指对发行人生产经营活动、未来发展或者财务状况具有重要影响的合同,重要合同中对发行人经营有重大影响的附带条款和限制条件也应披露;

(12)涉及公司的重大诉讼事项,指对发行人的财务状况、经营成果、声誉、业务活动、未来前景可能产生较大影响的诉讼或者发行人的董事、监事、高级管理人员受到刑事起诉,发行人及其母公司、子公司、并行子公司、控股公司、联营公司,发行人的董事、监事、高级管理人员,持有发行人5%以上的主要股东作为重大诉讼一方当事人的,都应予以披露;

(13)公司董事、监事名单及其简历;

(14)近3年或者成立以来的生产经营状况和有关业务发展的基本情况;

(15)经会计师事务所审计的公司近3年或者成立以来的财务报告和由两名以上注册会计师及其所在事务所签字、盖章的审计报告;

(16)增资发行的公司前次公开发行股票所筹资金的运用情况;

(17)国务院证券监督管理机构要求载明的其他事项。

招股说明书的封面应当载明:"发行人保证招股说明书的内容真实、准确、完整。政府及国家证券管理部门对本次发行所做出的任何决定,均不表明其对发行人所发行的股票的价值或者投资人的收益做出实质性判断或者保证。"

招股说明书制定以后，应由全体发起人或者董事以及主承销商在上面签字，保证招股说明书没有虚假、严重误导性陈述或者重大遗漏，并保证对其承担连带责任。

招股说明书应在股票承销期开始前2～5个工作日期间公布。发行人应当向认购人提供招股说明书，证券承销机构应当将招股说明书备置于营业场所，并有义务提醒认购人阅读招股说明书。在公司未获准公开发行股票前，任何人都不得以任何形式泄漏招股说明书的内容。招股说明书的有效期为6个月，自招股说明书签署完毕之日起计算。招股说明书失效后，股票发行必须立即停止。

3.招股说明书对财务报表数据的要求

我国现阶段的证券法规对财务会计信息的披露要求主要是：

发行人应披露不少于最近3年的简要利润表、不少于最近3年末的简要资产负债表、不少于最近1年的简要现金流量表；上述报表要明确是公司报表口径，还是合并财务报表。财务报告被出具代说明段的无保留审计意见的，应全文披露审计报告及经审计的利润表、报表附注及公司董事会的说明等。

在披露财务报表的基础上，公司应对其收入、利润的构成情况及其变动趋势，税收缴纳及享受的优惠政策，主要固定资产类别及其核算方式、长期投资、主要无形资产、有形资产净值等数据，资产负债表截止日的主要债项、或有负债、逾期未偿还债项及其说明，各会计期末股东权益的情况，公司现金流量有关的数据，以及公司期后事项、重大关联交易、或有事项及其他重要事项等进行扼要说明。

如果发行人认为提供盈利预测报告将有助于投资者对发行人及投资与发行人的股票作出正确判断，且发行人确信有能力对最近的未来期间的盈利情况做出比较切合实际的预测，发行人可以披露盈利预测报告。盈利预测报告应有其较为规范的格式和内容，并经注册会计师出具审核意见。

除上述内容外，发行人还应披露流动比率、速动比率、应收账款周转率、存货周转率、无形资产（土地使用权除外）占总（净）资产的比率、资产负债率、每股净资产、研究与开发费用占主营业务收入比率，以及发行前后每股收益和净资产收益率指标等。

4.财务报表数据的列示方式

一般的，每个会计年度的数据应从左向右列示，最右侧一栏为最近1年报表的数据，每个年度也均应在栏顶行注明。申请发行股票的发行人设有子公司的，应当提供合并报表的数据及其发行人（母公司）单独的报表数据。

现举例说明财务报告的编报方式以及招股说明书中的数据列示。

【例7-2】某公司在公司股票发行、上市时，报出了三年来的资产负债表和利润表，详见表7-4和表7-5。报表经由注册会计师审计签证后，已正式作为招股说明书的补充资料面向社会公告。

表 7-4　合并资产负债表

年　　月　　日　　　　　　单位：元

资　产	2006-12-31 金额	2005-12-31 金额	2004-12-31 金额	负债与股东权益	2006-12-31 金额	2005-12-31 金额	2004-12-31 金额
货币资金	8 122 000	5 236 000	5 895 000	短期借款	8 000 000	4 000 000	9 000 000
应收账款净值	8 828 000	4 296 000	4 978 000	应付账款	11 420 000	9 214 000	8 930 000
其他应收款	7 456 000	6 864 000	6 260 000	应付职工薪酬	1 480 000	1 870 000	2 765 000
存货	13 924 000	17 450 000	11 479 000	应付利息	1 470 000	2 240 000	1 270 000
其他流动资产	8 845 000	7 625 000	4 885 000	其他应付款	2 557 000	2 900 000	1 050 000
长期投资	7 320 000	6 840 000	6 010 000	长期债券	12 000 000	11 000 000	10 000 000
固定资产原价	29 490 000	27 580 000	24 350 000	负债合计	36 927 000	31 224 000	33 015 000
减：累计折旧	5 898 000	4 137 000	2 922 000	股本	40 000 000	40 000 000	30 000 000
固定资产净值	23 592 000	23 443 000	21 428 000	资本公积	1 300 000	1 250 000	150 000
在建工程	2 270 000	1 980 000	2 430 000	盈余公积	2 430 000	1 740 000	800 000
无形资产	480 000	600 000	750 000	未分配利润	180 000	120 000	150 000
				股东权益合计	43 190 000	43 110 000	3 110 000
资产总计	80 837 000	74 334 000	64 115 000	负债与股东权益总计	80 837 000	74 334 000	64 115 000

表 7-5　合并利润表（含利润分配部分）

年度　　　　　　单位：元

项　　目	2006 年度	2005 年度	2004 年度
营业收入	63 450 000	48 480 000	32 915 000
减：营业成本	46 817 000	34 756 000	28 091 000
营业税金	428 000	5 143 000	3 687 000
其他项目	102 000	128 000	96 000
营业毛利	16 103 000	8 453 000	3 041 000
减：期间费用	3 639 000	2 031 000	1 427 000
营业利润	12 464 000	6 422 000	1 614 000
加：投资收益	1 550 000	1 319 000	980 000

续表 7-5

项　　目	2006 年度	2005 年度	2004 年度
营业外收入	957 000	743 000	520 000
减:营业外支出	1 143 000	792 000	483 000
非常损失	120 000	89 000	62 000
利润总额	13 708 000	7 603 000	2 569 000
减:所得税	4 519 000	2 385 000	891 000
净利润	9 189 000	5 218 000	1 678 000
减:提取公积金	1 845 000	1 045 000	300 000
分出利润	7 164 000	4 053 000	1 228 000
未分配利润	180 000	120 000	150 000

5. 招股说明书上应列示的数据

根据三年来的资产负债表和利润表,发起人可在其招股说明书中(若上市时间距招股时间有半年以上间隔,此数据也应列示在上市公告书中)将其有代表意义的数据,加上必要的分析计算而列示,以此来说明公司近年来的经营业绩,树立本公司的形象。

常见的数据列示多为表格式。如【例 7-2】中公司的数据即可列为下面的表格,详见表 7-6 和表 7-7。

表 7-6　经营业绩情况表　　单位:元

项　　目	2004 年数额	2005 年与 2004 年相比			2006 年与 2004 年相比			2006 年与 2005 年相比		
		2005 年数额	增长额	增长率(%)	2006 年数额	增长额	增长率(%)	2006 年数额	增长额	增长率(%)
营业收入	32 915 000	48 480 000	15 565 000	47.29	63 450 000	30 535 000	92.77	63 450 000	14 970 000	30.88
营业毛利	3 041 000	8 453 000	5 412 000	178	16 103 000	13 062 000	429.53	16 103 000	7 650 000	90.5
营业利润	1 614 000	6 422 000	4 808 000	298	12 464 000	10 850 000	672.24	12 464 000	6 042 000	94.08
利润总额	2 569 000	7 603 000	5 034 000	196	13 708 000	11 139 000	433.59	13 708 000	6 105 000	80.3
净利润	1 678 000	5 218 000	3 540 000	211	9 189 000	7 511 000	447.62	9 189 000	3 971 000	76.11
分出利润	1 228 000	4 053 000	2 825 000	230	7 164 000	5 936 000	483.39	7 164 000	3 111 000	76.76
每股净收益额	0.056	0.13	0.044	78.57	0.23	0.174	310.71	0.23	0.10	76.92
每股现金股利	0.041	0.10	0.059	144	0.18	0.139	339.02	0.18	0.08	80
公司提取盈余公积	300 000	1 045 000	745 000	248	1 845 000	1 545 000	515	1 845 000	800 000	76.56

表 7-7　财务状况分析表

项　　目	2004 年度	2005 年度	2006 年度
负债总额(元)	33 015 000	31 224 000	36 927 000
权益总额(元)	31 100 000	43 110 000	43 910 000
公司负债比率(%)	51.49	42.01	45.68
公司权益比率(%)	48.51	57.99	54.32
流动资产额(元)	33 461 000	41 471 000	47 175 000
速动资产额(元)	17 097 000	16 396 000	24 406 000
流动负债额(元)	23 015 000	20 224 000	24 927 000
公司营运资金额(元)	10 446 000	21 247 000	22 248 000
公司流动比率(%)	145.39	205.06	189.25
公司速动比率(%)	74.29	81.07	97.91
营业毛利率(%)	9.24	17.44	24.88
经营利润率(%)	4.9	13.25	19.64
总资产周转率(%)	0.51	0.65	0.99
每股享有的净资产数额(元)	1.037	1.078	1.098
股本占净资产的比率(%)	96.43	92.79	91.1

(二)上市公告书

上市公告书是指发行人在股票上市前向公众公告发行与上市有关事项的信息披露文件。凡已在中华人民共和国境内公开发行的股票并申请在经国务院证券委员会批准可以进行股票交易的证券交易所交易的发行人，在股票上市前，均应当按照《公开发行股票公司信息披露的内容与格式准则第 7 号——上市公告书的内容与格式(试行)》编制全面、完整的上市公告书。

1. 上市公告书的内容与格式

(1)要览。要览起提示作用，把上市公告书中关键内容提示性地印在上市公告之首，以使投资人尽快了解上市公告书的主要信息。包括总股本、可流通股本、本次上市流通股本、证券编码、上市地、上市时间、登记机构、上市推荐人等。

(2)绪言。在绪言中必须说明：本上市公告书的编写所依据的法规，所经由批准的部门(例如中国证监会、交易所等)，本次上市流通的股本数量及上市股票的类别(新股、历史遗留问题股票或定向募集内部职工股)，发行人董事会成员已批准该上市公告书，确信其中不存在任何重大遗漏或者误导，并对其真实性、准确性、完整性负个别的和连带的责任等。

(3)发行企业概况。包括发行公司主要发起人简介,即主要发起人的历史状况;发行公司的历史沿革,即发行公司的改制或组建过程等。

(4)股票发行及承销。包括股票公开发行,股票承销、验资报告及所筹资金未能及时入账的金额及原因。

(5)董事、监事及高级管理人员持股情况。包括董事、监事及高级管理人员变动情况,新增董事、监事及高级管理人员简介,董事、监事及高级管理人员持股数额和比例。

(6)公司设立。包括公司创立大会或者股东大会同意公司股票在证券交易所交易的决议,公司注册资金,公司注册时间,公司注册地点,营业执照注册号码等。

(7)关联企业及关联交易。如果发行人与控股公司或被控股公司存在关联关系,应列出所有的关联企业名称及关联企业概况;如果存在关联交易,需要详细描述可能出现或导致的关联交易及在关联交易中如何保护发行人股东的利益。

(8)股本结构及大股东持股情况。说明上市前的股权状况及前10名股东的持股情况。

(9)公司财务会计资料。列示发行人上市前的主要财务会计资料。

(10)董事会上市承诺。列示自公司股票上市之日起,发行人董事会自愿做出的承诺。

(11)主要事项揭示。列示公司股票发行后发生或将会发生的对公司资产、负债和股东权益有较大影响的重要事项。

(12)上市推荐意见。

(13)备查文件目录。

发行人对准则列举的各项内容应当进行披露。但是准则中某些具体要求对发行人确实不适用的,发行人可根据实际情况做出适当修改,同时予以说明。发行人还可以根据其自身的实际情况,增加其他必要内容。

2.招股说明书与上市公告书的关系

(1)招股说明书与上市公告书的联系。

①两者编制的主体相同。均为在中华人民共和国境内公开发行股票的发行人。

②发布的方式相同。两者都是公开发布,且备置于营业场所,供公众阅读。

③有时使用的财务会计资料完全一致。上市公告书如果与招股说明书刊登的财务会计资料在时间上一致时,可以将招股说明书中有关财务会计资料简化刊登,但应有必要的附注说明;如果与招股说明书刊登的财务报表在审计时间上不一致,应在上市公告书中刊登经会计师事务所审核的近期财务报表以及相关的会计资料。

(2)招股说明书与上市公告书的区别。

①公布的时间不同。在中华人民共和国境内公开发行股票的发行人，在申请公开发行股票时，编制招股说明书；而公开发行的股票经国务院证券委员会批准可以在证券交易所进行股票交易的发行人，在股票上市前，编制上市公告书。

②编制的目的不同。招股说明书是面向一级市场即面向发行市场，向社会公众披露有关公司的基本情况及与本次股票发行相关的股本结构、资金运用、盈利水平、财务状况的书面报告，其目的是向社会公众募集股份；而上市公告书是面向二级市场，是股份有限公司将其公开发行的股票在证券交易所挂牌交易时披露信息的文本，其目的是向社会公众宣布已募集的股份可以在证券交易所流通转让。

③反映的内容不同。招股说明书的公布标志着公司已成为可公开发行股票的股份有限公司；而上市公告书的公布标志着公司成为真正的股票上市公司。

第三节　上市公司经营阶段的信息披露

一、年度报告

年度报告是指上市公司每年年度终了编制并予以公布的全面反映公司状况的财务会计报告。

(一)年度报告的时间及方式

根据有关法律、法规的规定，上市公司应当在每个会计年度结束后的一定期间内编制完成年度报告并予以公布。如我国规定将年度报告登载于中国证监会指定的网站上，同时，应将年度报告摘要刊登在至少一种由中国证监会指定的全国性报纸上；公司应在 6 月 30 日前将年度报告各两份分别报送中国证监会、证券交易所和公司所在地的证券监管派出机构。

(二)年度报告应披露的内容

1. 公司简介。

2. 会计数据和业务数据摘要。公司应采用数据列表等方式披露如下资料：本年度实现的利润总额、净利润、扣除非经常性损益后的净利润、主营业务利润、营业利润、投资收益、营业外收支净额、经营活动产生的现金流量净额、现金及现金等价物净增加额；截止到报告期末公司前三年的主要数据和财务指标，包括主营业务收入、净利润、总资产、股东权益、每股收益、每股净资产、调整后的每股净资产、每股经营活动产生的现金流量净额、净资产收益率等。

3. 股东变动及股本情况。

4. 股东大会简介。

5. 董事会报告。董事会报告中应就公司经营情况、财务状况、投资情况、新年度业务发展计划、董事会日常工作情况、公司管理层及员工情况等做出说明。其中,实际经营成果较利润预测数低10%以上或较利润预测高20%以上,应详细说明造成差异的原因。

6.监事会报告。监事会报告中应说明其在报告期的工作情况,并应对公司依法运作情况、检查公司财务情况、募集资金使用情况、关联交易、收购或出售资产情况等发表独立意见,如果公司年报被出具了有解释性说明、保留意见、拒绝表示意见或否定意见的审计报告,或者实际经营成果较利润预测数低10%或高20%(中国的规定)以上,还应就董事会对上述事项的说明明确表示意见。

7.重要事项。重要事项包括重大诉讼、仲裁事项;重大关联交易事项;公司、公司董事及高级管理人员受监管部门处罚情况;聘任、解聘会计师事务所情况;其他重大合同及履行情况等。

8.财务会计报告。主要包括审计报告、财务报表和财务报表附注三项。其中审计报告应由具有从事证券相关业务资格的会计师事务所和两名注册会计师出具,就财务会计报告发表无保留意见、保留意见、拒绝表示意见或否定意见的审计报告;财务报表包括合并财务报表和母公司财务报表,即凡编制合并财务报表的公司,除了提供合并财务报表外,还应提供母公司已审计的财务报表以及未予合并的特殊行业子公司的已审计的财务报表;财务报表附注是财务会计报告的组成部分,对公司的主要会计政策、会计估计和合并报表编制方法以及比较财务报表中主要项目、控股子公司及合营企业等进行说明,同时,对于公司的税项、分行业资料、关联方关系及交易、或有事项、资产负债表日后事项中的非调整事项、债务重组事项等未在财务报表中提供,但与公司的财务状况、经营成果和现金流量有关的、比较重要的会计信息予以披露。

9.公司的其他相关资料。

10.备查文件目录。

(三)年度报告中的财务报表及其注释

公司报出的年度报告中的财务报表应为报告年度末及前一会计年度末的比较式资产负债表,两年度的利润表,公司的现金流量表,以及作为附表资产减值准备明细表,股东权益增减变动表,应交增值税明细表,利润分配表,分部报表。若公司持有其他企业50%以上的股权,或对其他企业有实质控制权,公司与其控股的公司应编制合并财务报表。财务报表注释应说明的内容,也基本上同于招股说明书等,即:(1)公司的主要会计政策;(2)报表内项目的分解与详细说明;(3)报表上的非常规项目及其非正常情况;(4)表内无法反映的重要事项等。

【例7-3】某上市公司,会计年度末向社会公众发布年度报告时经注册会计师审计过的财务报表详见表7-8和表7-9。

表 7-8　资产负债表

2006 年 12 月 31 日　　　　单位：元

资　　产	年初数	年末数	负债与股东权益	年初数	年末数
货币资金	37 509 000	81 215 000	短期借款	37 500 000	130 325 000
应收账款净额	32 105 000	67 708 000	应付账款	54 870 000	38 458 000
其他应收款	38 811 000	100 926 000	应付职工薪酬	5 587 000	8 377 000
预付款项	52 676 000	1 945 000	应交税费	9 321 000	6 774 000
待摊费用	367 000	421 000	应付股利	8 858 000	15 122 000
存货	40 331 000	97 416 000	其他应付款	28 604 000	124 376 000
其他流动资产	8 778 000	28 550 000	长期借款	—	3 500 000
长期投资	10 302 000	24 568 000	负债合计	142 193 000	329 479 000
固定资产原价	28 574 000	65 583 000	股本	41 333 000	77 966 000
减：累计折旧	2 728 000	3 952 000	资本公积	—	90 794 000
固定资产净值	25 796 000	61 631 000	盈余公积	15 045 000	20 107 000
在建工程	953 000	27 000	未分配利润	78 000	104 000
无形资产	432 000	1 224 000	股东权益合计	56 456 000	188 971 000
其他资产	1 320 000	2 088 000			
资产总计	198 649 000	518 450 000	负债与股东权益总计	198 649 000	518 450 000

表 7-9　利润表

2006 年 12 月　　　　单位：元

项　目	上年实际数	本年累计数
营业收入	219 522 000	358 427 000
减：营业成本	177 956 000	319 005 000
营业税金	3 146 000	4 112 000
营业毛利	38 420 000	35 310 000
减：期间费用	18 996 000	18 278 000
营业利润	19 424 000	17 032 000
加：投资收益	578 000	255 000
营业外收入	4 478 000	13 920 000
减：营业外支出	2 580 000	898 000
利润总额	21 900 000	30 309 000
减：所得税	3 614 000	5 001 000
净利润	18 286 000	25 308 000
减：提取公积金	3 840 000	5 062 000
分出利润	14 368 000	20 142 000
未分配利润	78 000	104 000

(四)经营业绩的表达与评价

在公司对社会公众披露的信息中,年度经营业绩部分最为重要,一般都置于报表各项目之首。从其内容上看,这部分应是公司利润表的浓缩与提炼,中心是以文字与数字结合的方式向报告使用者说明公司年度内实现的净收益以及可供分配收益情况。

仍举本节的例题,说明一般的年度经营业绩的表达方式,详见表7-10。

表7-10 经营业绩报告

年 月

单位:元

项 目	2005年度	2006年度	增长比率(%)
营业收入	219 522 000	358 427 000	62.38
利润总额	21 900 000	30 309 000	38.40
税后利润	18 286 000	25 308 000	38.40
资产总额	198 649 000	518 450 000	160.99
权益总额	56 456 000	188 971 000	234.72
每股净资产	1.37元/股	2.42元/股	78.83
每股收益	0.44元/股	0.33元/股	−25
股东权益比率	28.42%	36.45%	28.25
净资产收益率	32.39%	13.39%	−58.66

从报表数据及其指标计算的结果可看出:该公司在上一会计年度筹集了新的股份,其有了较大的股票溢价发行形成的公司净资产,并由此改变了公司负债比率(或权益比率)的状况;但是,新股进入公司,尚有一段时期的吸收、消化过程,从分析数据也可看出,每股收益和净资产收益率两大指标比扩股前要差一些。在公司业绩评价部分,应将这样的内容用文字表达清楚。

(五)年度股利

在年度报告中,对股利分配的情况可有两种处理方式:一是在报告中明确说明分红方案要在股东大会上再作决定,另一种则是在年度报告中提出公司拟报请董事会或股东大会讨论的股利分配方案。前一种方式较为简单,说明情况即可;后一种方式较为复杂,要求年度报告将拟定的方案全面提出,包括拟定方案的法律依据,供分配股利确定过程的会计数据依据,董事会对股利分配方案的设想、考虑等。

年度报告中股利分配的内容也与企业发放股利的方式有关。如果只是分配现金股利,其报出的方式可为说明股利分配方案的法律依据及董事会的建议,列出可供分配股利的数额及其与股本的比例关系。但若公司要分配股票股利,甚至伴有配售新股的事项时,在报告中则应将董事会的建议阐述清楚,以使各股东根据这些资料及时做出决策，并为董事会成员、股东代表在股东会上发表意见提供依据。

二、中期报告

中期报告是指所涉及期间短于一个会计年度的财务会计报告，包括半年报、季报和月报。

随着社会经济环境的变化，企业面临的风险和不确定性越来越多，信息的时效性也显得越来越重要，以年为周期编制的报告直接影响了其所披露会计信息的决策相关性，因此，反映企业较短期间内经营业绩的中期报告的编制提上了议事日程。可以说中期报告是年报的一种补充，它针对年度报告以一年为间隔期披露信息的滞后性而提出，通过缩短报告时间、加快信息披露的频率，使信息使用者尽快了解企业的会计信息。20世纪初，美国钢铁公司基于自愿原则率先披露其中期报告，近几年，一些国家开始关注中期报告问题并将其纳入议事日程。如美国证券交易管理委员会规定上市公司应按季度编制中期报告，并在该季度结束后45天内向该会提供报告；英国证券交易所在其发布的《上市规则》中规定上市公司必须公布其财务年度前6个月经营活动和损益表信息的半年报；我国2000年6月印发了《公开发行股票公司信息披露的内容与格式准则第3号〈中期报告的内容与格式〉》，要求凡根据《证券法》、《公司法》、《股票条例》在中华人民共和国境内公开发行股票并在证券交易所上市的股份有限公司应当按照本准则编制中期报告。

中期报告的编制主要是为了向信息使用者提供决策有用的会计信息，有助于预测企业未来期间的财务状况和经营成果。

（一）中期报告编制的两种观点

当前对中期报告的编制主要有两种观点：一种是独立观，另一种是一体观。

独立观是将每一中期视为一个独立的会计期间，编制中期会计报告时，应计项目的处理、会计估计、成本费用的分配等应采用与年度报告相一致的原则，不因报告期的缩短而有所改变。按照这种观点编制的中期报告具有可靠性，缺点是可能会由于波动因素的影响而使各中期收益的结果悬殊，导致信息使用者无法根据各中期营业进度及时对未来收益做出正确预测。

一体观是将每一中期视为会计年度的有机组成部分，年报适用的原则需作修正，其应计项目的处理、中期会计估计、成本费用的分配等应考虑对全年经营成果所作判断的影响，年度经营费用需基于年度预测活动水平（如销售量、业务量）来进行估计，并分配给各个中期。按照这种观点编制的中期报告对各个中期收益确定考虑了年度内波动的影响，从而避免因划小会计期间而导致收益的非正常波动，提高了会计信息的相关性和预测价值，缺点在于这种对中期收益的确定方式容易产生收益操纵，影响了会计信息的可靠性。

目前，倾向采用独立观的国家和地区较多，包括英国、加拿大、新西兰等，我国也侧重于采用独立观。美国采用了一体观。采用哪一种方法编制中期报告很大程度上与其编制目的和所在环境有关。美国编制的目的是为报表使用者提供决策有用的信息，帮助其预测未来、确定发展趋势，估计全年财务状况和经营业绩，其中期报告强调相关性和提供预测信息，因此，采用了一体观。同时，美国证券市场发展时间较长，也比较完善，会计人员的职业判断水平较高，给一体观的采用提供了客观环境。我国目前尚不具备这些条件，更强调可靠性，故采用独立观。

(二)中期报告应披露的基本内容

各国中期报告的组成大同小异，一般均包括资产负债表、利润表、现金流量表和有关附表。我国有关法规中规定上市公司中期报告应披露的基本内容如下：

1. 公司简介。

2. 主要财务数据和指标。应披露的主要财务指标包括：净利润、扣除非经常性损益后的净利润、总资产、资产负债率、股东权益、每股收益、净资产收益率、每股净资产和调整后的每股净资产。

3. 股本变动和主要股东持股情况。

4. 经营情况的回顾与展望。如公司报告期内主要经营情况、投资情况、下半年计划等，如果生产经营环境等已经、正在或将要发生重大变化，应明确说明。

5. 重要事项。如公司拟订的利润分配方案；上年度利润分配方案；重大诉讼和仲裁事项；重大关联交易；上市公司与控股股东在人员、资产、财务上的“三分开”情况等。

6. 财务会计报告。具体包括财务报表和财务报表附注，中期报告一般情况下可以不经审计。财务报表应包括资产负债表、利润表及利润分配表、现金流量表；资产负债表的报告日为本会计年度前6个月的最后一天和上个会计年度的最后一天，利润表和利润分配表的报告期间为本会计年度前6个月和上个会计年度的相同期间，现金流量表的报告期间为本会计年度前6个月。

财务报表附注应包括于最近一年期年度报告相比会计政策、会计估计、核算方法和合并范围发生的变化；关联方关系及交易、非货币交易、或有事项等；季节性、周期性收入的说明；财务报表主要项目注释等。

7. 备查文件目录。

根据有关规定，公司应当在每个会计年度的前6个月结束后两个月内编制完成中期报告，并将中期报告登载于中国证监会指定的互联网网站上，同时，应将中期报告摘要刊登在至少一种由中国证监会制定的全国报纸上。

三、分部报告

分部报告是指以企业的经营分部和地区分部为主体编制的提供分部信息的财务报告。

(一)分部报告的编制目的

随着经济的发展,跨地区、跨行业、跨国家经营的集团公司越来越多,由于集团内不同的企业分布于不同的行业、地区和国家,其性质、面临的风险、政策风险、市场风险及获利能力各不相同,而以各个企业个别财务报表为基础,以集团为报告主体的合并财务报表中无法充分揭示这种不同行业、不同地区、不同国家的盈利水平和风险状况,降低了其有用性。因此,分部报告的编制主要是基于信息使用者对分部信息的需求,向他们提供从事多种经营企业在不同行业、不同地区、不同国家的经营业绩、投资风险和报酬等信息,帮助他们对企业做出合理的判断。

(二)分部确定

确定提供分部报告主体,有着多种选择方法,国际会计准则提出,多种经营企业的管理当局在选择报告主体时,可按下述几种方法进行:

1.企业的各种产品和经营活动的相似或不同之处,这些产品和活动的获利能力、风险和发展前途有何异同,营业和销售地区以及这些地区在整个企业内部的相对重要性有何异同,有一些特殊行业,比如银行和保险业,由于它们存在特殊的规章限制和行业特点,就可能在确定编报分部问题上考虑一些额外因素。

2.如果一个企业是根据管理上的需要建立起来的部门、子公司或分支机构,与企业所据以判定的分部相一致,可按这些组织结构提供财务信息分部报告;如果与管理上的需要建立的机构并不一致,则需要在编报时将有关资料重新分类。

3.与上述两点相关的是要考虑企业各种活动的相互联系,比如,若将企业活动中密切结合或相互依赖的各个部分作为单独分开的产业分部来编报,就有可能引起误解;但是在确定要编报的地区分部时,可不作这种考虑。

4.在确定分部时,对分部的重要程度,应当规定一些标准,并合理地限制分部的数目;这些标准可以是占企业合并收入、营业利润或资产总额的10%;但是,这些数量上的标准并不是确定编报分部的唯一因素。

5.企业分部和地区分部是提供财务信息分部报告的基础,如果一个企业的营业同时使用这两种基础,就须在这两种基础上提供资料。

(三)分部报告信息标准及披露方式

1.分部报告信息标准

分部信息报告标准分为两类:一类是绝对报告标准;另一类是限制性报告标准。

(1)绝对报告标准及其确定。绝对报告标准是指不论分部信息指标的绝对数与相对数大小如何,都要进行报告的分部信息提供标准。绝对报告标准适用的条件:分部较少且分部划分确定;分部信息指标可用于企业集团的动态连续预控;分部信息指标体现全面的财务控制意识,并具有明确而普遍的指示意义。绝对报告标准要求无条件地报告有关部门的信息。

(2)限制性报告标准。限制性报告标准是指分部信息经过测试,达到规定的重要性水平才予以报告的分部信息报告标准。限制性报告标准是防止分部信息过于庞大,从而违背成本效益原则的一项有力措施,同时又是保证实现分部信息报告的重要性原则的前提。

2.分部信息报告披露方式

应予以披露的分部信息一般有三种披露形式:第一种是在财务报表中披露,并在报表附注中作适当说明;第二种是在财务报表附注中披露;第三种是以附表方式披露。

(四)我国分部报告编制的基本要求

1.反映企业各行业、各地区经营业务的收入、成本、费用、营业利润、资产总额以及负债总额的情况。

2.应按业务分部和地区分部分别编制。

(1)业务分部是指企业内可区分的组成部分,该组成部分提供单项产品或劳务,或一组相关的产品或劳务,并且承担着不同于其他业务分部所承担的风险和回报。

(2)地区分部是指企业内可区分的组成部分,该组成部分在一个特定的经济环境内提供产品和劳务,并且承担着不同于在其他经济环境中经营的组成部分所承担的风险和回报。

如果两个或多个本质上相似的业务分部或地区分部,可以合并为单一的业务分部和地区分部,企业应当根据本企业的具体情况,制定适合于本企业的业务分部、地区分部的分部原则,并且一贯性地遵循这一原则。如随着情况的变化而做出调整的,应在财务报表附注中予以说明,并且提供调整后的比较分部报表。

3.满足下列三个条件之一的,应当纳入分部报表编制的范围:

(1)分部营业收入占所有分部营业收入合计的10%或以上(这里的营业收入包括主营业务收入和其他业务收入,下同)。

(2)分部营业利润占所有盈利分部的营业利润合计的10%或以上;或者分部营业亏损占所有亏损分部的营业亏损合计的10%或以上。

(3)分部资产总额占所有分部资产总额合计的10%或以上。

如果按上述条件纳入分部报表范围的各个分部对外营业收入总额低于企业全部营业收入总额75%的,应将更多的分部纳入分部报表编制范围(即使未满足上述条件),以至少达到编制的分部报表各个分部对外营业收入总额占企业全部营业收入总额的75%及以上。

纳入分部报表的各个分部最多为10个,如果超过,应将相关的分部予以合并反映;如果某一分部的对外营业收入总额占企业全部营业收入总额90%及以上的,则不需编制分部报表。

如果前期某一分部未满足上述三个条件之一而未纳入分部报表编制范围，本期因经营状况改变等原因达到上述条件而应纳入分部报表编制范围的，为可比起见，应对上年度的数字进行调整后填入“上年”数栏。

(4)如母公司的财务报表和合并财务报表一并提供时，本表只需在合并财务报表的基础上编制。

四、上市公司的临时报告

上市公司在定期公布有关会计信息前，可能会发生某些影响其股票价格、对财务状况和经营成果已经或将要产生重大影响的重大事件，如果不及时予以披露，则会对信息使用者的决策产生重大不利影响，有失公允。因此，各国一般都制定了专门的法律制度，对上市公司应予以披露的重大事件的内容和格式做出了规定。上市公司按照法律、法规规定的内容和格式，将可能对公司和信息使用者产生重大影响的事件随时予以披露的报告文件称为临时报告。

一般而言，上市公司的临时报告包括重大事件公告和公司并购公告及配股公告。

(一)重大事件公告

1.重大事件的内容

根据通常规定，重大事件包括如下内容：

(1)公司订立对其财务状况和经营成果产生显著影响的重要合同、发生重大的投资行为或购置金额较大的长期资产的行为。

(2)公司的经营政策、经营项目、生产经营环境发生重大变化。

(3)新颁布的法律、法规、政策和规章等可能对公司的经营有显著影响。

(4)公司发生重大债务，存在未能归还到期债务的违约情况；发生重大经营性或非经营性亏损，资产遭受重大损失。

(5)董事长、30%以上的董事或总经理发生变动；持有公司5%以上的发行在外的普通股的股东，其持有该种股票的增减变化达到该种股票发行在外总额的2%以上的事实；股票的二次发行或者公司债到期或购回，可转换公司债依法规定转为股份。

(6)涉及公司的重大诉讼事项。

(7)公司章程、注册资本和注册地址的变更。

(8)发生大额银行退票(相当于被退票人流动资金的5%以上)；公司营业用主要资产的抵押、出售或者报废一次超过该资产的30%；公开发行的债务担保或抵押物的变更或增减。

(9)发起人或董事的行为可能依法负有重大损害赔偿责任；股东大会或公司监事会的决议被法院依法撤销；法院做出禁止对公司有控制权的大股东转让其股份

的决定。

(10)公司的合并或者分离;公司进入清算、破产状态。

(11)公司更换为其审计的会计师事务所。

2.重大事件的披露形式

需要注意的是,上述重大事件有些超出了会计工作的范围,但一般会对公司的财务状况、经营成果、现金流量情况产生影响。

公司发生上述无法预测的重大事件后的一个工作日以内,应当向中国证监会做出报告;同时,应按其挂牌的证券交易所的规定及时报告该证券交易所。重大事件公告书编制完成以后,应立即报送有关各方,并将其置于公司所在地挂牌交易的场所、有关证券经营机构及其网点,供公众查阅。还可视需要通过新闻媒介公布于众。

(二)公司并购公告

公司并购是指投资者为取得某一上市公司的控股权或实施某一上市公司的兼并,按法定程序公开购入该公司发行在外的部分或全部股份的行为。实施收购行为的投资者称为收购方,作为收购目标的上市公司称为被收购公司。公司收购无论是对收购方还是对被收购方均会产生重大影响,各国法规中均规定了公司收购的报告制度,以使上市公司、利益相关人、监管部门及时了解情况。

实行信息披露制度是现代证券市场的核心内容,也是证券法制的重心所在。但就总体而言,对于上市公司并购行为的完整的信息披露制度,在我国基本上是空白。

理论上,企业并购的信息披露制度对不同的并购形式应有不同的侧重点,比如,对于企业的多元化并购,其所要披露信息的内容就较多。因为我们可以看到,在上市公司的招股说明书和配股公告中,公司都坦言新项目在诸多方面的风险,如行业风险、市场风险、经营风险等,并相应地提出应对的策略。此外,对项目的建设期、资金投入量、未来的回报也都有量化的分析。多元化并购由于超出上市公司原有的经营内容,也就意味着要将股东的钱投向过去招股、配股时向股东交代的内容之外。因此,详细、全面地向股东说明并购项目的情况就显得很重要。而对于中心式并购,在这方面的要求就要低于多元化并购。就一般意义而言,完整的上市公司并购信息应披露的内容如下:

1.企业并购行为发生的概况。主要包括并购行为所涉及各方的基本情况;并购的基本动因和目的;并购事项的主要内容,等等。

2.企业并购过程中并购形式和价格等会计事项及特殊问题处理的披露。如购买成本的确定;购买商誉的确认;会计处理方式上对购买法和联营法的选择标准,等等。

3.不同并购方式应披露的特定信息。如对于交换式并购,就要重点披露换股比率的计算与合并基准日与换股比率计算日的关系;对通过股权转让方式进行的并购要披露公允价值的选择;价款支付方式及资金来源的解决方法,等等。

4.并购后被并购公司的发展前景和存在风险因素及对策。如并购后企业整合能力的解释;企业并购与生产经营有机结合的对策;并购后产生的经营风险、市场风险、政策风险及将采取的措施,等等。

5.并购后盈利能力的预测。如并购后资源利用方面的影响;并购后盈利预测,等等。

6.其他有关说明。如此次并购是否经董事会审议通过;此次并购所涉及的会计处理是否符合相关法律法规的要求;此次并购是否在存在关联关系的前提下实现的,等等。

7.备查文件的准备。如董事会决议公告;有关部门并购所涉及的合同,等等。

事实上,上市公司并购行为在决定应有的信息披露时,遵循的原则就是"不求完美,但要管用",使企业在并购一开始就有信息披露之规范。需要说明的是,上市公司的并购行为对于符合国家相关政策必须给予明确。在西方并购理论中,一种理论认为并购是企业管理上价值最大化的行为,并购的最主要目的是为了实现管理上的价值最大化,使管理者通过并购来扩大企业规模,增大企业资源,增大管理者的自身权利,控制更大范围的资产、更多的员工、更好的产供销渠道。并且认为,并购产生的动力是管理者的扩张动机,并购并非最佳企业经济效益最大化行为。另一种理论认为,并购的最主要目的是为了企业利润最大化,即效益最大化。理由是并购可以通过金融推动、协同效应、管理方法改善等来提高效益进而可以推论,为了获取更大的利润是并购方进行并购的动力。然而,即使在西方国家,政府对企业并购行为也是进行规范的。如美国,主要有三种法律对企业并购活动进行监管,即证券法、反托拉斯法以及各州的反并购法。只是三种法律监管的领域各有侧重而已。结合我国国情,国内企业并购目的具有复杂性、层次性与系统性。在范围上可能有中央政府目的、行业目的、地方政府目的和企业目的,在性质上可能有经济目的和政治目的,在各种不同的经济目的间又存在着对立统一性。另外,我国上市公司股权结构复杂且不规范,国家股、法人股在上市股权中有74%左右的比重,且暂不上市流通。上市公司被人为地分割成能被收购和无法被收购两大类,导致公司并购只能选择那些没有国家股或国家股所占比重较少的公司。由此,企业在并购行为发生之时,企业并购是否符合国家产业政策和其他经济政策,是信息披露之关键。

本章小结

上市公司会计信息披露有助于维护股票市场"公开、公平、公正",充分发挥其优化社会资源配置、确保公司发挥管理优势等诸项功能，从而促进社会整体财富的增长，切实维护广大投资者即股份有限公司的利益。上市公司会计信息披露必须遵循一定的原则和达到一定的质量要求。我国上市公司信息披露基本上已形成一套规范体系。它们是由首次披露、定期报告和临时报告及其他披露等共同构成，严格执行这些规范必然会使我国证券市场健康发展。

中英文对照专业名词

招股说明书 （Offering Statement） 上市公告书 （Listing Notice Book）
年度报告 （Annual Report） 临时报告 （Interim Report）

思考与练习

一、思考题

1.简述上市公司会计信息披露的规范体系及其质量特征。
2.简述招股说明书与上市公告书的关系。
3.企业年度报告应披露的内容有哪些？
4.简述上市公司的临时报告及各自披露的信息。

二、练习题

1.开山股份有限公司准备对外公开发行股票。在公开发行之前，聘请资产评估事务所对其资产进行评估。评估结果如表7-11所示。

表7-11 资产评估结果表 单位：万元

资产项目	账面价值	评估后确认价值	差异额
应收账款净额	200	180	－20
存货净额	500	400	－100
长期投资	760	900	140
固定资产净值	1 200	1 250	50
无形资产	300	360	60
合计	2 960	3 090	130

要求：
根据以上评估结果编制调整分录。

2.蓝天股份有限公司由蓝天集团、红文电子公司和天河信托投资公司三级国有企业发起，发起人共认缴股本1亿元人民币。三家公司协商，按照同一比例将各家公司投入股份有限公司的净资产折成股本。各家公司之间没有发生任何形式的交易。拟投入股份有限公司的经审计和评估的资产负债表如表7-12、表7-13、表7-14所示。

表7-12　蓝天集团资产负债表

2005年12月31日　　单位：千元

资　　产	金额	负债及所有者权益	金额
流动资产	37 000	流动负债	36 500
长期投资	34 000	长期负债	54 000
固定资产	74 000	所有者负债	65 000
无形资产	10 500		
资产合计	155 500	负债及所有者权益合计	155 500

表7-13　红文电子公司资产负债表

2005年12月31日　　单位：千元

资　　产	金额	负债及所有者权益	金额
流动资产	13 000	流动负债	12 000
长期投资	16 000	长期负债	34 500
固定资产	41 000	所有者负债	30 500
无形资产	7 000		
资产合计	77 000	负债及所有者权益合计	77 000

表7-14　天河信托投资公司资产负债表

2005年12月31日　　单位：千元

资　　产	金额	负债及所有者权益	金额
流动资产	23 000	流动负债	6 500
长期投资	22 500	长期负债	14 000
		所有者负债	25 000
资产合计	45 500	负债及所有者权益合计	45 500

要求：

(1)计算各家公司投入股份有限公司的股本和股权比例。

(2)如果发行公众股，总股本至少应当是多少？

(3)编制有关会计分录。

第八章 租赁会计

租赁会计是一门对融资租赁业务、经营租赁业务和售后租回业务进行核算的专门会计。随着我国改革开放和金融体制的改革，企业间的租赁业务越来越多，同时，随着加入WTO，国际间的租赁业务发展也很快。我国2001年1月1日发布施行了《企业会计准则——租赁》，2006年2月修订发布了《企业会计准则第21号——租赁》，要求于2007年1月1日起施行，新修订发布的准则内容更全面、更合理。

第一节 租赁概述

一、租赁的产生和发展

租赁一词是“租”和“赁”的复合名词，“租”是指物件供给他人而获得报酬，“赁”是指借他人物件而付出费用。按《企业会计准则第21号——租赁》规定，租赁是指在约定的期间内，出租人将资产使用权让与承租人，以获取租金的协议。租赁历史非常悠久，从其产生和发展过程中，经历了古代租赁、近代租赁和现代租赁三个阶段。

（一）古代租赁阶段

公元前2000年，古代亚洲巴比伦地区幼发拉底河下游流域就产生了租赁业务。由于当时货币尚未产生，因而当时的租金收入一般采取实物形式。我国租赁的历史也非常久远，约4 000年前原始社会就产生了租赁的原始形态，有文献记载的租赁可追溯到西周时期，据《卫鼎（甲）铭》记载，邦君厉把周王赐给他的五田，出租了四田，据我国史学家考证，涉及租赁案件的诉讼，在西周中期以后已不少见了。古代租赁从实质上来看还只是一种以物易物的交换关系。

（二）近代租赁阶段

据史料记载，我国在周秦时期就产生了传统租赁方式，汉唐时期财产租赁业务已非常普遍。中世纪是近代租赁大发展的时期，据考证，6世纪中叶，东罗马尤斯丁尼安皇帝法典汇编中，对租赁已有详细的条文规定。公元1289年颁布的威尔士法，被历史学家认为是世界上最早的租赁法规。

（三）现代租赁阶段

现代租赁是社会化大生产和资本主义生产关系的产物。英国是现代租赁的发源地，但具有典型意义的现代租赁则产生于二战后的美国。第二次世界大战结束后，美国的消费需求急剧降低，产品滞销，经济出现了萧条。许多企业为了促进产品的销售，开始采取分期收款方式销售产品，但由于信用问题，分期收款方式没有取得预期效果。1952年开始有人对分期收款方式进行演化，引入了租赁模式，产生了现代租赁业务，即“在没有支付完所有的租金前，物件的所有权属于出租人，全部租金支付完毕后所有权归承租人”。1952年创立的美国租赁公司是世界上第一个专业开展现代租赁业务的公司，这个公司目前仍然是美国数一数二的租赁公司。

我国现代租赁的历史是从改革开放的20世纪80年代初开始的。当时为了解决资金不足和从国外引进先进技术、设备和管理的需求，在荣毅仁先生的倡导下，为了增加一种吸引外资的渠道，从日本引进了融资租赁的概念。1981年2月，中国国际信托投资公司与日本东方租赁公司、北京机电设备公司合资成立了中外合资的东方租赁有限公司，主要从事国际融资租赁业务；1981年7月，中国国际信托投资公司与国家物资局联合成立了以国内金融机构为主体的中国租赁有限公司，开展国内融资租赁业务。这两家专业租赁公司的成立，标志着我国现代租赁的正式产生。我国第一笔租赁交易是在河北与某企业签订的毛线编制机租赁项目，从此开创了中国租赁业务发展的新纪元。在此之后，融资租赁方式在我国迅速发展，为我国从国外引进先进的生产设备、技术和管理经验起到了非常重要的作用。

二、租赁及其特点

租赁是指在约定的期间内，出租人将资产使用权让与承租人，以获取租金的协议。租赁是以租赁资产所有权与使用权相分离为前提的。租赁的主要特点是：

1. 租赁不是资产的买卖关系，在租赁期内不表现为资产所有权的转移；

2. 租赁中出租方的目的是为了取得租金，而承租方的目的是以较少的付现成本取得所需的资产；

3. 租赁从会计角度表现为一种出租人与承租人之间以合同形式规定的权利和义务。

三、租赁的分类

租赁按不同的分类标准可以有多种分类。租赁按与租赁资产所有权有关的风险和报酬归属于出租人或承租人的程度不同分为融资租赁和经营租赁；租赁按出租人取得租赁物的来源和方式不同分为直接融资租赁、销售方式租赁、杠杆租赁、回租租赁和转租租赁；按租赁是否附带服务分为附带服务租赁和不附带服务租赁；租赁按租赁业务开展的范围分为国内租赁和国际租赁，等等。《国际会计准则第17号——租赁会计》和我国《企业会计准则第21号——租赁》对租赁的会计处理是分融资租赁和经营租赁来规定的。为此，下面主要介绍融资租赁和经营租赁的分类标准。

(一)国际会计准则确认融资租赁的标准

《国际会计准则第 17 号——租赁会计》规定，融资租赁是指实质上转移了与一项资产所有权有关的全部风险和报酬的一种租赁。其所有权最终可能转移，也可能不转移。若具有下列条件之一者即为融资租赁：

1. 在租赁期终时，资产的所有权转让给承租人；

2. 承租人有购买资产的选择权，其价格预计将充分低于行使选择权日的公允价值，在租赁开始日就相当肯定会行使此项选择权；

3. 租赁期为资产使用年限的大部分；

4. 在租赁开始日，租赁的最低付款额的现值大于或等于租赁公允价值减去应当给出租人的补贴金和税款减免后的金额。

(二)我国确认融资租赁的标准

我国《企业会计准则第 21 号——租赁》第 5 条、第 6 条规定，融资租赁是指实质上转移了与资产所有权有关的全部风险和报酬的租赁。其所有权最终可能转移，也可能不转移。符合下列一项或数项标准的，应当认定为融资租赁：

1. 在租赁期届满时，租赁资产的所有权转移给承租人。

2. 承租人有购买租赁资产的选择权，所订立的购买价款预计将远低于行使选择权时租赁资产的公允价值，因而在租赁开始日就可以合理确定承租人将会行使这种选择权。

3. 即使资产的所有权不转移，但租赁期占租赁资产使用寿命的大部分。

4. 承租人在租赁开始日的最低租赁付款额现值，几乎相当于租赁开始日租赁资产公允价值；出租人在租赁开始日的最低租赁收款额现值，几乎相当于租赁开始日租赁资产公允价值。

5. 租赁资产性质特殊，如果不作较大改造，只有承租人才能使用。

其中，五条标准中的“远低于”指的是小于等于 5%，“大部分”指的是大于等于 75%，“几乎相当于”指的是大于等于 90%。

不符合上述任何一项标准的，应确认为经营租赁。经营租赁，是指除融资租赁以外的其他租赁。

(三)租赁分类的原则

1. 承租人和出租人均应在租赁开始日将租赁分为融资租赁和经营租赁。租赁开始日，是指租赁协议日与租赁各方就主要租赁条款作出承诺日中的较早者。

2. 承租人和出租人原则上对同一项租赁所划归的类型应当一致。

3. 如果承租人和出租人在租赁期内的某一时间同意改变租赁合同的条款(续租除外)，由此改变了原来对租赁的分类，则出租人和承租人均应当根据修订后的租赁合同，重新对租赁进行分类。但是由于租赁资产使用年限或担保余值的改变等导致会计估计变更，或发生承租人违约等事项，不应当对租赁重新分类。即租期或租金变动的情况下，均应对租赁类型进行重新分类。

（四）与租赁分类相关的几个重要概念

1. 租赁期

租赁期是指租赁合同规定的不可撤销的租赁期间。租赁合同签订后一般不可撤销，但下列情况除外：

（1）经出租人同意。

（2）承租人与原出租人就同一资产或同类资产签订了新的租赁合同。

（3）承租人支付一笔足够大的额外款项。

（4）发生某些很少会出现的或有事项。

承租人有权选择续租该资产，并且在租赁开始日就可以合理确定承租人将会行使这种选择权，不论是否再支付租金，续租期也包括在租赁期之内。

2. 最低租赁付款额

最低租赁付款额，是指在租赁期内，承租人应支付或可能被要求支付的款项（不包括或有租金和履约成本），加上由承租人或与其有关的第三方担保的资产余值。

承租人有购买租赁资产选择权，所订立的购买价款预计将远低于行使选择权时租赁资产的公允价值，因而在租赁开始日就可以合理确定承租人将会行使这种选择权的，购买价款应当计入最低租赁付款额。

或有租金，是指金额不固定、以时间长短以外的其他因素（如销售量、使用量、物价指数等）为依据计算的租金。

履约成本，是指租赁期内为租赁资产支付的各种使用费用，如技术咨询和服务费、人员培训费、维修费、保险费等。

3. 最低租赁收款额

最低租赁收款额，是指最低租赁付款额加上独立于承租人和出租人的第三方对出租人担保的资产余值。

"最低租赁付款额"和"最低租赁收款额"中"最低"的含义是相对或有租金、履约成本等而言的。

4. 担保余值

担保余值，就承租人而言，是指由承租人或与其有关的第三方担保的资产余值；就出租人而言，是指就承租人而言的担保余值加上独立于承租人和出租人的第三方担保的资产余值。

5. 资产余值

资产余值，是指在租赁开始日估计的租赁期届满时租赁资产的公允价值。

6. 未担保余值

未担保余值，是指租赁资产余值中扣除就出租人而言的担保余值以后的资产余值。

7.租赁开始日

租赁开始日，是指租赁协议日与租赁各方就主要条款作出承诺日较早者。在租赁开始日，承租人和出租人应将租赁认定为融资租赁或经营租赁，并确定在租赁期开始日应确认的金额。

8.租赁期开始日

租赁期开始日，是指承租人有权行使其使用租赁资产权力的日期，表明租赁行为的开始。在租赁期开始日，承租人应对租入资产、最低租赁付款额和未确认融资费用进行初始确认；出租人应当对应收融资租赁款、未担保余值和未实现融资收益进行初始确认。

四、初始直接费用的处理

初始直接费用，是指租赁双方在租赁谈判和签订租赁合同过程中发生的、可归属于租赁项目的相关费用，主要包括手续费、律师费、差旅费、印花税等。

在融资租赁下，承租人发生的初始直接费用，应当计入租入固定资产价值；出租人发生的初始直接费用应计入应收租赁款的入账价值。

在经营租赁下，承租人和出租人发生的初始直接费用，应当确认为管理费用，计入当期损益。

第二节 经营租赁的会计处理

一、承租人对经营租赁的会计处理

按照《企业会计准则第21号——租赁》规定，承租人对于经营租赁的租金，应当在租赁期内各个期间按照直线法计入相关资产成本或当期损益；其他方法更为系统合理的，也可以采用其他方法。承租人发生的初始直接费用，应当计入当期损益。或有租金应当在实际发生时计入当期损益。在经营租赁中如果出租人对承租人提供某种激励措施（如免租期、承担某些履约成本等）时，承租人应将租金总额在整个租赁期或扣除由承租人承担某些履约成本后租金在租赁期内进行分摊。其会计处理为：预付租金时，借记“待摊费用”或“长期待摊费用”，贷记“银行存款”；确认各期租金费用时，借记“管理费用”、“营业费用”或“制造费用”等，贷记“待摊费用”或“长期待摊费用”。为了加强对经营租入资产的管理，保证租入资产的安全完整性，承租人应设置“经营租赁资产”备查账作备查登记，以核算和监督经营租赁资产的使用、归还和结存情况。

【例 8-1】 2006 年 1 月 1 日，甲公司向乙公司经营租入汽车一辆用于产品销售，租期 6 个月，租金总额 12 000 元，分两次等额支付，支付时间为 2006 年 1 月 1 日和 4 月 1 日，甲公司每月末确认租金费用。假设租金按期支付。具体会计处理如下：

(1)2006 年 1 月 1 日付款时

借：待摊费用　　6 000

　贷：银行存款　　6 000

(2)1～3 月末确认租金费用时

借：销售费用　　2 000

　贷：待摊费用　　2 000

(3)2006 年 4 月 1 日付款时

借：待摊费用　　6 000

　贷：银行存款　　6 000

(4)4～6 月末确认租金费用时

借：销售费用　　2 000

　贷：待摊费用　　2 000

承租人不仅需要对经营租赁进行会计处理，而且对于重大的经营租赁，还应当在附注中披露下列信息：

1. 资产负债表日后连续三个会计年度每年将支付的不可撤销经营租赁的最低租赁付款额；

2. 以后年度将支付的不可撤销经营租赁的最低租赁付款额总额；

3. 各售后经营租回交易以及售后经营租回合同中的重要条款。

二、出租人对经营租赁的会计处理

按照《企业会计准则第 21 号——租赁》规定，出租人应当按资产的性质，将用作经营租赁的资产包括在资产负债表中的相关项目内。对于经营租赁的租金，出租人应当在租赁期内各个期间按照直线法确认为当期损益；其他方法更为系统合理的，也可以采用其他方法。出租人发生的初始直接费用，应当计入当期损益。对于经营租赁资产中的固定资产，出租人应当采用类似资产的折旧政策计提折旧；对于其他经营租赁资产，应当采用系统合理的方法进行摊销。或有租金应当在实际发生时计入当期损益。在经营租赁中如果出租人对承租人提供某种激励措施(如免租期、承担某些履约成本等)时，出租人应将租金收入总额在整个租赁期或扣除由承租人承担某些履约成本后租金在租赁期内进行分摊。其会计处理对于出租人是否属于租赁公司有所区别。

(一)出租人属于租赁公司

如果出租人属于租赁公司，那么租赁业务就属于出租人的主营业务，因此，其会计处理时，应收租金应该通过“应收经营租赁款”科目核算，租金收入应该通过“主营业务收入”科目核算，计提的出租固定资产折旧应当计入“主营业务成本”科目。

【例8-2】沿用【例8-1】资料，假定该汽车每月应计提折旧500元。具体会计处理如下：

(1)2006年1月1日收款时

借：银行存款	6 000	
贷：应收经营租赁款		6 000

(2)1～3月末确认租金收入时

借：应收经营租赁款	2 000	
贷：主营业务收入		2 000

(3)1～3月末计提折旧时

借：主营业务成本	500	
贷：累计折旧		500

(4)2006年4月1日收款时

借：银行存款	6 000	
贷：应收经营租赁款		6 000

(5)4～6月末确认租金收入时

借：其他应收款	2 000	
贷：主营业务收入		2 000

(6)4～6月末计提折旧时

借：主营业务成本	500	
贷：累计折旧		500

(二)出租人属于非租赁公司

如果出租人属于非租赁公司，那么租赁业务就属于出租人的其他业务，因此，其会计处理时，应收租金应该通过“其他应收款”科目核算，租金收入应该通过“其他业务收入”科目核算，计提的出租固定资产折旧应当计入“其他业务支出”科目。

【例8-3】沿用【例8-1】资料，假定该汽车每月应计提折旧500元。具体会计处理如下：

(1)2006年1月1日收款时

借：银行存款	6 000	
贷：其他应收款		6 000

(2)1～3月末确认租金收入时

借：其他应收款	2 000	

贷:其他业务收入　　2 000

(3)1～3月末计提折旧时

借:其他业务支出　　500

贷:累计折旧　　500

(4)2006年4月1日收款时

借:银行存款　　6 000

贷:其他应收款　　6 000

(5)4～6月末确认租金收入时

借:其他应收款　　2 000

贷:其他业务收入　　2 000

(6)4～6月末计提折旧时

借:其他业务支出　　500

贷:累计折旧　　500

出租人不仅需要对经营租赁进行会计处理,而且还应当在附注中披露下列信息:

1.各类租出资产的账面价值;

2.各售后经营租回交易以及售后经营租回合同中的重要条款。

第三节　融资租赁的会计处理

一、承租人对融资租赁的会计处理

(一)企业会计准则中的相关规定

按照《企业会计准则第21号——租赁》规定,承租人对融资租赁按以下规定进行会计处理:

1.在租赁期开始日,承租人应当将租赁开始日租赁资产公允价值与最低租赁付款额现值两者中较低者作为租入资产的入账价值,将最低租赁付款额作为长期应付款的入账价值,其差额作为未确认融资费用。承租人在租赁谈判和签订租赁合同过程中发生的,可归属于租赁项目的手续费、律师费、差旅费、印花税等初始直接费用,应当计入租入资产价值。

2.承租人在计算最低租赁付款额的现值时,能够取得出租人租赁内含利率的,应当采用租赁内含利率作为折现率;否则,应当采用租赁合同规定的利率作为折现率。承租人无法取得出租人的租赁内含利率且租赁合同没有规定利率的,应当采用同期银行贷款利率作为折现率。租赁内含利率,是指在租赁开始日,使最低租赁收款额的现值与未担保余值的现值之和等于租赁资产公允价值与出租人的初始直接费用之和的折现率。

3.未确认融资费用应当在租赁期内各个期间进行分摊。承租人应当采用实际利率法计算确认当期的融资费用。如果融资租入固定资产的入账价值是按最低租赁付款额的现值入账的,则实际利率选用计算最低租赁付款额现值时的折现率;如果融资租入固定资产的入账价值是按公允价值入账的,则应重新计算融资费用的分摊率。融资费用的分摊率是指在租赁开始日,使最低租赁付款额的现值等于租赁资产公允价值的折现率。

4.承租人应当采用与自有固定资产相一致的折旧政策计提租赁资产折旧。能够合理确定租赁期届满时取得租赁资产所有权的,应当在租赁资产使用寿命内计提折旧。无法合理确定租赁期届满时能够取得租赁资产所有权的,应当在租赁期与租赁资产使用寿命两者中较短的期间内计提折旧。

5.或有租金应当在实际发生时计入当期损益。

(二)会计处理方法

1.租赁开始日融资租入固定资产的会计处理

租赁开始日,承租人应按租赁资产公允价值与最低租赁付款额现值两者中较低者,加上初始直接费用,作为租入资产的入账价值,借记"固定资产——融资租入固定资产"科目,按最低租赁付款额,贷记"长期应付款"科目,按其差额,借记"未确认融资费用"科目。

2.未确认融资费用分摊的会计处理

每期期末,未确认融资费用分摊时,借记"财务费用"科目,贷记"未确认融资费用"科目。值得注意的是,在融资租入固定资产达到预定可使用状态之前摊销的未确认融资费用,也应计入当期财务费用,而不应计入固定资产的成本。

3.支付租金的会计处理

承租人按租赁协议规定支付租金时,借记"长期应付款"科目,贷记"银行存款"科目。

4.计提融资租入固定资产折旧费用的会计处理

融资租入固定资产按规定由承租方计提折旧,其计提的折旧费用按固定资产的用途不同,分别借记"制造费用"、"管理费用"和"营业费用"等科目,贷记"累计折旧"。

5.履约成本的会计处理

承租人支付承担履约成本时,应借记"制造费用"、"管理费用"和"营业费用"等科目,贷记"现金"、"银行存款"等科目。

6.或有租金的会计处理

或有租金,如果是以销售百分比、使用量等为依据计算的,借记"营业费用"科目,贷记"银行存款"或"其他应付款"科目;如果是以物价指数为依据计算的,借记

“财务费用”科目，贷记“银行存款”或“其他应付款”科目。

7. 租赁期届满时的会计处理

租赁期届满时，承租人可以续租、留购和返还租赁资产。

(1)续租

承租人续租租赁资产时，应视同该项租赁一直存在而作继续支付租金、计提折旧等会计处理。

(2)留购

承租人支付留购价款时，借记“长期应付款”(存在优惠购买选择权)或“固定资产”(不存在优惠购买选择权)等科目，贷记“银行存款”或“现金”等科目；同时，将融资固定资产转入自有固定资产，借记“固定资产——生产经营用固定资产”科目，贷记“固定资产——融资租入固定资产”科目。

(3)返还

承租人返还租赁资产时，如果存在承租人担保的余值，则借记“长期应付款”、“累计折旧”科目，贷记“固定资产——融资租入固定资产”科目；如果不存在承租人担保的余值，则借记“累计折旧”科目，贷记“固定资产——融资租入固定资产”科目；在返还融资租赁固定资产时，如果有清理的净残值，则还应借记“营业外支出”科目。

【例8-4】A公司于2005年12月10日与B租赁公司签订了一份设备融资租赁合同。合同主要条款如下：

(1)租赁标的物：甲生产设备。

(2)起租日：2005年12月31日。

(3)租赁期：2005年12月31日～2007年12月31日，共2年。

(4)租金支付方式：每年年末支付租金1 000万元。

(5)租赁期满时，甲设备的估计余值为200万元，其中A公司担保的余值为100万元，未担保的余值为100万元。

(6)甲生产设备为全新设备，2005年12月31日的原账面价值为1 922.40万元，预计使用年限为3年。

(7)租赁内含利率为6%。

(8)2007年12月31日，A公司将甲生产设备归还给B租赁公司。

甲生产设备于2005年12月31日运抵A公司，其固定资产均采用平均年限法计提折旧，与租赁有关的未确认融资费用均采用实际利率法摊销，并假定未确认融资费用在相关资产的折旧期限内摊销。

会计处理：

(1)起租日的会计分录：

最低租赁付款额＝1 000× 2＋100＝2 100(万元)

由于最低租赁付款额现值是按租赁内含利率计算,所以甲生产设备的原账面价值=最低租赁付款额现值=1 922.40(万元)。

租赁资产的入账价值=甲生产设备的原账面价值=最低租赁付款额现值=1 922.40(万元)

未确认的融资费用=2 100－1 922.4=177.60(万元)

借:固定资产——融资租入固定资产　1 922.4

　未确认融资费用　177.6

　贷:长期应付款　2 100

(2)2006 年 12 月 31 日

①支付租金:

借:长期应付款——应付融资租赁款　1 000

　贷:银行存款　1000

②确认当年应分摊的融资费用:1 922.40×6%=115.34(万元)

借:财务费用　115.34

　贷:未确认融资费用　115.34

③计提折旧:(1 922.40－100)/2=911.2(万元)

借:制造费用——折旧费　911.2

　贷:累计折旧　911.2

(3)2007 年 12 月 31 日

①支付租金:

借:长期应付款——应付融资租赁款　1 000

　贷:银行存款　1 000

②确认当年应分摊的融资费用:177.60－115.34=62.26(万元)

借:财务费用　62.26

　贷:未确认融资费用　62.26

③计提折旧:(1 922.4－100)/2=911.2(万元)

借:制造费用——折旧费　911.2

　贷:累计折旧　911.2

④归还设备:

借:长期应付款——应付融资租赁款　100

　累计折旧　1 822.4

　贷:固定资产　1 922.4

(三)承租人在会计报告中的列示与披露

承租人应当在资产负债表中,将与融资租赁相关的长期应付款减去未确认融资费用的差额,分别在长期负债和一年内到期的长期负债列示。承租人还应当在资产负债表附注中披露与融资租赁有关的下列信息：

1.各类租入固定资产的期初和期末原价、累计折旧额；

2.资产负债表日后连续三个会计年度每年将支付的最低租赁付款额，以及以后年度将支付的最低租赁付款额总额；

3.未确认融资费用的余额，以及分摊未确认融资费用所采用的方法。

二、出租人对融资租赁的会计处理

(一)企业会计准则中的相关规定

按照《企业会计准则第21号——租赁》规定，承租人对融资租赁按以下规定进行会计处理：

1.在租赁期开始日，出租人应当将租赁开始日最低租赁收款额与初始直接费用之和作为长期应收款的入账价值，同时记录未担保余值；将最低租赁收款额、初始直接费用及未担保余值之和与其现值之和的差额确认为未实现融资收益。

2.未实现融资收益应当在租赁期内各个期间进行分配。出租人应当采用实际利率法计算确认当期的融资收入。

3.出租人至少应当于每年年度终了，对未担保余值进行复核。未担保余值增加的，不做调整。有证据表明未担保余值已经减少的，应当重新计算租赁内含利率，将由此引起的租赁投资净额的减少，计入当期损益；以后各期根据修正后的租赁投资净额和重新计算的租赁内含利率确认融资收入。租赁投资净额是融资租赁中最低租赁收款额及未担保余值之和与未实现融资收益之间的差额。已确认损失的未担保余值得以恢复的，应当在原已确认的损失金额内转回，并重新计算租赁内含利率，以后各期根据修正后的租赁投资净额和重新计算的租赁内含利率确认融资收入。

4.或有租金应当在实际发生时计入当期损益。

(二)会计处理方法

1.租赁开始日租赁债权的会计处理

租赁开始日，出租人应将最低租赁收款额与初始直接费用之和作为长期应收款的入账价值，借记“长期应收款”科目，同时按未担保余值，借记“未担保余值”科目，按租赁资产的原账面价值，贷记“融资租赁资产”科目，按支付的初始直接费用，贷记“银行存款”等科目，最后将最低租赁收款额、初始直接费用及未担保余值之和与其现值之和(数额上等于租赁资产的原账面价值)的差额确认为未实现融资收益，贷记“递延收益——未实现融资收益”科目。

2.未实现融资收益分配的会计处理

出租人每期期末分配未实现融资收益时，按当期应确认的融资收入金额，借记“递延收益——未实现融资收益”科目，贷记“主营业务收入——融资收入”科目。

3.出租人收取租金的会计处理

出租人按合同约定收到租金时,应借记"银行存款"科目,贷记"长期应收款"科目。

4.租金逾期未能收回情况下的会计处理

出租人超过一个租金支付期未收到租金时,应停止确认融资收入,原已确认的融资收入,应予以冲回,借记"主营业务收入——融资收入"科目,贷记"递延收益——未实现融资收益"科目,未确认和已冲回的融资收入在备查账中登记。在实际收到租金时,再将租金中所含的融资收入确认为收到租金当期的收入,借记"递延收益——未实现融资收益"科目,贷记"主营业务收入——融资收入"科目。这是谨慎性原则的具体应用。

5.计提长期应收款坏账准备的会计处理

按照谨慎性原则的要求,出租人应当在每期期末分析长期应收款的收款风险和可收回的程度,合理计提长期应收款的坏账准备,其计提方法和计提比例由企业自行确定,但坏账准备的计提方法和计提比例一经确定,不得随意变更。由于逾期租金中所含融资收入已停止确认,所以出租人只需对长期应收款减去未实现融资收益的差额部分(在金额上等于本金)合理计提坏账准备,而不是对长期应收款全额计提坏账准备。长期应收款提坏账准备与应收账款相比,除了计算的基数不同外,其他核算方法与应收账款计提坏账准备完全相同,即计提坏账准备时,借记"管理费用"科目,贷记"坏账准备"科目,确认长期应收款坏账时,借记"坏账准备"科目,贷记"长期应收款"科目,已确认坏账又收回时,借记"长期应收款"科目,贷记"坏账准备"科目,同时借记"银行存款"科目,贷记"长期应收款"科目。

6.未担保余值发生变动时的会计处理

出租人至少应当于每年年度终了,对未担保余值进行复核。如果未担保余值增加的,则不做调整。如果未担保余值发生减少,不需对以前已确认的融资收入进行追溯调整,只对未担保余值发生减少的当期和以后各期,根据修正后的租赁投资净额和重新计算的租赁内含利率确认融资收入。其会计处理为:①根据减少的未担保余值,借记"递延收益——未实现融资收益"科目,贷记"未担保余值"科目,同时将由此产生的租赁投资净额的减少数,借记"营业外支出"科目,贷记"递延收益——未实现融资收益"科目;②如果已减少的未担保余值得以恢复时,应按恢复的未担保余值数额,借记"未担保余值"科目,贷记"递延收益——未实现融资收益"科目,同时将由此产生的租赁投资净额的增加数,借记"递延收益——未实现融资收益"科目,贷记"营业外支出"科目。

7.收到或有租金的会计处理

或有租金应当在实际发生时计入当期损益。收到或有租金时,借记"银行存款"等科目,贷记"主营业务收入——融资收入"科目。

8. 租赁期届满时的会计处理

租赁期届满时，出租人应该区分续租、留购和收回租赁资产进行会计处理。

(1)续租

租赁期届满时，如果承租人续租，出租人应视同该项租赁一直存在而进行会计处理，如收取租金、计提折旧等。

(2)留购

租赁期届满时，如果承租人留购，出租人收取购买价款时，借记"银行存款"科目，贷记"长期应收款" 科目(有优惠购买选择权的)或"主营业务收入"(没有优惠购买选择权的)。

(3)收回租赁资产

租赁期届满时，承租人收回租赁资产的应分别下列四种情况进行会计处理：

①同时存在担保余值和未担保余值时，借记"融资租赁资产"科目，贷记"担保余值"和"未担保余值"科目，如果收回租赁资产的余值未达到担保余值，应向承租人收取补偿金时，借记"其他应收款"科目，贷记"营业外收入"科目；

②存在担保余值，不存在未担保余值时，借记"融资租赁资产"科目，贷记"担保余值"科目，如果收回租赁资产的余值未达到担保余值，应向承租人收取补偿金时，借记"其他应收款"科目，贷记"营业外收入"科目；

③不存在担保余值，存在未担保余值时，借记"融资租赁资产"科目，贷记"未担保余值"科目；

④担保余值和未担保余值均不存在时，出租人不需进行会计处理，收回的租赁资产只需在备查账上登记。

【例 8-5】甲租赁公司于 2005 年 12 月 20 日与乙公司签订了一份设备融资租赁合同。合同主要条款如下：

(1)租赁标的物：A 生产设备。

(2)起租日：2005 年 12 月 31 日。

(3)租赁期：2005 年 12 月 31 日～2007 年 12 月 31 日，共 2 年。

(4)租金支付方式：每年年末支付租金 1 000 万元。

(5)租赁期满时，A 设备的估计余值为 200 万元，其中乙公司担保的余值为 100 万元，未担保的余值为 100 万元。

(6)A 生产设备为全新设备，2005 年 12 月 31 日的原账面价值为 1 922.40 万元，预计使用年限为 3 年。

(7)租赁内含利率为 6%。

(8)2007 年 12 月 31 日，乙公司将 A 生产设备归还给甲租赁公司。

A 生产设备于 2005 年 12 月 31 日运抵乙公司，甲租赁公司采用实际利率法分配未实现融资收益。

会计处理：

(1)出租日的会计分录：

最低租赁收款额＝1 000×2＋100＝2 100（万元）

递延收益＝2 100＋100－1 922.40＝277.60（万元）

借：长期应收款　　2 100

　　未担保余值　　100

　贷：融资租赁资产　　1 922.40

　　　递延收益　　277.60

(2)2006年12月31日

①收取租金：

借：银行存款　　1 000

　贷：长期应收款　　1 000

②确认当年应分摊的融资费用：1 922.40×6%＝115.34(万元)

借：递延收益　　115.34

　贷：主营业务收入　　115.34

(3)2007年12月31日

①收取租金：

借：银行存款　　1 000

　贷：长期应收款　　1 000

②确认当年应分摊的融资费用：1 922.40×6%＝115.34(万元)

借：递延收益　　115.34

　贷：主营业务收入　　115.34

③收回设备：

借：融资租赁资产　　200

　贷：长期应收款　　100

　　　未担保余值　　100

(三)出租人在会计报告中的列示与披露

出租人应当在资产负债表中，将长期应收款减去未实现融资收益的差额，作为长期债权列示。另外，出租人应当在报表附注中披露与融资租赁有关的下列信息：

1.资产负债表日后连续三个会计年度每年将收到的最低租赁收款额，以及以后年度将收到的最低租赁收款额总额；

2.未实现融资收益的余额，以及分配未实现融资收益所采用的方法。

三、融资租赁中实际利率法的应用

（一）未确认融资费用的分摊

未确认融资费用应当在租赁期内各个期间采用实际利率法进行分摊，承租人应当采用实际利率法计算确认当期的融资费用，承租人采用实际利率法分摊未确认融资费用，应当根据租赁期始日租入资产入账价值的不同情况，对未确认融资费用采用不同的分摊率：

1.以出租人的租赁内含利率为折现率，将最低租赁付款额折现且以该现值作为租入资产入账价值的，应当将租赁内含利率作为未确认融资费用的分摊率。

2.以合同规定利率为折现率，将最低租赁付款额折现值作为租入资产入账价值的，应当将合同规定利率作为未确认融资费用的分摊率。

3.以银行同期贷款利率为折现率，将最低租赁付款额折现该现值作为租入资产入账价值的，应当将银行同期贷款利率作为未确认融资费用的分摊率。

4.以租赁资产公允价值为入账价值的，应当重新计算分摊率，该分摊率是使最低租赁付款额的现值等于租赁资产公允价值的折现率。

（二）未实现融资收益的分配

未实现融资收益应当在租赁期内各个期间进行分配，以实际利率法计算确认当期的融资收入。出租人采用实际利率法分配未实现融资收益，应当将租赁内含利率作为未实现融资收益的分配率。租赁内含利率，是指在租赁开始日，使最低租赁收款额的现值与未担保余值的现值之和等于租赁资产公允价值与出租人的初始直接费用之和的折现率。

【例8-6】20×5年12月1日，长江公司与黄河公司签订了一份租赁合同，长江公司以融资租赁方式向黄河公司租入一台设备，合同主要条款如下：

(1)租赁期开始日：20×6年1月1日。

(2)租赁期：20×6年1月1日至20×9年12月31日，共4年。

(3)租金支付：自租赁开始期日每年年末支付租金300 000元。

(4)该机器在20×5年12月1日的公允价值为1 000 000元。

(5)租赁合同规定的利率为7%(年利率)。

(6)承租人与出租人的初始直接费用均为2 000元。

(7)租赁期届满时，A公司享有优惠购买该机器的选择权，购买价为200元，估计该日租赁资产的公允价值为160 000元。

1.长江公司以实际利率法分摊未确认融资费用

(1)计算租赁开始日最低租赁付款额的现值，确定租赁资产入账价值

最低租赁付款额＝300 000×4＋200＝1 200 200(元)

现值计算过程如下：

每期租金 300 000 元的年金现值=300 000×PA(4 期,7%)

优惠购买选择权行使价 200 元的复利现值=100×PV(4 期,7%)

查表得知

PA(4 期,7%)=3.387 2

PV(4 期,7%)=0.762 9

现值合计=300 000×3.387 2+200×0.762 9=1 016 312.58(元)>1 000 000(元)

根据 21 号准则规定的孰低原则,租赁资产的入账价值应为公允价值 1 000 000元。

(2)计算未确认融资费用

未确认融资费用 = 1 200 200－1 000 000=200 200(元)

(3)确定融资费用分摊率

计算过程如下:

租赁开始日最低租赁付款的现值=租赁资产公允价值

当 r=7%时

300 000×3.387 2+200×0.762 9=1 016 312.58>1 000 000

当 r=8%时

300 000×3.312 1+200×0.735 0=993 777<1 000 000

因此,7%<r<8% 用插值法计算如下:

现值	利率
1 016 312.58	7%
1 000 000	r
993 777	8%

$$\frac{1\ 016\ 312.58-1\ 000\ 000}{1\ 016\ 312.58-993\ 777}=\frac{7\%-r}{7\%-8\%}$$

$$r=7.72\%$$

(4)在租赁期内采用实际利率法分摊融资费用见表 8-1 所示。

2.未实现融资收益分配

(1)计算租赁内含利率

根据 21 号准则第 13 条中租赁内含利率的定义,租赁内含利率是在租赁开始日,使最低租赁收款额的现值与未担保余值的现值之和等于租赁资产公允价值与出租人的初始直接费用之和的折现率。在本例中

最低租赁收款额 =租金 × 期数 + 优惠购买价格

=300 000 × 4 + 200 = 1 200 200(元)

表 8-1　未确认融资费用分摊表

20×6 年 1 月 1 日　　　　单位:元

日期	租金	确认的融资费用	应付本金减少额	应付本金余额
①	②	③＝期初⑤×7.72%	④＝②－③	期末⑤＝⑤－④
				1 000 000
(1)06.12.31	300 000	77 200	222 800	777 200
(2)07.12.31	300 000	59 999.84	240 000.16	537 199.84
(3)08.12.31	300 000	41 471.82	258 528.18	278 271.66
(4)09.12.31	300 000	21 528.34	278 471.66	200
(5)10.12.31	200		200	0
合　　计	1 200 200	200 200	1 000 000	

因此有

$$300\ 000 \times PA(4,R) + 200 \times PV(4,R) = 1\ 002\ 000$$

(租赁资产的公允价值＋初始直接费用)根据这一等式,可在多次测试的基础上,用插值法计算租赁内含利率。

当 $R=7\%$时

300 000×3.387＋200×0.763

＝1 016 312.58(元)>1 002 000(元)

当 $R=8\%$时

300 000×3.312＋200×0.735

＝993 777(元)<1 002 000(元)

因此,$7\%<R<8\%$。

现值	利率
1 016 312.58	7%
1 002 000	R
993 777	8%

$$\frac{1\ 016\ 312.58-1\ 002\ 000}{1\ 016\ 312.58-993\ 777}=\frac{7\%-R}{7\%-8\%}$$

$R=7.63\%$,即租赁内含利率为 7.63%。

(2)计算未实现融资收益

最低租赁收款额＝300 000×4＋200＝1 200 200(元)

应收融资租赁款入账价值＝1 200 200 ＋2 000＝ 1 202 200(元)

租赁开始日租赁资产公允价值+初始直接费用=1 002 000(元)

未实现融资收益= 1 202 200- 1 002 000=200 200(元)

(3)在租赁期内采用实际利率法分配未实现融资收益(见表8-2)

表8-2 未实现融资收益分配表

20×6年1月1日　　单位:元

日期	租金	确认的融资收入	租赁投资净额减少额	租赁投资净额余额
①	②	③=期初⑤×7.63%	④=②-③	期末⑤=⑤-④
				1 000 000
06.12.31	300 000	76 300	223 700	776 300
07.12.31	300 000	59 231.70	240 768.30	535 531.70
08.12.31	300 000	40 867.06	259 138.94	276 392.76
09.12.31	300 000	23 807.24	276 192.76	200
10.1.1	200		200	0
合　计	1 200 200	200 200	1 000 000	

第四节　售后租回业务的会计处理

一、售后租回业务的性质和特点

售后租回业务是指卖方将一项资产出售给买方,然后又以融资租赁或经营租赁的方式从买方租回的经济业务。售后租回业务中卖方也是承租方,买方也是出租方,因此买卖双方都具备双重身份。

售后租回业务从卖方(承租方)来看实质上是一种融资方式,这是因为卖方(承租方)在需要这项资产而目前又急需流动资金的情况下,可以通过出售资产获得资金,而又通过租赁租回该项资产。售后租回业务从买方(出租方)来看实质上是一种投资方式,通过售后租回业务找到一种风险小、回报有保障的投资机会。由此可见,售后租回业务对于交易双方来讲都是有利的选择。

售后租回业务确认租回是融资租赁还是经营租赁时,承租人和出租人应当按照《企业会计准则第21号——租赁》规定的融资租赁标准进行确认。

二、售后租回交易形成融资租赁的会计处理

(一)企业会计准则中的相关规定

按照《企业会计准则第21号——租赁》规定,承租人对售后租回交易按以下规

定进行会计处理：售价与资产账面价值之间的差额应当予以递延，并按照该项租赁资产的折旧进度进行分摊，作为折旧费用的调整。

按折旧进度进行分摊是指在对该项租赁资产计提折旧时，按与该项资产计提折旧所采用的折旧率相同的比例对未实现售后租回损益进行分摊。

（二）会计处理方法

1. 卖方（承租方）的会计处理方法

（1）出售资产时，如果出售的资产属于企业的存货，应按收到的款项，借记"银行存款"等科目，按出售资产的账面价值，贷记"库存商品"科目，按计算的增值税额，贷记"应交税费——应交增值税（销项税额）"，其差额部分，借记或贷记"递延收益"科目；如果出售的资产属于企业的固定资产，则应先通过"固定资产清理"科目进行清理核算，然后再进行售后回租业务的核算，即：按固定资产账面价值，借记"固定资产清理"，按已计提的减值准备，借记"固定资产减值准备"科目，按已提的折旧额，借记"累计折旧"科目，按固定资产的原值，贷记"固定资产"科目，然后，按收到的款项，借记"银行存款"等科目，按出售固定资产的账面价值，贷记"固定资产清理"科目，其差额部分，借记或贷记"递延收益"科目。

（2）租回资产时，按租赁资产公允价值与最低租赁付款额现值两者中较低者，加上初始直接费用，作为租入资产的入账价值，借记"固定资产——融资租入固定资产"科目，按最低租赁付款额，贷记"长期应付款"科目，按其差额，借记"未确认融资费用" 科目。租回资产后的会计处理方法与承租人一般融资租赁的会计方法完全相同，此处不再介绍。

（3）分摊递延收益时，借记或贷记"递延收益"科目，贷记或借记"制造费用"、"营业费用"、"管理费用"等科目。

2. 买方（出租方）的会计处理方法

（1）购入资产时，按买价和增值税额，借记"融资租赁资产"科目，贷记"银行存款"科目。

（2）出租资产时及其出租以后的会计处理方法与一般融资租赁业务的会计处理方法相同，此处不再介绍。

【例8-7】 承【例8-4】，假定A公司于2005年12月10日将甲生产设备出售给B租赁公司，售价1 922.40万元，账面原值1 822.40万元，甲生产设备属于全新设备，从未计提折旧。同时又签订了一份设备融资租赁合同将甲生产设备租回，该合同的主要条款与【例8-4】相同，假定不考虑相关税费。

1. 卖方（承租方）的会计处理

2005年12月10日，固定资产转入清理

借：固定资产清理　　　　1 822.40

　贷：固定资产　　　　　　1 822.40

2005年12月10日，固定资产出售

借：银行存款　　1 922.40

　贷：固定资产清理　　1 822.40

　　递延收益　　100

2006年、2007年每月末分摊递延收益时

借：递延收益　　4.17

　贷：制造费用——折旧费用　　4.17

2. 买方（出租方）的会计处理

2005年12月10日，购入固定资产时

借：融资租赁资产　　1 922.40

　贷：银行存款　　1 922.40

出租以后的会计处理方法与一般融资租赁业务的会计处理方法相同。

三、售后租回交易形成经营租赁的会计处理

（一）企业会计准则中的相关规定

按照《企业会计准则第21号——租赁》规定，承租人对经营租赁按以下规定进行会计处理：售价与资产账面价值之间的差额应当予以递延，并在租赁期内按照与确认租金费用相一致的方法进行分摊，作为租金费用的调整。但是，有确凿证据表明售后租回交易是按照公允价值达成的，售价与资产账面价值之间的差额应当计入当期损益。

（二）会计处理方法

1. 卖方（承租方）的会计处理方法

（1）出售资产时，如果出售的资产属于企业的存货，应按收到的款项，借记"银行存款"等科目，按出售资产的账面价值，贷记"库存商品"科目，按计算的增值税额，贷记"应交税费——应交增值税（销项税额）"，其差额部分，借记或贷记"递延收益"科目；如果出售的资产属于企业的固定资产，则应先通过"固定资产清理"科目进行清理核算，然后再进行售后回租业务的核算，即：按固定资产账面价值，借记"固定资产清理"，按已计提的减值准备，借记"固定资产减值准备"科目，按已提的折旧额，借记"累计折旧"科目，按固定资产的原值，贷记"固定资产"科目，然后，按收到的款项，借记"银行存款"等科目，按出售固定资产的账面价值，贷记"固定资产清理"科目，其差额部分，借记或贷记"递延收益"科目。

（2）租回资产时，不需作会计处理，只需在备查账中登记。租回资产后的会计处理方法与承租人一般经营租赁的会计方法完全相同，此处不再介绍。

（3）分摊递延收益时，借记或贷记"递延收益"科目，贷记或借记"制造费用"、"营业费用"、"管理费用"等科目。

2. 买方(出租方)的会计处理方法

(1)购入资产时,按买价和增值税额,借记“固定资产”科目,贷记“银行存款”科目。

(2)出租资产时及其出租以后的会计处理方法与一般经营租赁业务的会计处理方法相同,此处不再介绍。

【例 8-8】 承【例 8-1】,假定甲公司于 2006 年 1 月 1 日将汽车一辆销售给乙公司,售价 30 万元,账面原值 14 万元,该汽车属于全新汽车,从未计提折旧。同时又签订了一份经营租赁合同将该汽车租回,该合同的主要条款与【例 8-1】相同,假定不考虑相关税费。

2006 年 1 月 1 日,甲公司向乙公司经营租入汽车一辆用于产品销售,租期 6 个月,租金总额 12 000 元,分两次等额支付,支付时间为 2006 年 1 月 1 日和 4 月 1 日,甲公司每月末确认租金费用。假设租金按期支付。

1. 卖方(承租方)的会计处理(金额单位:万元)

2006 年 1 月 1 日,固定资产转入清理

借:固定资产清理	14	
贷:固定资产		14

2006 年 1 月 1 日,固定资产出售

借:银行存款	30	
贷:固定资产清理		14
递延收益		6

2006 年 1～6 月每月末分摊递延收益时

借:递延收益	1	
贷:经营费用——租金费用		1

2. 买方(出租方)的会计处理

2006 年 1 月 1 日,购入固定资产时

借:固定资产	30	
贷:银行存款		30

出租以后的会计处理方法与一般经营租赁业务的会计处理方法相同。

四、售后租回交易的信息披露

按照《企业会计准则第 21 号——租赁》规定,承租人和出租人应当披露各售后租回交易以及售后租回合同中的重要条款。

本章小结

租赁会计将租赁交易分为融资租赁和经营租赁。判断融资租赁的标准有五条,只要满足其中一条就属于融资租赁。

租赁会计涉及许多特殊名词:融资租赁、经营租赁、租金、租期、最低租赁付款额、最低租赁收款额、担保余值、未担保余值、或有租金和履约成本等,学习时必须正确界定和理解。

经营租赁与融资租赁在会计处理上有明显的区别。经营租赁中,承租人只需对租金、租金费用和履约成本等进行核算,而不需要核算租赁资产,租赁资产只需在备查账上登记;出租人不仅核算租金、租金收入等,而且还要核算经营租赁资产的维修、折旧等业务。融资租赁中,承租人需要核算融资租赁资产,及其维修、折旧等业务,还要核算租金、租金费用和履约成本等;出租人主要核算租金、租金收入等业务,不再核算融资租出资产。

售后租回业务对于卖方来说实质上是一项融资业务,因此销售时不能确认销售损益,其售价与出售资产账面价值的差额计入递延收益,如果租回属于融资租赁,递延收益应按该项租赁资产的折旧进度进行分摊,作为折旧费用的调整,如果租回属于经营租赁,在租赁期内按照与确认租金费用相一致的方法进行分摊,作为租金费用的调整。但是,有确凿证据表明售后租回交易是按照公允价值达成的,售价与资产账面价值之间的差额应当计入当期损益。

中英文对照专业名词

租赁 (Lease)
租金 (Rent)
融资租赁 (Finance Lease)
租赁交易 (Lease Transaction)
经营租赁 (Handle Lease)
现值 (Present Value)
承租人 (The Lessee)
出租人 (The Lessor)
或有租金 (Contingent Rent)
履约成本 (Execution Costs)
租期 (Lease Term)
最低租赁付款额 (Minimum Lease Payments)
最低租赁收款额 (Minimum Lease Receivments)

思考与练习

一、思考题

1. 解释下列名词

租赁　租赁交易　融资租赁　履约成本　或有租金　最低租赁付款额　最低租赁收款额

2. 正确理解我国融资租赁业务的判断标准和原则。

3. 计算最低租赁付款额现值时如何确定折现率？

4. 我国会计准则中对承租人融资租赁业务的会计处理做了哪些规定？

5. 我国会计准则中对出租人融资租赁业务的会计处理做了哪些规定？

二、练习题

2006年12月10日甲公司与乙公司签订了租赁合同，合同主要条款如下：

(1)租赁标的物：A生产线。

(2)起租日：租赁物运抵甲公司生产车间之日(2006年12月31日)。

(3)租赁期：2006年12月31日至2009年12月31日。

(4)租金支付方式：每年年初支付租金270 000元，首期租金于2006年12月31日支付。

(5)租赁期届满时A生产线的余值为117 000元，其中甲公司担保余值为100 000元，未担保余值为17 000元。

(6)A生产线的保险、维护等费用由甲公司自行承担，每年10 000元。

(7)A生产线是全新生产线，2006年12月31日的账面价值为835 000元。

(8)租赁合同规定的利率为6%。

(9)A生产线的预计使用年限为6年，采用年数总和法计提折旧。

(10)2009年12月31日，甲公司将A生产线退还给乙公司。

(11)双方按直线法摊销未确认融资费用及收益。

注：$P_A(2,6\%)=1.833$，$P_V(2,6\%)=0.84$

要求：

(1)判断租赁类型。

(2)编制甲公司租赁开始日、2007年12月31日及退还资产日的会计分录。

(3)编制乙公司租赁开始日、2007年12月31日及退还资产日的会计分录。

第九章 外币会计

外币会计是一门对外币交易进行核算和外币财务报表进行折算的专门会计。随着我国改革开放和外汇管理的逐步放开，企业的外币交易越来越多，同时，随着跨国公司的设立及业务的日益发达，外币财务报表的折算业务也越来越多。我国2001年1月1日起施行的《企业会计制度》和2007年1月1日起施行的《企业会计准则第19号——外币折算》对我国外币交易的核算和外币财务报表的折算作出了明确的规定。

第一节 外币会计概述

一、外币和外汇

外币概念和范围有狭义和广义之分。狭义的外币是指本国货币以外的其他国家或地区的货币，包括各种纸币和铸币等。广义的外币是指所有以外国货币表示的能用于国际结算的支付凭证，即除了国外的纸币和铸币外，还包括企业所持有的外国有价证券(如以外币表示的政府公债、国库存券、公司债券、股票和股息等)，也包括外币支付凭证(如以外币表示的票据、银行存款凭证、邮政储蓄凭证等)。

外汇概念目前常见的有两个：一是国际货币基金组织对外汇下的定义——“外汇是货币行政当局(中央银行、货币管理机构、财政部门)以银行存款、财政部库券、长短期政府证券等形式以确保在国际收支逆差时可以使用的债权”；二是《中华人民共和国外汇管理条例》第三条规定的定义——“外汇是指下列以外币表示的可以用作国际清偿的支付手段和资产：(一)外国货币，包括纸币和铸币；(二)外币支付凭证，包括票据、银行存款凭证、邮政储蓄凭证等；(三)外币有价证券，包括政府公债、公司债券、股票；(四)特别提款权、欧洲货币单位；(五)其他外币资产。”

由此可见，广义外币的概念和范围与外汇基本相同。

二、记账本位币、外币交易和外汇汇率

(一)记账本位币和外币交易

会计学上的外币和外币交易概念与《中华人民共和国外汇管理条例》不完全相同，会计制度和会计准则对其有明确的界定。《企业会计准则第19号——外币折算》第2条规定“外币是企业记账本位币以外的货币，外币交易是指以外币计价或

者结算的交易，外币交易包括：①买入或者卖出以外币计价的商品或者劳务；②借入或者借出外币资金；③其他以外币计价或者结算的交易”。由此可见，要明确会计学上的外币和外币交易必须先明确什么是“记账本位币”。

《企业会计准则第19号——外币折算》第4条对“记账本位币”的界定进行了明确规定：

记账本位币，是指企业经营所处的主要经济环境中的货币。企业通常应选择人民币作为记账本位币。业务收支以人民币以外的货币为主的企业，可以按照本准则第5条规定选定其中一种货币作为记账本位币。但是，编报的财务报表应当折算为人民币。

从上述规定可以看出，企业选择哪种货币作为记账本位币由企业自行决定。但按《企业会计准则第19号——外币折算》第5条规定，企业在选定记账本位币时，应当考虑下列因素：

1. 该货币主要影响商品和劳务的销售价格，通常以该货币进行商品和劳务的计价和结算；

2. 该货币主要影响商品和劳务所需人工、材料和其他费用，通常以该货币进行上述费用的计价和结算；

3. 融资活动获得的货币以及保存从经营活动中收取款项所使用的货币。

按《企业会计准则第19号——外币折算》第6条规定，企业在选定境外经营的记账本位币时，还应当考虑下列因素：

1. 境外经营对其所从事的活动是否拥有很强的自主性；

2. 境外经营活动中与企业的交易是否在境外经营活动中占有较大比重；

3. 境外经营活动产生的现金流量是否直接影响企业的现金流量、是否可以随时汇回；

4. 境外经营活动产生的现金流量是否足以偿还其现有债务和可预期的债务。

所谓境外经营，是指企业在境外的子公司、合营企业、联营企业、分支机构。在境内的子公司、合营企业、联营企业、分支机构，采用不同于企业记账本位币的，也视同境外经营。

企业的记账本位币一经确定，不得随意变更，除非企业经营所处的主要经营环境发生重大变化。企业因经营所处的主要经济环境发生重大变化，确需变更记账本位币的，应当采用变更当日的即期汇率将所有项目折算为变更后的记账本位币。

从以上我国会计制度和会计准则对记账本位币的有关规定，可以看出，中华人民共和国境内的企业，如果选用人民币作为记账本位币，则人民币以外货币计价和结算的业务就是会计学上的外币交易，如果选用的是某种外国货币作为记账本位币，则这种外国货币以外货币计价和结算的业务就是会计学上的外币交易，此时人民币计价和结算的业务也属于外币交易。

(二)外汇汇率

外汇汇率是指两个国家的货币在特定时间相互交换的比价或比率，有的也称外汇汇价。理解外币会计必须要理解各种外汇汇率的表示方式和方法。

1. 外币汇率的标价方法

目前，在外汇市场上有两种汇率标价方法：直接标价法和间接标价法。直接标价法是以外币为基准，将一定单位的外币折合为本国货币的标价方法，如 1 美元＝8.1 元人民币，100 港元＝110 元人民币等。间接标价法是以本国货币为基准，将一定单位的本国货币折合为某种外币的标价方法，如 100 元人民币＝12 美元，100 元人民币＝90 港元等。我国采用直接标价法表示外汇汇率，世界上大多数国家也采用直接标价法。

2. 现行汇率和历史汇率

现行汇率和历史汇率是按会计记入账的时间不同区分的。现行汇率是指企业将外汇款项记入账中或编制财务报表时采用的市场汇率，有的也称记账汇率；历史汇率是相对于现行汇率而言的，是指交易发生日的汇率，即过去的市场汇率。如 3 月 15 日市场汇率是 1 美元＝8.1 元人民币，当日发生的外币交易采用 1 美元＝8.1元人民币折算记账时，称这个记账汇率为现行汇率，但到了 3 月 16 日翻开账簿看到 3 月 15 日 1 美元＝8.1 元人民币的汇率时就称为历史汇率。

3. 买入价、卖出价和中间价

买入价、卖出价和中间价的称谓是站在经营外汇的银行来说的。买入价是指银行当日买入外汇的价格，卖出价是指银行当日卖出外汇的价格，中间价是买入价和卖出价平均数。如，中国银行 3 月 15 日公布的美元买入价 1 美元＝8.0 元人民币，卖出价是 1 美元＝8.2 元人民币，其中间价是 1 美元＝8.1 元人民币。一般来说，银行的外汇卖出价要高于买入价，否则银行就要赔钱了。

4. 记账汇率和账面汇率

记账汇率和账面汇率也是按照会计记入账时间的不同区分的。记账汇率是指外币交易发生时记账采用的外币折合为记账本位币的汇率，《企业会计准则第 19 号——外币折算》第 10 条规定，外币交易应当在初始确认时，采用交易发生日的即期汇率将外币金额折算为记账本位币金额；也可以采用按照系统合理的方法确定的、与交易发生日即期汇率近似的汇率折算。账面汇率是指已经登记入账所用的汇率。

5. 即期汇率和远期汇率

即期汇率和远期汇率是按照外汇交易的交割期限不同区分的。即期汇率，也称现汇汇率，是指外汇交易的双方在成交后即刻(原则上不超过两个营业日)办理交割的汇率；远期汇率，也称期汇汇率，是指双方在成交时，只是订立合同，只有等到合同约定日再办理交割的交易，这种交易需要在合同中订立交割时的汇率，这个汇率称为远期汇率。

三、外币报表折算及其折算动机

外币财务报表折算是指将以外币表示的财务报表换算为母公司记账本位币表示的财务报表。外币财务报表折算的动机主要有：

(一)编制合并财务报表的需要

对母公司和子公司的财务报表进行合并，其前提必须是母子公司个别财务报表所采用的货币计量单位一致。由于我国记账本位币的特殊规定，使得一些境内企业可能采用某一外币作为记账本位币，同时，境外企业一般采用的是所在国或地区的货币作为编报货币，因此，要将这些个别财务报表纳入合并范围进行合并，必须首先将以外币表示的财务报表折算成母公司所采用的记账本位币。

(二)向国外报送财务报表的需要

企业的股东有的在国内，也有的在国外，特别是中外合资企业，其主要股东之一在国外，为了向国外股东和其他报表使用者提供适合他们阅读和使用的财务报表，就有必要对记账本位币表示的财务报表进行折算。

(三)在国外证券市场上发行有价证券的需要

国内企业为了在国际市场上发行股票和债券，就需要按照国际市场要求，使用规定的货币种类报送财务报表。为此，企业就需要按照规定汇率将本国货币表示的财务报表折算为相应的外国货币表示的财务报表。

第二节　外币交易会计

一、单项交易观和两项交易观

外币交易会计处理常见的方法有两种：单项交易观和两项交易观。

(一)单项交易观及其会计处理方法

单项交易观是把外币交易的发生及随后的结算视为一个整体的交易，即以外币交易的发生为业务起点，以外币账款的结算(收到或支付)为业务结束。在这种观点下，由于在外币账款的结算(收到或支付)时采用的汇率与外币交易发生时采用的汇率折算差额作为此项交易发生时所取得的资产的成本或销售取得收入的增减处理，而不将折算差额确认为汇兑损益。

单项交易观按以下会计程序处理：

1. 在交易发生日，按交易日的现行汇率折算成记账本位币入账；

2. 在资产负债表日按资产负债表日的现行汇率对外币应收、应付账款进行调整，同时调整增减相关资产、负债、收入和费用账户；

3. 在外币账款的结算(收到或支付)日,按结算日的现行汇率折算收到或支付款项的金额,按交易发生日或调整后的资产负债表日汇率冲销外币应收、应付账款账户的账面金额,其差额部分调整相关资产、负债、收入和费用账户。

【例 9-1】 A 公司 20×6 年 12 月 10 日向国外 B 公司赊销产品一批,售价 100 000 美元,双方约定一个月后结算。A 公司的记账本位币为人民币。相关汇率如下:

20×6 年 12 月 10 日现行汇率为 1 美元=8.1 元人民币;

20×6 年 12 月 31 日现行汇率为 1 美元=8.2 元人民币;

20×7 年 1 月 10 日现行汇率为 1 美元=8.3 元人民币。

要求按单项交易观进行会计处理。

1. 20×6 年 12 月 10 日,赊销商品时按当日的现行汇率 1 美元=8.1 元人民币同时折算外币应收账款账户和主营业务收入:

借:应收账款——美元户(100 000 美元)	810 000	
贷:主营业务收入		810 000

2. 20×6 年 12 月 31 日,按年末现行汇率 1 美元=8.2 元人民币同时调整外币应收账款账户和主营业务收入:

借:应收账款——美元户(100 000 美元)	10 000	
贷:主营业务收入		10 000

3. 20×7 年 1 月 10 日收款时,首先按 20×7 年 1 月 10 日与 20×6 年 12 月 31 日汇率差调整外币应收账款账户和主营业务收入,然后按当日现行汇率 1 美元=8.3 元人民币折算收款业务:

借:应收账款——美元户(100 000 美元)	10 000	
贷:主营业务收入		10 000
借:银行存款——美元户(100 000 美元)	830 000	
贷:应收账款——美元户(100 000 美元)		830 000

(二)两项交易观及其会计处理方法

两项交易观将外币购销交易与款项结算交易视为两项独立的交易,在外币购销交易发生时以当日的现行汇率折算为记账本位币,资产负债表日及款项结算交易发生时以资产负债表日现行汇率及款项结算交易发生日现行汇率进行折算,因折算汇率不同而产生的折算差额,作为汇兑损益处理,计入"财务费用"。

两项交易观按以下会计程序处理:

1. 在交易发生日,按交易日的现行汇率折算成记账本位币入账;

2. 在资产负债表日按资产负债表日的现行汇率对外币应收、应付账款进行相应调整,产生的汇兑折算差额计入"财务费用";

3. 在外币账款的结算(收到或支付)日,按结算日的现行汇率折算收到或支付款项的金额，同时按结算日现行汇率折算冲销外币应收、应付账款账户，外币应收、应付账款账户结算日折算汇率与交易发生日或资产负债表日折算汇率不同而产生的外币折算差额计入当期财务费用。

【例9-2】沿用【例9-1】资料，要求采用两项交易观进行会计处理。

1.20×6年12月10日，赊销商品时按当日的现行汇率1美元=8.1元人民币同时折算外币应收账款账户和主营业务收入：

借：应收账款——美元户（100 000美元）　810 000

　贷：主营业务收入　810 000

2.20×6年12月31日，按年末现行汇率1美元=8.2元人民币调整外币应收账款账户，产生汇兑差额10 000元计入财务费用：

借：应收账款——美元户（100 000美元）　10 000

　贷：财务费用　10 000

3.20×7年1月10日收款时，首先按20×7年1月10日现行汇率折算收到的外币和外币应收账款账户，外币应收账款账户余额10 000元为汇兑差额计入当期财务费用：

借：银行存款——美元户（100 000美元）　830 000

　贷：应收账款——美元户（100 000美元）　830 000

借：应收账款——美元户（100 000美元）　10 000

　贷：财务费用　10 000

（三）两种交易观的比较与选择

从以上两种观点的分析可以看出，单项交易观和两项交易观的根本区别在于对折算差额的处理不同。单项交易观不把折算差额确认为汇兑差额，而是调整相关的资产、负债、收入和费用账户；两项交易观把折算差额确认为汇兑差额，并计入当期损益（财务费用）。从会计实务角度看，单项交易观存在三个方面缺陷：一是随着汇率的变动，需要不断调整相关资产、负债、收入和费用账户的账面金额，违背了历史成本原则和权责发生制原则；二是没有真实揭示财务决策不同带来的汇率风险，不能对财务决策的效应进行必要的分析与考核；三是单项交易观的会计处理比较繁琐，不符合成本效益原则。因此，从现在的应用情况来看，各国外币交易会计普遍采用的是"两项交易观"。

1.国际会计准则的选择

国际会计准则委员会制定的《国际会计准则第21号——外汇汇率变动的影响》的有关条款规定如下：

第9段规定："外币业务以报告货币初次确认入账时，应以业务发生日报告货币和外币之间的汇率折算外币金额。"

第10段规定："业务发生的汇率通常指即期汇率。为便于结算，常常采用接近业务发生日实际汇率的汇率。例如,一个星期或一个月的平均汇率可能用于在当期发生的所有外币业务。但是如果汇率波动很大,使用一个时期的平均汇率就不具可靠性了。"

第11段规定:"在第一个资产负债表日:(a)外币货币性项目应以期末汇率反映;(b)以历史成本计价的非货币性项目应以业务发生日的汇率反映;(c)以公允价值入账的非货币性项目应以确定价位时的即期汇率反映。"

第15段规定:"由于结算货币性项目,或以不同于初次记录时或在前期财务报表中所用的汇率报告货币性项目而产生的汇兑差额应在其形成的当期确认收益或费用。"

从国际会计准则的上述规定可以看出,国际会计准则选择的是两项业务观。

2.我国会计准则的选择

我国《企业会计准则第19号——外币折算》的有关规定如下:

第10条规定:"外币交易应当在初始确认时,采用交易发生日的即期汇率将外币金额折算为记账本位币金额;也可以采用按照系统合理的方法确定的、与交易发生日即期汇率近似的汇率折算。"

第11条规定:"企业在资产负债表日,应当按照下列规定对外币货币性项目和外币非货币性项目进行处理:

(一)外币货币性项目,采用资产负债表日即期汇率折算。因资产负债表日即期汇率与初始确认时或者前一资产负债表日即期汇率不同而产生的汇兑差额,计入当期损益。

(二)以历史成本计量的外币非货币性项目,仍采用发生日的即期汇率折算,不改变其记账本位币金额。

货币性项目,是指企业持有的货币资金和将以固定或可确定的金额收取的资产或者偿付的负债。

非货币性项目,是指货币性项目以外的项目。"

从我国会计准则的上述规定可以看出,我国会计准则选择的也是两项业务观。

二、外币交易会计的核算方法

外币交易会计的主要核算业务包括两类:一是外币业务发生时外币金额折算及其相关的会计处理;二是期末外币账户汇兑差额的计算及其会计处理。外币经济业务可以分为四种类型:①接受外币资本投资业务;②外币借贷业务;③外币购销业务;④外币兑换业务。企业上述外币经济业务的核算和期末汇兑差额的计算及核算均应按照《企业会计准则第19号——外币折算》的有关规定进行。

(一)外币业务的记账方法和账户设置

外币业务的记账方法有外币分账制和外币统账制两种。外币分账制是指外币业务发生时，按照各种外币原价记账，即记账时不折算成记账本位币，期末分币种计算和核算各外币账户汇兑差额和分币种编制财务报表，然后根据规定汇率折算各币种财务报表进行汇总，形成统一的记账本位币财务报表。外币分账制主要适用于外币种类繁多、外币业务较多的金融企业和专业银行。外币统账制是指外币业务发生时，按照规定汇率折算记账，期末计算各外币账户的汇兑差额，直接编制记账本位币财务报表。外币统账制主要适用于外币业务较少、外币种类不多的企业。

为了核算外币业务，企业应设置相应的外币账户，登记各项外币资产和负债。外币账户根据其核算内容的不同可以分成五类：外币现金账户、外币银行存款、外币其他货币资金账户、外币债权账户和外币债务账户。其中，外币其他货币资金账户包括外币外埠存款账户、外币银行汇票存款账户、外币银行本票存款账户、外币信用证保证金存款账户、外币信用卡存款账户等；外币债权账户包括外币应收账款账户、外币应收票据账户、外币预付账款账户、外币其他应收款账户等；外币债务账户包括外币短期借款账户、外币长期借款账户、外币应付账款账户、外币应付票据账户、外币预收账款账户、外币其他应付款账户、外币应付工资账户等。

(二)外币交易核算的程序

在外币统账制核算方法下，外币交易按以下程序进行(图 9-1)：

图 9-1　外币交易核算程序图

1. 外币业务发生时，应当将外币金额折算为记账本位币金额。折算的汇率可以采用交易发生日的即期汇率，也可以采用按照系统合理的方法确定的、与交易发生日即期汇率近似的汇率折算。

如果企业发生外币业务时无法直接采用中国人民银行公布的人民币对美元、日元、港元等的基准汇率作为折算汇率，应当按照下列方法进行折算：

美元、日元、港元等以外的其他货币对人民币的汇率，根据美元对人民币的基准汇率和国家外汇管理局提供的纽约外汇市场美元对其他主要外币的汇率进行套算，按照套算后的汇率作为折算汇率。美元对人民币以外的其他货币的汇率，直接采用国家外汇管理局提供的纽约外汇市场对其他主要货币的汇率。

美元、人民币以外的其他货币之间的汇率，按国家外汇管理局提供的纽约外汇市场美元对其他主要外币的汇率进行套算，按照套算后的汇率作为折算汇率。

2. 资产负债表日(月末、季末或年末)对各种外币账户的期末余额按即期汇率折算。因资产负债表日即期汇率与初始确认时或者前一资产负债表日即期汇率不同而产生的汇兑差额计入当期损益。

(三)外币交易的会计核算

1. 接受外币资本投资业务的会计核算

外商投资企业接受外币资本投资时，涉及两方面的折算问题：一是收到外币款项的折算；二是资本账户记账金额的折算。按照企业会计制度规定，收到的外币款项应采用收到款项时的即期汇率折算为记账本位币入账；对于资本账户，应该按投资合同是否有约定汇率分别进行折算确认投入资本的数额：①如果投资合同有约定汇率的，实收资本应按合同中约定的汇率折算入账，由于外币款项的折算汇率与实收资本的折算汇率不同而产生的差额，增加或减少资本公积；②如果投资合同没有约定汇率的，实收资本应按收到款项时的即期汇率折算。同时，需要特别说明的是，不管外币资本是一次出资还是分次出资，上述规定同样适用。

①投资合同中有约定汇率的接受外币资本投资业务的会计核算

【例 9-3】某外商投资企业的记账本位币为人民币。12 月 15 日收到外商投资 10 000 美元，投资合同约定的折算汇率为 1 美元＝8.1 元人民币，12 月 15 日的市场汇率为 1 美元＝8.2 元人民币。其会计分录如下：

借：银行存款——美元户（10 000 美元）	82 000	
贷：实收资本		81 000
资本公积		1 000

假定投资合同约定的折算汇率为 1 美元＝8.3 元人民币时，其会计分录如下：

借：银行存款——美元户（10 000 美元）	82 000	
资本公积	1 000	
贷：实收资本		83 000

【例 9-4】某外商投资企业的记账本位币为人民币。与外商签订的投资合同中规定外商分两次投入外币资本，合同中约定的折算汇率为 1 美元＝8.2 元人民币。某外商投资 20 万美元，第一次是 1 月 10 日出资 10 万美元，当日的市场汇率为 1 美元＝8.1 元人民币，第二次是 4 月 10 日出资 10 万美元，当日的市场汇率为 1 美元＝8.3 元人民币。其会计分录如下：

1 月 10 日第一次收到 10 万美元时：

借：银行存款——美元户（100 000 美元）	810 000	
资本公积	10 000	
贷：实收资本		820 000

4 月 10 日第二次收到 10 万美元时：

借：银行存款——美元户（100 000 美元）	830 000	
贷：实收资本		820 000
资本公积		10 000

②投资合同中没有约定汇率的接受外币资本投资业务的会计核算

【例 9-5】某外商投资企业的记账本位币为人民币。12 月 18 日收到外商投资 10 000 美元，投资合同没有约定的折算汇率，12 月 15 日的市场汇率为 1 美元＝

8.2元人民币。其会计分录如下：

借：银行存款——美元户(10 000美元)　　82 000

　贷：实收资本　　82 000

2.外币购销业务的会计核算

外币购销业务是指以外币进行款项收付、往来结算的会计业务，如进口、出口业务等。外币购销业务发生时，应当将各外币账户金额折算为记账本位币金额。折算的汇率可以采用交易发生日的即期汇率，也可以采用按照系统合理的方法确定的、与交易发生日即期汇率近似的汇率折算。同时以相同的汇率计算确认各资产或收入账户的金额。

【例9-6】某外商投资企业外币业务采用交易发生日的即期汇率折算。12月17日从国外进口原材料一批，价款共计100 000美元，款项用外币存款支付，当日的市场汇率为1美元＝8.0元人民币。其会计分录如下：

借：原材料　　800 000

　贷：银行存款——美元户(100 000美元)　　800 000

【例9-7】某外商投资企业外币业务采用交易发生日的即期汇率折算。12月18日对外赊销新产品一批，价款共计100 000美元，当日的市场汇率为1美元＝8.1元人民币。其会计分录如下：

借：应收账款——美元户(100 000美元)　　800 000

　贷：主营业务收入　　800 000

3.外币借贷业务的会计核算

外币借贷业务是指从银行和其他金融机构取得外币借款以及偿还外币借款的业务。外币借贷业务发生时，应当将借贷两方的外币账户金额同时以规定汇率折算为记账本位币金额。折算的汇率可以采用交易发生日的即期汇率，也可以采用按照系统合理的方法确定的、与交易发生日即期汇率近似的汇率折算。

【例9-8】某外商投资企业外币业务采用交易发生日的即期汇率折算。12月20日从中国银行借入10 000美元，借款期限6个月，当日的市场汇率为1美元＝8.2元人民币。其会计分录如下：

借：银行存款——美元户(10 000美元)　　82 000

　贷：短期借款——美元户(10 000美元)　　82 000

【例9-9】沿用上例。下年6月20日该企业用外币存款偿还借款10 000美元，当日的市场汇率为1美元＝8.3元人民币。其会计分录如下：

借：短期借款——美元户(10 000美元)　　83 000

　贷：银行存款——美元户(10 000美元)　　83 000

4.外币兑换业务的会计核算

外币兑换业务是指企业从银行和其他金融机构购入外币或向银行和其他金融

机构出售外币的业务。按实际外币购买业务，企业从银行和其他金融机构购入外币必须支付给银行和其他金融机构外币的卖出价，而购入的外币折算成记账本位币入账时，按会计准则规定采用交易发生日的即期汇率，此时，卖出价高于即期汇率产生的兑换差额计入当期损益（财务费用）；按实际外币出售业务，企业将外币出售给银行和其他金融机构，出售价是银行外币的买入价，而出售的外币折算成记账本位币入账时，按会计准则规定采用交易发生日的即期汇率，此时，即期汇率高于买入价产生的兑换差额计入当期损益（财务费用）。

【例 9-10】某外商投资企业外币业务采用交易发生日的即期汇率折算。12 月 22 日向银行买入 10 000 美元，当日银行美元的卖出价为 1 美元＝8.2 元人民币，当日的市场汇率为 1 美元＝8.1 元人民币。其会计分录如下：

借：银行存款——美元户（10 000 美元）　　81 000
　　财务费用　　1 000
　贷：银行存款——人民币户　　82 000

【例 9-11】某外商投资企业外币业务采用交易发生日的即期汇率折算。12 月 22 日将 10 000 美元出售给银行，当日银行美元的买入价为 1 美元＝8.0 元人民币，当日的市场汇率为 1 美元＝8.1 元人民币。其会计分录如下：

借：银行存款——人民币户　　80 000
　　财务费用　　1 000
　贷：银行存款——美元户（10 000 美元）　　81 000

5. 期末汇兑差额的计算与核算

《企业会计准则第 19 号——外币折算》规定："企业在资产负债表日，应当按照下列规定对外币货币性项目和外币非货币性项目进行处理：(1)外币货币性项目，采用资产负债表日即期汇率折算。因资产负债表日即期汇率与初始确认时或者前一资产负债表日即期汇率不同而产生的汇兑差额，计入当期损益。(2)以历史成本计量的外币非货币性项目，仍采用发生日的即期汇率折算，不改变其记账本位币金额。货币性项目，是指企业持有的货币资金和将以固定或可确定的金额收取的资产或者偿付的负债。非货币性项目，是指货币性项目以外的项目。"

【例 9-12】某外商投资企业外币业务采用交易发生日的即期汇率折算，并按月计算汇兑差额。11 月 30 日，市场汇率为 1 美元＝8.0 元人民币。有关外币账户期末余额见下表（表 9-1）：

表 9-1　外币账户期末余额表

外币账户名称	外币账户金额（美元）	记账本位币金额（人民币元）
银行存款	100 000	800 000
应收账款	100 000	800 000
应付账款	10 000	80 000

某外商投资企业12月份发生如下外币业务(假设不考虑有关税费):

(1)12月1日,对外销售产品500件,每件单价200美元,价款100 000美元已收存银行账户,当日的市场汇率为1美元=8.1元人民币;

(2)12月5日,接受外币投资10 000美元,款项存入银行账户,当日的市场汇率为1美元=8.2元人民币,投资合同约定汇率为1美元=8.0元人民币;

(3)12月10日,从国外进口设备一台,价款共计100 000美元,款项用外币存款支付,当日的市场汇率为1美元=8.1元人民币;

(4)12月15日,收到前欠的应收账款10 000美元,款项已存入银行账户,当日的市场汇率为1美元=7.9元人民币;

(5)12月20日,用外币存款支付前欠货款10 000美元,当日的市场汇率为1美元=8.1元人民币;

(6)12月30日,向银行借入短期外币借款10 000美元,当日的市场汇率为1美元=8.2元人民币;

(7) 12月31日,向银行买入50 000美元,当日银行美元的卖出价为1美元=8.2元人民币,当日的市场汇率为1美元=8.1元人民币。

要求根据上述外币交易编制12月份外币业务的会计分录,并分别计算12月份各外币账户的汇兑收益或损失金额和进行账务处理。

第一,12月份外币交易的日常处理

(1)借:应收账款——美元户(100 000美元)	810 000	
贷:主营业务收入		810 000
(2)借:银行存款——美元户(10 000美元)	82 000	
贷:实收资本		80 000
资本公积		2 000
(3)借:固定资产	810 000	
贷:银行存款——美元户(100 000美元)		810 000
(4)借:银行存款——美元户(100 000美元)	790 000	
贷:应收账款——美元户(100 000美元)		790 000
(5)借:应付账款——美元户(10 000美元)	81 000	
贷:银行存款——美元户(10 000美元)		81 000
(6)借:银行存款——美元户(10 000美元)	82 000	
贷:短期借款——美元户(10 000美元)		82 000
(7)借:银行存款——美元户(50 000美元)	405 000	
财务费用	5 000	
贷:银行存款——人民币户		410 000

第二,期末汇兑差额的计算

外币银行存款账户产生的汇兑收益

=[(10+1+10+1+5)-(10+1)]×8.1-[(80+8.2+79+8.2+40.5)-(81+8.1)]

=129.6-126.8

=2.8(万元)

外币应收账款产生的汇兑损失

=[(80+81)-79]-[(10+10)-10]×8.1

=82-81

=1(万元)

外币应付账款产生的汇兑损失

=0.1(万元)

外币短期借款账户产生的汇兑收益

=8.2-1×8.1

=0.1(万元)

该企业12月份汇兑收益=2.8+0.1-1-0.1=1.8(万元)

第三，期末汇兑损益的会计分录

借:银行存款	28 000	
短期借款	1 000	
贷:应收账款		10 000
应付账款		1 000
财务费用		18 000

第三节　外币财务报表折算

一、外币财务报表折算方法

外币财务报表的折算方法从目前世界各国的应用情况来看主要有四种:现行汇率法、流动与非流动项目法、货币性与非货币性项目法、时态法。这四种外币财务报表的折算方法可以分为两大类:单一汇率法和多种汇率法。其中现行汇率法属于单一汇率法,因为这种方法主要以现行汇率对财务报表的各项目进行折算;流动与非流动项目法、货币性与非货币性项目法、时态法都属于多种汇率法,因为它们折算外币财务报表的汇率都有多个。

(一)现行汇率法

1.现行汇率法下外币资产负债表的折算要求

(1)外币资产负债表中所有资产类项目均采用现行汇率折算;

(2)外币资产负债表中所有负债类项目均采用现行汇率折算；

(3)外币资产负债表中的实收资本、资本公积项目采用历史汇率折算；

(4)外币资产负债表中的盈余公积和未分配利润项目均采用平衡数；

(5)外币资产负债表左右两方的折算可以计入当期损益，也可以在所有者权益下单列“外币财务报表折算差额”项目反映。

2. 现行汇率法下外币利润表及利润分配表的折算要求

外币利润表及利润分配表中各本期发生额项目的折算汇率可以采用资产负债表日的现行汇率折算，也可以采用会计期间的平均汇率(简单平均汇率或加权平均汇率)进行折算。

3. 现行汇率法折算的优缺点

采用现行汇率法折算外币财务报表简单易行，容易理解和掌握，但是其不足之处有两方面：一是不能真实地反映出各项目承担的汇率风险，因为企业各项资产和负债所承担汇率风险是不同的，如货币资金、应收应付等货币性项目承担的汇率风险大，而存货、固定资产、无形资产等非货币性项目承担的汇率风险小；二是现行汇率法折算外币财务报表不符合目前各国普遍采用的历史成本原则。

【例 9-13】某跨国集团公司的一境外子公司向母公司报送的财务报表计价货币为美元。会计报告期间期初汇率为1美元＝8.2元人民币，资产负债表日汇率为1美元＝8.0元人民币，当期平均汇率为1美元＝8.1元人民币，母公司对子公司投资时的汇率为1美元＝8.3元人民币。该公司资产负债表、利润表及利润分配表均采用资产负债表日的现行汇率折算。财务报表折算前后的内容见表9-2、表9-3。

表 9-2　利润表及利润分配表(折算前后)

项　　目	折算前(万美元)	折算汇率	折算后(人民币万元)
营业收入	2 000	8.0	16 000
减：营业成本	1 000	8.0	8 000
减：管理费用	100	8.0	800
营业利润	900		7 200
加：营业外收入	100	8.0	800
利润总额	1 000		8 000
减：所得税	100	8.0	800
净利润	900		7 200
减：利润分配	400	8.0	3 200
未分配利润	500		4 000

表 9-3　资产负债表(折算前后)

资　　产	折算前(万美元)	折算汇率	折算后(人民币万元)	负债和所有者权益	折算前(万美元)	折算汇率	折算后(人民币万元)
现金及应收账款	100	8.0	800	流动负债	100	8.0	800
存　货	400	8.0	3 200	长期负债	400	8.0	3 200
长期投资	200	8.0	1 600	实收资本	1 000	8.3	8 300
固定资产	1 000	8.0	8 000	未分配利润	500		4 000*
无形资产及其他资产	300	8.0	2 400	外币财务报表折算差额			−300
合　计	2 000		16 000	合　计	2 000		16 000

* 按折算后利润分配表中"未分配利润"项目的金额列示。

(二)流动与非流动项目法

1.流动与非流动项目法下外币资产负债表的折算要求

(1)外币资产负债表中所有流动性资产项目均采用现行汇率折算,其中流动性资产项目包括货币资金、应收账款、应收票据、预付账款、存货、其他应收款、短期投资等;

(2)外币资产负债表中所有流动性负债项目均采用现行汇率折算,其中流动性负债项目包括短期借款、应付账款、应付票据、预收账款、其他应付款、应付工资、应付福利费、应交税费等;

(3)外币资产负债表中所有非流动性资产项目均采用历史汇率折算,其中非流动性资产项目包括长期投资、固定资产、在建工程、无形资产等;

(4)外币资产负债表中所有非流动性负债项目均采用历史汇率折算,其中非流动性负债项目包括长期借款、长期债券、长期应付款等;

(5)外币资产负债表中的实收资本、资本公积项目采用历史汇率折算;

(6)外币资产负债表中的盈余公积和未分配利润项目均采用平衡数;

(7)外币资产负债表左右两方的折算可以计入当期损益,也可以在所有者权益下单列"外币财务报表折算差额"项目反映。

2.流动与非流动项目法下外币利润表及利润分配表的折算要求

外币利润表及利润分配表中各本期发生额项目的折算汇率除固定资产折旧费用和摊销费用等按照相关资产入账时的历史汇率折算外,其他收入和费用项目均采用会计期间的平均汇率(简单平均汇率或加权平均汇率)进行折算。

3.流动与非流动项目法折算的优缺点

采用现行汇率法折算外币财务报表有利于企业对营运资金的汇率风险进行分析和控制,其不足之处有两方面:一是不能真实地反映出存货和长期负债承担的汇率风险,因为存货与货币资金、应收账款等流动性资产从汇率风险上有很大的区别，而长期负债等项目与流动负债却承担着相同的汇率风险；二是流动与非流动项目法折算外币财务报表缺乏足够的理论支持。

【例9-14】 沿用【例9-13】资料，假定长期投资的历史汇率为1美元＝8.4元人民币，固定资产、无形资产及其他资产的历史汇率为1美元＝8.2元人民币，长期负债的历史汇率为1美元＝8.5元人民币。采用流动与非流动项目法折算的财务报表前后的内容见表9-4、表9-5。为简化折算程序，当期固定资产折旧费用和摊销费用均按当期平均汇率折算。

表9-4　利润表及利润分配表(折算前后)

项　　目	折算前(万美元)	折算汇率	折算后(人民币万元)
营业收入	2 000	8.1	16 200
减:营业成本	1 000	8.1	8 100
减:管理费用	100	8.1	810
营业利润	900		7 290
加:营业外收入	100	8.1	810
利润总额	1 000		8 100
减:所得税	100	8.1	810
净利润	900		7 290
减:利润分配	400	8.1	3 240
未分配利润	500		4 050

表9-5　资产负债表(折算前后)　　单位:万元

资　产	折算前(万美元)	折算汇率	折算后(人民币万元)	负债和所有者权益	折算前(万美元)	折算汇率	折算后(人民币万元)
现金及应收账款	100	8.0	800	流动负债	100	8.0	800
存货	400	8.0	3 200	长期负债	400	8.5	3 400
长期股权投资	200	8.4	1 680	实收资本	1 000	8.3	8 300
固定资产	1 000	8.2	8 200	未分配利润	500		4 050*
无形资产及其他资产	300	8.2	2 460	外币财务报表折算差额			－210
合计	2 000		16 340	合计	2 000		16 340

* 按折算后利润分配表中“未分配利润”项目的金额列示。

第九章　外币会计

(三)货币性与非货币性项目法

1.货币性与非货币性项目法下外币资产负债表的折算要求

(1)外币资产负债表中所有货币性资产项目均采用现行汇率折算,其中货币性资产项目包括货币资金、应收账款、应收票据、其他应收款等;

(2)外币资产负债表中所有货币性负债项目均采用现行汇率折算,其中货币性负债项目包括短期借款、应付账款、应付票据、预收账款、其他应付款、应付工资、应付福利费、应交税费、长期借款、长期债券、长期应付款等;

(3)外币资产负债表中所有非货币性资产项目均采用历史汇率折算,其中非货币性资产项目包括存货、长期投资、固定资产、在建工程、无形资产等;

(4)外币资产负债表中所有非货币性负债项目均采用历史汇率折算,非货币性负债项目几乎没有;

(5)外币资产负债表中的实收资本、资本公积项目采用历史汇率折算;

(6)外币资产负债表中的盈余公积和未分配利润项目均采用平衡数;

(7)外币资产负债表左右两方的折算可以计入当期损益,也可以在所有者权益下单列"外币财务报表折算差额"项目反映。

2.货币性与非货币性项目法下外币利润表及利润分配表的折算要求

外币利润表及利润分配表中各本期发生额项目的折算汇率除固定资产折旧费用和摊销费用等按照相关资产入账时的历史汇率折算外,其他收入和费用项目均采用会计期间的平均汇率(简单平均汇率或加权平均汇率)进行折算;销售成本项目则是在对期初存货、期末存货、当期购货分别进行折算的基础上,按照"期初存货+当期购货-期末存货=当期销货"的公式计算确定的,其中期初存货和期末存货是按各自的历史汇率折算的,当期购货是按当期平均汇率折算的。

3.货币性与非货币性项目法折算的优缺点

采用货币性与非货币性项目法折算财务报表真实地反映了汇率对各项目的不同影响,体现了货币性项目承担汇率风险的事实,其不足之处是没有考虑非货币性项目的计量基础,因为非货币性项目也可以采用现行市价进行计量。

【例 9-15】沿用【例 9-13】资料,假定存货的历史汇率为 1 美元=8.3 元人民币,长期投资的历史汇率为 1 美元=8.4 元人民币,固定资产、无形资产及其他资产的历史汇率为 1 美元=8.2 元人民币,长期负债的历史汇率为 1 美元=8.5 元人民币。采用货币性与非货币性项目法折算的财务报表前后的内容见表 9-6、表9-7。为简化折算程序,当期固定资产折旧费用和摊销费用均按当期平均汇率折算,利润表及其利润分配表项目按平均汇率折算。

表9-6　利润表及利润分配表(折算前后)

项　　目	折算前(万美元)	折算汇率	折算后(人民币万元)
营业收入	2 000	8.1	16 200
减:营业成本	1 000	8.1	8 100
减:管理费用	100	8.1	810
营业利润	900		7 290
加:营业外收入	100	8.1	810
利润总额	1 000		8 100
减:所得税	100	8.1	810
净利润	900		7 290
减:利润分配	400	8.1	3 240
未分配利润	500		4 050

表9-7　资产负债表(折算前后)

资　　产	折算前(万美元)	折算汇率	折算后(人民币万元)	负债和所有者权益	折算前(万美元)	折算汇率	折算后(人民币万元)
现金及应收账款	100	8.0	800	流动负债	100	8.0	800
存货	400	8.3	3 320	长期负债	400	8.0	3 200
长期股权投资	200	8.4	1 680	实收资本	1 000	8.3	8 300
固定资产	1 000	8.2	8 200	未分配利润	500		4 050*
无形资产及其他资产	300	8.2	2 460	外币财务报表折算差额			110
合计	2 000		16 460	合计	2 000		16 460

* 按折算后利润分配表中“未分配利润”项目的金额列示。

(四)时态法

时态法是指对货币资金、应收及应付项目按现行汇率进行折算,对其他资产和负债项目则根据其性质分别按历史成本或现行汇率折算。

1.时态法下外币资产负债表的折算要求

(1)外币资产负债表中所有货币性资产项目均采用现行汇率折算,其中货币性资产项目包括货币资金、应收账款、应收票据、其他应收款等;

(2)外币资产负债表中所有货币性负债项目均采用现行汇率折算,其中货币性负债项目包括短期借款、应付账款、应付票据、预收账款、其他应付款、应付工资、应付福利费、应交税费、长期借款、长期债券、长期应付款等;

(3)外币资产负债表中所有非货币性资产项目如果期末是按历史成本计量的,

则采用历史汇率折算，如果期末是按现行市价计量的，则采用现行汇率折算，其中非货币性资产项目包括存货、长期投资、固定资产、在建工程、无形资产等；

(4)外币资产负债表中所有非货币性负债项目均采用历史汇率折算，非货币性负债项目几乎没有；

(5)外币资产负债表中的实收资本、资本公积项目采用历史汇率折算；

(6)外币资产负债表中的盈余公积和未分配利润项目均采用平衡数；

(7)外币资产负债表左右两方的折算可以计入当期损益，也可以在所有者权益下单列“外币财务报表折算差额”项目反映。

2.时态法下外币利润表及利润分配表的折算要求

外币利润表及利润分配表中各本期发生额项目的折算汇率除固定资产折旧费用和摊销费用等按照相关资产入账时的历史汇率折算外，其他收入和费用项目均采用交易发生时的实际汇率折算，如果与收入和费用有关的业务比较频繁，可以采用当期加权平均汇率进行折算；销售成本项目则是在对期初存货、期末存货、当期购货分别进行折算的基础上，按照“期初存货＋当期购货－期末存货＝当期销货”的公式计算确定的，其中期初存货、当期购货和期末存货是按各自的适用汇率折算的。

3.时态法折算的优缺点

采用时态法折算财务报表真实地反映了汇率对各项目及其不同计量基础的不同影响，体现了各项目承担汇率风险的事实，这是四种外币财务报表折算方法中最合理的方法，但不足之处是采用时态法折算外币财务报表比较复杂，折算的工作量较大。

【例9-16】沿用【例9-13】资料，假定存货期末采用市价计量，其历史汇率为1美元＝8.3元人民币，长期投资采用历史成本计量，其历史汇率为1美元＝8.4元人民币，固定资产、无形资产及其他资产采用历史成本计量，其历史汇率为1美元＝8.2元人民币，长期负债的历史汇率为1美元＝8.5元人民币。采用时态法折算的财务报表前后的内容见表9-8、表9-9。为简化折算程序，当期固定资产折旧费用和摊销费用均按当期平均汇率折算，利润表及其利润分配表项目按平均汇率折算。

表9-8　利润表及利润分配表(折算前后)

项　　目	折算前(万美元)	折算汇率	折算后(人民币万元)
营业收入	2 000	8.1	16 200
减:营业成本	1 000	8.1	8 100
减:管理费用	100	8.1	810

续表 9-8

项　　目	折算前(万美元)	折算汇率	折算后(人民币万元)
营业利润	900		7 290
加:营业外收入	100	8.1	810
利润总额	1 000		8 100
减:所得税	100	8.1	810
净利润	900		7 290
减:利润分配	400	8.1	3 240
未分配利润	500		4 050

表 9-9　资产负债表(折算前后)

资　　产	折算前(万美元)	折算汇率	折算后(人民币万元)	负债和所有者权益	折算前(万美元)	折算汇率	折算后(人民币万元)
现金及应收账款	100	8.0	800	流动负债	100	8.0	800
存货	400	8.25	3 300	长期负债	400	8.0	3 200
长期股权投资	200	8.4	1 680	实收资本	1 000	8.3	8 300
固定资产	1 000	8.2	8 200	未分配利润	500		4 050*
无形资产及其他资产	300	8.2	2 460	外币财务报表折算差额			90
合计	2 000		16 440	合计	2 000		16 440

* 按折算后利润分配表中"未分配利润"项目的金额列示。

二、我国外币报表的折算

我国在《企业会计准则第 19 号——外币折算》中,对企业如何折算外币财务报表作出了明确规定。

(一)资产负债表

1.所有资产和负债项目均采用资产负债表日的即期汇率折算;

2.所有者权益项目除"未分配利润"项目外,其他项目采用发生时的即期汇率折算;

3."未分配利润"项目以折算后利润分配表中该项目的金额直接填列;

4.折算产生的外币财务报表折算差额,在资产负债表中所有者权益项目下单独列示;

5.资产负债表中的年初数按照上年折算后的资产负债表有关项目金额列示。

(二)利润表和利润分配表

1.利润表中的收入和费用项目,采用交易发生日的即期汇率折算,也可以采用按照系统合理的方法确定的、与交易发生日即期汇率近似的汇率折算；

2.利润分配表中的本期发生额项目，采用交易发生日的即期汇率折算，也可以采用按照系统合理的方法确定的、与交易发生日即期汇率近似的汇率折算；

3.利润分配表中的“净利润”项目按折算后利润表中该项目的金额直接填列；

4.利润分配表中的“年初未分配利润”项目，以上期折算后的利润分配表中的“年初未分配利润”项目金额直接填列；

5.利润分配表中的“未分配利润”项目根据利润分配表中的其他项目计算确定；

6.利润分配表中的上年数按上年折算后利润表和利润分配表有关项目金额直接填列。

【例 9-17】某跨国集团公司的一境外子公司向母公司报送的财务报表计价货币为美元。会计报告期间为20×6年度，其1月1日期初汇率为1美元=8.2元人民币，12月31日资产负债表日即期汇率为1美元=8.0元人民币，当期平均汇率为1美元=8.1元人民币，母公司对子公司投资时的汇率为1美元=8.3元人民币。该公司上年外币财务报表中盈余公积为10 000美元，折算为人民币金额为82 000元，未分配利润为100美元，折算为人民币金额为812元。根据上述资料，该子公司折算前后财务报表如表9-10、表9-11。

表 9-10 利润表及利润分配表简表(折算前后)

编制单位:某公司　　　　　　　　20×6年

项　　目	折算前(美元)	折算汇率	折算后(人民币元)
一、营业收入	200 000	8.0	1 600 000
减:营业成本	100 000	8.0	800 000
减:管理费用	10 000	8.0	80 000
财务费用	4 000	8.0	32 000
二、营业利润	86 000		688 000
加:投资收益	2 000	8.0	16 000
营业外收入	0		
减:营业外支出	8 000	8.0	64 000
三、利润总额	80 000		640 000
减:所得税	26 400	8.0	211 200
四、净利润	53 600		428 800
加:年初未分配利润	100		812
五、可供分配的利润	53 700		429 612
减:提取盈余公积	10 000	8.0	80 000
应付股利	21 700	8.0	173 600
六、未分配利润	22 000		176 012

表9-11 资产负债表简表(折算前后)

编制单位:某公司　　　　20×6年12月31日

资产	折算前(美元)	折算汇率	折算后(人民币元)	负债和股东权益	折算前(美元)	折算汇率	折算后(人民币元)
流动资产:				流动负债:			
货币资金	12 600	8.0	100 800	短期借款	20 000	8.0	160 000
交易性金融资产	20 000	8.0	160 000	应付账款	100 000	8.0	800 000
应收票据	10 000	8.0	80 000	预收账款	20 000	8.0	160 000
应收股利	0		0	应交税费	6 000	8.0	48 000
应收账款	119 400	8.0	955 200	流动负债合计	146 000		1 168 000
存货	160 000	8.0	1 280 000	长期负债:			
待摊费用	12 000	8.0	96 000	长期借款	20 000	8.0	160 000
流动资产合计	344 000		2 752 000	长期债券	36 000	8.0	288 000
长期投资:				递延税款贷项	0		
长期股权投资	40 000	8.0	320 000	长期负债合计	56 000		448 000
长期投资合计	40 000		320 000	负债合计	202 000		1 616 000
固定资产:				所有者权益:			
固定资产原价	400 000	8.0	3 200 000	实收资本	400 000	8.3	3 320 000
减:累计折旧	180 000	8.0	1 440 000	资本公积	0		
固定资产净值	220 000		1 760 000	盈余公积	20 000		162 000①
在建工程	40 000	8.0	320 000	未分配利润	22 000		176 000②
固定资产合计	260 000		2 080 000	股东权益合计	442 000		3 658 000
无形资产	10 000	8.0	80 000	外币财务报表折算差额			−122 000③
资产总计	644 000		5 152 000	负债和股东权益总计	644 000		5 152 000

①系上年外币财务报表中折算金额82 000元,加上本年利润表及利润分配表中“提取盈余公积”项目折算的人民币80 000元。

②系本年利润表及利润分配表中“未分配利润”折算数额。

③系折算后资产总计减去折算后的负债和股东权益总计后的差额。

本章小结

外币交易会计涉及了许多基本概念:外币、外汇、记账本位币、外币交易、外汇汇率和汇兑差额等,学习时必须正确界定和理解。

外币交易会计核算有两种观点:单项交易观和两项交易观。这两种观点的主要区别在于是否确认汇兑损益。单项交易观将销售或购买与收款或付款看成一笔交易,不确认汇兑损益,而是将由于汇率差产生的汇兑差额调整相关资产或费用等;两项交易观将销售或购买与收款或付款看成两笔交易,将由于汇率差产生的汇兑差额确认汇兑损益,计入当期损益(财务费用)。我国采用的是两项交易观。

外币经济业务包括:①接受外币资本投资业务;②外币借贷业务;③外币购销业务;④外币兑换业务。我国外币经济业务的核算和期末汇兑差额的计算及核算均应按照《企业会计准则第19号——外币折算》的有关规定进行。外币业务发生时,应当将外币金额折算为记账本位币金额。折算的汇率可以采用交易发生日的即期汇率,也可以采用按照系统合理的方法确定的、与交易发生日即期汇率近似的汇率折算。资产负债表日(月末、季末或年末)对各种外币账户的期末余额按即期汇率折算。因资产负债表日即期汇率与初始确认时或者前一资产负债表日即期汇率不同而产生的汇兑差额计入当期损益。

外币财务报表的折算方法从目前世界各国的应用情况来看主要有四种:现行汇率法、流动与非流动项目法、货币性与非货币性项目法、时态法。我国采用的是现行汇率法,折算产生的外币财务报表折算差额,在资产负债表中所有者权益项目下单独列示。

中英文对照专业名词

外币 (Foreign Currency)　　外汇 (Foreign Exchange)

记账本位币 (Recording Currency)

外币交易 (Foreign Currency Transaction)

外汇汇率 (Foreign Exchange Rate)

汇兑差额 (Remittance Difference)

汇兑损益 (Exchange Gain or Loss)

思考与练习

一、思考题

1. 解释下列名词：

外币　外汇　记账本位币　外币交易　外汇汇率　汇兑差额

2. 正确理解外币交易及其外币交易类型。

3. 我国企业会计准则规定，外币交易发生时，采用什么汇率进行折算？由于汇率不同产生的汇兑差额如何进行会计处理？

4. 比较外币财务报表折算的四种方法，仔细对比其中的区别和优缺点。

5. 我国外币财务报表折算有哪些规定？

二、练习题

甲股份有限公司外币业务采用外币业务发生时的市场汇率折算，并按月计算汇兑损益。2004年11月30日，市场汇率为1美元＝8.4元人民币。有关外币账户期末余额见表9-12：

表9-12　外币账户期末余额表

项　目	外币账户金额(美元)	汇率	记账本位币金额(人民币元)
银行存款	200 000	8.4	1 680 000
应收账款	100 000	8.4	840 000
应付账款	50 000	8.4	420 000

甲股份有限公司12月份发生如下业务(假设不考虑有关税费)：

(1)12月5日，对外赊销产品1 000件，每件单价200美元，当日的市场汇率为1∶8.3；

(2)12月10日，从银行借入短期外币借款180 000美元，款项存入银行，当日的市场汇率为1∶8.3；

(3)12月12日，从国外进口原材料一批，价款共计220 000美元，款项用外币存款支付，当日的市场汇率为1∶8.3；

(4)12月18日，赊购原材料一批，价款共计160 000美元，款项尚未支付，当日的市场汇率为1∶8.35；

(5)12月20日，收到12月5日赊销货款100 000美元，当日的市场汇率为1∶8.35；

(6)12月31日,偿还借入的短期外币借款180 000美元,当日的市场汇率为1∶8.35。

要求:

(1)编制12月份外币业务的会计分录。

(2)分别计算2004年12月31日各外币账户的汇兑收益或损失金额,并汇总。

(3)编制月末与汇兑损益有关的会计分录。

第十章　物价变动会计

货币计量是会计的五个基本假设之一，它是指企业的生产经营活动及其成果应运用货币单位进行计量，同时假定作为计量单位的货币，其价值(购买力)是稳定的，或者假定其变动是不重要的。历史成本原则是会计的基本原则之一，它要求企业的各项资产以及费用、负债、权益等项目，都要按取得或发生时的实际成本计量。国内外绝大多数企业所采用的历史成本会计模式，正是以币值不变为前提、以历史成本为基本的指导性原则建立的。如果在物价比较稳定的情况下，按照历史成本会计模式进行会计核算提供的会计信息，基本上是能够反映企业的财务状况和经营成果的。然而，在现实经济生活中，物价并非一直稳定，在物价变动时期，特别是在恶性通货膨胀时期，历史成本会计模式具有的客观性和可靠性就不复存在，所提供的会计信息会对有关方面的决策产生不利的影响。如何面对物价变动这一现实，恰当地解决物价变动引发的会计理论问题，消除物价变动对会计实务的严重影响，已成为财务会计讨论的热点问题。本章将对物价变动所引起的会计问题以及几种主要的物价变动会计模式进行讨论。

第一节　物价变动会计概述

一、物价变动及其衡量

(一)物价变动的含义

在商品经济社会中，物价是指商品或者劳务在市场上进行交换的价值。在货币作为交换媒介的情况下，物价就表现为一单位货币所能换取的商品或者劳务的数量，即货币购买力。货币购买力也即是一单位货币所能购买商品或劳务的数量和以前某一时点同样数量货币所能购买商品或劳务数量之比。所以，一谈到物价，往往都离不开货币购买力。

物价变动就是指不同时期等量商品或者劳务在市场上的价格变动，或者不同时期相同货币购买力的变动。物价变动即商品价格的上涨和下跌，是非常普遍的现象，它常常是一个国家或地区经济形势的客观写照。物价变动根据其发生的范围，可分为个别物价变动和一般物价变动两种类型。个别物价变动是指某一特定商品价格的变动，而一般物价变动是指某一时期商品价格的整体水平的变动。两者的关系是个别和一般的关系，一般物价变动以个别物价变动为基础，又反过来对个别物价变动施加影响。但是，有时也会出现一般物价变动，而某特定商品物价不变甚至相反变动的情况。在实际工作中，人们往往只将物价的普遍上升或下降称之为“物价变动”。物价的普遍上涨称为通货膨胀；物价的普遍下跌成为通货紧缩。

在商品经济尤其是市场经济条件下，物价变动是绝对的，物价不变是相对的，而引起物价变动的原因又是多方面的。归纳起来主要有：

1. 劳动生产率的变化是最根本的原因

按照马克思的劳动价值学说，生产商品所投入的劳动量的多少，是商品价值的最终决定因素。而劳动生产率的高低，则直接体现了劳动量消耗的成效。劳动生产率越高，生产单位商品需要消耗的劳动量越少，成本就越低，因此，单位商品的价值量就越小，表现出的物价就会下跌；反之亦然。例如，随着科学技术的不断进步，产品生产的自动化程度不断提高，从而使产品生产所需的成本不断下降，最终导致产品在市场上的价格逐步下跌。

2. 技术的革新与进步

更高水平、更多功能的新产品不断涌现且越来越受人们的青睐，使新产品的价格在面市时居高在上。一旦有更新一代产品出现，原来的“新”产品则会逐渐遭受冷落，从而导致价格逐步下跌。所以，技术的革新与进步引起的产品不断更新换代，是物价变动的又一重要因素。

3.货币价值本身的变动。受社会、经济发展水平等因素的影响，社会财富保有量与货币发行量的关系出现失衡时，将会引起货币价值本身发生变动，或者货币贬值，或者货币升值，从而使单位货币购买力发生变动，表现结果就是物价变动。

4.商品的市场供求关系的变化。商品供过于求，物价下跌，反之物价上涨。这一因素的影响往往表现得非常直接和明显。

5.垄断和竞争的交替作用。商品处于垄断时期，生产商自然会将价格定得高；一旦有竞争对手出现，其价格因竞争就会逐步下降。

6.其他不稳定因素的存在，如战争、自然灾害、经济体制改革、政治体制的变革、社会稳定程度一类因素，同样对物价变动产生重要影响。

(二)物价变动的种类

物价变动是商品经济的伴随物，尤其是在纸币进入流通领域之后，物价变动不仅变得越来越经常，而且有时还相当剧烈，形式也多种多样。例如：美国在1861～1865年间南北战争之后，出现了物价的长期下跌，到了1900年之后又开始持续上涨。德国在一次大战之后物价迅速上涨，出现了恶性的“手推车式的通货膨胀”，在1923年12月购买1914年1马克的等量黄金需要支付约为1 000 494 971 000马克的纸币。20世纪80年代末前苏联解体以后的相当长一段时间内，由于国际国内政治经济多种因素的影响，卢布出现了大幅度贬值，严重制约了独联体经济的发展。我国在国民党统治末期，曾出现了严重的通货膨胀，用纸币去买烧柴，还不如直接烧纸币划算的现象。我国在近十多年的政治经济体制改革中,也曾发生了几次通货膨胀,尤其是 1989 年前后,社会零售商品物价总指数曾上涨到 23%左右;而 1996 年以来则又出现了长时期的物价低落状况,以至于使政府多次采取措施试图去拉动消费。因此,物价变动已经成为一种国际现象。

物价变动的形式可以归纳为两大类:①一般物价水平的变动,这是指在通货膨胀或收缩时期货币价值本身发生的变动,这是相对性的;②特定(个别)物价水平的变动,此时并不考虑货币价值本身的变化,是绝对性的。这两种物价变动的关系是:单独的特定物价变动与一般物价变动有时并不完全一致,甚至会出现相反情况;但是,众多的特定物价水平变动的综合影响,将会引起一般物价水平向同一方向变动。

(三)物价变动的衡量——物价指数

衡量不同时期物价变动最常用的动态指标是物价指数,反映的是商品或劳务价格的平均变化水平,即将报告期物价水平与所选定基年的物价水平进行比较。物价指数在具体计算时,因选定范围不同可分为一般物价指数和个别物价指数。一般物价指数反映的是不同时期某一社会全部商品或劳务价格水平变化的比较。计算公式如下:

$$\text{一般物价指数}=\frac{\sum \text{报告期选定商品价格}\times\text{权数}}{\sum \text{基期选定商品的价格}\times\text{权数}}$$

将不同时期的一般物价指数进行比较就可以反映出货币购买力变化水平。例如,基期物价指数为 100,报告期物价指数如果为 120,就说明报告期比基期物价上升了 20%,或者货币购买力水平下降了 0.17 元(1-100/120)。

个别物价指数则是指不同时期同种商品物价水平变化的比较,其计算公式如下:

$$\text{个别物价指数}=\frac{\text{报告期特定商品的价格}}{\text{基期特定商品的价格}}$$

计算物价指数时,根据不同的需要的选定对象不同,将会有不同的表现形式,如国内生产总值物价指数、综合物价指数、城镇居民一般消费品物价指数、零售商品物价指数、综合物价指数等等。

二、物价变动对历史成本会计的影响和冲击

传统的财务会计以名义货币为计量单位,以历史成本为计量基础或属性,所形成的会计模式称为历史成本/名义货币模式,简称历史成本会计模式。这一会计模式的特点是:在不考虑物价变动的前提下,运用一系列的会计假设、原则、方法、估计和程序,以交易发生的历史成本来计量资产的价值,以所耗用生产要素的历史成本与现时物价水平下的营业收入相比较来计量收益,从而产生出系统化的、为会计

人员和会计信息利用者所熟悉的会计信息，并形成了习惯性的相关概念和认识。但是，如果物价发生较大变动时，这样的会计模式以及所形成的会计信息就不可避免地暴露出许多局限性，从而对传统的历史成本会计模式形成很大的冲击。主要表现如下：

(一)对会计假设的影响

历史成本会计是以权责发生制、会计主体、持续经营、会计分期、货币计量与币值不变这五个基本假设为前提进行有关会计确认、计量、记录与报告的。在物价变动情况下，除了会计主体、权责发生制假设外，其余三个会计假设都将受到动摇而失去应用的基础。

1.货币计量与币值不变假设，实质上就是以名义货币作为计量单位。这样在进行资产计价和损益计算时，把不同时点的货币购买力强行相加减，从而将使所形成的会计信息缺乏统一性和可比性。例如会计上记录的固定资产，有的可能是十多年前甚至数十年前购建形成的，有的可能是最近时间购建形成的；但记录的金额都是以名义货币反映的，没有考虑这一期间的价格变动因素。事实上十多年甚至数十年间，物价已经发生了多次变化，有些固定资产价值已经与账面价值明显不符，如此计算的固定资产总价值已经严重脱离了现实。这种缺乏统一性、可比性的会计信息，难以让人信服，已经失去了应有的经济价值。也就是说，物价变动情况下，货币计量与币值不变假设已经失去了原有的功能，应当予以修正。

2.持续经营假设，使会计建立在长期的非清算基础上，并为原始成本计量提供了充足的依据，但却隐含着物价上涨情况下生产要素难以得到足额补偿的可能性。例如，一项固定资产自从购建形成投入使用之后，在较长的折旧年限内，原则上都是以不变的固定资产原始价值为基础计提折旧的，待固定资产折旧年限到期、折旧提完之后，已积累起来的补偿资金，在物价上涨情况下，却难以购建成与原固定资产规模相同的新固定资产。因此，持续经营假设将难以得到维持，会计分期假设自然也失去意义。

(二)对会计核算一般原则的影响

历史成本会计模式下，会计核算是在公认的一般会计原则下进行的，这些一般会计原则为会计核算提供了共同遵守的规范。但是，在物价变动情况下，由于历史成本(或实际成本)原则受到了直接冲击，从而导致许多与此相关的会计核算的一般原则，如真实性、可比性、稳健性、配比原则、收入实现原则、实质重于形式原则都将受到重大影响。

这些影响主要表现在以下几方面：

1.以历史成本作为计量基础或计量属性所计量的资产价值和计算的损益，在物价变动情况下，许多内容是在缺乏相关的前提下进行的，由此也严重影响了会计信息的有用性。

2. 收入的确认以实现为原则，并依存于历史成本计量属性，使收入的确认与计量具有了可比性。但是，却隐含着尚未实现收入的资产或劳务的价值变动未予承认的现象。

3. 配比原则从形式上保证了损益计算的客观合理性，但在历史成本原则下，采用名义货币作为计量单位，确认的收入是现时价格，与之相配比的成本则是历史成本，二者并未建立在同一时期的物价水平上，因此，计算出的损益，即使计算正确，也很难说清是真实或准确的。

由于上述这些影响，会计核算所应遵循的真实性、可比性、稳健性、重要性等原则都将成为一种虚设的形式，也严重背离了实质重于形式原则。

(三)对会计信息的影响

在物价变动情况下，由于大部分会计假设和会计核算一般原则受到了冲击，由此产生的资产计价结果必然失真，所计算的利润也难以保证真实。

例如：企业以 100 元的单价购进甲商品 100 件，期末尚未售出，由于物价出现了上涨，期末甲商品的购进单价已经上涨为 110 元，然而，期末资产负债表上反映出的甲商品的价值仍为 10 000 元。到了下一期间，企业以 120 元单价将其全部售出，按照历史成本会计计算的出售甲商品实现的毛利应当是 2 000 元(12 000－10 000)。如果此时甲商品购进单价仍然保持上期期末的水平，真实的毛利应当是 1 000元(12 000－11 000)，这样，历史成本会计下计算的毛利就会虚增 1 000 元；如果物价又出现了明显上涨，即使立即再购进同样数量的甲商品所需支付购进单价变为 125 元，这样，真实的毛利就变成－500 元(12 000－12 500)，如果再考虑所得税因素，加重企业负担的结果可想而知。

(四)对会计方法的影响

物价变动对会计方法及其应用结果也将产生重大影响。例如存货计价以历史成本为基础，物价变动因素难以得到体现，造成的结果是：物价上涨时期末存货价值和计入成本费用的存货价值偏低，反之亦然；历史成本下采用的折旧方法也会出现同样的结果。成本计算方法、利润计算方法等也将受到影响。

(五)对会计上所表现出的企业再生产能力的影响

在历史成本会计下，名义上保持和发展了企业的再生产力，实际上并非完全如此，往往会因再生产能力补偿不足而下降，并且还会出现不为人们注意的资产的隐性流失以及企业负担加重的状况。

三、物价变动会计的理论基础——资本保持理论

物价变动会计产生的外部条件是物价持续剧烈变动，内在动因则是来自资本有效保持和真实确定收益的要求，这也是企业相关利益集团共同关心的问题。在物价持续剧烈变动情况下，按历史成本会计进行核算的结果，不是虚计收益，就是

形成秘密积累，以至于会计不能起到均衡企业利益集团经济利益的作用。使企业要么出现资本耗蚀处于自我清算之中，要么形成秘密积累，暗中扩充实力。因此，从协调长远和眼前利益的需要出发，就要恰当地保持资本，在此基础上真实地计算收益，并力求使这两个方面相辅相成。从而，就促使人们应当以资本保全理论为基础来考虑应付物价变动问题，资本保全也逐步被人们确认为物价变动会计产生的理论基础。

(一)资本保全理论的含义

资本保全也称为资本保持，即要求企业在其经营活动中应以保持资本的完整无损为前提来确认收益。也就是说，企业经营中形成的净资产流入，只有超过所要保持的资本数额之后，才可视为收益。其核心问题是如何理解和计量"资本已经完整无损地得到补偿"。资本计量标准的关键又取决于会计信息利用者的需要以及对资本的理解。通常有财务资本和实物资本两种解释，从而形成了两种资本保全的观念。

(二)财务资本保全

财务资本保全，是站在货币及其购买力的角度，将资本视为投资者投入的货币或购买力即货币资本，企业经营中货币或购买力的流入超过投资者投入的部分，才可视为企业的收益。根据对财务资本的理解不同，具体又可分为以下两种观点：

1. 历史成本观

这种成本观也称名义货币资本观，是指以名义货币下的历史成本会计模式计算投资者投入的资本以及企业净资产额，企业净资产额超过投资者投入的名义货币资本额后，才可视为收益。这种情况下，计量单位采用的是名义货币，计量基础采用的是历史成本，从而构成了传统的历史成本会计模式。

2. 现行购买力观

这种成本观也称不变币值资本或稳值货币资本观，是指以一般物价指数表示的现行购买力或不变币值货币来计算投资者投入的资本以及企业净资产额，企业净资产额超过投资者投入的稳值货币资本后，才可视为收益。这种情况下，需要将历史成本会计模式所计量的企业净资产额调整换算为以现行购买力所表示的企业净资产额。

(三)实物资本保全

实物资本保全，是将资本视为投资者投入企业的实物生产能力(经营能力或为取得该能力所需的资源或资金)，只有企业的现有实物生产能力超过投资者投入的实物生产能力时，才可确认为企业的收益。因而，将资本与生产能力或经营能力视为同义语，用表现生产能力或经营能力的实物量或价值量来表示。这种情况下，资本保全必须按现行成本或重置成本补偿所耗费资本的货币额计算。根据对实物资本保全的理解不同，又有以下两种具体表现形式：

1. 按现行成本或实际重置价表示

即在计算各期收益时，各项内容都按当期各自的现行成本或实际重置价作为价值量进行计算。

2. 按分类物价指数表示

即在计算各期收益时，各项内容都按当期的现行成本以及同一时点的分类物价指数重新进行计算。这样可以使计算结果统一在相同时点的物价水平之下，增强其可比性。

(四)各种资本保全概念下收益计算的比较

为了便于理解上述资本保全概念以及区别之处，下面举一简例进行分析。

【例 10-1】设某公司本期财务会计报告显示营业收入为 100 万元。营业成本为 70 万元，营业成本中含分摊的固定资产折旧费用为 10 万元，固定资产均为一年前购入，原价为 100 万元，分 10 年平均计提折旧，无残值；营业成本中含结转的存货成本 50 万元，其他营业成本 10 万元均为当期的现金支出。营业收入和现金支出均为当期均匀发生。固定资产购入时的分类物价指数为 100，期末分类物价指数为 115；已销存货购进时的分类物价指数为 110，期末分类物价指数为 125；本期平均一般物价指数为 120，期末一般物价指数为 130。本期固定资产重置完全价值为 110 万元，已销存货的重置成本为 60 万元。根据上述资料，分别计算各种资本保全下的企业营业毛利。

1. 财务资本保全/历史成本观下的营业毛利计算

营业收入	1 000 000 元
营业成本	70 000 元
营业毛利	300 000 元

2. 财务资本保全/现行购买力观下的营业毛利计算(全部折算为期末一般物价水平)

营业收入(1 000 000×130/120)		1 083 333 元
营业成本：		
存货成本(500 000×130/110)		590 909 元
折旧费用(1 000 000/10×130/100)		130 000 元
现金支出(100 000×130/120)		108 333 元
营业成本合计		829 242 元
营业毛利	254 091 元	

3. 实物资本保全/现行成本下的营业毛利计算

营业收入	1 000 000 元
营业成本：	
存货成本	600 000 元

折旧费用(1 100 000/10)	110 000元
现金支出	100 000元
营业成本合计	810 000元
营业毛利	190 000元

4.实物资本保全/分类物价指数下的营业毛利计算(分别折算为期末分类物价水平)

营业收入(1 000 000×130/120)	1 083 333元
营业成本:	
存货成本(600 000×125/110)	681 818元
折旧费用(1 100 000/10×115/100)	126 500元
现金支出(100 000×130/120)	108 333元
营业成本合计	916 651元
营业毛利	166 682元

从以上例子分析可知,两种资本保全理论的主要区别是:

第一,对资本的理解不同。前者是财务资本,后者是实物资本。

第二,对企业营业循环过程的观点认识不同。前者是从货币资本到货币资本,后者是从实物资本到实物资本。

第三,对收益的确定方法不同。前者在计量收益时采用“期末净资产－期初净资产－当期投资者新投资和派得款＝企业收益”的公式进行计算,计量基础可以是历史成本,也可以是现行成本、重置成本等,计量单位可以是名义货币或不变购买力单位。后者在计量收益时采用“期末生产(经营)能力－期初生产(经营)能力－当期投资者新投资和派得款＝企业收益”的公式进行计算,计量基础要求采用现行成本或重置成本,并按实物生产能力或经营能力或为取得该能力所需的资源或资金计量。

第四,对消除物价变动影响的处理方法不同,由此导致了收益计量上的差异。前者计算的收益,在采用名义货币时是投入名义货币在当期的增量,因此,对物价变动导致的利益视为持有利得,在有关项目转换之后才计列为收益;在采用不变购买力单位计量时是投入的不变购买力在当期的增量,因此,超过一般物价水平增长的物价变动导致的利益可计列为收益,相当于一般物价水平增长的物价变动利益计列为资本保全调整额或类似的准备,视为企业产权的组成部分。后者的收益是该实物资本的增量,物价变动对企业资产、负债的影响视为企业实物生产(经营)能力计量上的变动,不列为收益,而计列为资本保全调整或类似的准备。

四、物价变动会计的产生与发展

物价变动会计的产生与发展大致可以概括为以下三个阶段:

（一）萌芽阶段

第一次世界大战之后，德国马克出现了暴跌，德国人出于资本保全的目的，自发地使用了重置成本计算盈亏，表明人们已经开始意识到物价变动的影响，并在想法消除这种影响，但这时尚没有系统的计量方法和公允的标准模式，因此，被认为是物价变动会计的萌芽阶段。

（二）理论探讨阶段

最早对物价变动会计进行理论性探讨的是美国。1918年2月，美国《会计杂志》开始发表有关物价变动会计方面的文章，发表在该杂志的一篇《在账上应否反映美元价值变动》的文章建议账户的年末余额应按某种稳定的计量单位加以计量，即物价变动指数重新表述账户余额。这在当时虽未被接受，却表明人们已经开始首次在理论上对物价变动会计进行探讨。1936年，美国的 H. W. Sweeney 教授撰写出版了《稳定币值会计》一书，提出了一套以历史成本为基础的传统财务会计报表上的美元调整为“等值美元”的方法。1940年，美国著名会计学家 W. A. Pationt 和 A. C. Litlleton 合著的《公司会计准则绪论》一书中，提出把记录入账的成本按货币购买力换算为“等值美元”并作为财务报表的补充资料的建议，并很快被美国会计界所接受。1947～1953年，由美国会计师协会编写，会计程序委员会出版的《关于物价变动和折旧等问题的会计处理方法研究》的论文，主张按历史成本计提折旧，但在报表之外，应以补充列示的方式向股东说明企业有足够能力按现行成本重置那些需要替代的设备。1963年，美国会计师协会发表了一篇《报告物价水平的财务影响》的论文，建议财务报表应按不变价格美元进行调整，作为提供会计信息的补充资料；1969年又针对这一论文发表了《第3号报告》，肯定了这一做法包含了一些有用的信息，但还是反对把调整的财务报表作为基本报表。因此，这一期间还处于物价变动会计的理论探讨阶段，并未真正付诸现实应用。

（三）试运行阶段

1974年，美国财务会计准则委员会发布了《按一般购买力单位编制财务报表》的征求意见稿，英国会计标准筹划指导委员会发布了第7号标准会计惯例公告——《货币购买力变动会计》，1975年澳大利亚特许会计师协会、加拿大特许会计师协会也发表了类似的建议。1976年美国证券交易委员会要求一些大的上市公司按规定格式在年报中必须反映重置成本资料。在1975～1989年间，国际上对物价变动会计的研究日益高涨，都不断地提出物价变动会计的具体设想，并最后形成有关的会计准则。如：1980年英国的第7号《标准会计惯例公告》；1978年法国修订的《法国财务法案》；1976年比利时发布的《企业财务报表王室法》；1979年美国的第33号财务会计准则公告——《财务报告与物价变动》，1986年又以第89号替代33号公告；1977年国际会计准则委员会发布的第6号准则——《价格变动在会计上的反映》，后又被1981年11月发布的第15号《反映物价变动影响的资料》

替代,1989年又发布第29号准则——《恶性通货膨胀中的财务报告》等等,使物价变动会计从理论研究已经逐步走向试行阶段。但由于目前研究的局限,物价变动会计仍未达到可以像传统财务会计一样能够全面统一规范执行的地步,存在的障碍还比较多,需要继续深入研究解决。

(四)中国对物价变动会计的研究情况

在新中国成立之前,由于长期的内外战争,根本无法顾及会计的研究。新中国成立后,由于需要对将近崩溃的国民经济进行修复,后来又由于长期思想上的束缚和观念上的误导,虽然我国经过了5次较大规模的通货膨胀,但直到20世纪80年代初都没有引起人们对物价变动会计的关注,没有认真地、很好地研究物价变动会计问题。新中国成立后出现的5次通货膨胀的情况如下:

第一次是在1949～1950年间,1949年比1948年物价总水平上涨了74.4倍,1950年比1949年又上涨了1.3倍;第二次是在1961～1962年间,1961年零售物价指数上升16.2%,1962年又继续上升了3.8%;第三次是在1980年前后,零售物价指数最高上升6%;第四次是在1985～1989年间,这几年的零售物价指数分别上升8.8%、6%、7.3%、18.5%、17.8%;第五次是在1992～1993年间,零售物价指数上升13%。经济学界认为,通货膨胀有四种形式:①爬行式,年物价上升率为2%～4%;②温和式,年物价上涨率较长时期在4%～7%之间波动;③急速式,年物价上涨率在6%以上,并在短期内有超过10%的趋势;④恶性式,年物价上涨率在15%以上,并飞速加快,个别时期超过100%。新中国的5次通货膨胀多属后三种形式。应该说,通货膨胀所引起的物价变动现状,还是促进了我国对物价变动会计的研究工作。

我国开始研究物价变动会计问题始于20世纪80年代中期,具有代表性的标志有:1985年4月中国会计学会确定的"七五"科研规划课题中,首次将"价格变动在会计中的反映"作为重点课题;80年代以后以《会计研究》为代表的专业刊物开始陆续发表有关物价变动会计的介绍和研究性文章,并陆续有专门物价变动会计方面的书籍出版;80年代后期至今,高等院校开始在会计专业课程中设置讲授物价变动会计方面的内容。

当前,由于物价变动会计还面临许多难以解决的现实问题,没有走向成熟,所以,国际会计学者都将其列为当今世界会计的难题之一。它所面临的主要难题表现为:①物价指数的多样性,使选择折算标准难以统一,因此也难以产生统一可信的物价变动会计信息;②调整时间的长短难以客观选定,从而影响到结果的准确性;③一般物价水平会计模式下的货币性项目净额上的购买力损益是何性质,如何处理,难以找到客观的确认依据;④在遇到外币合并报表时,由于外币折算涉及计量单位,物价变动调整,还涉及资本和收益,二者的先后不同将会产生较大的差异,而二者又难以协调;⑤现行成本会计模式下的资产持有损益性质,如何分类,又如何处理，难有定论；⑥调整物价变动影响时常用的物价指数一般来自于政府，但有时政府会出于政治等方面的考虑，使公布的物价指数与现实不符，从而使物价变动会计也难以实现真正的目的。

第二节 物价变动会计模式

一、物价变动模式及其选择

物价变动会计模式就是利用一定的物价水平资料，采取一定的方法，从计量单位或计量属性上对历史成本会计所产生的结果进行必要的修正与调整，从而使其能够消除物价变动的影响，保证会计信息能够建立在同一物价水平基础上的一种会计模式。

会计模式是由计量单位和计量属性结合而成的。如前所述，会计采用货币为计量单位，由于物价发生变动，货币本身的购买力或价值也会发生变动，通常将不考虑购买力变动的货币单位称为名义货币，而将具有相同购买力的货币单位称为稳值货币。会计计量不仅涉及计量单位，还涉及被计量要素的某种特征，在会计上称之为计量属性。历史成本会计模式要求对会计要素的核算按取得或发生时的实际成本进行计量，或说它采用的是历史成本计量属性。会计上除了可以用历史成本计量外，还可用其他计量属性，其中最重要的是现行成本。这样，将两种计量单位和两种计量属性相结合，就可以组成四种不同的会计模式。

模式 1 为历史成本/名义货币会计模式，以名义货币为计量单位，以历史成本为计量属性，这就是现行会计模式，又称历史成本会计。它既不考虑货币价值的变动，也不考虑被计量生产要素的价格变动，因而不能反映物价变动的信息。

模式 2 为历史成本/稳值货币会计模式，它仍然保持历史成本会计制度，只是它的计量单位不再是名义货币，而是以币值固定、购买力相等的货币为计量单位，故又称一般物价水平会计，其目的是消除一般物价水平变动对财务报表的影响。具体做法是，采用政府有关部门公布的一般物价指数，调整历史成本/名义货币会计模式所产生的财务报表。

模式 3 为现行成本/名义货币会计模式，又称现行成本会计模式。它以现行成本为计量属性，计量单位仍采用名义货币。现行成本一般采用重置成本，即所持资产在编表日的取得成本，或重生产成本，即重新生产某一资产所需要的成本。以现行成本替代历史成本，计量资产及其消耗成本，可以消除现行成本与历史成本不一致对财务报表的影响。主张采用这一模式的理由是一般物价水平的升降对各企业的影响并不完全一样，对一个具体企业来说，更关心的是它持有或消耗资产的现行成本，即要反映特定物价的变动，采用现行成本可以提供更为相关的信息。

模式4为现行成本/稳值货币会计模式，它不仅以现行成本作为计量属性，而且还以购买力相同的货币为计量单位，试图同时反映一般物价水准和特定物价水准变动的影响。这种模式也称为现行成本和一般物价水平结合会计模式，它综合了现行成本会计和一般物价水平会计两种模式的优点，既改变了传统会计的计量单位，又改变了其计量属性，从而彻底消除物价变动的影响。

二、物价变动会计模式的种类

针对原始成本/名义货币会计模式下资产计价和收益确定严重脱离实际的问题，人们从构成会计模式的两个因素入手，分别提出了三种物价变动会计模式：原始成本/稳值货币会计、现行成本/名义货币会计和现行成本/稳值货币会计。

原始成本/稳值货币会计是以原始成本为计量属性、以一般物价指数调整后的稳值货币为计量单位的会计模式，着眼于投入资本的一般购买力保全。其处理程序有四：(1)划分货币性项目与非货币性项目；(2)将按名义货币表示的财务数据中各个项目的金额换算为按稳值货币表示的金额；(3)计算货币性项目净额上的购买力损益；(4)重编稳值货币财务报表。这种会计模式增强了会计信息的可比性，但一般物价指数的选择具有主观性且与特定物价变动不一定相符，因此其可靠性和相关性不理想，操作上也较复杂。

现行成本/名义货币会计是以现行成本为计量属性、以名义货币为计量单位的会计模式，着眼于投入资本的生产经营能力保全。其处理程序是：(1)划分货币性项目与非货币性项目；(2)按现行成本调整财务数据；(3)确定现行成本相对于原始成本的变动额，计算资产损益；(4)按现行成本重编财务报表。这种会计模式所提供的会计信息能比较真实地反映企业财务状况和经营成果，具有较强的相关性，会计信息的横向可比性较好，但现行成本的选择具有较强主观性，在操作上也较复杂。

现行成本/稳值货币会计是以现行成本为计量属性、以稳值货币为计量单位的会计模式，着眼于投入资本的一般购买力和其所形成的生产经营能力的同时保全。其处理程序是：(1)先按现行成本/名义货币会计编制出现行成本/名义货币财务报表；(2)按稳值货币对现行成本/名义货币财务报表进行调整；(3)确定货币性项目净额上的购买力损益；(4)确定剔除了一般物价水平变动后的资产损益；(5)重编现行成本/稳值货币财务报表。这种会计模式同时具有原始成本/稳值货币会计和现行成本/名义货币会计的优点和缺点，既能反映一般物价变动，又能反映个别物价变动，但其操作方法和程序过于复杂。

第三节　一般物价水平会计

一、一般物价水平会计的特点

一般物价水平会计也称为一般购买力会计，它源于第一次世界大战后欧洲的通货膨胀。当时在欧洲一些国家里，纸币的价值十分不稳定，人们更喜欢价值稳定的金币。一些学者对此进行了研究。斯威尼的《稳定币值会计》就是一部关于一般购买力会计的著作。书中作者建议采用“等值美元”作为计量单位取代名义货币，调整原始成本财务报表中的数据。二次大战后西方世界通货膨胀更加严峻，人们对一般物价水平会计产生了更大的兴趣。美国会计学会颁布了两项有影响的实证研究：一是 Jones(1955，1956)的有关一般购买力会计调整的定量影响；二是 Perry Mason 的关于一般购买力会计模式方法的手册。1969 年美国会计准则委员会颁布了第 3 号公告，建议在传统报表基础上提供补充报告，反映一般购买力调整的影响。随着 20 世纪 70 年代通货膨胀的进一步加剧，美国财务会计准则委员会于 1974 年公布了一项建议性报告——《按一般购买力单位编制财务报告》，建议提供按一般购买力调整的财务报表。1979 年，美国财务会计准则委员会发表第 33 号财务会计准则公告，要求企业编制现行成本会计补充报表的同时，仍然要求编制一般物价水平会计补充报表。一般物价水平会计经过几十年的研究和发展，形成了一套较为完整的理论和方法体系，在实践中也曾经十分兴盛。

一般物价水平会计模式的目的是反映一般物价水平发生变动对会计的影响，这种模式仍然采用了历史成本的计量属性，按一般购买物价指数将传统会计模式中的财务报表中各相关项目加以调整，按相同购买力的货币单位重新编制财务报表，并反映货币性项目上的购买力损益。一般物价水平会计的显著特点是：改变了传统会计的计量单位，将历史成本会计模式下的名义货币转变为不变币值货币。这种会计模式的日常会计处理与历史成本会计没有实质区别，因为它没有要求彻底推翻原有的会计账户记录和数据处理系统，而只是在按传统方法编制的财务会计报表基础上，按不变币值货币对有关数据进行调整后，形成新的财务会计报表，以说明物价变动对企业财务状况和财务成果的影响。在整个账务系统中，并不反映物价变动对财务数据的影响。

与传统会计模式相比，一般物价水平会计模式可以消除物价变动对会计的影响，增强了会计信息的可靠性和相关性；而且它采用等值货币，即固定购买力来衡量资产、负债，计算收入和费用，增强了会计信息的一贯性和可比性；同时，这种模式使用的调整程序简便，可验证性好，因此一般物价水平会计已成为物价变动会计的一种重要模式。

二、一般物价水平会计的程序

一般物价水平会计的基本程序为:区分货币性项目和非货币性项目;对非货币性项目进行调整;计算货币性项目的购买力损益;按照一般物价指数重新编制财务会计报表。现分别叙述如下:

(一)划分货币性项目和非货币性项目

为了编制一般购买力水平会计的财务报表,首先要区分货币性项目和非货币性项目,因为货币性项目和非货币性项目在物价变动时期受货币购买力影响不同,需要采用不同的会计处理方法。

货币性项目,是指在物价变动情况下,其金额固定不变,或是以货币直接反映的,但它的实际购买力发生变动的有关资产、负债和业主权益项目。货币性资产项目包括:现金、应收账款、应收票据、收取利息以及其他金额固定的项目。货币性负债项目主要包括:应付账款、将按面值和固定利率到期支付本金并定期支付利息的短期和长期票据及债务。货币性所有者权益项目主要包括:支付固定股利的优先股等。

非货币性项目,是指在物价变动情况下,其金额或价格不是固定不变的,而是随着一般物价水平的上涨而提高或随着一般物价水平的下降而降低的资产、负债和所有者权益项目。非货币性资产项目主要包括:存货、预付账款、固定资产、无形资产、股票投资等;非货币性负债项目主要包括:递延收入以及其他表现为在未来提供商品或劳务来偿还的负债项目。非货币性所有者权益项目主要包括:普通股、完全参加优先股和可转换优先股等。

企业的货币性资产、非货币性资产、货币性负债和非货币性负债的区分见表10-1。利润表项目应属于非货币性项目。

在物价变动的情况下,企业持有的资产和负债会导致企业产生购买力损益。在通货膨胀条件下,持有货币性资产由于货币一般购买力下降会使企业遭受损失,而所承担的货币性负债则由于一般购买力下降而使企业获得收益。相反,在通货紧缩条件下,由于货币一般购买力上升,持有货币性资产会获得购买力收益,持有货币性债务则产生购买力损失。不过,无论物价如何变动,企业所持有的货币性项目的账面金额是固定不变的。对非货币性项目来说,情况则不同,企业在某一期间所取得的非货币性资产,留待以后使用和出售的,它不会以为物价变动而发生购买力损益,但其价值却会随物价的变动而有所升降。

通过以上对货币性项目和非货币性项目特性的分析,我们可以看出,在物价变动的情况下,货币性项目不需要进行调整,但需要计算购买力损益,以反映货币金额所实际代表的商品或劳务数量(购买力)。非货币性项目不会发生购买力损益,但是,物价的变动使它们的实际价值和账面价值产生差异,在重新表述时,应按一般物价水平指数予以调整，以使会计信息更接近现实。

表 10-1　货币性项目和非货币性项目划分表

资产项目	货币性	非货币性	负债和权益项目	货币性	非货币性
货币资金			短期借款	是	
交易性金融资产	是		应付票据	是	
应收票据	是		应付账款	是	
应收账款	是		预收账款	是	
应收股利	是		应付职工薪酬	是	
预付账款	是				
其他应收款	是	是	应付股利	是	
存货	是	是	应交税费	是	
待摊费用			其他应付款	是	
1年内到期的			预提费用		是
长期债权投资			预计负债		是
其他流动资产	是	是	1年内到期		
持有至到期投资			的长期负债	是	
长期股权投资	是	是	长期借款	是	
固定资产		是	长期债券	是	
在建工程		是	递延所得税负债	是	
无形资产		是	股本		是
长期待摊费用		是	资本公积		是
其他长期资产	是	是	盈余公积		是
递延所得税资产	是		未分配利润		是

（二）对非货币性项目进行调整

编制一般物价水平财务报表的目的，在于反映或消除一般物价指数对企业财务状况造成的影响，所以要将历史成本财务报表中的项目金额按一般物价指数进行调整。在调整计算时可以使用期初的物价指数，也可以使用期末的物价指数，还可以使用一定时期的平均物价指数。由于会计信息使用者往往最为关心企业当前的财务状况和经营成果，并且考虑财务报表反映的内容，通常是以当期期末的货币购买力作为不变购买力单位对资产负债表项目进行会计计量，对利润表项目则多用平均购买力进行计量。

由于货币购买力与一般物价水平呈反向变化，货币购买力上升时，一般物价水平会下降；货币购买力下降时，则一般物价水平会上升。因此，如果以某一时间或时期的物价指数为参照物，就能测定其他时点或时期货币购买力的变化情况，进而计算出有关会计数据受一般物价水平变动影响的程度。对非货币性项目进行调整的一般计算公式如下：

$$\text{调整后的金额}=\text{用名义货币表示的项目金额}\times\frac{\text{报告期的综合物价指数}}{\text{基期的综合物价指数}}$$

具体调整步骤为：首先，从历史成本报表中选出需要调整的非货币性项目的名义货币金额；其次，确定形成该项目的时间；再次，确定该基期和报告期的综合物价指数；最后，建立调整关系，重新表述。

下面我们分别介绍资产负债表项目和利润表项目的调整。

1. 调整资产负债表项目

对资产负债表项目的调整，主要涉及存货、固定资产、留存收益等一些项目。

(1)调整存货项目。对存货项目的调整，不仅应依据入账时间，还应依据每期采用的销货成本核算方法。企业若采用先进先出法，则年末存货的取得时间应是最近的月份；若采用后进先出法，则年末存货的取得时间应为最远的月份；若采用成本与市价孰低法，则应根据每期该项存货的历史成本，逐项调整为按当期期末物价指数计算的存货数额，再与当期市价进行比较，最后推算到报告期调整金额。

如某企业2000年期初存货为48 000元，期末存货为96 000元，该企业存货的发出核算采用后进先出法，年初物价指数为100%，年末物价指数为108%，经查该存货的最早一批购进时的物价指数为105%。该企业存货的调整数据为：

期末存货金额＝96 000×108%÷105%＝98 742.86(元)

期初存货金额＝48 000×108%÷100%＝51 840(元)

(2)调整固定资产项目。每项固定资产的购置时间不同，调整固定资产项目时，需要按每项固定资产的购入时间对其原值和折旧数逐项调整。具体方法是：用该项目的历史成本乘以报告期的综合物价指数，再除以获得该资产时的综合物价指数。企业的固定资产种类繁多，且购置时间可能分散在很多年份，调整工作量较大。

如某企业1999年1月购入一台设备原值为100 000元，当月物价指数为100%，到2001年底已提折旧20 000元，假定2001年12月物价指数为110%，则该项固定资产的有关数据应调整为：

固定资产原值＝100 000×110%÷100%＝110 000(元)

累计折旧额＝20 000×110%÷100%＝22 000(元)

固定资产净值＝80 000×110%÷100%＝88 000(元)

(3)调整留存收益项目。对留存收益项目的调整，一般采用“余额法”。其计算公式如下：

$$\text{留存收益}=\text{调整后的资产数}-\text{调整后的负债数}-\text{调整后的普通股股本}$$

2. 调整利润表项目

对利润表项目的调整，主要涉及营业收入、营业成本和营业费用等几个项目。

(1)营业收入。若企业在一年中销售次数较少，每次交易金额较大，可以按每次交易时的物价指数进行调整；若企业的销售存在明显的季节性，可按月或按季度的物价指数对各期营业收入额进行调整；若企业的经营业务比较平稳，各月销售额也比较均匀，可根据年平均物价指数进行调整。

（2）营业成本。营业成本可根据以下公式进行计算：

营业成本＝年初存货成本＋本年购货成本－年末存货成本

式中年初存货成本可以根据上年年末的物价指数进行调整；本年购货成本可以根据年平均物价指数进行调整；年末存货成本可以根据本年年末的物价指数进行调整。

（3）营业费用。假设营业费用是在年内均匀发生的，可采用年平均物价指数进行调整。管理费用可以采用与营业费用相同的方法进行调整；由于我国银行多是在每季度末结息，财务费用可将每一季度的数额按每季度最后一个月的物价指数进行调整，如果企业的财务费用不多，年内变化幅度不大，为简化计算，也可按全年的平均物价指数进行调整；所得税费用应与营业收入的调整保持一致。

（三）计算货币性项目的购买力损益

货币性项目受到物价变动的影响，产生购买力损益。当通货膨胀是由于其购买力下降使货币性资产遭受损失，又由于购买力下降使货币性负债得到收益。为了简化计算，我们可以不直接对货币性资产和负债进行计算，而是将货币性资产与货币性负债相减，求出货币性项目净额，然后再计算货币性项目净额上的购买力损益。

【例10-2】某公司2005年全年的营业收入为800 000元，营业成本为500 000元，营业费用为100 000元，假设年内收入和费用都是均匀发生的；当期的年初物价指数为110%，年末为120%，年度内平均为105%。该公司的货币性项目及净额如表10-2所示：

表10-2 货币性项目比较表 单位：元

项目	2005年1月1日	2005年12月31日
货币性资产	300 000	250 000
货币性负债	100 000	320 000
货币性项目净额	200 000	－70 000

具体计算步骤如下：

1.按照年末物价指数调整年初货币性项目净额

调整后年初货币性项目净额＝200 000×120%÷110%＝218 182（元）

2.按照年平均物价指数调整本年营业收入和营业成本、营业费用

调整后本年营业收入＝800 000×120%÷105%＝914 286（元）

调整后本年营业成本＝500 000×120%÷105%＝571 429（元）

调整后本年营业费用＝100 000×120%÷105%＝114 286（元）

调整后的收入与成本费用差额＝914 286－571 429－114 286＝228 571（元）

3. 计算本年的购买力损益

本年的货币购买力损益＝218 182＋228 571＋70 000＝516 753(元)

以上计算结果表明在物价上涨时期，企业的货币购买力损益是由当年的货币性项目净额上的损益和同期货币性项目净流入两部分组成的。货币性项目净额上的损益又是由企业所持有货币性资产损失和货币性负债收益两部分构成的。

(四)按照一般物价指数重新编制财务会计报表

原有财务报表上的项目是按照历史成本会计模式编制的，其数据是按名义货币单位计量的。划分了货币性项目和非货币性项目后，对非货币性项目按一般物价指数重新调整，使原来的名义货币单位转换成不变币值货币(一般物价水平)；同时，确认了货币性项目净额的购买力损益；最终，将调整和计算后的数据汇总编制成新财务会计报表，以消除物价变动的影响，反映一般物价水平下的企业财务状况和经营成果。

三、一般物价水平会计的应用

下面举例比较完整地说明如何将历史成本报表调整为一般物价水平财务报表。

【例 10-3】假设 A 公司 2000 年年末按历史成本法编制的财务报表如表 10-3 和表 10-4。

表 10-3　A 公司资产负债表

(历史成本)

2000 年 12 月 31 日　　　　单位:元

项　　目	期 初 数	期 末 数
货币资金	27 500	52 500
应收账款	90 000	80 000
存　货	10 000	160 000
固定资产原值	322 500	322 500
减:累计折旧		15 000
固定资产净值	322 500	307 500
资产合计	450 000	600 000
流动负债	25 000	138 000
长期负债	175 000	150 000
股　本	250 000	250 000
盈余公积		10 000
未分配利润		52 000
负债和所有者权益合计	450 000	600 000

表 10-4　利润和利润分配表

（历史成本）

2000 年 12 月 31 日　　　　单位：元

项　　目	金　　额
营业收入	900 000
减：营业成本	690 000
折旧费用	15 000
营业税金及附加	30 000
营业利润	165 000
减：营业费用	50 000
管理费用	10 000
财务费用	5 000
利润总额	100 000
减：所得税	33 000
净利润	67 000
减：提取盈余公积	10 000
应付股利	5 000
未分配利润	52 000

关于表中数据的说明：

(1)该企业是 2000 年年初正式开始营业的，1999 年 12 月 31 日物价指数为 100%，2000 年 12 月 31 日物价指数为 110%，年平均为 105%。

(2)营业收入和营业成本、营业费用、管理费用(除折旧费用外)都是均匀发生的。财务费用年内变化幅度也不大。

(3)该公司的股票全部为普通股，是 1999 年年末发行的。

(4)本期增加存货 840 000 元，存货按先进先出法核算成本，最近购入存货时间的物价指数为 108%。

(5)固定资产是 1999 年 12 月 31 日一次性购入的；折旧费用 2000 年末一次性计提。

(6)流动负债和长期负债全部为货币性负债。

要求：按照上述资料，对该公司的财务会计报表进行调整，重新编制一般物价水平的财务报表。

1. 资产负债表项目的调整

(1)货币性项目的调整：

货币资金期初数＝27 500×110%÷100%＝30 250(元)

应收账款期初数＝90 000×110%÷100%＝99 000(元)

流动负债期初数＝25 000×110%÷100%＝27 500(元)

长期负债期初数＝175 000×110%÷100%＝192 500(元)

货币性项目的期初数按年末的购买力计量，其换算系数应为110%÷100%，货币性项目的期末数不用调整。

(2)非货币性项目的调整：

存货期初数＝10 000×110%÷100%＝11 000(元)

存货期末数＝160 000×110%÷108%＝162 963(元)

固定资产净值期初数＝322 500×110%÷100%＝354 750(元)

固定资产净值期末数＝307 500×110%÷100%＝338 250(元)

股本期初数＝250 000×110%÷100%＝275 000(元)

股本期末数＝250 000×110%÷100%＝275 000(元)

盈余公积和未分配利润期初数

＝期初资产总额－期初负债总额－期初股本

＝(30 250＋99 000＋11 000＋354 750)

－(27 500＋192 500)－275 000＝0(元)

盈余公积和未分配利润期末数

＝期末资产总额－期末负债总额－期末股本

＝(52 500＋80 000＋162 963＋338 250)

－(138 000＋150 000)－275 000＝70 713(元)

2.利润和利润分配表项目的调整

营业收入＝900 000×110%÷105%＝942 857(元)

营业成本＝期初存货＋本期购货－期末存货

＝11 000＋880 000－162 963＝728 037(元)

式中:期初存货＝10 000×110%÷100%＝11 000(元)

期末存货＝160 000×110%÷108%＝162 963(元)

本期购货＝840 000×110%÷105%＝880 000(元)

折旧费用＝15 000×110%÷100%＝16 500(元)

营业税金及附加＝30 000×110%÷105%＝31 429(元)

营业费用＝50 000×110%÷105%＝52 381(元)

管理费用＝10 000×110%÷105%＝10 476(元)

财务费用＝5 000×110%÷105%＝5 238(元)

所得税＝33 000×110%÷105%＝34 571(元)

提取盈余公积＝10 000×110%÷110%＝10 000(元)

应付股利＝5 000×110％÷110％＝5 000(元)

3.计算货币性项目购买力损益。

表10-5　货币购买力损益计算表　　单位:元

项　　目	未调整前数额	调整系数	调整后数额
期初货币性资产	117 500	110/100	129 250
期初货币性负债	200 000	110/100	220 000
期初货币性资产净额	(82 500)	110/100	(90 750)
加:本年净货币性项目增加			
营业收入	900 000	110/105	942 857
减:本年净货币性项目减少	(973 000)		(1 019 095)
购入存货	840 000	110/105	880 000
应交税费及附加	30 000	110/105	31 429
营业费用	50 000	110/105	52 381
管理费用	10 000	110/105	10 476
财务费用	5 000	110/105	5 238
所得税	33 000	110/105	34 571
应付股利	5 000	110/110	5 000
期末货币性资产	132 500	110/110	
期末货币性负债	288 000	110/110	
期末货币性资产净额	(155 500)		(166 988)
货币性项目购买力损益	166 988－155 500＝11 488		

从表10-5中的计算结果可以看出,该公司由于物价上升,发生货币购买力收益11 488元。

4.编制调整后的财务报表。将调整后的数据重新按一般物价水平编制A公司2000年的资产负债表和利润及利润分配表见表10-6和表10-7。

表 10-6　A 公司资产负债表

（一般物价水平）

2000 年 12 月 31 日　　单位:元

项　目	期初数	期末数
货币资金	30 250	52 500
应收账款	99 000	80 000
存　货	11 000	162 963
固定资产原值	354 750	354 750
减:累计折旧		16 500
固定资产净值	354 750	338 250
资产合计	495 000	633 713
流动负债	27 500	138 000
长期负债	192 500	150 000
股　本	275 000	275 000
留存收益		70 713
负债和所有者权益合计	495 000	633 713

表 10-7　A 公司利润和利润分配表

（一般物价水平）

2000 年 12 月 31 日　　单位:元

项　目	金　额
营业收入	942 857
减:营业成本	728 037
折旧费用	16 500
营业税金及附加	31 429
营业利润	166 891
减:营业费用	52 381
管理费用	10 476
财务费用	5 238
利润总额	98 796
减:所得税	34 571
净利润	64 225
减:提取盈余公积	10 000
应付股利	5 000
未调整购买力损益利润	49 225
加:货币性项目购买力损益	11 488
未分配利润	60 713

四、对一般物价水平会计的评价

(一)一般物价水平会计的主要优点

1.消除了物价变动对会计信息的影响。一般物价水平会计以一般物价指数为调整系数,对传统财务报表中的有关项目进行调整,将报表各个项目用货币一般购买力单位重新计量,因而消除了物价变动对会计信息的影响,使财务报表能够更加真实地反映企业的财务状况和经营成果。

2.会计处理简便易行。一般物价水平会计不改变传统会计的账务处理程序、方法,只是以一般物价指数调整历史成本财务报表,因而简便易行,且便于理解和应用。

3.增强了会计信息的可比性。调整后的财务报表消除了由于物价变动而造成的资产和负债等项目在不同时点的购买力差异,消除了物价变动的各种影响,使历史成本下的财务报表变得更加具有真实性和可比性,也更能为决策者提供有用的会计信息。

4.保持了会计信息的可验证性。一般物价水平会计并不改变传统会计的历史成本计量属性,只是用货币一般购买力单位代替名义货币,保持了传统会计信息的可验证性,有利于监督和审计。

5.增强了财务报表的相关性。经过调整后的财务报表,可以向投资者和债权人提供更加接近现实的资产状况和包含了购买力损益在内的收益情况,便于他们做出相应的决策;可以向管理者提供更为有用的会计信息,如按一般物价水平调整资产的价值可以反映企业重置资产所需的资金数额等,便于他们进行科学的管理。

(二)一般物价水平会计的局限性

1.一般物价水平会计并不能完全消除物价变动对企业的影响。物价变动是由于多种因素造成的,这些因素综合作用于不同种类的资产,每一种资产的物价变动水平是不一致的。我们在进行报表调整时采用的是综合物价指数,而不是个别物价指数,因而也不可能消除物价变动对会计信息的全部影响。从各个行业或规模不同的企业来看,物价上涨或下跌影响会计要素的程度各异,但经过综合物价指数的统一调整,却掩盖了个别会计要素受价格影响较大、个别会计要素受价格影响较小的情况。

2.不符合成本效益的原则。按一般物价水平调整财务报表增加的成本未必能从它提供的有关信息所产生的效益中得到补偿。而且,特别对于生产经营规模大、产品品种多的企业,资产的种类很多,购置的时间分布在很长的范围内,其调整的工作量就会很大,调整成本也相当大。而且只要企业持续经营,这种调整就永无止境。

3.一般物价水平会计的调整过程,必须区分货币性项目与非货币性项目,但是，两者划分界限不是绝对的，可能出现许多模糊的过程或结果，反而会误导报表使用者。因此，这种调整方法已经被许多国家逐渐取消。

第四节　现行成本会计

现行成本会计是现行成本/名义货币会计模式的简称，这种会计模式以现行成本为计量属性，以名义货币为计量单位。现行成本会计着眼于企业持有的特定资产的价格变动，具体地说，对企业持有的资产以它的现行成本计价，对企业的收益确认，以营业收入与所消耗生产要素的现行成本相比较来计量。下面详细论述现行成本会计的有关理论和方法。

一、现行成本会计的特点

现行成本会计与传统会计相比，主要具有两个特征：

第一，现行成本会计改变了传统会计的计量基础或计量属性——历史成本原则。在现行成本会计方法下，对企业所持有的资产和生产经营过程中所耗费的资产，都以现行成本为计价基础，使用合适的个别物价指数或现行价值，对企业的资产、负债、收入、费用等各项目的历史成本进行调整，以消除物价变动的影响，从而使当前的会计要素能够符合现行商品市场的变动规律。

第二，现行成本会计改变了企业确认收益的原则。在现行成本会计方法下，收益被定义为在保持企业生产能力或实物资本的情况下，除考虑纳税外，在某一期间可能分配出去的资源金额。因而，根据现行成本确认企业收益，不仅包括企业的生产、销售等经营所得，还应包括企业的各种“持有利得”(或称置存收益)，即企业持有资产因价格变动而获得的收益。“持有利得”也称资产持有损益。在现行成本会计方法下，它是资产持有期间按照重置价值或市场价值进行计价所计算出与原有历史价值的差额。对持有利得应再进一步划分，还包括已经实现的利得以及未实现的利得。

二、现行成本会计的程序和方法

现行成本会计的基本处理程序为：确定各种资产的现行成本；确定各种资产的持有损益；重新编制按现行成本计价的财务报表。

(一)确定各种资产的现行成本

现行成本的定义，是一个模糊的概念，即“现行成本”的含义是指现行市场重置价值，还是现行平均市场价值，或是可变现净值，不同的理解可能会得出不同的会计结果。重置成本是指在现行条件下购置同等生产能力或同等使用潜力的资产所需花费的成本。可变现净值即资产的现行净销售价格的现值，或说资产未来净收入的现值。一般情况下，现行成本会计的计量基础是重置成本。

（二）正确计算资产的持有损益

计算持有损益是现行成本会计中的一个关键步骤。首先，应比较各项资产的现行成本和历史成本的差异，如果现行成本大于历史成本，则说明为持有收益；如果现行成本小于历史成本，则说明为持有损失。其次，还应区分已实现的持有损益和未实现的持有损益。已实现的持有损益是已经耗用资产的现行成本与历史成本之差；未实现的持有损益是企业期末所持有资产的现行成本和历史成本之差。

（三）编制现行成本财务报表

利用现行成本对按历史成本编制的财务报表的各个项目进行调整之后，就可以重新编制财务报表。如前所述，由于存在着两种资本保全观念，所以对于计算出来的两种损益，包括已实现的持有损益和未实现的持有损益，究竟在报表中如何列示，也存在两种不同的观点。持"财务资本保全"观点的人认为：持有损益是企业经营收益的一部分，应属于企业利润表项目的内容，列示于利润表中；持"实物资本保全"观点的人认为：持有损益是股东权益项目的内容，应列示于企业的资产负债表中。持有损益应列示为资产负债表中的所有者权益项目，还是列示为利润表项目，从本质上并不影响收益会计信息的准确性和可靠性。目前，在实际工作中应用较多的是列示于资产负债表中。

三、现行成本会计的应用

【例10-4】我们仍用【例10-3】中的资料来说明现行成本会计的操作程序和方法。将上一节中表10-3 A公司按历史成本编制的资产负债表进行细化后见表10-8，利润及利润分配表资料见表10-4。

报表的有关补充资料如下：

(1)年初存货的现行重置成本为10 000元，年末存货的现行重置成本为168 000元。

(2)固定资产：

年初土地的现行完全重置成本为60 000元，年末为71 000元，折旧率为0%；

年初房屋现行完全重置成本为150 000元，年末为170 000元，折旧率为4%；

年初设备的现行完全重置成本为112 500元，年末为120 000元，折旧率为8%。

(3)营业成本按现行成本计算为724 500元。

根据以上资料，按照现行成本分别对资产负债表和利润表进行调整，计算持有利得，然后重新编制以现行成本为基础的财务报表。

表 10-8　A公司资产负债表

（历史成本）

2000年12月31日　　　　单位:元

项　目	期初数	期末数
货币资金	27 500	52 500
应收账款	90 000	80 000
存　货	10 000	160 000
固定资产原值	322 500	322 500
其中:土地	60 000	60 000
房屋	150 000	150 000
设备	112 500	112 500
减:累计折旧		15 000
固定资产净值	322 500	307 500
其中:土地	60 000	60 000
房屋	150 000	144 000
设备	112 500	103 500
资产合计	450 000	600 000
流动负债	25 000	138 000
长期负债	175 000	150 000
股　本	250 000	250 000
盈余公积		10 000
未分配利润		52 000
负债和所有者权益合计	450 000	600 000

1.对资产负债表项目进行调整

首先,要区分货币性项目和非货币性项目,然后按不同类型的项目分别进行处理。

(1)货币性项目。在历史成本财务报表中,货币性项目是按照各自当时的现行成本表示的,在编制现行成本财务报表时,不需要对此类项目进行调整,直接从原报表数据中摘录就可以了。本例货币性项目资料摘录如表10-9所示:

表 10-9　货币性项目调整表　　单位:元

货币性项目	1999 年 12 月 31 日	2000 年 12 月 31 日
货币资金	27 500	52 500
应收账款	90 000	80 000
流动负债	25 000	138 000
长期负债	175 000	150 000

(2)非货币性项目。在历史成本财务报表中,非货币性项目是按照取得时的历史成本来表示的,在现行成本财务报表中,需要利用期末的现行成本(见报表补充资料)进行调整。

① 对存货和固定资产的调整见表 10-10:

表 10-10　非货币性项目调整表　　单位:元

非货币性项目	1999 年 12 月 31 日	2000 年 12 月 31 日
存货	10 000	168 000
房屋原值	150 000	170 000
减:累计折旧	0	6 400
房屋净值	150 000	163 600
设备原值	112 500	120 000
减:累计折旧	0	9 300
设备净值	112 500	110 700
土地原值	60 000	71 000
土地净值	60 000	71 000
固定资产净值	322 500	345 300

说明:1999 年末该企业在筹建时期,12 月份购入的固定资产当年末提折旧。该企业 2000 年年末一次性计提当年固定资产折旧。土地不提折旧,房屋和设备的累计折旧额计提数为:

房屋折旧:0+(150 000+170 000)/2×4 ％ =6 400(元)

设备折旧:0+(112 500+120 000)/2×8 ％ =9 300(元)

②对于普通股股本,仍按历史成本表述,例 10-4 中 1999 年年末和 2000 年年末均为 250 000 元。相对固定股本数,以便将各期经营所得和资产持有利得都积累为留存收益。

③留存收益的现行成本可以用以下关系式求得:

留存收益=资产总额—负债总额—普通股股本

1999年年末留存收益＝450 000－200 000－250 000＝0(元)

2000年年末留存收益＝645 800－288 000－250 000＝107 800(元)

2.对利润表项目进行调整

(1)营业收入、营业费用、管理费用、财务费用、所得税、现金股利项目，假定都是在当年均匀发生的，其按现行成本计价和按历史成本计价的金额是相等的。

(2)按现行成本计价的营业成本为724 500元。

(3)折旧费用按照固定资产的完全重置成本的平均余额分别乘以各类固定资产的折旧率计算：

2000年房屋折旧费＝(150 000＋170 000)/2×4%＝6 400(元)

2000年设备折旧费＝(112 500＋120 000)/2×8%＝9 300(元)

2000年土地折旧费＝(60 000＋71 000)/2×0%＝ 0(元)

3.资产持有损益和现行成本增减计算

在历史成本会计中，资产都是按购置时的原始成本计价的，报表体系中不反映货币性项目的购买力损益和非货币性资产的持有损益。而在现行成本会计中，报表体系中的净收益由两个部分组成：一部分来自于营业活动的现行成本损益，另一部分是来自于资产持有损益(或持有利得)。营业活动的现行成本损益等于营业收入减去营业成本和营业费用等有关费用，这部分损益的计算方法我们已经十分熟悉，在其后编制按现行成本计量的利润及利润分配表时进行计算。资产持有损益等于资产的现行成本减去其历史成本，具体的计算按以下两个步骤进行：

(1)汇总有关项目的历史成本和现行成本，计算它们的持有损益。根据例10-4中有关资料计算结果见表10-11。

表10-11　A公司持有损益计算表一　　单位：元

项　　目	现行成本	历史成本	资产持有损益
存货1999年12月31日	10 000	10 000	0
2000年12月31日	168 000	160 000	8 000
销货成本	724 500	690 000	34 500
房屋净值1999年12月31日	150 000	150 000	0
2000年12月31日	163 600	144 000	19 600
设备净值1999年12月31日	112 500	112 500	0
2000年12月31日	110 700	103 500	7 200
土地净值1999年12月31日	60 000	60 000	0
2000年12月31日	71 000	60 000	11 000
年折旧费——房屋	6 400	6 000	400
年折旧费——设备	9 300	9 000	300
持有损益合计	—	—	81 000

(2)计算和汇总有关项目的已实现持有损益和未实现持有损益,并计算本年度持有资产现行成本增减变动情况。根据例10-4中有关资料计算结果见表10-12。

表10-12　A公司持有损益计算表二　　单位:元

	存货	房屋	设备	土地	合计
未实现的持有损益					
2000年12月31日	8 000	19 600	7 200	11 000	45 800
1999年12月31日	0	0	0	0	0
未实现的持有损益增减	8 000	19 600	7 200	11 000	45 800
已实现的持有损益	34 500	400	300	0	35 200
本年度持有资产现行成本增加(减少)	42 500	20 000	7 500	11 000	81 000

表10-12的计算说明:

①未实现持有损益增减等于各有关资产项目的年末持有损益减去年初(上年年末)资产持有损益。

②存货已实现的持有损益是按现行成本计算的营业成本与按历史成本计算的营业成本相减而得到:

存货已实现的持有损益=724 500 — 690 000=34 500(元)

③固定资产已实现的持有损益是按现行成本计算的折旧额与按历史成本计算的折旧额相减而得到:

房屋已实现的持有损益=6 400 — 6 000=400(元)

设备已实现的持有损益=9 300 — 9 000=300(元)

④表10-11中的持有损益合计81 000元,等于表10-12中2000年未实现的持有损益45 800元、1999年未实现的持有损益0元与已实现的持有损益35 200元三部分数据之和。

4. 编制以现行成本为基础的财务报表

根据以上计算调整结果,可以重新编制A公司现行成本财务会计报表,见表10-13和表10-14。

表10-13　A公司资产负债表

(现行成本)

2000年12月31日　　单位:元

项　目	年 初 数	期 末 数
货币资金	27 500	52 500
应收账款	90 000	80 000
存货	10 000	168 000

续表 10-13

项　目	年 初 数	期 末 数
固定资产	322 500	361 000
其中:房屋	150 000	170 000
设备	112 500	120 000
土地	60 000	71 000
减:房屋累计折旧	0	6 400
设备累计折旧	0	9 300
土地累计折旧	0	0
固定资产净值	322 500	345 300
资产合计	450 000	645 800
流动负债	25 000	138 000
长期负债	175 000	150 000
股　本	250 000	250 000
盈余公积		10 000
未分配利润		16 800
未实现资产持有损益	0	45 800
已实现资产持有损益	0	35 200
负债和所有者权益合计	450 000	645 800

表 10-14　A 公司利润和利润分配表

（现行成本）

2000 年 12 月 31 日　　　　单位:元

项　　目	金　　额
营业收入	900 000
减:营业成本	724 500
折旧费用	15 700
营业税金及附加	30 000
营业利润	129 800
减:营业费用	50 000
管理费用	10 000
财务费用	5 000
利润总额	64 800
减:所得税	33 000
净利润	31 800
减:提取盈余公积	10 000
应付股利	5 000
未分配利润	16 800

四、对现行成本会计的评价

(一)现行成本会计的优点

1. 能够消除物价变动对报表的影响

与历史成本会计相比,现行成本会计采用了现行成本计量属性,在物价变动的情况下,这种会计模式,能够消除物价变动对财务报表的影响,提供的会计信息更接近现实状况。

2. 可以更客观地分析评价企业的经营业绩

采用现行成本对资产计价,可以部分消除企业在生产过程中所用厂房、设备、存货等实际消耗水平和生产能力等与历史成本的差异,从而在统一的价格水准上确定费用,做到真正意义上的收入与费用相配比。同时,现行成本会计对本期的经营收益和企业的资产置存收益加以划分,有利于对企业管理人员的经营业绩进行分析评价。

3. 能够较为真实地反映企业的财务状况和经营成果

历史成本会计中,收入是现实的收入额,而费用是按历史成本计量的。现行成本会计将产品生产过程中的物化成本按现行成本重新计量并加以调整,因而极其接近现实值,从而克服了由于资产购置时间不同,计价存在较大差异的不合理现象,克服了历史成本所产生的虚假利润,使企业的收益得到了较为真实的反映,为企业资源和利润的合理分配奠定了良好的基础。

4. 增强了报表信息的相关性

现行成本会计所提供的会计信息比较接近现实,提高了会计信息的可靠性;同时按名义货币对资产的估价更能为历史报表的使用者所接受;而且,以现行成本对历史成本进行调整,使报表所揭示的会计信息与决策者更为相关。

5. 可以维护企业实际生产能力

现行成本会计以重置成本弥补生产中所消耗的原材料和机器设备,这样可以更好地保证企业实物资产更新的资金来源,避免利润分配不实,维护企业的实际生产能力。

(二)现行成本会计的缺点

1. 主观性强

现行成本会计是按当前市场价格确定,或按个别物价指数计算估计财务报表中各有关项目的现行成本的,需要大量的物价资料和进行复杂的计算,在现行成本的确定过程中,掺入了大量的主观估计,因而这种模式的主观性强,有可能导致会计信息缺乏客观性。

2. 一贯性和可比性差

因为各期的现行成本或重置成本反映了资产在不同时期的现实价值,这种计价使各期财务报表缺乏统一的计量尺度，影响财务报表的一贯性，使报表在不同时期上难以比较。同时，各企业在确定个别物价指数时也有不一致的地方，从而造成报表相互可比性差。

3. 应用和管理困难

大量的物价资料取得是困难的，而且计算工作量大，搜集资料和调整成本较高，这势必会影响它的应用。另外，重置成本或现实成本的变动会增加审计监督的难度。

第五节　现行成本和一般物价水平结合的会计

一、现行成本与一般物价水平结合会计的特点

以上两节分别介绍了现行成本会计和一般物价水平会计两种物价变动会计模式，这两种方法各自有其优点，也有难以克服的缺陷。人们尝试寻找一种介于两者之间的、能充分发挥其各自长处、克服其短处的会计方法，现行成本与一般物价水平结合的会计方法就能较好地满足这种要求。

现行成本和一般物价水平结合会计是以现时成本为计价基础、以一般购买力货币为计量单位，全面反映消除物价变动影响的会计程序和方法。前面介绍的一般物价水平会计只用一般物价水平调整了会计账面的名义货币，改进了会计的计量单位，从而消除了一般物价变动对传统会计信息的影响。但是，它未能真正改变会计记录的本质内容，只是借助综合物价指数来修正历史成本财务报表中的具体数额，并不能反映和消除个别物价变动对传统会计信息的影响，而且，修正的依据也只是当期的一般物价指数，并不真正反映企业期末的累计资产、净资产价值。现行成本会计虽然依据现行成本(或重置完全成本)对企业期末的企业资产，特别是对存货、固定资产等项目进行了实际的调整，但是它没有改变各期的货币性项目，忽略了计算货币购买力损益的重要内容。而且，现行成本的调整范围也仅仅局限在当期，不考虑以前累计的权益金额。现行成本和一般物价水平结合会计将一般物价水平会计和现行成本会计两种模式有机地结合起来，同时揭示了一般物价变动和个别物价变动带来的会计影响，既可以提供资产持有损益的详细会计资料，又可以提供货币性项目购买力损益的情况，从而达到了全面消除物价变动对传统会计信息的影响。

现行成本和一般物价水平会计的主要特点是：

1. 采用了现行成本的计量属性

在日常的会计处理中，通常以历史成本为计量基础，以名义货币为计量单位，期末按照现行成本对报表进行调整，使企业的会计信息能反映各项资产的现行成

本情况，并能计算出企业非货币性资产的持有损益。

2．采用一般购买力（稳定币值）为计量单位

在现行成本的基础上，采用一般物价指数调整所有者权益（或净资产）金额，从而反映出企业在一般购买力条件下资本的保值、增值能力，以及所有者权益的保全能力，并依据一般物价调整各货币性项目，从而揭示了企业一定期间内购买力的损益情况。

二、现行成本与一般物价水平结合会计的程序

现行成本和一般物价水平结合会计的基本会计程序主要是：

1．确定和反映企业各项资产的现时成本

对企业购进的资产应按市场现时重置价格或标准制造成本反映；对售出、耗用和结存的资产应按市场现时重置价格反映；对持有的在用和储存资产要定期根据通货膨胀引起的市价变动调整账面价值。

2．确定和反映持有资产损益

在根据市场价格变动调整企业资产账面价值的同时，还应计算企业的持有资产损益，并进行账务处理。

3．编制现行成本财务报表

现行成本财务报表是编制现行成本和一般物价水平结合财务报表的重要基础。

4．划分货币性项目和计算购买力损益

一般物价水平会计模式要求划分货币性项目和非货币性项目，并根据企业持有的货币性资产和货币性负债与权益项目，计算货币性项目净额上的购买力损益。现行成本和一般物价水平结合会计则要求依据现行成本报表划分货币性项目，计算购买力损益。

5．编制现行成本和一般物价水平结合财务报表

现行成本报表反映了个别物价变动的影响，但没有反映一般物价水平变动的影响。按照一般物价水平，对已经编制出的现行成本财务报表的部分项目进行调整，编制该会计模式下的资产负债表；将以名义货币为计量单位、以现行成本为计价基础的利润表换算为以等值货币为计量单位、以现行成本为计价基础的利润表，并将根据一般物价水平变动形成的购买力损益计入利润表内，从而全面反映个别物价变动和一般物价变动的影响。

三、现行成本与一般物价水平结合会计的应用

我们仍然用前面【例10-3】和【例10-4】中A公司的数据对该会计模式的应用进行说明。

【例 10-5】在【例 10-4】中,我们已经对A公司按历史成本编制的财务报表进行了调整,重新编制了按现时成本计价的财务报表(见表 10-13 和表 10-14)。按照现行成本和一般物价水平结合的方法编制财务报表,需要在现行成本报表的基础上进行。

在【例 10-3】中,已经编制了货币性项目购买力计算表。在【例 10-4】中,已经编制了现行成本报表,在前面工作的基础上,我们可以对按现行成本编制的财务报表进行调整,计算非货币性资产现行成本物价变动的影响,编制现行成本和一般物价水平会计结合的财务报表。

1. 对现行成本资产负债表的有关项目进行调整,编制现行成本和一般物价水平结合会计的资产负债表。调整内容见表 10-15。

表 10-15　A公司资产负债表工作底稿

(现行成本和一般物价水平结合)

2000年12月31日　　　　单位:元

项　目	年初数			期末数
	调整前	调整系数	调整后	
货币资金	27 500	110/100	30 250	52 500
应收账款	90 000	110/100	99 000	80 000
存　货	10 000	110/100	11 000	168 000
固定资产	322 500	110/100	354 750	361 000
其中:房屋	150 000	110/100	165 000	170 000
设备	112 500	110/100	112 375	120 000
土地	60 000	110/100	66 000	71 000
减:房屋累计折旧	0	110/105	0	6 400
设备累计折旧	0	110/105	0	9 300
土地累计折旧	0	110/105	0	0
固定资产净值	322 500	—	354 750	345 300
资产合计	450 000		495 000	645 800
流动负债	25 000	110/100	27 500	138 000
长期负债	175 000	110/100	192 500	150 000
股本	250 000	110/100	275 000	275 000
留存收益				82 800
负债和所有者权益合计	450 000		495 000	645 800

编表说明：

①货币性资产和货币性负债调整系数：期末物价指数/期初物价指数

②存货和固定资产调整系数：期末物价指数/购进时物价指数

③股本调整系数：期末物价指数/股票发行时的物价指数

④累计折旧调整系数：期末物价指数/年平均物价指数

⑤留存收益＝资产总额－负债总额－股本

⑥期末数股本按一般物价水平进行调整，其他项目按现行成本报表上的数据，不再调整。

根据以上调整结果编制资产负债表见表10-16。

表10-16　A公司资产负债表

（现行成本和一般物价水平）

2000年12月31日　　　　单位：元

项　　目	年初数	期末数
货币资金	30 250	52 500
应收账款	99 000	80 000
存　货	11 000	168 000
固定资产	354 750	361 000
减：累计折旧	0	15 700
固定资产净值	354 750	345 300
资产合计	495 000	645 800
流动负债	27 500	138 000
长期负债	192 500	150 000
股　本	275 000	275 000
留存收益	0	82 800
负债和所有者权益合计	495 000	645 800

2. 对现行成本利润及利润分配表的有关项目进行调整,调整内容见表10-17。

表10-17　A公司利润和利润分配表工作底稿

（现行成本和一般物价水平结合）

2000年12月31日　　　　单位:元

项　　目	现行成本	调整系数	现行成本和一般物价水平
营业收入	900 000	110/105	942 857
减:营业成本	724 500	110/105	759 000
折旧费用	15 700	110/100	17 270
营业税金及附加	30 000	110/105	31 429
营业利润	129 800		135 158
减:营业费用	50 000	110/105	52 381
管理费用	10 000	110/105	10 476
财务费用	5 000	110/105	5 238
利润总额	64 800		67 063
减:所得税	33 000	110/105	34 571
净利润	31 800		32 492
减:提取盈余公积	10 000	110/110	10 000
应付股利	5 000	110/110	5 000
未分配利润	16 800		17 492

3. 为了编制现行成本和一般物价水平的利润及利润分配表,还需要计算货币性项目购买力损益和物价变动对持有资产的影响。我们在编制一般物价水平财务报表时已经计算过该企业的货币性项目的购买力损益(见表10-5),计算结果与这种会计模式下的相同,所以不再重复。现在计算一般物价水平变动和个别物价水平变动对持有资产的影响。将各种非货币性资产的现行成本和年末不变币值计算

并列示于表10-18。

表10-18　非货币性资产现行成本物价变动影响计算表一

2000年度　　单位:元

项　目	现行成本 (1)	调整系数 (2)	年末不变币值 (3)	年末现行成本 (4)
存货:				
期初存货	10 000	110/100	11 000	
本期购货	840 000	110/105	880 000	
本期销货	(724 500)	110/105	(759 000)	
期末存货	125 500		132 000	168 000
房屋:				
期初净值	150 000	110/100	165 000	
本期购入	0		0	
本期折旧	(6 400)	110/100	(7 040)	
期末净值	143 600		157 960	163 600
设备:				
期初净值	112 500	110/100	123 750	
本期购入	0		0	
本期折旧	(9 300)	110/100	(10 230)	
期末净值	103 200		113 520	110 700
土地:				
期初净值	60 000	110/100	66 000	
本期购入	0		0	
本期折旧	0	110/100	0	
期末净值	60 000		66 000	71 000

利用表10-18的资料计算物价变动影响的具体数额见表10-19：

表10-19　非货币性资产现行成本物价变动影响计算表二

2000年度　　单位：元

项　　目	物价变动总影响 (4)－(1)	一般物价水平影响 (3)－(1)	个别物价水平影响 (4)－(3)
存货	42 500	6 500	36 000
房屋	20 000	14 360	5 640
设备	7 500	10 320	(2 820)
土地	11 000	6 000	5 000
合计	81 000	37 180	43 820

4.编制现行成本和一般物价水平结合会计的利润及利润分配表。根据调整结果编制利润及利润分配表见表10-20。

表10-20　A公司利润和利润分配表

（现行成本和一般物价水平）

2000年12月31日　　单位：元

项　　目	金　　额
营业收入	942 857
减：营业成本	759 000
折旧费用	17 270
营业税金及附加	31 429
营业利润	135 158
减：营业费用	52 381
管理费用	10 476
财务费用	5 238
现行成本一般物价水平下经营利润总额	67 063
减：所得税	34 571
现行成本一般物价水平下税后经营利润	32 492
加：货币性项目购买力净损益	11 488
加：非货币性资产个别物价水平变动影响	43 820
现行成本一般物价水平下的净利润	87 800
减：应付股利	5 000
期末留存利润	82 800

四、现行成本和一般物价水平结合会计的评价

现行成本和一般物价水平结合会计模式基本上保持了一般物价水平会计和现行成本会计两种模式的优点，既可以反映一般物价水平变动的影响，又可以揭示个别物价变动对会计要素的影响，增强了财务报表信息的相关性。主要表现在如下几个方面：

1.提供了在物价变动条件下所耗资产的现行成本和当期可分配利润。现行成本和一般物价水平会计下的正常利润即为企业的“可分配利润”，按照这种利润进行分配，可以使企业保持足够资金重置所耗资产。

2.现行成本和一般物价水平会计将企业的净利润分解为正常利润和持有利润，便于对影响企业经营利润和现行成本的各种因素进行分析。

3.不仅提供了货币性项目的购买力损益，也提供了更加明晰的企业资产持有损益的详细内容。它将非货币性资产持有损益分为：由于一般物价水平变动影响的现行成本增减内容和由于个别物价水平变动而导致的现行成本增减内容，从而为报表使用者提供了更加详细的资料。

但是，这种模式也汇集了前两种模式的缺陷，它调整、计算繁琐，耗时费力。而且，提供的会计信息也过于复杂，报表的使用者不易理解，不利于投资者和经营者正确决策，降低了会计信息的有用性。

总之，物价变动会计是利用一定物价资料，对企业财务报表和传统会计模式作出调整修正，以反映或消除物价变动对会计信息的影响所采取的会计程序和方法，它保证财务报表的使用者能够注意到物价变动对企业经营成果和财务状况等财务信息的影响。物价变动会计理论在一定程度上沿袭了财务会计理论，也对财务会计理论具有相当的修正和补充作用。

本章小结

在物价处于持续、剧烈变动时期，按原始成本计量的资产难以反映其真实价值，收益也难以反映实际的经营成果，会计信息的可理解性减弱，其结果还会损害企业的再生产能力。因此，人们认识到在物价变动时必须对传统会计信息予以调整，以消除物价变动的影响。针对原始成本/名义货币会计模式下资产计价和收益确定严重脱离实际的问题，人们从构成会计模式的两个因素入手，分别提出了三种物价变动会计模式：原始成本/稳值货币会计、现行成本/名义货币会计和现行成本/稳值货币会计。

原始成本/稳值货币会计是以原始成本为计量属性、以一般物价指数调整后的稳值货币为计量单位的会计模式，着眼于投入资本的一般购买力保全。其处理程

序有四:(1)划分货币性项目与非货币性项目;(2)将按名义货币表示的财务数据中各个项目的金额换算为按稳值货币表示的金额;(3)计算货币性项目净额上的购买力损益;(4)重编稳值货币财务报表。这种会计模式增强了会计信息的可比性,但一般物价指数的选择具有主观性且与特定物价变动不一定相符,因此其可靠性和相关性不理想,操作上也较复杂。

现行成本/名义货币会计是以现行成本为计量属性、以名义货币为计量单位的会计模式,着眼于投入资本的生产经营能力保全。其处理程序是:(1)划分货币性项目与非货币性项目;(2)按现行成本调整财务数据;(3)确定现行成本相对于原始成本的变动额,计算持产损益;(4)按现行成本重编财务报表。这种会计模式所提供的会计信息能比较真实地反映企业财务状况和经营成果,具有较强的相关性,会计信息的横向可比性较好,但现行成本的选择具有较强主观性,在操作上也较复杂。

现行成本/稳值货币会计是以现行成本为计量属性、以稳值货币为计量单位的会计模式,着眼于投入资本的一般购买力和其所形成的生产经营能力的同时保全。其处理程序是:(1)先按现行成本/名义货币会计编制出现行成本/名义货币财务报表;(2)按稳值货币对现行成本/名义货币财务报表进行调整;(3)确定货币性项目净额上的购买力损益;(4)确定剔除了一般物价水平变动后的持产损益;(5)重编现行成本/稳值货币财务报表。这种会计模式同时具有原始成本/稳值货币会计和现行成本/名义货币会计的优点和缺点,既能反映一般物价变动,又能反映个别物价变动,但其操作方法和程序过于复杂。

中英文对照专业名词

货币性项目 (Monetary Items)　　非货币性项目 (Nonmonetary Items)

资产持有损益 (Holding Gains and Losses)

现行成本会计 (Current Cost Accounting)

一般物价水平会计 (General Purchasing Power Accounting)

思考与练习

一、思考题

1. 什么是物价变动？物价变动有哪几种类型？物价变动对传统会计有什么影响？

2. 什么是物价变动会计？主要有哪几种物价变动会计模式？

3. 什么是一般物价水平会计？其主要特点是什么？基本操作程序是什么？

4. 什么是现行成本会计？其主要特点是什么？基本操作程序是什么？

5. 什么是一般物价水平和现行成本结合会计？其主要特点是什么？基本操作程序是什么？

二、练习题

目的：练习一般物价水平会计。

要求：以资料编制一般物价水平的财务报表。

设A公司于2005年1月1日开业，2005年度按历史成本编制的财务报表如表10-21、表10-22：

表10-21 A公司收益及留存收益表

2005年度（至12月31日止）

（以历史成本为基础） 单位：元

销货		200 000
销货成本		
存货（1月1日）	25 000	
购货	160 000	
可供销售的商品成本	185 000	
存货（12月31日）	27 000	158 000
销货毛利		42 000
折旧费		3 000
其他营业费用		17 000
税前收益		22 000
所得税费用(32%)		7 040
净收益		14 960
留存收益（1月1日）		0
合计		14 960
现金股利		3 500
留存收益(12月31日)		11 460

表 10-22　A公司比较资产负债表

2005年1月1日和2005年12月31日

（以历史成本为基础）　　单位：元

	1月1日	12月31日
现金、应收款、其他货币资金	20 000	42 460
存货	25 000	27 000
厂房设备（净额）	45 000	42 000
土地	15 000	15 000
资产总计	105 000	126 460
流动负债（全部是货币性）	10 000	20 000
长期负债（全部是货币性）	25 000	25 000
负债合计	35 000	45 000
普通股，外发10 000股	70 000	70 000
留存收益	0	11 460
股东权益合计	70 000	81 460
负债和股东权益总计	105 000	126 460

其他资料：

①本例用的物价指数假定为：

2005年1月1日（开业时）　100

2005年12月31日　200

2005年平均　160

②存货按先进先出法计价，年初存货购于1月1日，年末存货购于2005年11～12月，这一期间的平均物价指数为180。

③厂房设备及土地均于开业时购置。

④厂房设备平均使用寿命为15年，预计无残值，按直线法折旧。

⑤销售收入、购货成本、营业费用及所得税费用在年内都是均衡发生的。

⑥股利的分派在2005年12月31日。

第十一章　期货合约会计

期货是相对现货而言的。20世纪80年代以后，国际金融市场发展异常迅速。一方面，金融业务量日益增大；另一方面，衍生金融工具的创新层出不穷。随着我国社会主义市场经济的确立和逐步发展，商品期货业务以及期货市场也逐渐地形成和发展。这种情况既给金融市场带来了新的活力，也给财务会计理论提出了新的问题。为了及时获得有关商品期货业务情况，以及利用商品期货进行套期保值和投机获利的经济信息，期货合约会计应运而生。

第一节　期货交易与期货市场

一、期货交易

(一)期货交易的性质

期货交易是买卖双方支付一定数量的保证金，通过期货交易所进行的在将来某一特定时间和交割地点按现在商定的价格购买或出售某一特定品质、规格商品的标准合约的交易。现代意义上的期货交易实际上是期货合约交易，即通过标准化的期货合约的买卖来进行交易，以获取价差收益。期货合约是期货交易的买卖双方进行交易的重要凭证，是期货交易者遵照期货交易所的规定，在交易所内通过公平竞价形式买卖的具有标准质量、数量、交收地点、交收时间及交收方式的合同。在期货市场上，合约就代表期货，是市场买卖的对象，也就是交易的内容。

订立期货合约，在合约制约下进行交易，是现代期货交易中最主要的方式。在实际业务中，以实物交割为主要形式和目的的期货交易已逐步被以期货合约的买卖为主要形式，以投机和套期保值为目的的交易所取代，即物品的买卖在立约时表现为合约本身的买卖，实物的交割又多表现为以合约买卖对冲的方式了结履约义务。这样，期货交易主要成了买卖标准化合约的交易，期货市场也就主要成为买卖期货合约的市场。期货合约的标准化条款一般包括：

(1)交易数量和单位条款。每种商品的期货合约规定了统一的、标准化的数量和数量单位，统称“交易单位”。例如，大连商品交易所规定大豆期货合约的交易单位为10吨。也就是说，你在大连商品交易所买卖大豆期货合约，起步就得10吨，用期货市场的术语表达就是1手，这是最小的交易单位。在期货市场，你不可以买入5吨或卖出8吨大豆。

(2)质量和等级条款。商品期货合约规定了统一的、标准化的质量等级,一般采用国家制定的商品质量等级标准。例如,大连商品交易所大豆期货的交割标准采用国标。

(3)交割地点条款。期货合约为期货交易的实物交割指定了标准化的、统一的实物商品的交割仓库,以保证实物交割的正常进行。大连是我国重要的粮食集散地之一,仓储业非常发达,目前,大连商品交易所的指定交割仓库都设在大连。

(4)交割期条款。商品期货合约对进行实物交割的月份作了规定。刚开始商品期货交易时,你最先注意到的是:每种商品有几个不同的合约,每个合约标示着一定的月份,如1999年11月大豆合约与2000年5月大豆合约。

(5)最小变动价位条款。指期货交易时买卖双方报价所允许的最小变动幅度,每次报价时价格的变动必须是这个最小变动价位的整数倍,大连商品交易所大豆期货合约的最小变动价位为1元/吨。也就是说,当你买卖大豆期货时,不可能出现2 188.5元/吨这样的价格。

(6)涨跌停板幅度条款。指交易日期货合约的成交价格不能高于或低于该合约上一交易日结算价的一定幅度。例如,大连商品交易所规定,大豆期货的涨跌停板幅度为上一交易日结算价的3%。

(7)最后交易日条款。指期货合约停止买卖的最后截止日期。每种期货合约都有一定的月份限制,到了合约月份的一定日期,就要停止合约的买卖,准备进行实物交割。例如,大连商品交易所规定,大豆期货的最后交易日为合约月份的第十个交易日。

现附两种期货合约供参考,见表11-1、表11-2所示。

表11-1 大连商品交易所大豆期货合约

交易品种	黄大豆
交易单位	10吨/手
报价单位	人民币
最小变动价位	1元/吨
涨跌停板幅度	上一交易日结算价的3%
合约交割月份	1、3、5、7、9、11
交易时间	每星期一至星期五上午9:00~11:30 下午13:00~15:00
最后交易日	合约月份第十个交易日
最后交割日	最后交易日后第七日(遇法定节假日顺延)
交割等级	具体内容见附件
交割地点	大连商品交易所指定交割仓库
交易保证金	合约价值的5%
交易手续费	4元/手
交割方式	集中交割
交易代码	S
上市交易所	大连商品交易所

表11-2 芝加哥期货交易所(CBOT)小麦期货合约

交易单位	5 000蒲式耳
最小变动价位	每蒲式耳1/4美分(每张合约12.50美元)
每日价格最大	每蒲式耳不高于或不低于上一交易日结算价
波动限制	20美分(每张合约1 000美元),现货月份无限制
合约月份	9、12、1、3、5、7
交易时间	上午9:30～下午1:15(芝加哥时间),到期合约最后交易日交易截止时间为当日中午
最后交易日	交割月最后营业日倒数第七个营业日
交割等级	2号软红麦、2号硬红冬麦、2号黑北春麦、2号北春麦,替代品种价格差距由交易所规定

(二)期货交易和远期商品交易的区别

期货交易和远期商品交易的区别在于:

(1)期货交易合约除了价格这唯一的变量外,商品数量、规格等级、交割日期等都是严格标准化了的。远期商品交易合同中的商品数量、规格、价格、交割日期等都是由交易双方协商决定,没有统一的交割日期。

(2)期货交易在期货交易所内依照严格的规则公平竞争进行,交易双方无需见面,交易活动一般是由经纪人进行,而结算则由结算机构统一负责;远期交易没有固定的交易地点,交易双方需直接接触。

(3)期货交易的对象是标准的商品期货合同,远期商品交易的对象是实际的商品。

(4)期货合同的标准化,使得交易者可以通过对冲了结、实物交割和现金了结三种方式来履行合约。由于期货交易的目的主要是套期保值和投机套利,因此,期货交易更多地表现为一种买空卖空行为,在期货合约期满时较少采用实物交割,也很少采用现金结算,更多的是在原期货合约期满之前买入或卖出数量相等、方向相反的期货合约方式,与原先持有的卖出或买入期货合约对冲来了结履约的义务。远期商品交易在未到期前不能随意转手,必须按合同规定在到期时进行实际交割。

(5)期货交易者需要支付给结算机构一定数量的保证金,作为履约的保证;远期商品交易一般不用交纳保证金,但可能由某一方按合同金额的一定比例支付给对方一笔定金。

二、期货交易的特征、目的与种类

(一)期货交易的特征

1.期货交易的对象是标准化的期货合约

期货合约内容通常规定有商品品种、规格、合约单位、交易月份、报价单位、最小叫价单位、每日价格波动限制、交易时间、最后交易日、交割日、交割地点、保证金及交易手续费等等。期货合约是期货交易的载体和媒介，交易所对期货合约都制定了标准格式。

2.期货交易的商品种类有限制

期货交易所上市交易的期货商品品种，主要有实物期货商品和金融工具期货商品两大类。可以进行期货合约交易的商品通常应具备一定的条件：可以储存，不易变质；品质、质量可以划分、评价；商品的可供量大；拥有众多的买主和卖主；价格波动频繁等等。实物期货商品交易一般并不涉及商品所有权的转移，而只是期货合约所有权的转移。在最后交易日之前，期货合约可以进行多次买卖，但过了最后交易日的未平仓合约则必须准备接受实物交割，期货合约实物交割的比重一般仅占交易总量的1%～3%左右。

3.期货交易实行保证金制度

期货交易是采用标准化形式的一种保证金交易，客户进行期货交易时，不必交付每份期货合约的全部金额，一般只按商品价值的5%～10%交付保证金，因此，交易者只需投入较少的资金，即可进行以合约价值量表示的大交易的交易，亦即"以小搏大"。

4.期货交易的结算由专门的结算所负责

这是期货合约交易方式与其他远期交易方式的区别。交易过程中，期货结算部门每天对客户保证金及其交易盈亏进行结算，交易出现亏损就从保险金中扣除，以弥补发生的亏损，保证金不足规定金额或一定比例时，要根据交易所制定的规则补足差额后才能继续进行交易，也可强行进行平仓。这样可以保证交易双方的正当权益，把毁约风险降至最低限度。

(二)期货交易的目的

期货交易是在现货交易的基础上发展起来的、通过在期货交易所买卖标准化的期货合约而进行的一种有组织的交易方式。期货交易是贸易形式发展的自然结果。从历史的角度看，人类社会有了生产，有了交换，便产生了商品货币交换关系，产生了各种形式的贸易活动。从总体上讲，贸易活动大体上可分为现货贸易和期货贸易两大类。

在期货市场中，大部分交易者买卖的期货合约在到期前，又以对冲的形式了结。也就是说买进期货合约的人，在合约到期前又可以将期货合约卖掉；卖出期货合约的人，在合约到期前又可以买进期货合约来平仓。先买后卖或先卖后买都是允许的。一般来说，期货交易中进行实物交割的只是很少量的一部分。

期货交易的对象并不是商品(标的物)的实体，而是商品(标的物)的标准化合约。期货交易的目的是为了转移价格风险或获取风险利润。期货交易有两个目的：一是投机；二是套期保值。

1.投机

定义：在期货市场上以获取价差收益为目的的期货交易行为。

具体做法：投资者根据自己对期货价格变动的判断，不断地买入或卖出期货合约，通过价差获取较高利润。

2.套期保值

定义：以回避现货价格风险为主要目的的期货交易行为。

具体做法：生产者、商人或消费者在期货市场做一个与现货品种、数量完全相同而头寸相反的交易，即在现货市场上买进（或卖出）某种商品的同时，在期货市场上卖出（或买入）同种、同量商品的期货合约，以抵消或限制由于价格波动对现货造成的风险。套期保值的目的不为获利，只为避险。按照套期保值的形式，套期保值可分为买入套期保值与卖出套期保值两种。

（三）期货交易的种类

1.按照期货合约标的物的不同，期货交易可分为商品期货交易和金融期货交易。

商品期货主要包括农副产品、金属产品、能源产品等几大类。具体而言农副产品约 20 种，包括玉米、大豆、小麦、稻谷、燕麦、大麦、黑麦、猪肚、活猪、活牛、小牛、大豆粉、大豆油、可可、咖啡、棉花、羊毛、糖、橙汁、菜子油等，其中大豆、玉米、小麦被称为三大农产品期货；金属产品 9 种，包括金、银、铜、铝、铅、锌、镍、钯、铂；化工产品 5 种，有原油、取暖用油、无铅普通汽油、丙烷、天然橡胶；林业产品 2 种，有木材、夹板。所谓金融期货，是指交易所按照一定规则反复交易的标准化金融商品合约。这种合约在成交时双方对规定品种、数量的金融商品协定交易的价格，在一个约定的未来时间按协定的价格进行实际交割，承担着在若干日后买进或卖出该金融商品的义务和责任。金融期货基本上可分为三大类：外汇（汇率）期货、利率期货和股票指数期货。

2.按照期货市场参与者的不同，期货交易可分为期货交易所、期货经纪商、期货投资者或期货交易者等不同主体。

3.按照期货投资者进行期货合约买卖的动机和目的的不同，期货交易可分为套期保值交易和投机交易。

三、期货交易的相关概念

1.开仓：指买入或卖出期货合约。

2.平仓：指期货交易者卖出或者买入与其所持期货合约的品种、数量及交割月份相同但方向相反的期货合约，了结期货交易的行为。平仓方式：对冲买卖和实物交割。

3. 买空：又称多头，指先买进后卖出的期货交易。

4. 卖空：又称空头，指先卖出后买进的期货交易。

5. 保证金：指期货交易者按照规定标准交纳的资金，用于结算和保证履约。包括结算准备金、交易保证金两种。

6. 结算准备金：指会员存入期货交易所或客户存入期货经纪公司的、为交易结算预先准备的款项。它是尚未被合约占用的保证金。

7. 交易保证金：指根据成交合约的数量及规定比例计算、从结算准备金中划转的持仓合约占用的保证金。

8. 平仓盈亏：指按照合约的初始成交价与平仓成交价计算的已实现盈亏。

9. 浮动盈亏：又称持仓盈亏，指按持仓合约的初始成交价与当日结算价计算的潜在盈亏。

10. 每日无负债结算制度：又称逐日盯市，实际上是对持仓合约实施的一种保证金管理方式，目的在于及时发现并有效控制期货交易风险。

四、期货市场

期货市场是期货交易者进行期货合约交易的场所，它是商品经济发展到一定阶段的产物。期货市场从产生至今，经过数百年的发展，形成了一套较为严谨、科学的组织形式，主要包括期货交易所、期货结算所、期货经纪公司和期货交易者。

（一）期货交易所

期货交易所是指供给买卖双方进行期货合约买卖的场所，它本身不直接参与交易，只是为交易所的会员提供交易的场所和必要的设备，并制订各种旨在维持公开、公平的交易规则，发布期货市场形成的有关经济信息，及时对成交的期货合约进行清算，保证按期对到期期货合约进行实物交割。

期货交易所有会员制和公司制两种组织形式。公司制的期货交易所是一种营利组织，其营利来自于交易所进行期货交易收取的各种费用，其股东为交易所的所有者，但股东不得入场进行交易。

会员制期货交易所由交易所会员共同出资兴建，由会员共同拥有的非营利性经济组织，其最大特点是：交易所建设资金及营运资本由会员以缴纳会费的形式筹资；交易所有盈利时，会员（出资者）不享有回报的权利，而当交易所出现亏空时，会员必须以增加会费的形式承担；所有同类型的会员，在交易所内享有同等的权利，并承担同等的义务。期货交易所会员的最大权利是可以直接在交易所内从事自营或代理交易，非会员只有通过会员代理方可进行交易，要取得会员资格必须具有很强的经济实力和很好的商业信誉，经过交易所核准并交纳一定费用，会员资格可以转让。

目前，世界上绝大多数期货交易所都实行会员制，我国的期货交易所也是采用会员制。英、美等西方国家常常采取私人会员的形式;在我国,期货交易所会员必须是中国境内登记注册的法人,并且具有一定的资金实力、良好的商业信誉和职业道德。

(二)期货结算所

期货结算所又称票据交换所或商品交易清算所。主要职责是:从事期货合同的到期交割,未到期合同的平仓、结算,会员账户和交易保证金的管理,维护买卖双方利益,担保期货合同的履行,保证公正、完整的清算工作。由于期货交易的结算大多数采用对冲买卖结算,交易者不需知道交易的对方是谁,也无需征得对方同意,期货合约交易的结算完全由结算所负责,从而简化了结算手续,降低了交易成本,也使期货交易更为活跃。

期货结算所的设置有两种模式:一种是期货交易所中单独设立一个结算机构,进行独立核算,结算会员与交易所会员是一致的,如美国;另一种是期货交易所与结算所各自独立核算,通过各自的业务互相联结成一个有机整体,如法国、英国等。独立设置的结算所采取会员制形式,其会员产生于期货交易所的会员中,但并非所有交易所会员都能成为结算所会员,结算所会员一般是由信誉好、资本雄厚的大公司组成,结算所会员在结算所内设立账户,享受自营和代理交易的权利,由此可知,结算所会员有着高于一般交易所会员的种种权利。非结算所会员在结算所内没有账户,其交易和资金结存只能挂在结算所会员的账户内,并委托结算所会员代办结算业务。

我国目前尚未建立期货结算所,一般是由交易所与银行联合组建结算中心,结算中心隶属交易所,既办理结算交割,又进行资金汇划。

(三)期货经纪公司

期货经纪公司是介于期货交易所与客户之间的一个中介服务性经营实体,是指向交易主管部门登记,经批准取得营业执照后,可接受他人委托,代理他人进行期货交易,为买卖双方买卖商品等期货并收取一定佣金的经济实体。其基本职责是:接受客户的委托,按照客户下达的指令,代理客户通过交易所会员进行期货交易;征收并单列客户的履约保证金;负责结算和记录每一客户的未平仓合约以及所有存放的保证金;为客户传递市场行情,提供基本会计记录等。期货经纪公司将大量的买者和卖者引入期货交易所,并提供成交上的服务,形成了两者间的委托买卖关系。由此经纪公司和客户之间及期货交易所之间会发生一系列的有关保证金、佣金和手续费的收取与支付业务。

(四)期货交易者

期货交易者是期货市场的重要组成部分。它们是在期货市场按照有关规定和交易规则从事合法交易的个人和企业,除少数在交易所拥有席位可进行交易外,其余的都通过经纪公司代理交易。按交易者目的和动机的不同,可分为两种交易者:

1.套期保值者

套期保值是指在现货市场和期货市场上同时买进或者卖出与现货市场数量相当,但交易方向相反的期货合约,通过承担相反的义务利用期货市场进行对冲买卖,以减少现货价格波动带来的风险,锁住价格,控制成本,确保业务的正常利润。即在某一日期在现货市场上买入或卖出一定数量的某种商品的同时,必须在期货市场上先卖出或买入同等数量同一商品的期货。这样,即使在现货市场上价格波动,而使买入或卖出现货商品出现亏损,则可通过在期货市场上再卖出或买入同等数量和同一商品的期货合同所取得的盈利予以弥补,从而在近期和远期之间建立起一种对冲机制,使价格风险降低到最低限度。

2.投机套利者

其参与期货交易的目的在于从事投机活动,它以价格变动预测为基础,在预计某种商品价格上涨时,就买进期货合同,这就是"买空"(称为"多头");在预计某种商品价格会下跌就卖出期货合同,以后再待价格下跌时补进同样数量的商品,这就是"卖空"(称为"空头")。投机者往往利用商品价格的短期变动,频繁转手,预测正确则可以获取巨额利润,预测失败,也会导致大量亏损。

期货市场是商品经济发展到一定阶段产生的一种新的商品交易市场,也是转移商品价格风险的场所,正是由于它的存在为投机者和套期保值者提供了舞台。套期保值者可以在期货市场上利用期货合约交易来转移因价格波动而带来的风险,做到现货市场交易与期货市场交易两者之间盈亏的互补,从而达到保值和规避风险的目的。而套期保值的风险由期货交易中的投机者承担。通过套期保值,交易者可以锁定交易成本,保证一定的利润水平。同时由于投机者的介入,使期货市场具有的各项经济功能得以发挥,促进了期货市场的发展和繁荣。

第二节 期货合约会计

一、期货合约会计概述

期货合约会计是指运用财务会计的基本原理和方法,对期货交易所、期货经纪公司和参加商品期货交易的企业的期货业务经营活动,进行综合的核算和监督,提供从事期货交易的财务信息的一种重要经济管理活动。

会计是随着社会生产的发展和经济管理的要求而产生、发展并不断完善起来的。从19世纪40年代世界上第一家期货交易所——芝加哥期货交易所的建立,人们对期货会计的研究也就随之开始。期货会计最初表现为对人们在期货交易中涉及的经济活动进行简单的计量和记录,随着期货交易活动的逐步规范和期货市场的发展,交易品种不断创新和增加,交易金额的不断扩大,期货市场的作用越来越大。期货市场发展了，对期货交易这一特殊经济业务进行核算与监督的会计也就应运而生。1984年，美国财务会计准则委员会制定了世界上第一个针对期货交易业务的会计准则——财务会计准则第80号《期货合约会计》，该准则对商品期货和利率期货交易中主要经济业务的确认、计量和报告做出了原则性规范。特别是对套期保值交易和投机交易从财务会计的角度给出判断标准，并明确了套期保值交易和投机交易所适用的不同会计处理原则。20世纪80年代以来，金融期货得到迅猛发展，外汇期货、股票指数期货和期权等衍生金融工具风靡全球，为适应期货市场新的发展需要，包括国际会计准则委员会(ISAC)在内的许多权威性会计机构和组织，对新金融工具的会计问题进行了广泛而深入的研究，美国、英国、加拿大、澳大利亚和国际会计准则委员会等会计组织已发布的金融工具会计准则，就包括对各种期货合约的会计处理规范。

(一)期货合约会计的作用

会计作为一个信息系统，总是服务于处于一定社会经济环境下的经济主体，通过核算、反映和监督经济主体的经济活动，为经济主体实现其目标服务。期货会计作为会计系统的一个子系统，服务于期货交易的各个主体(期货交易所、期货经纪机构和期货投资企业)经营的需要。在我国，会计信息既要符合国家宏观经济管理和调控的需要，也要满足企业内部经营管理和需要，还要满足企业有关各方了解企业财务状况和经营成果的需要。在目前的期货市场条件下，我国期货会计的作用主要体现在以下几个方面：

1.期货会计能为国家有效地管理期货市场提供会计信息

在期货市场中的各交易主体是整个期货市场的微观个体，各交易主体在期货交易中经营情况的好坏、管理规范与否、经济效益的高低，直接影响着整个期货市场的运行情况。在我国，宏观经济决策所需要的大部分信息来源于会计信息，没有会计提供的信息，要对国民经济作出准确的判断是很难想象的。在目前政府对期货市场的管理手段中，会计信息的作用还没有得到充分的发挥。随着期货会计体系的建立和执行，全面、及时、准确的期货会计信息，和以此为基础建立的期货市场财务指标体系，将使国家对期货市场的管理手段更加完善、有效。

2.期货会计能为各交易主体的内部经营管理提供会计信息

期货交易主体内部经营管理的好坏，直接影响到各交易主体的经济效益，也可以说关系到各交易主体，甚至期货市场的前途和命运。会计是企业内部的重要信息系统，会计提供准确可靠的信息，有助于决策者进行合理的决策，有助于强化企业内部的管理。期货会计信息对于各交易主体实施有效的风险控制，具有特别重要的意义。

3.期货会计能为各交易主体的有关各方了解其财务状况和经营成果提供会计信息

期货市场中的各交易主体在正常经营过程中，处于错综复杂的经济关系之中，其经营活动与政府、投资者、债权人和社会公众等方面存在着密切的联系。政府有关部门出于市场监管的需要，借助会计信息了解期货交易所和期货经纪机构的财务和经营情况，会员单位更关心期货交易所的经营及财务情况，客户和期货经纪机构相互对对方的财务状况关心，特别是各自的偿债能力和抗风险能力是关注的焦点。以上作用只能通过期货会计信息来完成。

（二）期货会计的特点

期货会计最直接的作用是编制和输出会计信息，而会计人员在从事会计工作过程中通过对会计信息的整理及利用也积极地参与到了企业管理活动中。期货会计的职能可以概括为核算、反映和监督，与期货交易中的其他管理手段（如交易、结算、交割、会员及客户管理等）相比主要有以下特点：

1.从服务的对象来看

它既向企业外部有关方面提供会计信息，也为企业内部管理服务；

2.从提供信息的时态来看

它主要提供有关企业过去和现在经营活动情况及结果的信息；

3.从提供信息的方式来看

它主要以货币作为计量单位，利用价值形式对企业的各种经济活动进行综合反映；

4.从取得信息与输出信息的过程来看

它要通过对企业各项经济业务以价值的形式予以确认、计量、记录和报告，全面介入企业的经济活动，发挥其具有的管理职能。

综上所述，我们可以对期货会计的概念作如下表述：期货会计是会计人员以货币为主要计量单位，通过确认、计量、记录报告等方式，提供期货交易各主体的财务状况、经营成果的信息，并全面介入期货交易主体内部各项业务的一种经济管理活动。

期货合约会计是以从事期货交易的期货投资企业为会计主体的期货会计。它以生产企业、贸易企业等主体所从事的期货合约买卖活动为核算对象，核算的是资金调拨、持仓盈亏（浮动盈亏）、平仓盈亏、保证金和交易费用等业务的会计处理。期货会计核算体系是由期货交易所会计、期货经纪公司会计和期货合约会计所构成，其中期货合约会计是期货会计中最重要的内容。

（三）期货合约会计的主要内容

1.期货会员资格投资和年会费

按照我国有关法规规定，期货交易所实行会员制，期货交易所以会员单位交纳的认购会员资格费作为登记注册资本所需资金来源。因此，在期货交易所获得会员资格的企业，其认购的会员资格费作为一种长期股权性质的投资，在“长期股权投资——期货会员资格投资”科目中进行核算。企业如申请退会，或被取消会员资格的，其会员资格费在年度终了后，按其原认缴数额予以退还；如果企业转让会员资格，应按实际收到的转让款与期货会员资格投资的账面价值的差额，确认期货投资损益。

企业取得期货交易所会员资格，成为期货交易所会员，应当按规定向期货交易所交纳年会费。年会费按占用席位和期货交易所理事会审议通过的标准向期货交易所交纳。企业交纳的年会费计入“管理费用”科目。

2.交纳期货保证金

在会计核算中，企业交纳的保证金，应单独设置“期货保证金”科目，该科目核算企业向期货交易所或期货经纪机构划出或追加的用于办理期货业务的保证金。企业划出和追加的保证金，借记“期货保证金”科目，贷记“银行存款”科目；划回保证金，作相反分录；期末该账户有借方余额，为尚未平仓期货合约的保证金数额。

3.支付交易手续费

期货投资企业在期货交易所或通过期货经纪机构进行期货交易，期货交易所或者期货经纪公司应按规定向会员或客户收取交易手续费，交易手续费需按“双程”标准交纳，即每买进、卖出一次合约，就要交纳手续费，计入期货损益，借记“期货损益”科目，贷记“期货保证金”科目。

4.买入期货合约

企业买入期货合约应设置“买入期货合约”科目，该科目记录的是购入期货合约的价值，借方登记买入合约的价值额，贷方登记平仓或实物交割时的转销额；若有余额应在借方，表示买入尚未平仓的合约价值。

5.卖出期货合约

企业卖出期货合约应设置“卖出期货合约”科目，该科目登记的是卖出期货平仓时合约的价值，贷方登记卖出期货合约的价值额，借方登记卖出期货合约补仓时的结转额或平仓时的实际卖出额；余额应在贷方，表示卖出尚未补仓的合约价值款。

6.待处理财产损溢的处理

进行套期保值业务的企业应设置“待处理财产损溢”科目，该科目记录的是期货合约在没有平仓或实物交割了结之前的合约价值变动额，借方登记合约价格发生对期货投资者的不利变动，贷方登记合约价格发生对期货投资者的有利变动；期末余额表示已发生价格变动但尚未平仓了结的期货交易浮动盈亏，期末余额必须在年度财务报告中予以说明，这一科目适用于套期保值业务的交易损益的核算，而不适用于投机套利业务的核算。

7.期货损益的计算与处理

期货损益是核算企业在办理期货业务过程中所发生的手续费、平仓盈亏和会员资格变动损益。期货合约平仓了结时，企业应根据期货交易所或期货经纪机构的结算单据列明的盈亏金额入账，对实现的平仓盈利，借记"期货保证金"科目，贷记"期货损益"科目；实现的平仓亏损作相反的分录。强制平仓的会计处理，则与上述规定相同。

需注意的是：套期保值期货业务所形成的交易盈亏，应该单独核算，不应计入"期货损益"，其盈亏应用来对被套期保值项目的账面价值进行调整。投机套利期货交易业务的唯一目的在于利用期货市场的价格波动获取价差利润。由于投机套利无固定的期货对冲期，亦即交易无固定的损益计算期，所以，其确认损益的标准也就只能为期货价格的变动。按此要求，一般的核算方式是：只要期货价格发生变化，即将交易盈亏计作本身经营的收入或亏损。

8. 期货交易清算

进行期货投资的企业在对冲平仓时应设置"期货交易清算"科目，该科目是与"买入期货合约"和"卖出期货合约"科目相对应的科目。在买入期货合约时，借记"买入期货合约"科目，贷记"期货交易清算"科目；在卖出期货合约时，借记"期货交易清算"科目，贷记"卖出期货合约"科目。若"期货交易清算"期末有贷方余额，表示买入期货合约尚未平仓的合约价值额，或者是买入期货合约的合约价大于卖出合约价；反之，则表示卖出期货合约的未平仓额及卖出期货合约价格大于买入合约价。

二、期货合约会计核算方法

(一)投机套利期货业务的核算

投机是一种投入资本，承担风险，以牟取利润的活动。期货投机可以解释为：期货交易者以期货合约为对象，利用市场价格的波动，以自投资金、承担风险的方式，通过买卖期货合约而牟取利润的交易行为。由于期货投机者很少有履行实物交割的事项，因此，投机业务的会计处理主要是反映买卖合约时的保证金交纳、期货合约价格变化所形成的交易损益以及保证金的增减变动情况。

【例 11-1】 某期货交易所并结算所会员，在取得会员资格时交纳了 2 万元的会员资格费。该会员根据各种信息进行综合分析，预测以后谷物的价格会上涨，为此决定做谷物的多头期货交易，在交易日以每份 3 万元的价格购入谷物合约 10 份，每张合约单位是 10 吨，按合约价格的 6%交纳初始保证金，在第一个价格变动日，每份合约的价格 3.1 万元，第二个价格变动日的价格为 2.95 万元/份，在第三个价格变动日的价格为 2.90 万元/份，该交易者按此价格卖出合约对冲平仓，并收回了保证金。该交易者所交纳的手续费为每份合约 100 元。该会员在结算所已存放结算准备金，发生期货业务的交易保证金和手续费随业务进展而交纳。该交易者的期货交易核算过程如下：

1. 交纳会员资格费时的会计分录

借:长期股权投资　　20 000

　贷:银行存款　　20 000

2. 购入期货合约时的会计分录

(1)购入期货合约

借:买入期货合约　　300 000

　贷:期货交易清算　　300 000

(2)按规定交纳交易保证金(30 000×10×6%)

借:期货保证金　　18 000

　贷:银行存款　　18 000

(3)按规定交纳交易手续费

借:期货损益　　1 000

　贷:期货保证金　　1 000

3. 在第一个价格变动日记录交易损益

对于投机套利业务因期货合约价格变动所形成的交易盈亏应确认为本期损益,并调整保证金账户。

有利价格变动额=(31 000-30 000)×10=10 000(元)

借:期货保证金　　10 000

　贷:期货损益　　10 000

4. 第二个期货价格变动日记录的交易损益

在第二个价格变动日,合约价格下降,这对做买空(多头)交易的投机者不利。因此,形成的交易亏损,将减少原来交存的保证金数额,如保证金结余额不能维持原有水平,则应追加保证金 5 000 元。

不利价格变动额=(29 500-31 000)×10=-15 000(元)

借:期货损益　　15 000

　贷:期货保证金　　15 000

同时追加保证金进行账务处理:

借:期货保证金　　5 000

　贷:银行存款　　5 000

5. 第三个期货价格变动日记录的交易损益

第三个价格变动日形成的价格差异仍然为不利差异,应作会计分录如下;

借:期货损益　　5 000

　贷:期货保证金　　5 000

同时追加保证金

借:期货保证金　　5 000

贷:银行存款 5 000

6.卖出期货合约平仓,收回保证金,交纳手续费

(1)卖出合约平仓

借:期货交易清算 290 000

贷:卖出期货合约 290 000

借:卖出期货合约 290 000

期货交易清算 10 000

贷:买入期货合约 300 000

至此,“买入期货合约”、“卖出期货合约”、“期货交易清算”账户已经冲平。

(2)交纳手续费时的会计分录如下:

借:期货损益 1 000

贷:期货保证金 1 000

(3)收回交易保证金

交易完毕,“期货保证金”账户的借方余额为16 000元,应由期货交易所退还给交易者。

借:银行存款 16 000

贷:期货保证金 16 000

7.计算本期期货经营的交易盈亏

本期记入期货损益账户的价格变动额为反映在“期货损益”账户的借方余额为10 000元(10 000－15 000－5 000)。

本期交纳手续费支出＝1 000＋1 000＝2 000(元)

本期经营期货业务的亏损额＝10 000＋2 000＝12 000(元)

由此例可知,由于该会员对谷物预期价格的判断失误,使期货交易损失了12 000元。

本例假设的是交易者为交易所并结算所的会员。若为非会员,则需要通过期货经纪公司代理交易,期货业务的核算过程也与此例一致;但非会员交易者要支付较高的费用,除交纳有关手续费外,还要支付期货经纪公司的佣金。这里不再对非交易所会员资格的期货投资企业另行举例。

(二)套期保值期货业务的核算

套期保值是在期货市场上买进或卖出与现货市场数量相当,但交易方向相反的期货合约,通过承担相反的义务,以规避现货市场价格变动带来的经营风险的一种交易行为。

以下举例说明卖出套期保值的业务处理。

【例11-2】某农场准备利用期货市场进行套期保值,1月份现货市场上的稻谷价格1 400元/吨。该农场此时有两种打算:一种打算是农场播种的稻谷7月份收

获，预计产量为100吨，如届时市场价格仍然保持1 400元/吨，则农场能获得可观的利润；另一种打算是7月份稻谷价格可能下跌，如果下跌则农场会受到不小的损失。为避免这种风险，农场决定进入期货市场进行套期保值。首先卖出100吨稻谷的7月份期货，价格为1 400元/吨，至7月份收获季节时价格下跌至1 300元/吨，此时农场一方面在现货市场上按1 300元/吨卖出100吨稻谷；另一方面在期货市场上买回100吨稻谷的期货合约，对冲当初卖出的期货，退出期货市场。这样，该农场虽然在现货市场上没有实现1 400元/吨的目标价格，理论上每吨亏损100元，但在期货市场上却获得每吨100元的盈利（在不考虑手续费等支出情况下），从而成功地躲避了价格风险，实现了1 400元/吨的价格。设保证金比例为4%，手续费比例为4‰。

1. 1月份卖出期货合约并交纳保证金和手续费的会计分录如下：

(1)卖出合约

借：期货交易清算　　140 000

　贷：卖出期货合约　　140 000

(2)交纳保证金(140 000×4%)

借：期货保证金　　5 600

　贷：银行存款　　5 600

(3)划转手续费(140 000×4‰)

借：待处理财产损溢——期货交易盈亏　　560

　贷：期货保证金　　560

2.7月份售出现货，记录期货交易损益，买进期货合约及支付手续费，收回保证金，其会计分录如下：

(1)售出现货

借：银行存款　　130 000

　贷：主营业务收入——出售稻谷　　130 000

(2)买进期货合约平仓

借：买入期货合约　　130 000

　贷：期货交易清算　　130 000

借：卖出期货合约　　140 000

　贷：买入期货合约　　130 000

　　期货交易清算　　10 000

(3)划转手续费(130 000×4‰)

借：待处理财产损溢——期货交易盈亏　　520

　贷：期货保证金　　520

(4)记录已实现的期货交易损益

借:期货保证金　　10 000

　贷:待处理财产损溢——期货交易盈亏　　10 000

此盈利是买入合约价与卖出合约价两者之差形成的,对于开仓至平仓期间因合约价格变动引起的交易浮动盈亏,理应在“待处理财产损溢”和“期货保证金”两个对应账户中作出记录,本例简化从略。

(5)收回保证金(5 600+10 000-560-520)

借:银行存款　　14 520

　贷:期货保证金　　14 520

3.结转期货交易盈亏,调整营业收入:

由于本项期货交易是为待出售稻谷现货的套期保值,因此,现货交易的已实现盈亏要增加和减少现货交易的实际数额。

借:待处理财产损溢——期货交易盈亏　　8 920

　贷:主营业务收入——出售稻谷　　8 920

至此,此笔业务已全部处理完毕。

从以上处理可看出:在考虑交易手续费的情况下,该项期货交易的实际盈利是8 920元(10 000-560-520),它反映在“待处理财产损溢——期货交易盈亏”账户的贷方余额。这一盈利额,增加了出售稻谷现货的营业收入,使营业收入账面值达到138 920元(130 000+8 920),农场实际实现的价格为1 389.2元/吨,距其目标价格仅相差10.8元/吨,说明这笔套期保值交易是比较成功的,即通过期货交易的获利弥补了现货出售价格的风险损失。

第三节　期货经纪公司会计

一、期货经纪公司会计的特点

期货经纪公司的业务主要是代理期货交易业务,即所从事的是接受客户指令,承担对期货交易所并结算所的风险,代理期货投资企业的期货交易业务。在这样的交易中,期货交易所是期货经纪公司的“上家”,需要期货经纪公司承担期货交易的风险;而期货投资企业则是期货经纪公司的“下家”,通过向期货经纪公司交纳保证金方式承担期货交易的实际风险,并向期货经纪公司支付一定数额的交易佣金。

期货经纪公司的业务实际上反映着期货经纪公司与上家、下家的经济利益关系。期货经纪公司与上家的关系表现于其本身与期货交易所之间的有关管理制度中;与下家的关系则体现于对期货投资企业的代理关系中。由此决定了期货经纪公司会计体系应清楚反映期货经纪公司与上家、下家的业务往来处理。

二、期货经纪公司会计核算的内容

（一）期货经纪公司的费用

期货经纪公司的费用主要有：为取得期货交易所会员资格而交纳的会员资格费，为取得交易席位而向交易所支付的席位占用费，为维持交易所日常开支而向交易所交纳的年会费，向期货结算所支付的结算手续费，向交易所支付的交易手续费，向本机构雇佣的出市经纪人支付的出市经纪费，以及机构内部发生的正常经营费用等。

（二）期货经纪公司的收入

期货经纪公司的主要收入来源是向客户收取的代理交易的手续费，约占总收入的 90%，其余的来源于客户交纳的保证金利息以及向客户有偿提供信息、咨询等服务的收入。手续费一般按不超过交易额的 4‰比例收取，客户交纳期货经纪公司的保证金存放在经纪公司名下，该笔保证金的利息收入归经纪公司所有，而不再转给客户。

（三）期货经纪公司与期货交易所或结算所的往来款项

1. 基础保证金。期货经纪公司应预先交纳一笔巨额的基础保证金，该保证金不得用作交易保证金或结算款项。只当交易保证金、结算准备金不足以弥补亏损时，结算所才可用基础保证金补亏，经纪公司退出期货结算所时，基础保证金随之归还。

2. 交易保证金。它是经纪公司向期货结算所交纳持仓合约占用的保证金，主要有三种：一是初始保证金，在开仓时交纳用以担保初始买卖的期货合约；二是维持保证金，期货经纪公司在期货交易所必须维持的最低保证金水平，一般为初始保证金水平的 75%；三是追加保证金，如果开仓后因合约价格变动使结算账户上的资金余额低于维持保证金水平，必须将这一余额追加到初始保证金水平，所追加的资金就是追加保证金。

3. 结算准备金。它是期货经纪公司为交易结算而预先存入结算所的资金，是尚未被合约占用的保证金。

4. 交易盈亏。它包括持仓期内的浮动盈亏和平仓时的盈亏。根据每日结算无负债制度，持仓期内每日都要调整各账户的余额，如果期货经纪公司的代理业务发生浮动亏损，致使保证金余额低于维持保证金水平，则要增加对结算所的债务，补交差额资金；反之，如果期货经纪公司的代理业务盈余，则应减少对结算所的债权，结算所会将超过规定的保证金水平的款项在第二天自动支付给各期货经纪公司。当客户下达指令平仓时，经纪公司与结算所结算交易盈亏，收回保证金，转给客户。

此外，如有期货经纪公司破产或不能履约，期货结算所应首先将期货经纪公司账户上的一切期货合约平仓抵债，如不能抵债则用交易保证金和结算准备金弥补。

如仍不能完全弥补债务，则用基础保证金补足差额部分，必要时还要动用结算所资金，甚至要求全体结算会员增缴保证金。

（四）期货经纪公司与客户的往来款项

1. 保证金

客户的每一笔交易，都要向期货经纪公司交纳保证金，该保证金水平一般比经纪公司交给结算所的保证金比例略高，客户就以此差额保证金向经纪公司担保履约。客户交给经纪公司的交易保证金可分为三种：初始保证金、维持保证金和追加保证金。

2. 交易盈亏

对客户的未平仓合约的盈亏，期货经纪公司应每天进行结算，并调整该客户的保证金账户余额。交易盈余将增加保证金余额和对客户的债务，交易亏损应减少保证金余额和对客户的债务，对于保证金余额低于维持保证金水平的客户，经纪公司应责令其限期追缴保证金，在期货交易平仓后，应向客户退还保证金。

此外，在客户不能履约或破产时，经纪公司首先用客户的保证金弥补客户的亏损，并从中收取代理费。如保证金不足以弥补客户违约给经纪公司造成的损失，经纪公司将对客户强制平仓，直到全部弥补亏损。如果客户的合约全部平仓后，仍不能抵消客户的债务，经纪公司只能动用自有资金予以补足。

三、期货经纪公司代理交易的核算科目设置

1.“应收保证金”科目

该科目核算期货经纪公司向期货交易所交纳划出和追加的用于办理期货业务的保证金，按交易所进行明细核算。该科目反映期货经纪公司对客户的债权，可下设“结算准备金”、“初始保证金”和“追加保证金”三个明细科目。“应收保证金”科目的借方登记期货经纪公司应向客户收取的结算准备金、初始保证金和追加保证金，以及期货价格发生有利变动应调整的保证金数额；贷方则登记期货经纪公司实际向交易所并结算所交付的各类保证金，以及期货价格发生不利变动应调整的保证金数额；余额在借方，表示期货经纪公司应向客户收取但尚未收回的保证金数额。收到交易所划转的保证金存款利息，借记“应收保证金”科目，贷记“财务费用”科目。

2.“应付保证金”科目

该科目核算期货经纪公司收到客户划入的保证金，是期货经纪公司对客户的债务。“应付保证金”下设“结算款”、“初始保证金”、“追加保证金”三个明细科目。贷方登记已向客户收取的保证金数额；借方登记实际转销的向期货交易所、结算所缴纳的保证金及应收取的代理费及其他费用款；期末余额在贷方，表示尚未归还客户的保证金数额，该科目应按各客户设置明细科目。

"应收保证金"和"应付保证金"分别反映的是期货经纪公司对客户的债权和债务,应按两条不同的线索记录经济业务引起的保证金增减变化。收到客户的保证金,应贷记"应付保证金——结算款",按转入初始保证金的数额,借记"应付保证金——结算款",贷记"应付保证金——初始保证金"。向期货交易所交付保证金,应借记"应收保证金——结算准备金",按应划转给交易所的初始保证金,借记"应收保证金——初始保证金",贷记"应收保证金——结算准备金"。对于追加保证金业务,应先记录保证金的追加和拨转情况,而后将反映在"应收保证金——追加保证金"的借方金额,结转到"应收保证金——结算准备金"的借方,将"应付保证金——追加保证金"的贷方金额,结转至"应付保证金——结算款"的借方。

因期货价格升降所引起的交易盈亏,应调整经纪公司对客户的债权和债务金额,期货价格下降所引起的交易亏损,应作减少"应付保证金——结算款"和"应收保证金——结算准备金"的分录,期货价格上升所形成的交易盈利,应作增加"应付保证金——结算款"和"应收保证金——结算准备金"的分录。

在期货交易对冲平仓后,期货经纪公司应将结算所退回的保证金按结算所的计算数额,从"应收保证金——初始保证金"转为"应收保证金——结算准备金",并同时按自己的计算数额将"应付保证金——初始保证金"结转为"应付保证金——结算款"。

"应付保证金"账户应充分反映客户的交易盈亏。期货交易结束后,经纪公司应返还给客户的款项为"应付保证金——结算款"中的贷方余额扣除客户应向期货经纪公司交纳的手续费。因此,客户退出期货交易,期货经纪公司应将剩余的保证金结算款退还给该客户。

3. 在"营业费用"科目下设置"期货年会费"和"提取期货风险准备"明细科目。"期货年会费"明细科目,核算向交易所交纳的年会费;"提取期货风险准备"明细科目,核算按规定提取的期货风险准备。

除设置"应收保证金"、"应付保证金"之外,还应设置"应收席位费"、"长期股权投资——期货会员资格投资"、"买入期货合约"、"卖出期货合约"和"期货交易清算"等会计科目。这几个会计科目的核算内容与核算办法,与期货合约会计中的相关内容类同,在此不再说明。

四、代理期货业务的核算实例

【例 11-3】某期货经纪公司收到某客户为交易做准备而支付的保证金 18 万元,将其中的 15 万元作为结算准备金转交于期货交易所的结算机构。月初,期货经纪公司收到客户指令买入 100 份(5 吨/份)钢材期货合约,价位 2 400 元/吨。期货交易所和经纪公司的初始保证金水平分别为 10%和 12%,维持保证金水平为初始保证金的 75%,即分别为 7.5%和 9%。手续费率分别为:经纪公司 0.4%,期货交易所0.3%。交易后某日，钢材期货价格下跌，收市时跌至2 300元/吨；次日继续下跌，收市时跌至2 200元/吨。但第三日钢材期货价格回升，当日收市时为2 400元/吨；次日回升到2 500元/吨。在期货价格为2 500元/吨时，期货经纪公司按客户指令将合约全部卖出平仓。根据以上交易情况，所作会计分录如下：

(1)收到客户的保证金并交付期货结算所保证金

借：银行存款——某客户　　180 000

　贷：应付保证金——结算款(某客户)　　180 000

借：应收保证金——结算准备金　　150 000

　贷：银行存款——某客户　　150 000

(2)买入期货合约

①记录合约价值(2 400×5×100)

借：买入期货合约　　1 200 000

　贷：期货交易清算　　1 200 000

②记录应交给交易所的初始保证金(1 200 000×10%)

借：应收保证金——初始保证金　　120 000

　贷：应收保证金——结算准备金　　120 000

③记录客户交存资金应转入初始保证金的部分款项(1 200 000×12%)

借：应付保证金——结算款(某客户)　　144 000

　贷：应付保证金——初始保证金(某客户)　　144 000

④记录应交、应收手续费

借：应收手续费——某客户　　4 800

　贷：主营业务收入(1 200 000×0.4%)　　4 800

借：营业费用　　3 600

　贷：应付手续费——交易所(1 200 000×0.3%)　　3 600

(3)钢材期货价格第一个变动日，根据每日结算无负债制度，当日收市时要结算浮动盈亏。同时还应调整合约的账面价值。

①结算浮动亏损，调整经纪公司的债权债务

(2 300－2 400)×5×100＝－50 000

借：应付保证金——结算款(某客户)　　50 000

　贷：应收保证金——结算准备金　　50 000

②调整期货合约的账面价值

借：期货交易清算　　50 000

　贷：买入期货合约　　50 000

(4)钢材期货价格继续下跌，当跌至2 200元/吨时

①结算浮动亏损，调整经纪公司的债权债务

(2 200－2 300)×5×100＝－50 000

借:应付保证金——结算款(某客户)　　50 000
　贷:应收保证金——结算准备金　　50 000

②调整期货合约的账面价值

借:期货交易清算　　50 000
　贷:买入期货合约　　50 000

③连日发生浮动亏损后,客户在结算所和经纪公司账户上的资金余额已分别下降至 50 000 元和 80 000 元,不但低于初始保证金水平,而且低于维持保证金水平 90 000 元(120 000×75%)和 108 000 元(144 000×75%),故经纪公司要求客户追加保证金 50 000 元,并将其全部拨给期货交易所。对这笔业务,首先应记录保证金的追加及拨转情况,然后以追加保证金转增结算准备金和结算款,其会计分录如下:

借:银行存款——某客户　　50 000
　贷:应付保证金——追加保证金(某客户)　　50 000
借:应收保证金——追加保证金(某客户)　　50 000
　贷:银行存款——某客户　　50 000
借:应付保证金——追加保证金(某客户)　　50 000
　贷:应付保证金——结算款(某客户)　　50 000
借:应收保证金——结算准备金　　50 000
　贷:应收保证金——追加保证金　　50 000

(5)钢材期货价格回升,至当日收市时已达 2 400 元/吨时

①结算浮动盈亏,调整债权债务

(2 400－2 200)×5×100＝100 000(元)

借:应收保证金——结算准备金　　100 000
　贷:应付保证金——结算款(某客户)　　100 000

②调整期货合约的账面价值

借:买入期货合约　　100 000
　贷:期货交易清算　　100 000

(6)钢材期货价格继续上升,当价位到达 2 500 元/吨时,按客户指令全部卖出平仓。

①首先冲销期货合约的账面价值,结算当日的平仓盈亏,并调整债权债务

2 500×100×5＝1 250 000(元)

借:期货交易清算　　1 200 000
　　应收保证金——结算准备金　　50 000
　贷:卖出期货合约　　1 250 000

借:卖出期货合约　1 250 000
　贷:买入期货合约　1 200 000
　　应付保证金——结算款(某客户)　50 000

如果期货合约价值不作表内记录,在此仅须作债权债务的调整分录如下:

借:应收保证金——结算准备金　50 000
　贷:应付保证金——结算款(某客户)　50 000

而记录期货交易清算和买卖期货合约的会计分录仅只作备查分录。

②转回初始保证金

借:应收保证金——结算准备金　120 000
　贷:应收保证金——初始保证金　120 000

借:应付保证金——初始保证金(某客户)　144 000
　贷:应付保证金——结算款(某客户)　144 000

③计算、记录手续费收入和支出情况

借:应收手续费——某客户　5 000
　贷:主营业务收入(1 250 000×0.4%=5 000)　5 000

借:营业费用　3 750
　贷:应付手续费——交易所(1 250 000×0.3%=3 750)　3 750

本章小结

期货是相对现货而言的。期货交易是买卖双方支付一定数量的保证金,通过期货交易所进行的在将来某一特定时间和交割地点按现在商定的价格购买或出售某一特定品质、规格商品的标准合约的交易。现代意义上的期货交易实际上是期货合约交易,即通过标准化的期货合约的买卖来进行交易,以获取价差收益。期货合约是期货交易的买卖双方进行交易的重要凭证,是期货交易者遵照期货交易所的规定,在交易所内通过公平竞价形式买卖的具有标准质量、数量、交收地点、交收时间及交收方式的合同。在期货市场上,合约就代表期货,是市场买卖的对象,也就是交易的内容。

期货交易的对象并不是商品(标的物)的实体,而是商品(标的物)的标准化合约。期货交易的目的是为了转移价格风险或获取风险利润。期货交易有两个目的,一是投机,二是套期保值。

期货市场是期货交易者进行期货合约交易的场所,它是商品经济发展到一定阶段的产物。期货市场从产生至今,经过数百年的发展,形成了一套较为严谨、科学的组织形式,主要包括期货交易所、期货结算所、期货经纪公司和期货交易者。

期货合约会计是指运用财务会计的基本原理和方法,对期货交易所、期货经纪公司和参加商品期货交易的企业的期货业务经营活动，进行综合的核算和监督，提供从事期货交易的财务信息的一种重要经济管理活动。本章以期货合约会计为主介绍了相关内容的核算。

中英文对照专业名词

期货 (Futures)　　**期货交易合同** (Futures Contract)

增收保证金 (Margin Call)　　**期货合约会计** (Futures Accounting)

期货交易所会计 (Futures Board of Trade Accounting)

思考与练习

一、思考题

1. 期货交易的性质和特点是什么？
2. 期货交易和远期商品交易有何区别？
3. 简述期货交易的相关概念。
4. 投机套利期货交易与套期保值期货业务两者在核算上有何异同？
5. 简述期货经纪公司的会计核算方法。

二、练习题

目的：练习投机套利期货业务的核算。

资料：B 期货交易所并结算所会员，在取得会员资格时交纳了 5 万元的会员资格费。该会员根据各种信息进行综合分析，预测以后谷物的价格会上涨，为此决定做谷物的多头期货交易，在交易日以每份 3 万元的价格购入谷物合约 10 份，每张合约单位是 10 吨，按合约价格的 6%交纳初始保证金，在第一个价格变动日，每份合约的价格 3.1 万元，第二个价格变动日的价格为 2.95 万元/份，在第三个价格变动日的价格为 2.90 万元/份，该交易者按此价格卖出合约对冲平仓，并收回了保证金。该交易者所交纳的手续费为每份合约 100 元。该会员在结算所已存放结算准备金，发生期货业务的交易保证金和手续费随业务进展而交纳。

要求：对该交易者的期货交易过程进行核算。

第十二章　金融工具会计

自 1973 年以来，随着以固定汇率为核心的布雷顿森林体系的瓦解，西方发达国家普遍实行了浮动汇率制，与此同时，在世界领域越来越多的国家也逐步放弃了对利率的管制。由于汇率、利率的双重浮动，衍生工具应运而生，随着全球经济、金融逐步融合，衍生工具的种类和运用也日益频繁。如何规范衍生工具，成为摆在各国政策制定者面前的难题，而作为加强金融衍生市场监管的一部分——会计制度监管也变得十分重要。企业在会计核算中对金融衍生工具的不反映和不规范反映都将引致不可预期的严重后果。在国内发展金融衍生工具呼声高涨的大环境下，改革企业有关金融衍生品的会计核算制度显得日益紧迫。金融资产如何进行确认和计量？这关系到企业在利率或者汇率变化条件下，财务费用如何确认的问题；同时，在对不同金融资产的后续计量中采取不同的方法，也将对未来的减值处理产生重要的影响。金融工具会计准则一直是国际会计准则中比较复杂的内容。如何有效地对金融工具进行确认和计量，完善金融工具会计准则体系，一直以来是各国政策制定部门的重要工作。

新会计准则要求对金融资产和金融负债，以及衍生工具等在资产负债表上进行确认，采取公允价值作为计量基础，这与原来金融工具会计处理相差比较大。同时，新准则的出台标志着中国在金融工具会计处理上率先与国际会计准则接轨，有利于境外上市企业的国际协调，提高金融信息可比性和透明度。主要掌握金融工具的确认和计量、金融资产的转移、金融资产的列报。

第一节　金融工具会计概述

一、金融工具的相关定义及其特征

(一)金融工具

金融工具是指形成一个企业的金融资产，并形成其他单位的金融负债或权益工具的合同。

自 20 世纪 70 年代以来，衍生金融工具随着全球金融创新的浪潮迅猛发展，成为当今经济领域中一族异常活跃而且重要的生力军。但其日新月异的发展之势，也给人们对其的认识、把握造成了一定的困难，如何界定衍生金融工具至今仍是人们探讨的问题。为了对衍生金融工具会计进行深入研究，了解、分析有关权威机构及专家学者近期对衍生金融工具所作出的定义，并在此基础上得出自己的判断，是一步必要和有益的工作。

美国会计准则确定的定义。衍生金融工具(Derivative Financial Instruments)又称金融衍生工具(Financial Derivative Instruments)，顾名思义，它是在传统金融工具(如现金、外汇、股票、债券等)基础上衍生出来的新型金融工具，既属于金融工具的范畴，又属于衍生工具的范畴，是金融工具与衍生工具的交集。可见，要对衍生金融工具下定义，首先应当明确金融工具和衍生工具的定义。作为最早着手衍生金融工具研究的著名会计组织，美国财务会计准则委员会在其发布的财务会计准则公告中先后对金融工具和衍生工具作出了定义。

美国财务会计准则委员会在1990年发布的第105号财务会计准则公告《具有表外风险的金融工具和信用风险集中的金融工具的信息披露》中，将金融工具定义为：

金融工具，指现金、对某主体的权益凭证或同时具有以下两个条件的合约：(1)对一个主体形成合约的义务：支付现金或另一种金融工具给另一个主体或在潜在的不利情况下与另一主体交换金融工具；(2)赋予另一主体合约权利：从前一主体取得现金或另一金融工具或在潜在有利的条件下与前一主体交换金融工具。

(二)金融资产

根据我国2006年2月15日颁布的会计准则体系中《金融工具会计准则》的内容，规定金融资产是指企业的下列资产：

1.现金；

2.持有的其他单位的权益工具；

3.从其他单位收取现金或其他金融资产的合同权利；

4.在潜在有利条件下，与其他单位交换金融资产或金融负债的合同权利；

5.将来须用或可用企业自身权益工具进行结算的非衍生工具的合同权利，企业根据该合同将收到非固定数量的自身权益工具；

6.将来须用或可用企业自身权益工具进行结算的衍生工具的合同权利，但企业以固定金额的现金或其他金融资产换取固定数量的自身权益工具的衍生工具合同权利除外。其中，企业自身权益工具不包括本身就是在将来收取或支付企业自身权益工具的合同。

其中，权益工具是指能证明拥有某个企业在扣除所有负债后的资产中的剩余权益的合同。

初始确认金融负债按照公允价值进行计量，后续计量时，对于短期投资、长期债券投资、长期股权投资(按照成本法核算的部分)，如果将其归为为交易而持有的金融资产，则按照公允价值计量；如果将其归为可供出售的金融资产，则按照历史成本计量，价值变动计入资本公积，直到该金融资产终止确认时再转出计入当期损益；如果将其归为持有至到期的投资，则按照实际利率法，以摊余成本计量，并将衍生金融工具纳入表内核算，按照公允价值进行计量。显然《暂行规定》大大扩大了公允价值的适用范围，采取更能反映金融工具本质属性的计量方式，这必将大大提高金融工具信息的质量。

(三)金融负债

金融负债，是指企业的下列负债：

1.向其他单位交付现金或其他金融资产的合同义务；

2.在潜在不利条件下，与其他单位交换金融资产或金融负债的合同义务；

3.将来须用或可用企业自身权益工具进行结算的非衍生工具的合同义务，企业根据该合同将交付非固定数量的自身权益工具；

4.将来须用或可用企业自身权益工具进行结算的衍生工具的合同义务，但企业以固定金额的现金或其他金融资产换取固定数量的自身权益工具的衍生工具合同义务除外。其中，企业自身权益工具不包括本身就是在将来收取或支付企业自身权益工具的合同。

金融负债应当在初始确认时划分为下列两类：

1.以公允价值计量且其变动计入当期损益的金融负债，包括交易性金融负债和指定为以公允价值计量且其变动计入当期损益的金融负债；

2.其他金融负债。

(四)金融资产和金融负债的分类

金融资产应当在初始确认时划分为下列四类：

1.以公允价值计量且其变动计入当期损益的金融资产，包括交易性金融资产和指定为以公允价值计量且其变动计入当期损益的金融资产；

2.持有至到期投资；

3.贷款和应收款项；

4.可供出售金融资产。

其中，持有至到期投资，是指到期日固定、回收金额固定或可确定，且企业有明确意图和能力持有至到期的非衍生金融资产。下列非衍生金融资产不应当划分为持有至到期投资：

1.初始确认时被指定为以公允价值计量且其变动计入当期损益的非衍生金融资产；

2.初始确认时被指定为可供出售的非衍生金融资产；

3.贷款和应收款项。

企业应当在资产负债表日对持有意图和能力进行评价。发生变化的，应当按照本准则有关规定处理。

存在下列情况之一的，表明企业没有明确意图将金融资产投资持有至到期：

1. 持有该金融资产的期限不确定。

2. 发生市场利率变化、流动性需要变化、替代投资机会及其投资收益率变化、融资来源和条件变化、外汇风险变化等情况时，将出售该金融资产。但是，无法控制、预期不会重复发生且难以合理预计的独立事项引起的金融资产出售除外。

3. 该金融资产的发行方可以按照明显低于其摊余成本的金额清偿。

4. 其他表明企业没有明确意图将该金融资产持有至到期的情况。

(五)交易性金融资产或金融负债

金融资产或金融负债满足下列条件之一的，应当划分为交易性金融资产或金融负债：

1. 取得该金融资产或承担该金融负债的目的，主要是为了近期内出售或回购。

2. 属于进行集中管理的可辨认金融工具组合的一部分，且有客观证据表明企业近期采用短期获利方式对该组合进行管理。

3. 属于衍生工具。但是，被指定且为有效套期工具的衍生工具、属于财务担保合同的衍生工具、与在活跃市场中没有报价且其公允价值不能可靠计量的权益工具投资挂钩并须通过交付该权益工具结算的衍生工具除外。

二、金融资产和金融负债的摊余成本

(一) 金融资产或金融负债的摊余成本

是指该金融资产或金融负债的初始确认金额经下列调整后的结果：

1. 扣除已偿还(收到)的本金；

2. 加上或减去采用实际利率法将该初始确认金额与到期日金额之间的差额进行摊销形成的累计摊销额；

3. 扣除已发生的减值损失(仅适用于金融资产)。

(二)实际利率法

实际利率法，是指按照金融资产或金融负债(含一组金融资产或金融负债)的实际利率计算其摊余成本及各期利息收入或利息费用的方法。实际利率，是指将金融资产或金融负债在预期存续期间或适用的更短期间内的未来现金流量，折现为该金融资产或金融负债当前账面价值所使用的利率。

在确定实际利率时，应当在考虑金融资产或金融负债所有合同条款(包括提前还款权、看涨期权、类似期权等)的基础上预计未来现金流量，但不应当考虑未来信用损失。

金融资产或金融负债合同各方之间支付或收取的、属于实际利率组成部分的各项收费、交易费用及溢价或折价等，应当在确定实际利率时予以考虑。金融资产或金融负债的未来现金流量或存续期间无法可靠预计时，应当采用该金融资产或金融负债在整个合同期内的合同现金流量。

三、出售或重分类

(一)可供出售金融资产

可供出售金融资产,是指初始确认时即被指定为可供出售的非衍生金融资产,以及除下列各类资产以外的金融资产:

1.贷款和应收款项。

2.持有至到期投资。

3.以公允价值计量且其变动计入当期损益的金融资产。

贷款和应收款项,是指在活跃市场中没有报价、回收金额固定或可确定的非衍生金融资产。企业不应当将下列非衍生金融资产划分为贷款和应收款项:

1.准备立即出售或在近期出售的非衍生金融资产。

2.初始确认时被指定为以公允价值计量且其变动计入当期损益的非衍生金融资产。

3.初始确认时被指定为可供出售的非衍生金融资产。

4.因债务人信用恶化以外的原因,使持有可能难以收回几乎所有初始投资的非衍生金融资产。

企业所持证券投资基金或类似基金,不应当划分为贷款和应收款项。

企业应将尚未到期的某项持有至到期投资在本会计年度内出售或重分类为可供出售金融资产的金额,相对于该类投资在出售或重分类前的总额较大时,应当将该类投资的剩余部分重分类为可供出售金融资产,且在本会计年度及以后两个完整的会计年度内不得再将该金融资产划分为持有至到期投资。但是,下列情况除外:

1.出售日或重分类日距离该项投资到期日或赎回日较近(如到期前三个月内),市场利率变化对该项投资的公允价值没有显著影响。

2.根据合同约定的定期偿付或提前还款方式收回该投资几乎所有初始本金后,将剩余部分予以出售或重分类。

3.出售或重分类是由于企业无法控制、预期不会重复发生且难以合理预计的独立事项所引起。此种情况主要包括:

(1)因被投资单位信用状况严重恶化,将持有至到期投资予以出售;

(2)因相关税收法规取消了持有至到期投资的利息税前可抵扣政策,或显著减少了税前可抵扣金额,将持有至到期投资予以出售;

(3)因发生重大企业合并或重大处置,为保持现行利率风险头寸或维持现行信用风险政策,将持有至到期投资予以出售;

(4)因法律、行政法规对允许投资的范围或特定投资品种的投资限额作出重大调整,将持有至到期投资予以出售;

(5)因监管部门要求大幅度提高资产流动性，或大幅度提高持有至到期投资在计算资本充足率时的风险权重，将持有至到期投资予以出售。

(二)企业没有能力将具有固定期限的金融资产投资持有至到期的判断标准

存在下列情况之一的，表明企业没有能力将具有固定期限的金融资产投资持有至到期：

1.没有可利用的财务资源持续地为该金融资产投资提供资金支持，以使该金融资产投资持有至到期。

2.受法律、行政法规的限制，使企业难以将该金融资产投资持有至到期。

3.其他表明企业没有能力将具有固定期限的金融资产投资持有至到期的情况。

(三)金融资产与金融负债重分类

企业在初始确认时将某金融资产或某金融负债划分为以公允价值计量且其变动计入当期损益的金融资产或金融负债后，不能重分类为其他类金融资产或金融负债；其他类金融资产或金融负债也不能重分类为以公允价值计量且其变动计入当期损益的金融资产或金融负债。

四、嵌入衍生金融工具

嵌入衍生工具，是指嵌入到非衍生工具(即主合同)中，使混合工具的全部或部分现金流量随特定利率、金融工具价格、商品价格、汇率、价格指数、费率指数、信用等级、信用指数或其他类似变量的变动而变动的衍生工具。嵌入衍生工具与主合同构成混合工具，如可转换公司债券等。

除了下列情况之外，企业可以将混合工具指定为以公允价值计量且其变动计入当期损益的金融资产或金融负债。

1.嵌入衍生工具对混合工具的现金流量没有重大改变。

2.类似混合工具所嵌入的衍生工具，明显不应当从相关混合工具中分拆。

嵌入衍生工具相关的混合工具没有指定为以公允价值计量且其变动计入当期损益的金融资产或金融负债，且同时满足下列条件的，该嵌入衍生工具应当从混合工具中分拆，作为单独存在的衍生工具处理：

1.与主合同在经济特征及风险方面不存在紧密关系；

2.与嵌入衍生工具条件相同，单独存在的工具符合衍生工具定义。

无法在取得时或后续的资产负债表日对其进行单独计量的，应当将混合工具整体指定为以公允价值计量且其变动计入当期损益的金融资产或金融负债。

按照我国2006年最新颁布的金融工具会计准则，嵌入衍生工具按照规定从混合工具分拆后，主合同是金融工具的，应当按照准则有关规定处理；主合同是非金融工具的，应当按照其他会计准则的规定处理。

第二节 金融工具的确认和计量

一、金融资产和金融负债的确认

(一)金融工具确认

当企业成为金融工具合同的一方时,应当确认一项金融资产或金融负债。

(二)金融资产终止确认

终止确认,是指将金融资产或金融负债从企业的账户和资产负债表内予以转销。

金融资产满足下列条件之一的,应当终止确认:

1. 收取该金融资产现金流量的合同权利终止。

2. 该金融资产已转移,且符合《企业会计准则第23号——金融资产转移》规定的金融资产终止确认条件。

金融负债的现时义务全部或部分已经解除的,才能终止确认该金融负债或其一部分。

企业将用于偿付金融负债的资产转入某个机构或设立信托,偿付债务的现时义务仍存在的,不应当终止确认该金融负债,也不能终止确认转出的资产。

企业(债务人)与债权人之间签订协议,以承担新金融负债方式替换现存金融负债,且新金融负债与现存金融负债的合同条款实质上不同的,应当终止确认现存金融负债,并同时确认新金融负债。

企业对现存金融负债全部或部分的合同条款作出实质性修改的,应当终止确认现存金融负债或其一部分,同时将修改条款后的金融负债确认为一项新金融负债。

金融负债全部或部分终止确认的,企业应当将终止确认部分的账面价值与支付的对价(包括转出的非现金资产或承担的新金融负债)之间的差额,计入当期损益。

企业回购金融负债一部分的,应当在回购日按照继续确认部分和终止确认部分的相对公允价值,将该金融负债整体的账面价值进行分配。分配给终止确认部分的账面价值与支付的对价(包括转出的非现金资产或承担的新金融负债)之间的差额,计入当期损益。

二、金融资产和金融负债的计量

(一)金融资产与金融负债的初始确认

企业初始确认金融资产或金融负债,应当按照公允价值计量。对于以公允价值计量且其变动计入当期损益的金融资产或金融负债，相关交易费用应当直接计入当期损益；对于其他类别的金融资产或金融负债，相关交易费用应当计入初始确认金额。

交易费用，是指可直接归属于购买、发行或处置金融工具新增的外部费用。新增的外部费用，是指企业不购买、发行或处置金融工具就不会发生的费用。交易费用包括支付给代理机构、咨询公司、券商等的手续费和佣金及其他必要支出，不包括债券溢价、折价、融资费用、内部管理成本及其他与交易不直接相关的费用。

(二)金融资产与金融负债的后续计量

企业应当按照公允价值对金融资产进行后续计量，且不扣除将来处置该金融资产时可能发生的交易费用。但是，下列情况除外：

1.持有至到期投资以及贷款和应收款项，应当采用实际利率法，按摊余成本计量。

2.在活跃市场中没有报价且其公允价值不能可靠计量的权益工具投资，以及与该权益工具挂钩并须通过交付该权益工具结算的衍生金融资产，应当按照成本计量。

企业应当采用实际利率法，按摊余成本对金融负债进行后续计量。但是，下列情况除外：

1.以公允价值计量且其变动计入当期损益的金融负债，应当按照公允价值计量，且不扣除将来结清金融负债时可能发生的交易费用。

2.与在活跃市场中没有报价、公允价值不能可靠计量的权益工具挂钩并须通过交付该权益工具结算的衍生金融负债，应当按照成本计量。

3.不属于指定为以公允价值计量且其变动计入当期损益的金融负债的财务担保合同，或没有指定为以公允价值计量且其变动计入当期损益并将以低于市场利率贷款的贷款承诺，应当在初始确认后按照下列两项金额之中的较高者进行后续计量：

(1)按照《企业会计准则第13号——或有事项》确定的金额；

(2)初始确认金额扣除按照《企业会计准则第14号——收入》的原则确定的累计摊销额后的余额。

(三)特殊情况下金融资产与金融负债的会计处理

1.企业因持有意图或能力发生改变，使某项投资不再适合划分为持有至到期投资的，应当将其重分类为可供出售金融资产，并以公允价值进行后续计量。重分类日，该投资的账面价值与公允价值之间的差额计入所有者权益，在该可供出售金融资产发生减值或终止确认时转出，计入当期损益。

2.持有至到期投资部分出售或重分类的金额较大，且不属于第16条所指的例外情况，使该投资的剩余部分不再适合划分为持有至到期投资的，企业应当将该投资的剩余部分重分类为可供出售金融资产，并以公允价值进行后续计量。重分类日，该投资剩余部分的账面价值与其公允价值之间的差额计入所有者权益，在该可供出售金融资产发生减值或终止确认时转出，计入当期损益。

3.对按照本准则规定应当以公允价值计量，但以前公允价值不能可靠计量的金融资产或金融负债，企业应当在其公允价值能够可靠计量时改按公允价值计量，相关账面价值与公允价值之间的差额按照本准则第38条的规定处理。

4.因持有意图或能力发生改变，或公允价值不再能够可靠计量，或持有期限已超过“两个完整的会计年度”，使金融资产或金融负债不再适合按照公允价值计量时，企业可以将该金融资产或金融负债按成本或摊余成本计量，该成本或摊余成本为重分类日该金融资产或金融负债的公允价值或账面价值。与该金融资产相关、原直接计入所有者权益的利得或损失，应当按照下列规定处理：

(1)该金融资产有固定到期日的，应当在该金融资产的剩余期限内，采用实际利率法摊销，计入当期损益。该金融资产的摊余成本与到期日金额之间的差额，也应当在该金融资产的剩余期限内，采用实际利率法摊销，计入当期损益。该金融资产在随后的会计期间发生减值的，原直接计入所有者权益的相关利得或损失，应当转出计入当期损益。

(2)该金融资产没有固定到期日的，仍应保留在所有者权益中，在该金融资产被处置时转出，计入当期损益。该金融资产在随后的会计期间发生减值的，原直接计入所有者权益的相关利得或损失，应当转出计入当期损益。

金融资产或金融负债公允价值变动形成的利得或损失，除与套期保值有关外，应当按照下列规定处理：

(1)以公允价值计量且其变动计入当期损益的金融资产或金融负债公允价值变动形成的利得或损失，应当计入当期损益。

(2)可供出售金融资产公允价值变动形成的利得或损失，除减值损失和外币货币性金融资产形成的汇兑差额外，应当直接计入所有者权益，在该金融资产终止确认时转出，计入当期损益。

可供出售外币货币性金融资产形成的汇兑差额，应当计入当期损益。采用实际利率法计算的可供出售金融资产的利息，应当计入当期损益；可供出售权益工具投资的现金股利，应当在被投资单位宣告发放股利时计入当期损益。

与套期保值有关的金融资产或金融负债公允价值变动形成的利得或损失的处理，适用《企业会计准则第24号——套期保值》。

以摊余成本计量的金融资产或金融负债，在终止确认、发生减值或摊销时产生的利得或损失，应当计入当期损益。但是，该金融资产或金融负债被指定为被套期项目的，相关的利得或损失的处理，适用《企业会计准则第24号——套期保值》。

三、金融资产的减值

（一）金融资产期末计价

企业应当在资产负债表日对以公允价值计量且其变动计入当期损益的金融资产以外的金融资产的账面价值进行检查，有客观证据表明该金融资产发生减值的，应当计提减值准备。

表明金融资产发生减值的客观证据，是指金融资产初始确认后实际发生的、对该金融资产的预计未来现金流量有影响，且企业能够对该影响进行可靠计量的事项。金融资产发生减值的客观证据，包括下列各项：

（1）发行方或债务人发生严重财务困难；

（2）债务人违反了合同条款，如偿付利息或本金发生违约或逾期等；

（3）债权人出于经济或法律等方面因素的考虑，对发生财务困难的债务人作出让步；

（4）债务人很可能倒闭或进行其他财务重组；

（5）因发行方发生重大财务困难，该金融资产无法在活跃市场继续交易；

（6）无法辨认一组金融资产中的某项资产的现金流量是否已经减少，但根据公开的数据对其进行总体评价后发现，该组金融资产自初始确认以来的预计未来现金流量确已减少且可计量，如该组金融资产的债务人支付能力逐步恶化，或债务人所在国家或地区失业率提高、担保物在其所在地区的价格明显下降、所处行业不景气等；

（7）债务人经营所处的技术、市场、经济或法律环境等发生重大不利变化，使权益工具投资人可能无法收回投资成本；

（8）权益工具投资的公允价值发生严重或非暂时性下跌；

（9）其他表明金融资产发生减值的客观证据。

（二）以摊余成本计量的金融资产发生减值时

应当将该金融资产的账面价值减记至预计未来现金流量（不包括尚未发生的未来信用损失）现值，减记的金额确认为资产减值损失，计入当期损益。

预计未来现金流量现值，应当按照该金融资产的原实际利率折现确定，并考虑相关担保物的价值（取得和出售该担保物发生的费用应当予以扣除）。原实际利率是初始确认该金融资产时计算确定的实际利率。对于浮动利率贷款、应收款项或持有至到期投资，在计算未来现金流量现值时可采用合同规定的现行实际利率作为折现率。

短期应收款项的预计未来现金流量与其现值相差很小的，在确定相关减值损失时，可不对其预计未来现金流量进行折现。

对单项金额重大的金融资产应当单独进行减值测试，如有客观证据表明其已发生减值，应当确认减值损失，计入当期损益。对单项金额不重大的金融资产，可以单独进行减值测试，或包括在具有类似信用风险特征的金融资产组合中进行减值测试。

单独测试未发生减值的金融资产（包括单项金额重大和不重大的金融资产），应当包括在具有类似信用风险特征的金融资产组合中再进行减值测试。已单项确认减值损失的金融资产，不应包括在具有类似信用风险特征的金融资产组合中进行减值测试。

（三）减值准备的转回

1.以摊余成本计量的金融资产减值准备的转回

对以摊余成本计量的金融资产确认减值损失后，如有客观证据表明该金融资产价值已恢复，且客观上与确认该损失后发生的事项有关（如债务人的信用评级已提高等），原确认的减值损失应当予以转回，计入当期损益。但是，该转回后的账面价值不应当超过假定不计提减值准备情况下该金融资产在转回日的摊余成本。

在活跃市场中没有报价且其公允价值不能可靠计量的权益工具投资，或与该权益工具挂钩并须通过交付该权益工具结算的衍生金融资产发生减值时，应当将该权益工具投资或衍生金融资产的账面价值，与按照类似金融资产当时市场收益率对未来现金流量折现确定的现值之间的差额，确认为减值损失，计入当期损益。

2.可供出售金融资产发生减值的确认

可供出售金融资产发生减值时，即使该金融资产没有终止确认，原直接计入所有者权益的因公允价值下降形成的累计损失，应当予以转出，计入当期损益。该转出的累计损失，为可供出售金融资产的初始取得成本扣除已收回本金和已摊销金额、当前公允价值和原已计入损益的减值损失后的余额。

对于已确认减值损失的可供出售债务工具，在随后的会计期间公允价值已上升且客观上与确认原减值损失确认后发生的事项有关的，原确认的减值损失应当予以转回，计入当期损益。

3.可供出售权益工具投资发生减值的确认

可供出售权益工具投资发生的减值损失，不得通过损益转回。但是，在活跃市场中没有报价且其公允价值不能可靠计量的权益工具投资，或与该权益工具挂钩并须通过交付该权益工具结算的衍生金融资产发生的减值损失，不得转回。

金融资产发生减值后，利息收入应当按照确定减值损失时对未来现金流量进行折现采用的折现率作为利率计算确认。

四、公允价值的确定

公允价值，是指在公平交易中，熟悉情况的交易双方自愿进行资产交换或者债务清偿的金额。在公平交易中，交易双方应当是持续经营企业，不打算或不需要进行清算、重大缩减经营规模，或在不利条件下仍进行交易。

（一）活跃市场条件中公允价值的确定

存在活跃市场的金融资产或金融负债，活跃市场中的报价应当用于确定其公允价值。活跃市场中的报价是指易于定期从交易所、经纪商、行业协会、定价服务机构等获得的价格，且代表了在公平交易中实际发生的市场交易的价格。

1. 在活跃市场上，企业已持有的金融资产或拟承担的金融负债的报价，应当是现行出价；企业拟购入的金融资产或已承担的金融负债的报价，应当是现行要价。

2. 企业持有可抵消市场风险的资产和负债时，可采用市场中间价确定可抵消市场风险头寸的公允价值；同时，用出价或要价作为确定净敞口的公允价值。

3. 金融资产或金融负债没有现行出价或要价，但最近交易日后经济环境没有发生重大变化的，企业应当采用最近交易的市场报价确定该金融资产或金融负债的公允价值。

最近交易日后经济环境发生了重大变化时，企业应当参考类似金融资产或金融负债的现行价格或利率，调整最近交易的市场报价，以确定该金融资产或金融负债的公允价值。

企业有足够的证据表明最近交易的市场报价不是公允价值的，应当对最近交易的市场报价作出适当调整，以确定该金融资产或金融负债的公允价值。

4. 金融工具组合的公允价值，应当根据该组合内单项金融工具的数量与单位市场报价共同确定。

5. 活期存款的公允价值，应当不低于存款人可支取时应付的金额；通知存款的公允价值，应当不低于存款人要求支取时应付金额从可支取的第一天起进行折现的现值。

（二）不存在活跃市场条件下金融工具公允价值的确定

金融工具不存在活跃市场的，企业应当采用估值技术确定其公允价值。采用估值技术得出的结果，应当反映估值日在公平交易中可能采用的交易价格。估值技术包括参考熟悉情况并自愿交易的各方最近进行的市场交易中使用的价格、参照实质上相同的其他金融工具的当前公允价值、现金流量折现法和期权定价模型等。

企业应当选择市场参与者普遍认同，且被以往市场实际交易价格验证具有可靠性的估值技术确定金融工具的公允价值：

1. 采用估值技术确定金融工具的公允价值时，应当尽可能使用市场参与者在金融工具定价时考虑的所有市场参数，包括无风险利率、信用风险、外汇汇率、商品价格、股价或股价指数、金融工具价格未来波动率、提前偿还风险、金融资产或金融负债的服务成本等，尽可能不使用与企业特定相关的参数。

2. 企业应当定期使用没有经过修正或重新组合的金融工具公开交易价格校正

所采用的估值技术，并测试该估值技术的有效性。

3.金融工具的交易价格应当作为其初始确认时的公允价值的最好证据，但有客观证据表明相同金融工具公开交易价格更公允，或采用仅考虑公开市场参数的估值技术确定的结果更公允的，不应当采用交易价格作为初始确认时的公允价值，而应当采用更公允的交易价格或估值结果确定公允价值。

（三）金融工具具体公允价值的确定

根据上述标准可知：

1.初始取得或原生的金融资产或承担的金融负债，应当以市场交易价格作为确定其公允价值的基础。

2.债务工具的公允价值，应当根据取得日或发行日的市场情况和当前市场情况，或其他类似债务工具（即有类似的剩余期限、现金流量模式、标价币种、信用风险、担保和利率基础等）的当前市场利率确定。

债务人的信用风险和适用的信用风险贴水在债务工具发行后没有改变的，可使用基准利率估计当前市场利率确定债务工具的公允价值。债务人的信用风险和相应的信用风险贴水在债务工具发行后发生改变的，应当参考类似债务工具的当前价格或利率，并考虑金融工具之间的差异调整，确定债务工具的公允价值。

3.企业采用未来现金流量折现法确定金融工具公允价值的，应当使用合同条款和特征在实质上相同的其他金融工具的市场收益率作为折现率。金融工具的条款和特征，包括金融工具本身的信用质量、合同规定采用固定利率计息的剩余期间、支付本金的剩余期间以及支付时采用的货币等。

4.没有标明利率的短期应收款项和应付款项的现值与实际交易价格相差很小的，可以按照实际交易价格计量。

5.在活跃市场中没有报价的权益工具投资，以及与该权益工具挂钩并须通过交付该权益工具结算的衍生工具，满足下列条件之一的，表明其公允价值能够可靠计量：

（1）该金融工具公允价值合理估计数的变动区间很小。

（2）该金融工具公允价值变动区间内，各种用于确定公允价值估计数的概率能够合理地确定。

第三节　金融工具的会计处理

一、摊余成本举例（金融资产）

【例12-1】假设A企业采用融资租赁方式向B公司租赁大型设备一台，起租日为2000年1月1日，租赁期为36个月。该机器在2000年1月1日的原账面价值为700 000元，租赁合同规定的利率为7%(6个月利率)，该机器的估计使用年限为8年，已使用3年，期满无残值，租赁期届满时，A企业享有优惠购买该机器的选择权，购买价为100元，估计该日租赁资产的公允价值为80 000元。假设租赁过程中未发生任何手续费，在应收融资租赁款过程中双方按照合同按期缴纳增收租金。

假设不考虑其他问题，认定该租赁对于A、B企业来说都是一项融资租赁。

根据此项租赁形成的内容，可以判断出租人形成了一项金融资产。

1.计算租赁内含利率

租赁内含利率是在租赁开始日，使最低租赁收款额的现值与未担保余值的现值之和等于租赁资产原账面价值的折现率。

最低租赁收款额＝租金×期数＋优惠购买价格

＝150 000×6＋100＝900 100(元)

因此有150 000×$PA(6,R)$＋100×$PV(6,R)$

＝700 000(租赁资产的原账面价值)

根据这一等式，可在多次测试的基础上，用插值法计算租赁内含利率。

当R＝7%时

150 000×4.767＋100×0.666＝715 050＋66.6＝715 116.6(元)>700 000(元)

当R＝8%时

150 000×4.623＋100×0.630＝693 450＋63＝693 513(元)<700 000(元)

因此，7%<R<8%。用插值法计算如下：

现值	利率
715 116.6	7%
700 000	R
693 513	8%

R＝7.70%

即，租赁内含利率为7.70%。

2.计算租赁开始日最低租赁收款额及其现值和未实现融资收益

本例中由于不存在担保余值和未担保余值，因此

最低租赁收款额＝最低租赁付款额＝150 000×6＋100＝900 100(元)

最低租赁收款额现值＝租赁开始日租赁资产原账面价值＝700 000(元)

未实现融资收益＝(最低租赁收款额＋未担保余值)－(最低租赁收款额的现值＋未担保余值的现值)＝900 100－700 000＝200 100(元)

2000年1月1日会计分录：

借：应收融资租赁款	900 100	
贷：融资租赁资产		700 000

递延收益——未实现融资收益　　200 100

3. 未实现融资收益的分配

表 12-1　未确认融资收益分配表(实际利率法)

2000年1月1日　　单位:元

日期 ①	租金②	确认的融资收入③=期初⑤×7.7%	租赁投资净额减少额④=②-③	租赁投资净额余额期末⑤=期初⑤-④	摊余成本⑥=期初⑥-③-④
(1)2000.1.1				700 000	900 100
(2)2000.6.30	150 000	53 900	96 100	603 900	750 100
(3)2000.12.31	150 000	46 500.3	103 499.7	500 400.3	600 100
(4)2001.6.30	150 000	38 530.82	111 469.18	388 931.12	450 100
(5)2001.12.31	150 000	29 947.70	120 052.30	268 878.82	300 100
(6)2002.6.30	150 000	20 703.67	129 296.33	139 582.49	150 100
(7)2002.12.31	150 000	10 517.51*	139 482.49*	-10 417.52	100
(8)合计	900 000	200 100		100	

* 做尾数调整:10 517.51=150 000-139 482.49　139 482.49=139 582.49-100

二、摊余成本举例(梯级型利息支付的债务工具)

1. 计算租赁开始日最低租赁付款额的现值,确定租赁资产入账价值。

最低租赁付款额=各期租金之和+行使优惠购买选择权支付的金额

=150 000×6+100=900 100(元)

计算现值的过程如下:

每期租金150 000元的年金现值=150 000×*PA*(6期,7%)

优惠购买选择权行使价100元的复利现值=100×*PV*(6期,7%)

查表得知:

PA(6期,7%)=4.767

PV(6期,7%)=0.666

现值合计=150 000×4.767+100×0.666=715 116.6(元)>700 000(元)

根据相关准则要求可以判断租赁资产的入账价值应为其原账面价值700 000元。

2. 计算未确认融资费用:

未确认融资费用=最低租赁付款额-租赁开始日租赁资产的入账价值

=900 100-700 000=200 100(元)

2000年1月1日会计分录：

借：固定资产——融资租入固定资产　　700 000

　　未确认融资费用　　200 100

　贷：长期应付款——应付融资租赁款　　900 100

由此，企业形成一项金融负债。

3.未确认融资费用的分摊：

第一步，确定融资费用分摊率。

由于租赁资产入账价值为原账面价值，因此应重新计算融资费用分摊率。

计算过程如下：

根据下列公式：

租赁开始日最低租赁付款的现值＝租赁开始日租赁资产原账面价值

可以得出：$150\ 000 \times PA(6,R) + 100 \times PV(6,R) = 700\ 000$（元）

可在多次测试的基础上，用插值法计算融资费用分摊率。

当 $R=7\%$ 时

$150\ 000 \times 4.767 + 100 \times 0.666 = 715\ 050 + 66.6 = 715\ 116.6$（元）$>700\ 000$（元）

当 $R=8\%$ 时

$150\ 000 \times 4.623 + 100 \times 0.630 = 693\ 450 + 63 = 693\ 513$（元）$<700\ 000$（元）

因此，$7\%<R<8\%$。用插值法计算如下：

现值	利率
715 116.6	7%
700 000	R
693 513	8%

$(715\ 116.6-700\ 000)/(715\ 116.6-693\ 513)=(7\%-R)/(7\%-8\%)$

$R=7.70\%$

即，融资费用分摊率为7.70%。

第二步，在租赁期内采用实际利率法分摊融资费用（见表12-2）。

第三步，会计分录。

2000年6月30日，支付第一期租金：

借：长期应付款——应付融资租赁款　　150 000

　贷：银行存款　　150 000

同时

借：财务费用　　53 900

　贷：未确认融资费用　　53 900

2000年12月31日，支付第二期租金：

借：长期应付款——应付融资租赁款　　150 000

贷:银行存款　　150 000

以后各期会计分录依此类推,在此不再赘述。

表 12-2　未确认融资费用分摊表(实际利率法)

2000年1月1日　　单位:元

日期①	租金②	确认的融资费用③＝期初⑤×7.7%	应付本金减少额期初④＝②－③	应付本金期末余额⑤＝期初⑤－④	摊余成本⑥＝期初⑥－③－④
2000.1.1				700 000	900 100
2000.6.30	150 000	53 900	96 100	603 900	750 100
2000.12.31	150 000	46 500.3	103 499.7	500 400.3	600 100
2001.6.30	150 000	38 530.82	111 469.18	388 931.12	450 100
2001.12.31	150 000	29 947.70	120 052.30	268 878.82	300 100
2002.6.30	150 000	20 703.67	129 296.33	139 582.49	150 100
2002.12.31	150 000	10 517.51*	139 482.49*	100	100
2003.1.1	100		100	0	0
合计	900 100	200 100	700 000		

*做尾数调整:10 517.51＝150 000－139 482.49　139 482.49＝139 582.49－100

第四节　金融资产的转移

一、金融资产转移的概念

金融资产转移有两种情形。

第一种情形是企业收取金融资产现金流量的权利转移给另一方,如附追索权的贷款转移、工商企业应收账款的融资交易等。

第二种情形是企业将金融资产转移给另一方,但保留收取金融资产现金流量的权力、承担将收取的现金流量支付给最终收款方的义务,且符合以下全部条件:(1)企业从该金融资产收到对等的现金流量时,才有义务将其支付给最终收款方;(2)企业不能出售该金融资产或作为质押物;(3)企业有义务将收取的现金流量及时支付给最终收款方。如银行的信贷资产证券化,即将住房贷款在信托公司设立信托,然后由信托公司发行信托受益权凭证。

住房抵押贷款证券化的具体流程为:(1)住房抵押贷款的发放。贷款银行向购房者发放住房贷款,同时要求借款人必须以房地产商品作为抵押物。(2)出售债权。贷款银行将贷款出售给信托公司设立的特殊目的信托;通过特殊目的信托发行信托受益权凭证。这样银行将较长时间的信贷资产变现,实现资金长期性和短期性的融合。

在此过程中,银行将信贷资产转移给特殊目的信托,但保留了收取信贷资产现金流量的权利并承担将收取的现金流量支付给投资者的义务。给付的过程中,要符合金融资产转移概念需求要满足三个条件:(1)银行从该信贷资产收到对等现金流量时,才有义务支付给投资者;(2)银行不能出售该信贷资产或作为质押物,若出售或质押,投资者就丧失了保障;(3)银行有义务将收取的现金流量及时支付给投资者。

二、金融资产转移的确认

金融资产转移的确认分为三种情形:

1. 企业已将金融资产所有权上几乎所有风险和报酬转移给转入方的,应当终止确认该金融资产。例如:(1)无条件出售金融资产;(2)出售金融资产并同时出售按回购时公允价值回购金融资产的期权;(3)出售金融资产并同时出售深度蚀价的卖出期权或买入期权,即深度蚀价以至于在到期之前不大可能变为溢价的期权。

2. 企业保留了金融资产所有权上几乎所有风险和报酬的,不应终止确认该金融资产。(1)出售并回购交易,其中回购价格为固定价格或售价加借出人回报。(2)证券出借协议。证券出借交易最初的发起人是经纪经销商,这些经纪经销商需要特定的证券对卖空交易进行平仓以及应付客户不能交付证券的情形。许多证券出借协议都附有协议,协议要求金融资产的转让方在到期日前回购或赎回被转让的证券。因此,证券转移方保留了几乎所有风险和报酬,也不应终止确认。(3)出售金融资产并同时出售将市场风险敞口转会给主体的总汇报互换。(4)出售金融资产并同时出售深度溢价的卖出期权或买入期权,即深度溢价以至于在到期之前不大可能变为蚀价的期权。(5)出售短期应收款项,并且主体保证补偿受让人可能因该短期应收款项发生的信用损失。

3. 企业既没有转移也没有保留金融资产所有权上几乎所有风险和报酬的,应分别以下情况处理:(1)企业放弃了对该金融资产控制的,应终止确认该金融资产;(2)企业未放弃对该金融资产控制的,应按其继续涉入程度确认该金融资产。

上述前两种情形是两个极端,分别是转移了几乎所有的风险和报酬与保留了几乎所有的风险和报酬。第三种情形居中,需要依据准则判断是否放弃对该金融资产的控制来决定如何确认该金融资产。

三、金融资产转移的会计处理

企业金融资产整体转移符合终止确认条件的会计处理。

【例 12-2】 某银行拥有一项贷款组合，账面价值为 5 000 万元，公允价值为 5 500万元，将贷款出售收到 5 250 万元，未保留任何对此贷款出售的服务性责任。某银行从转入方获取一项购买类似出售贷款的期权(公允价值 320 万元)，并承担了一项购买任何拖欠的贷款的追索义务(公允价值 240 万元)。某银行同时与转入方达成一项利率互换协议(公允价值 200 万元)，据该协议某银行可按高于市场利率收到固定利息并为浮动的利率支付。

由于某银行已经转移该项贷款组合上所有的风险和报酬，根据准则，企业金融资产整体转移符合终止确认条件的，应当将以下两项金额的差额，确认为当期损益：(1)所转移金融资产的账面价值；(2)因转移收到的对价与原直接计入所有者权益的公允价值变动累计额之和。金融资产转移获得了新金融资产或承担了金融负债的，应当在转移日按公允价值确认该项金融资产和扣除金融负债后的净额作为上述对价的组成部分。

某银行所转移贷款组合的账面价值为 5 000 万元。银行转移贷款组合收到的现金对价为 5 250 万元。转移中获得的新金融资产为：买入期权(公允价值 320 万元)、利率互换(公允价值 200 万元)；承担的金融负债为追索义务(公允价值 320 万元)。因此，该银行因转移收到的总对价为 5 530 万元(5 250＋320＋200－240)。因此该银行因贷款组合整体转移所应确认的当期收益为 530 万元(5 530－5 000)，有关计算过程如下：

因转移而收到的对价＝收到的现金对价＋获得的金融资产－承担的金融负债

＝ 5 250＋ 520－240

＝5 530(万元)

当期的收益＝因转移而收到的对价－所转移资产的账面价值

＝5 530－5 000

＝530(万元)

该银行对交易进行的核算：

	借方	贷方
现金	5 250	
买入期权	320	
利率互换	200	
贷款		5 000
追索义务		240
收益		530

第五节　金融工具的列报

一、金融负债和权益工具的确认

准则规定，企业发行股票、债券等金融工具时，应当按照金融工具合同的实质以及金融负债和权益工具的定义，在初始确认时将该金融工具或其组成部分确认为一项金融负债或权益工具。确认金融负债和权益工具的判定标准如下：

(1)企业承担了交付现金或其他金融资产给其他单位的义务，或承担了在不利条件下与其他单位交换金融资产或金融负债义务的，应当将该金融工具确认为一项金融负债。

(2)企业没有承担交付现金或其他金融资产或金融负债义务的，应当将该金融工具确认为一项权益工具。

需要注意的是，金融工具的实质而非形式决定了其在企业资产负债表中的分类。实质和形式在某些情况下并不相同。如甲公司发行优先股，规定公司在固定的或可确定的未来日期以固定的或可确定的金额强制赎回，或赋予持有人要求发行人在特定日期或特定日期之后以固定的或可确定的金额赎回股票的权利。发行优先股的公司承担了交付现金或金融资产给其他单位的义务，以此应将其确认为一项金融负债。

有些金融工具既有权益工具的特征又有金融负债的特征，如可转换公司债券，是指企业购入的可在一定时期以后转换为股票的债券。可转换债券又属于混合金融工具，对于发行方而言，既有负债性质，又具有所有者权益性质；对于债券持有方而言，既具有债权性质，又具有股权性质。由于可转换债券具有双重性质，债券持有方可享受股东的权利或享受债权人的权利，风险较小，因而一般可转换债券的利率较低，企业通过发行可转换债券，以较低的筹资成本取得长期的使用资金。准则规定，企业发行的非衍生金融工具包括负债和权益成分的，应当在初始确认该金融工具将负债和权益成分分拆。

例如，甲公司发行的可转换公司债券情况如下：可转换债券的发行价格为40 000 000元，债券年利率为6%，期限3年，年末支付利息，结算方式是持有方可以选择付现或转换成发行方的股份。另外，不附选择权的类似债券的市场利率为9%。

按准则的规定，将可转换债券中的负债和权益成分分拆。在进行分拆时，应当采用未来现金流量折现法确定负债成分的初始入账价值，再按金融工具整体的发行对价扣除负债成分初始入账价值。负债成分的公允价值为未来现金流出的贴现值。采用的贴现率为债券发行时不附选择权的类似债券占市场的利率，即9%。

第 3 年年末应付的本金为 40 000 000 元，按 9%贴现，即为 30 887 886 元。每年支付 2 400 000 元，支付 3 年，按 9%贴现，即为 6 075 106 元。故负债成分的初始入账价值为 36 962 442 元。可转换债券的发行对价是 40 000 000 元，则权益成分的初始入账价值是 3 037 558 元(40 000 000－36 962 442)。因此该可转换公司债券初始确认时，应分别确认 36 962 442 元的金融负债和 3 037 558 元的权益。

二、金融工具的披露

1. 对金融工具交易可能导致的风险的披露

对金融工具交易可能导致的风险的披露包括信用风险、流动性风险、利率风险。信用风险是指金融工具一方不能履行义务，致使另一方发生财物损失的风险；流动性风险是指企业履行与金融负债有关的承诺时遇到资金短缺的风险；利率性风险是指金融工具的未来现金流量因市场利率的变化而波动的风险等。对风险的披露要求概括如下：

(1)利率风险。对各类金融资产和金融负债，应披露：合同重新定价日或到期日中得较早者、实际利率、有关利率风险敞口的其他信息。

(2)信用风险。对各类金融资产，应披露：最能代表其最大信用风险敞口的金额、信用风险中要集中，有关信用风险敞口的其他信息。

(3)流动性风险。对各类金融资产和金融负债，应披露：按剩余到期日所做的到期期限分析。

2. 其他披露事项

如与金融工具有关的重要会计政策、风险管理和套期活动、不符合终止确认条件的金融资产转移、与确定金融资产或金融负债有关的公允价值信息、重分类等。

本章小结

本章主要阐述了金融工具的确认和计量：介绍了相关金融工具、金融资产、金融负债、权益工具、衍生金融工具的概念，金融资产、金融负债的分类，金融资产的减值等。金融资产转移介绍了金融资产确认的三种情形及会计处理。金融工具的列报介绍了金融负债和权益工具的确认以及金融工具的披露。

中英文对照专业名词

金融资产 (Financial Assets) 公允价值 (Fair Value)

金融工具确认和计量 (Recognition and Measurement of Financial Instruments)

金融市场 (Financial Market)　　金融工具 (Financial Instruments)
衍生金融工具 (Derivative Financial Instruments)
名义收益率 (Nominal Yield)　　实际收益率 (Real Yield)

思考与练习

1. 分别阐述金融工具、金融资产、金融负债、权益工具。
2. 试述金融工具的确认和计量。
3. 简述资产转移的确认和处理。
4. 简述金融工具的列报。

第十三章　企业清算与重组

本章主要阐述企业清算与企业重组的基本理论和会计处理。通过本章的学习，应了解企业清算的原因、企业清算的一般业务程序和企业破产的程序；明确企业清算的类型以及清算工作的内容；掌握破产清算的会计核算；了解企业重组的性质及模式；掌握企业重组的账务处理。

第一节　概　　述

一、企业清算的原因、类型及业务程序

(一)企业清算的原因

企业清算是指企业按章程规定解散以及由于破产或其他原因宣布终止经营后，对企业的财产、债权、债务进行全面清查，并进行收取债权、清算债务和分配剩余财产的经济活动。导致企业清算的原因很多，通常有以下几种：

(1)企业经营期限届满，投资方无意继续经营；

(2)企业合并或者分立，需要解散；

(3)投资一方或各方不履行协议、合同、章程规定的义务，致使企业无法继续经营；

(4)企业发生严重亏损，无力继续经营；

(5)企业因自然灾害、战争等不可抗拒因素遭受严重的损失，无法继续经营；

(6)企业因违反国家法律法规，危害社会公共利益，被依法撤销；

(7)企业宣告破产；

(8)股份有限公司和有限责任公司的股东决定公司解散；

(9)法律、企业章程所规定的其他解散事由已经出现。

无论上述哪种原因，都会使企业解体，失去法人资格；而清算是企业解体过程中最重要的业务事项。

(二)企业清算的类型

(1)解散清算。解散清算又称普通清算，是指对因经营期满或者其他经营方面的原因，导致不宜或不能继续经营而自愿解散的企业所进行的清算。按企业规定的经营期限是否届满和企业终止法人资格的程序不同，解散清算可分为非完全解散清算和完全解散清算。非完全解散清算又称产权转让清算，是指对因营业期满

或其他原因，有一方将其所拥有的产权转让给另一方继续经营的解散企业所进行的清算。完全解散清算，是指对宣告解散并且各方都不再继续经营的企业所进行的清算。

(2)破产清算。破产清算是指对依法宣告破产的企业所进行的清算。

(三)企业清算的业务程序

无论是哪一种清算，其清算的业务程序基本上是一致的。清算业务的一般程序为：

(1)成立清算组。企业宣布经营终止时，应当在规定的期限内成立清算组。清算组即清算机构，是指企业经营终止后执行清算事务并代表企业行使职权的权力组织。有限责任公司的清算组，由股东组成；股份有限公司的清算组，由股东大会确定人选；宣告破产的企业，则由人民法院组成清算组。清算组负责企业清算期间的一切事宜。

(2)清查债务。清算组成立后，应按有关的规定时间通知或公告债权人；债权人应在规定的时间内向清算组申报债权，并提供证明材料和有关债权说明；清算组要逐步审核、登记、编制企业债务明细表。

(3)清查财产和债权。清算企业的财产，包括宣布清算时企业的财产和清算期间取得的财产。

(4)清偿债务。清算组在全面清查企业财产、债权债务后，首先应该将清算财产用于支付企业清算期间为开展清算工作所支出的全部费用。对支付清算费用后的剩余财产，依照下列顺序逐项清偿企业债务：①支付应付未付的职工工资、劳动保险等；②缴纳所得税款；③清偿其他各项无担保债务。

如果企业财产不足以清偿债务，要立即向法院申请宣告破产，待法院宣告破产后，清算组应将清算事务移交给法院。对宣告破产的企业，当破产财产不足清偿统一顺序债务时，则在同一顺序内按比例清偿。

(5)分配剩余财产。企业清偿债务后的剩余财产，应在投资者之间进行分配。其中，有限责任公司，应按投资各方的出资比例或企业章程、协议规定的办法进行分配。股份有限公司，应按优先股股份面值对优先股股份进行分配；优先股股东分配后的剩余部分，再按普通股股东的股份比例分配给普通股股东。如果剩余财产不足以全额偿付优先股股本，则按优先股股份面值的比例进行分配。

(6)编制清算报告和办理企业注销手续。企业清算结束，清算组应编制清算报告，清算报告经注册会计师验证后，报股东会或企业主管机关和企业原注册登记机关，办理注销手续，同时公告企业终止。

二、清算会计工作的内容

清算会计是指对被宣告解散企业各项清算业务进行反映和监督，向有关债权人、投资人及政府主管部门披露企业的财务状况、清算过程和结果等会计信息的一种专门会计。按企业清算的程序，清算会计工作的内容主要包括：

（一）进行财产清查、编制资产负债表和财产目录

企业清算会计应运用财产清查之一的会计方法，对清算企业的财产、债权、债务进行全面清查，对企业财产合理作价，并将有关账簿、报表及凭证进行核对，在保证账证、账账、账表相符的基础上，编制清算开始时的资产负债表；同时对账面的各项财产物资、债权、债务编制明细表，以明晰企业的财务状况。

（二）核算和监督清算费用的支付

清算费用是指清算过程中所发生的各项费用支出，包括清算组人员的工资、办公费、公告费、差旅费、诉讼费、审计费、公证费、财产估价费和变卖费等。清算会计应监督各项清算费用的合理开支，并保证其从企业的清算财产中优先得到支付。

（三）核算和监督债权的收回和债务的偿还

企业清算会计应对清算期间的收回的债权及时进行反映，对确定无法收回的款项，报经准后，作为坏账损失进行核销；对于各项债务，应按规定的日期通知债权人办理债权登记，并及时反映各项债务的偿还情况。

（四）核算和监督企业的清算损益

清算损益是指企业在清算过程中发生清算收益同清算损失和清算费用相抵后的余额。清算过程中的清算收益大于清算损失和清算费用的部分为清算净收益；反之，为清算净损失。如果为清算净收益，在依《税法》规定弥补以前年度亏损后，应视同利润依法缴纳所得税。

（五）核算和监督剩余财产的分配

企业清算会计应正确计算企业清偿债务后可供分配的剩余财产，并依照法规或合同规定的办法，核算和监督剩余财产的分配。

（六）编制清算财务报表

为了全面系统地反映清算过程和结果，清算完毕，清算会计应按规定编制清算财务报表。清算财务报表主要包括：清算资产负债表、清算损益表和债务清偿表。清算资产负债表，是反映清算企业在清算报告日的资产、负债和清算损益的报表；清算损益表，是反映清算企业在清算期间发生的清算收益、清算损失和清算费用情况的报表；债务清偿表，是反映清算企业债务偿还情况的报表。

三、企业重组概述

（一）企业重组的性质及模式

企业重组通常有狭义和广义之分。广义的企业重组包括企业业务重组、资产重组、负债重组、股权重组、职员重组和管理体制重组等。狭义的重组主要指企业资产重组。

根据改制和资本运营总体战略及企业自身的特点，企业重组可采用不同的模式。

1.原续型重组模式

原续型重组模式是指被改组企业将其全部企业整体改制为股份有限公司或有限责任公司。这种模式是根据吸收其他资本而分为两种情况。一种情况是改组企业整体改制为国有独资公司。其基本特征是：改制企业整体改组；改制后企业只有国家一个股东；原企业法人地位变更，只承担有限的责任。另一种情况是改组企业以评估后企业全部净资产折为股本，然后增资扩股，发行股票，组建成股份有限公司。其基本特征是：改制企业整体改组；改制后股份有限公司以募集方式设立；原企业法人地位变更，股份公司国有股由原企业所有者行使。

原续型重组模式的优点是：企业重组比较简单；企业重组矛盾较小；关联交易较少。这种模式的缺点是：不利于资产剥离和减员增效；不适于较大规模企业集团重组；不利于转换企业经营机制。

这种模式比较适用于新建企业资本结构较合理、效益较好的中型企业。大型企业、老企业、企业集团等不宜采用这种重组模式。

2.合并型重组模式

合并重组模式是指将被改组企业整体并吸收其他企业作为共同发起人设立的股份有限公司或有限责任公司。这种模式的特点是：改组企业整体重组；由不同法人企业共同发起设立；原企业法人撤销。

合并型重组模式由于属于原企业整体改组，因此，基本上保持了原续型重组模式的优点，同时比上述模式更有利于完善公司治理结构，扩大了股份有限公司的规模和竞争力。但该种模式仍没有克服原续型重组模式的缺点，而且重组工作量和难度较大。

这种模式主要适用于改组企业本身条件较好，不需要进行剥离；同时有较好的合并对象，以利于企业综合经营发展战略的实施。

3.分立型重组模式

分立型重组模式是将被改组企业部分资产剥离、分立并吸收其他资本形成的股份有限公司或有限责任公司。分立型重组模式是根据原企业法人地位是否取消而存在两种情况：一种情况是企业通过资产剥离等分立出几个独立的企业法人实体，它们的所有权都属于原企业所有者，而原企业的法人地位不复存在；另一种情况是改制企业部分剥离后形成股份有限公司或有限责任公司，其他资产组成新的国有独资公司等。原企业法人地位不变，只是变成集团公司或控股公司。改制后分立的公司或企业成为企业集团或控股公司的子公司，由集团公司或控股公司行使国有资本所有权职能。

分立型重组模式的优点是：有利于企业不良资产的剥离和债务重组，使企业真正按市场规律运作。这种模式的缺点是:由于社会保障体系不健全,企业重组难度大;关联交易处理复杂。

这种模式主要适用于较老的国有大型企业重组。通常,这种类型的企业社会负担较大、不良资产较多、债务较重。

企业重组无论采用何种模式,都涉及对企业资产、负债和权益的重组问题。资产、负债重组和产权重组是企业重组的基本形式。

(二)企业重组的程序

由于企业重组涉及企业改制、改组、改造,以及整合重组、分拆重组和内部重组多种形式,因此,不同企业的重组的方式的具体程序可能有所不同。但从企业重组的一般意义出发,其一般程序归纳如下:

1.明确企业重组的目的

各企业进行重组的目的是不同的,有的企业重组的目的是改制上市,有的企业是为了取得管理经验,有的是为了资产转换。不同重组的目的,将采用不同的重组模式和形式。

2.确定企业重组的模式

在明确企业重组目的的基础上,可根据企业自身的特点选择适合的重组模式和方式,是选择组合重组还是分拆重组,是选择兼并还是收购,是出售还是分立等等。

3.评估企业价值

无论采用何种模式和方式进行企业重组,都涉及重组企业和目标企业的价值评估或资产评估问题。合理、公允地确定企业价值是企业重组的难点。

4.界定产权

在企业价值评估的基础上,企业重组必须界定清楚资产的产权归属,即资产的所有者和债权人。这是保证重组后企业产权明晰关系的关键所在。

5.资产重组

资产重组是企业重组的重点。在对重组企业和目标企业的资产评估和产权界定的基础上,企业重组首先要解决资产重组的问题,以确定合理的资产规模与结构,保证资源得到充分、合理地使用。

6.负债重组

负债重组是资本结构重组的重要内容。负债重组不仅要重组流动负债与长期负债,而且要重组负债与所有者权益结构。

7.产权重组

产权重组或股权重组,是指在产权界定基础上,根据企业重组的目的和要求,按投资主体所设置的国家股、法人股、个人股和外资股的行为。产权重组不仅影响企业的资本结构,而且决定企业的治理结构问题。

8.制定与取得各种法律文件

在企业确定重组到重组后的公司注册登记前，企业需要制定与取得许多文件，包括协议书、申请书、公司章程、资产评估报告、验资报告等等。只有具备完整合法的文件，才能重组为合法的企业。

9.重组后企业工商登记

按照工商登记的各项要求，对重组后的企业进行注册登记。

第二节　企业解散清算会计

一、企业解散清算会计的一般核算程序

企业解散清算分为非完全解散清算和完全解散清算。由于非完全解散清算的核算与完全解散的清算核算基本相同，故本节仅介绍完全解散清算的核算，非完全解散的核算不再赘述。

在完全解散的情况下，由于企业终止经营，因此，清算组应变卖企业所有的财产，清偿所有的债务，并将剩余财产在投资者之间进行分配。完全解散清算会计的核算程序一般为：

(1)全面清算财产，编制清查后的财产盘点表和资产负债表；

(2)核算和监督财产和物资的处置、债权的回收、债务的偿付以及清算费用的支付和结转；

(3)计算清算损益，编制清算损益表和清算结束日的资产负债表；

(4)归还投资各方的资本，分配剩余财产并结平各账户。

二、企业解散清算的会计核算

解散清算属于对企业正常终止的清算，不需要另设新的账户体系。但清算组对解散清算进行核算时，要增设“清算费用”和“清算损益”两个账户。“清算费用”账户是用来核算清算过程中发生的各项费用；“清算损益”账户是用来核算清算过程中变卖资产等发生的收益或损失。由于解散清算沿用旧账，因此也就不需结转账户的余额。

下面以良诚有限责任公司为例，说明企业解散清算的会计核算。

【例 13-1】良诚有限责任公司有甲、乙两方所占的投资比例分别为60%和40%。由于经营期满，于20×7年6月1日解散公司，6月30日清算结束。其解散清算前一日的资产负债表见表13-1所示。

表 13-1　资产负债表

编制单位:良诚有限责任公司　　20×7年5月31日　　单位:元

资　　产	金　　额	负债及所有者权益	金　　额
流动资产		流动负债	
货币资金	3 231 250	短期借款	456 250
应收票据	56 250	应付票据	125 000
应收账款	376 250	应付账款	225 000
其他应收款	100 000	应付职工薪酬	173 750
存货	751 250	应交税费	100 000
流动资产合计	4 515 000	流动负债合计	1 080 000
固定资产		所有者权益	
固定资产原价	3 925 000	实收资本	2 150 000
减:累计折旧	2 700 000	资本公积	512 500
固定资产净值	1 225 000	盈余公积	668 750
无形资产	46 250	未分配利润	1 375 000
		所有者权益合计	4 706 250
资产总计	5 786 250	负债及所有者权益合计	5 786 250

资产负债表中有关项目金额的详细资料如下:货币资金为3 231 250元,其中:现金为36 875元,银行存款为3 194 375元;存货为751 250元,其中:原材料为212 500元,库存商品为487 500元,包装物及低值易耗品为51 250元;实收资本为2 150 000元,其中,甲、乙双方投资额分别为1 290 000元和860 000元。

清算组对该清算企业清算的过程如下:

(一)全面清查财产并编制清查后的财产盘点表和资产负债表

在企业清算工作开始时,应进行全面的财产清查,编制财产盘点表与清点前的资产负债表。根据财产清查结果进行账务处理如下:

(1) 将确实无法收回的应收账款12 500元核销,列为坏账损失。编制会计分录如下:

借:清算损益　　12 500
　贷:应收账款　　12 500

(2) 存货中原材料盘盈37 500元,库存商品50 000元。编制会计分录如下:

借:原材料　　37 500
　清算损益　　12 500

贷:库存商品 50 000

(3) 清查固定资产,发现短少机器一台,原价200 000元,已提折旧60 000元。编制会计分录如下:

借:累计折旧 60 000

清算损益 140 000

贷:固定资产 200 000

(4) 核销确实无法支付的应付账款25 000元,编制会计分录如下:

借:应付账款 25 000

贷:清算损益 25 000

根据以上账务处理后的账户余额编制清查后的资产负债表,如表13-2所示。

表13-2 资产负债表

编制单位:良诚有限责任公司 20×7年6月1日 单位:元

项目	金额	负债及所有者权益	金额
流动资产		流动负债	
货币资金	3 231 250	短期借款	456 250
应收票据	56 250	应付票据	125 000
应收账款	363 750	应付账款	200 000
其他应收款	100 000	应付职工薪酬	173 750
存货	738 750	应交税费	100 000
流动资产合计	4 490 000	流动负债合计	1 055 000
固定资产		所有者权益	
固定资产原价	3 725 000	实收资本	2 150 000
减:累计折旧	2 640 000	资本公积	512 500
固定资产净值	1 085 000	盈余公积	668 750
无形资产	46 250	未分配利润	1 375 000
		待转清算损益	−140 000
		所有者权益合计	4 566 250
资产合计	5 621 250	负债及所有者权益合计	5 621 250

（二）核算和监督财产物资的处置、债权的收回、债务的偿付以及清算费用的支付和结转

有关良诚有限责任公司财产物资的处置、债权的回收、债务的偿付以及清算费用的支付和结转情况如下：

(1)将面值为56 250元的应收票据贴现，贴息为562.50元，贴现款为55 687.50元存入银行。贴现利息计入“清算损益”账户。编制会计分录如下：

借：银行存款　55 687.50

　清算损益　562.50

　贷：应收票据　56 250

(2)收回各项应收账款376 250元存入银行。编制会计分录如下：

借：银行存款　376 250

　贷：应收账款　376 250

(3)收回其他应收款100 000元存入银行。编制会计分录如下：

借：银行存款　100 000

　贷：其他应收款　100 000

(4)变卖各项存货，实得销售收入为1 047 250元（其中：应缴增值税156 087.60元），所得款项存入银行。各项存货的账面价值分别为：原材料250 000元，库存商品437 500元，低值易耗品51 250元。销售收入与账面价值之差计入“清算损益”账户。编制会计分录如下：

借：银行存款　1 047 250

　贷：原材料　250 000

　　库存商品　437 500

　　低值易耗品　51 250

　　清算损益　179 412.40

　　应交税费——应缴增值税（销项税额）　156 087.60

(5)出售各项固定资产，收到价款1 525 000元存入银行，同时，按收入的5%计算交纳营业税，出售收入与账面价值之差计入“清算损益”账户。编制会计分录如下：

借：累计折旧　2 640 000

　银行存款　1 525 000

　贷：固定资产　3 725 000

　　清算损益　363 750

　　应交税费——应交营业税　76 250

(6)出售无形资产（专利权），收到价款40 000元存入银行，按收入的5%计算交纳营业税，出售收入与账面价值之差计入“清算损益”账户。编制会计分录如下：

借:银行存款　　40 000

　清算损益　　8 250

　贷:无形资产　　46 250

　　应交税费——应交营业税　　2 000

(7) 计算清算过程应交的城市维护建设税 16 403.64 元 和教育费附加 7 030.12元。编制会计分录如下:

借:清算损益　　23 433.76

　贷:应交税费——应交城建税　　16 403.64

　　应交税费——应交教育费附加　　7 030.12

(8) 以银行存款归还短期借款 456 250 元,支付借款利息 6 875 元。借款利息计入"清算损益"账户。编制会计分录如下:

借:短期借款　　456 250

　清算损益　　6 875

　贷:银行存款　　463 125

(9) 以银行存款支付不带息应付票据本金 125 000 元。编制会计分录如下:

借:应付票据　　125 000

　贷:银行存款　　125 000

(10) 以银行存款偿付应付账款 200 000 元。编制会计分录如下:

借:应付账款　　200 000

　贷 :银行存款　　200 000

(11) 从银行提取现金 86 250 元,支付应付的职工工资。编制会计分录如下:

借:现金　　86 250

　贷:银行存款　　86 250

借:应付职工薪酬　　86 250

　贷:现金　　86 250

(12) 以现金 150 000 元发放职工的遣散补助费,其中,87 500 元应从福利费中开支,其余列入"清算损益"账户。现金不足的部分 113 125 元从银行提取。编制会计分录如下:

借:现金　　113 125

　贷:银行存款　　113 125

借:应付职工薪酬　　87 500

　清算费用　　62 500

　贷:现金　　150 000

(13) 以银行存款交纳各种应交税费 347 891.24 元和教育费附加 9 880.12 元。编制会计分录如下:

借:应交税费　　347 891.24
　其他应交款　　9 880.12
　贷:银行存款　　357 771.36

(14) 以银行存款70 000元支付各项清算费用。编制会计分录如下:

借:清算费用　　70 000
　贷:银行存款　　70 000

(15) 将清算费用计132 500元转入"清算损益"账户。编制会计分录如下:

借:清算损益　　132 500
　贷:清算费用　　132 500

(三) 计算清算损益并编制清算损益表和清算结束日的资产负债表

将良诚有限责任公司上述的各项清算损益登记入账并结账,计算出"清算损益"账户余额为贷方余额231 541.14元,为清算收益。依据有关规定,清算净收益应视同利润,再按规定抵补以前年度亏损后交纳所得税。该公司没有以前年度未弥补的亏损事项,因此净收益应按全额33%计算缴纳所得税。计算出应交的所得税为76 408.58元。计算和以银行存款上交所得税时,编制会计分录如下:

借:清算损益　　76 408.58
　贷:应交税费——应交所得税　　76 408.58

借:应交税费——应交所得税　　76 408.58
　贷:银行存款　　76 408.58

将税后的清算净收益115 132.56元转入"利润分配——未分配利润"账户。编制会计分录如下:

借:清算损益　　115 132.56
　贷:利润分配——未分配利润　　115 132.56

依据上述清算结果编制良诚有限责任公司清算损益表和清算结束日的资产负债表,见表13-3和表13-4所示。

(四) 归还投资各方资本和分配剩余财产及结平各账户

按投资比例计算甲、乙双方应收回的投资和分配的剩余财产如下:

甲方应分:1 290 000+(51 250+668 750+1 530 132.56)×60%
　　=2 640 079.54(元)

乙方应分:860 000+(51 250+668 750+1 530 132.56)×40%
　　=1 760 053.20(元)

根据以上分配结果,因银行存款支付时,编制会计分录如下:

借:实收资本——甲方　　1 290 000
　　　——乙方　　860 000

表 13-3　清算损益表

编制单位：良诚有限责任公司　　　20×7 年 6 月份　　　单位：元

项　　目	本期数	累计数
一、清算收益	568 162.40	568 162.40
其中：1. 核销的应付账款收益	25 000	25 000
2. 出售存货的净收益	179 412.40	179 412.40
3. 出售固定资产的净收益	363 750	363 750
二、清算损失		
1. 坏账损失	12 500	12 500
2. 存货盘存净损失	12 500	12 500
3. 固定资产盘亏	140 000	140 000
4. 应收票据贴现利息	562.50	562.50
5. 出售无形资产损失	8 250	8 250
6. 应交的城市维护建设税和教育费附加	23 433.76	23 433.76
7. 短期借款利息	6 875	6 875
8. 结转的清算费用	132 500	132 500
三、清算净收益	231 541.14	231 541.14
减：所得税	76 408.58	76 408.58
四、税后净利润	115 132.56	115 132.56

表 13-4　资产负债表

编制单位：良诚有限责任公司　　　20×7 年 6 月 30 日　　　单位：元

资　　产	金　　额	负债及所有者权益	金　　额
银行存款	4 861 382.56	实收资本	2 150 000
		资本公积	512 500
		盈余公积	668 750
		未分配利润	1 530 132.56
		其中：清算损益	155 132.56
资产合计	4 861 382.56	负债及所有者权益合计	4 861 382.56

资本公积　512 500
盈余公积　668 750
利润分配——未分配利润　1 503 132.56
贷:银行存款　4 861 382.56

至此,良诚有限责任公司所有账户均已结平,企业解散清算结束。

第三节　企业破产清算会计

一、破产清算会计的一般核算程序

破产清算的特殊性决定了其核算程序与普通清算程序有所区别。破产清算会计核算的一般程序为:

(1) 设置会计科目,建立新的账户体系;

(2) 结转各破产清算账户的期初余额;

(3) 在财产清查的基础上,编制清查后的财产盘点表和资产负债表;

(4) 核算和监督破产企业财产的处置;

(5) 核算和监督清算费用的支付;

(6) 核算和监督破产企业财产的分配,结平各账户;

(7) 编制清算财务报表,办理企业注销登记。

二、破产清算的会计核算

(一) 设置破产清算会计科目并建立新的账户体系

清算组在清算开始时,应设置各有关清算会计科目,所应设置的会计科目如表13-5所示。

破产企业原来的各损益类科目,如"主营业务收入"、"主营业务成本"等,因为在清算开始时,破产企业已经将其账户发生额结转至"本年利润"账户的余额也已按规定转入"利润分配"账户,因此,对于停止生产经营活动的破产企业,原来各损益类科目和本年利润科目不再设置。

现将破产企业清算损益类科目说明如下:

(1)"清算费用"账户,用来核算被清算企业在清算期间发生的各项费用。支付各项清算费用时,计入该账户的借方;清算结束,将该账户发生额转入"清算损益"账户时,计入该账户的贷方。

(2)"土地转让收益"账户,用来核算被清算企业转让土地使用权取得的收入和发生的有关成本、税费等。取得土地使用权转让收入时,计入该账户的贷方;结转转让成本、土地使用权所得支付职工安置费以及支付转让的有关税费时,计入该账户的借方；清算终结时，应将本账户的余额转入“清算损益”账户。

表 13-5 清算组清算开始日会计科目表

会计科目名称	会计科目名称
资产类：	负债类：
现金	借款
银行存款	应付票据
应收票据	应付职工薪酬
应收款	应交税费
材料	应付股利
半成品	长期债券
库存商品	其他应付款
投资	损益类：
固定资产	清算费用
在建工程	土地转让收益
无形资产	清算损益

(3)“清算损益”账户，用来核算被清算企业在破产清算期间处置资产、确认债务等发生的损益和被清算企业的所有者权益。其核算内容包括：①被清算企业在清算期间处置资产发生的损益。发生的收益计入该账户的贷方，发生的损失计入该账户的借方。②被清算企业在清算期间确认债务发生的损益。确认债务的减少数额，计入该账户的贷方。③结转的被清算企业的所有者权益时，如果所有者权益的账户为贷方余额，计入该账户的贷方；如果所有者权益账户的余额为借方余额，计入该账户的借方。④结转的有关账户的余额，包括清算费用、土地转让收益和有关资产负债账户的余额。结转这些账户的借方余额，计入该账户的借方；结转这些账户的贷方余额，转入该账户的贷方。

(二) 结转各破产清算账户的期初余额

开设新账后，清算组应将破产企业移交的截至清算开始日对应的内容逐一转入新设的相应账户中，并编制新的科目余额表。结转时，均要编制结转分录，据以登账。结转期初余额的对应账户说明如表 13-6 所示。

表13-6　破产清算结转期初余额对应账户说明

破产企业有关会计科目名称	清算组新开设的相对应的会计科目名称
现金	现金
银行存款、其他货币资金	银行存款
应收账款、预付账款(借方余额)、预收账款(借方余额)、其他应收款	应收款
应收票据	应收票据
材料采购、原材料、包装物、低值易耗品、材料成本差异、委托加工材料	材料
生产成本、制造费用	半成品
库存商品、发出商品	库存商品
交易性金融资产、长期股权投资	投资
固定资产、累计折旧(固定资产余额减去累计折旧余额)	固定资产
短期借款、长期借款	借款
应付票据	应付票据
应付账款、预付账款(贷方余额)、预收账款(贷方余额)、其他应付款、长期应付款、专项应付款	其他应付款
实收资本、盈余公积、资本公积、利润分配	清算损益
坏账准备	清算损益
待摊费用、递延所得税资产、递延所得税负债、预提费用、待转销汇兑损失、待处理财产损溢、长期待摊费用	清算损益

以下是东盛有限责任公司(以下简称东盛公司)为例，说明破产清算的会计处理。

【例13-2】东盛公司因经营管理不善，严重亏损，不能清偿到期债务，于20×7年6月18日经法院宣告破产。东盛公司截至6月18日的科目余额表如表13-7所示。

清算组接管企业后，按规定开设了新的账户，并编制结转分录，接转各账户的期初余额，注销旧账。其中，大部分账户的期初余额是将旧账中相同名称的账户余额直接转入。需要将原账户余额合并计算后才能转入的期初余额的结转分录如下：

表 13-7　科目余额表

20×7 年 6 月 18 日　　　　单位：元

总账科目	借方余额	贷方余额	总账科目	借方余额	贷方余额
现金	8 700		短期借款		3 645 330
银行存款	725 000		应付票据		1 281 800
应收票据	107 880		应付账款		1 885 870
交易性金融资产	46 400		预收账款		750 230
应收账款	1 166 670		其他应付款		20 880
预付账款	144 130		应付职工薪酬		2 346 100
其他应收款	174 000		应交税费		2 328 120
材料	559 770		预提费用		392 370
生产成本	217 500		长期借款		1 438 440
库存商品	502 280		实收资本		1 632 700
待摊费用	744 720		盈余公积		256 012
长期股权投资	2 030 000		未分配利润		103 878
固定资产	3 010 200				
累计折旧		475 600			
在建工程	1 392 000				
无形资产	1 624 000				
长期待摊费用	4 104 080				
合计	16 557 260	475 600	合计		16 081 660

(1)结转“投资”账户的余额，编制会计分录如下：

借：投资　　2 076 400

　贷：交易性金融资产　　46 400

　　长期股权投资　　2 030 000

(2)结转“应收款”账户的余额，编制会计分录如下：

借：应收款　　1 484 800

　贷：应收账款　　1 166 670

　　预付账款　　144 130

　　其他应收款　　174 000

(3)结转"固定资产"账户的余额,编制会计分录如下:

借:固定资产　　2 534 600
　累计折旧　　475 600
　贷:固定资产　　3 010 200

(4)结转"借款"账户的余额,编制会计分录如下:

借:短期借款　　3 645 300
　长期借款　　1 438 400
　贷:借款　　5 083 700

(5)结转"其他应付款"账户的余额,编制会计分录如下:

借:应付账款　　1 885 870
　预收账款　　750 230
　其他应付款　　20 880
　贷:其他应付款　　2 656 980

(6)结转"清算损益"账户的余额,编制会计分录如下:

借:清算损益　　2 463 840
　预提费用　　392 370
　实收资本　　1 632 700
　盈余公积　　256 012
　利润分配　　103 878
　贷:待摊费用　　744 720
　　长期待摊费用　　4 104 080

转账后编制的科目余额表如表13-8所示。

表13-8　科目余额表

20×7年6月18日　　单位:元

总账科目	借方余额	贷方余额	总账科目	借方余额	贷方余额
现金	8 700		借款		5 083 700
银行存款	725 000		应付票据		1 281 800
应收票据	107 880		其他应付款		2 656 980
应收款	1 484 800		应付职工薪酬		2 346 100
材料	559 700		应交税费		2 328 120
生产成本	217 500		清算损益	2 463 840	
库存商品	502 280				
投资	2 076 400				
固定资产	2 534 600				
在建工程	1 392 000				
无形资产	1 624 000				
合计	11 232 860		合计	2 463 840	13 696 700

(三) 在财产清查的基础上编制清查后的财产盘点表和资产负债表

清算组对于破产企业的财产和债务要进行全面的清查,并根据财产清查的结果进行账务处理,然后编制清查后的资产负债表。

【例 13-3】东盛公司清算组在对东盛公司的债务清查后,编制财产盘点表(从略)。根据以下财产清查的结果,分别进行账务处理。

(1)将确实无法收回的应收款 131 022 元核销,列入"清算损益"账户。编制会计分录如下:

借:清算损益　　131 022

　贷:应收款　　131 022

(2)将清查中发现的短缺产品 78 126 元,列入"清算损益"账户。编制会计分录如下:

借:清算损益　　78 126

　贷:库存商品　　78 126

(3)将已无实际价值的商标权 174 000 元注销,列入"清算损益"账户。编制会计分录如下:

借:清算损益　　174 000

　贷:无形资产　　174 000

该破产企业的财产,除产成品发现短缺外,其余均账实相符,且该破产企业不存在担保的债务。依据上述清查和账务处理结果,编制清查开始日即 20×7 年 6 月 18 日的清算资产负债表,如表 13-9 所示。

表 13-9　清算资产负债表

编制单位:东盛有限责任公司　　20×7 年 6 月 18 日　　单位:元

资　　产	账面金额	负债及清算净损益	账面金额
用作担保的资产	—	有担保的债务	—
合计	—	合计	—
普通资产		普通债务	
货币资金	733 700	应付职工薪酬	2 346 100
应收票据及应收款	1 461 658	应交税费	2 328 120
实物资产	5 127 954	其他普通债务	9 022 480
投资	2 076 400	小计	13 696 700
无形资产	1 450 000	债务合计	13 696 700
清算净损益			
合计	10 849 730	清算净收益	−2 846 988
资产总计	10 849 730	负债及清算净损益总计	10 849 730

（四）核算和监督破产企业财产的处置

1. 收回应收款、应收票据等债权的核算

当清算组以银行存款或现金等方式收回各种应收账款时，应按实际收回的金额，借记“银行存款”、“现金”等账户，贷记“应收款”、“应收票据”等账户。对于不能收回的应收款项，按核销的金额，借记“清算损益”账户，贷记“应收款”、“应收票据”等账户。

如果破产企业的原债务人以原材料、产成品等实物资产抵消其债务，则清算组在收到抵消有关债权的实物时，应按实物资产预计可变现金额，借记“材料”、“库存商品”等账户；按应收的金额，贷记“应收款”、“应收票据”等账户；按应收金额与可变现金额的差额，借记或贷记“清算损益”账户。

【例13-4】东盛公司清算组在清算期间收回应收款、应收票据及其账务处理如下：

(1)收回应收账款1 020 800元，存入银行。应收账款的账面余额为1 353 778元。编制会计分录如下：

借：银行存款　　1 020 800

　　清算损益　　332 978

　贷：应收款　　1 353 778

(2)收回各种应收票据计91 640元。应收票据的账面余额为107 880元。编制会计分录如下：

借：银行存款　　91 640

　　清算损益　　16 240

　贷：应收票据　　107 880

2. 变卖材料、半成品、产成品等存货的核算

清算组在变卖破产企业的存货时，应按实际变卖收入和收取的增值税，借记“银行存款”等账户；按各存货的账面价值，贷记“材料”、“半成品”、“库存商品”等账户；按取得的增值税额，贷记“应交税费——应交增值税（销项税额）”账户（若为小规模纳税企业则贷记“应交税费——应交增值税”账户）；并将存货账面价值和变卖收入的差额，借记或贷记“清算损益”账户。

对于变卖产品等应交纳的各种税款，应借记“清算损益”账户，贷记“应交税费”账户；对应交纳的教育费附加等，则借记“清算损益”账户，贷记“其他应交款——应交教育费附加”账户。

【例13-5】东盛公司清算组在清算期间，变卖材料、半成品、产成品存货的情况及其账务处理如下：

(1)变卖各种材料的收入计435 000元，收取的应交增值税为73 950元，一并存入银行。各种材料的账面价值为559 700元。编制会计分录如下：

借:银行存款　　508 950
　清算损益　　124 700
　贷:材料　　559 700
　　应交税费——应交增值税(销项税额)　　73 950

(2) 处置各种半成品的收入计 174 000 元,收取的增值税为 29 580 元,一并存入银行。各种半成品的账面价值为 217 500 元。编制会计分录如下:

借:银行存款　　203 580
　清算损益　　43 500
　贷:半成品　　217 500
　　应交税费——应交增值税(销项税额)　　29 580

(3)处置各种库存商品的收入计 411 800 元,收取的应交增值税为 70 006 元,一并存入银行。各种产成品的账面价值为 424 154 元。编制会计分录如下:

借:银行存款　　481 806
　清算损益　　12 354
　贷:库存商品　　424 154
　　应交税费——应交增值税(销项税额)　　70 006

3. 变卖固定资产和在建工程的核算

清算组在变卖破产企业的固定资产和在建工程时,应按实际变卖收入,借记"银行存款"等账户;按变卖财产的账面价值,贷记"固定资产"、"在建工程"等账户;按变卖财产的账面价值和变卖收入的差额,借记或贷记"清算损益"账户;对变卖固定资产和在建工程应交纳的有关税费等,借记"清算损益"账户,贷记"应交税费"等账户。

【例 13-6】东盛公司清算组在清算期间,变卖固定资产和在建工程的情况和账务处理如下:

(1)处置各项固定资产的收入计 2 160 500 元,存入银行。各项固定资产的账面净值为 2 534 600 元。编制会计分录如下:

借:银行存款　　2 160 500
　清算损益　　374 100
　贷:固定资产　　2 534 600

(2) 处置各项在建工程的收入 1 252 800 元,存入银行。各项在建工程的账面价值为 1 392 000 元。编制会计分录如下:

借:银行存款　　1 252 800
　清算损益　　139 200
　贷:固定资产　　1 392 000

(3)处置固定资产和在建工程应交的营业税金为 107 666 元。编制会计分录如下：

借：清算损益　　107 666

　贷：应交税费　　107 666

4. 转让无形资产的核算

清算组在转让破产企业的专利权等无形资产时，应按其实际变卖收入，借记“银行存款”账户；按无形资产账面价值，贷记“无形资产”账户；按实际变卖收入与所变卖无形资产的账面价值的差额，借记或贷记“清算损益”账户；对所转让无形资产的有关税费，借记“清算损益”账户，贷记“应交税费”账户。

【例 13-7】东盛公司清算组在清算期间转让无形资产的情况及账务处理情况如下：

(1)处置无形资产收入计 1 856 000 元，存入银行。无形资产账面价值为 1 450 000元。编制会计分录如下：

借：银行存款　　1 856 000

　贷：无形资产　　1 450 000

　　清算损益　　406 000

(2)计算处置无形资产应交的营业税为 92 800 元。编制会计分录如下：

借：清算损益　　92 800

　贷：应交税费　　92 800

5. 转让对外投资的核算

当清算组在转让破产企业原来的投资时，应按实际取得的转让收入，借记“银行存款”账户；按投资的账面价值，贷记“投资”账户；按投资的账面价值与转让收入的差额，借记或贷记“清算损益”账户。

如果破产企业在清算期间分得投资收益，应按实际收款，借记“银行存款”账户，贷记“清算损益”账户。若原来按权益法将应分得的投资收益记入了“投资收益”账户，则按实际分得投资收益时，冲减投资，借记“银行存款”账户，贷记“投资”账户。

【例 13-8】东盛公司清算组在清算期间转让对外投资的收入为 1 824 100 元，存入银行。各种投资的账面价值计 2 076 400 元。编制会计分录如下：

借：银行存款　　1 824 100

　清算损益　　252 300

　贷：投资　　2 076 400

6. 转让土地使用权的核算

企业的土地使用权按取得方式不同分为无偿划拨取得的和有偿转让两种。清算组在对转让土地使用权进行核算时，应区分这两种不同的情况来进行。

对于无偿划拨的土地使用权，转让时应按实际转让收入，借记“银行存款”账户，贷记“土地转让收益”账户。

对于有偿转让取得的土地使用权，因为破产企业取得时已经记入“无形资产”账户，所以在清算组转让时，应按实际的转让收入，借记“银行存款”账户；按其账面价值，贷记“无形资产”账户；按其实际转让收入与账面价值的差额，借记或贷记（一般为贷记）“土地转让收益”账户。

无论是有偿转让还是无偿转让，其转让所得，依据有关规定，首先应该用于破产企业职工的安置，安置后的剩余部分才列入破产企业财产。清算组在以土地使用权转让所得支付职工安置费时，应按实际支付的金额，借记“土地转让收益”账户；贷记“现金”账户和“银行存款”账户。如果土地使用权转让不足以支付职工安置费，而以其他破产清算的财产支付时，应按实际支付的金额，借记“清算损益”账户，贷记“现金”账户和“银行存款”账户。

清算终止，将土地使用权转让净收益转入清算损益时，应借记或贷记“土地转让收益”账户，贷记或借记“清算损益”账户。

【例13-9】 东盛公司转让原无偿取得的未入账土地，实际取得的价款为4 437 000元，按规定应交纳的营业税为221 850元。编制会计分录如下：

借：银行存款　　4 437 000
　贷：土地转让收益　　4 437 000
借：土地转让收益　　221 850
　贷：应交税费　　221 850

将转让土地使用权所得支付未参加养老、医疗社会保险的离退休职工的离退休费用和医疗保险费用1 186 100元，以银行存款付讫。编制会计分录如下：

借：土地转让收益　　1 186 100
　贷：银行存款　　1 186 100

通过银行转账结算，用土地使用权转让所得向再就业中心划转职工安置费用2 320 000元。编制会计分录如下：

借：土地转让收益　　2 320 000
　贷：银行存款　　2 320 000

7. 核销无法变现的资产与计提所转让的各项资产应交城市维护建设税和教育费附加的核算

清算终止，清算组应对无法变现的各项资产进行核销，将核销的损失列入清算损益，借记“清算损益”账户，贷记“材料”、“库存商品”、“无形资产”、“投资”等账户。对于清算期间处置各项无形资产应交纳的城市维护建设税和教育费附加亦应计提。计提时，借记“清算损益”账户，贷记“应交税费”账户和“其他应交款”账户。

东盛公司清算组在对东盛公司清算时，各项资产均已变现，没有无法变现的资产。对于转让各项资产应交纳的城市维护建设税和教育费附加的账务处理，举例如下：

【例 13-10】东盛公司清算组在清算期间处置各项资产应交纳的城市维护建设税为 46 120 元，教育费附加为 19 766 元，予以预提。编制会计分录如下：

借：清算损益 65 886

　贷：应交税费 46 120

　　其他应交款 19 766

清算组在对破产企业财产的处置进行核算后，根据上述“清算损益”账户的全部记录，结出其借方金额为 4 471 712 元，贷方金额为 406 000 元，二者相抵后为清算损失 4 065 712 元。

（五）核算和监督清算费用的支付

清算期间支付的所有清算费用，都应通过“清算费用”账户核算。支付有关费用时，应按实际发生额，借记“清算费用”账户，贷记“现金”、“银行存款”账户。清算终止，将“清算费用”账户发生额转入“清算损益”账户时，借记“清算损益”账户，贷记“清算费用”账户。

【例 13-11】东盛公司清算组在清算期间，以银行存款支付办公费、破产企业财产保管费、审计费等清算管理费用以及破产企业案件诉讼费等共计 2 521 840 元。编制会计分录如下：

借：清算费用 2 521 840

　贷：银行存款 2 521 840

（六）核算和监督破产企业财产的分配并结平各账户

如前所述，支付清算费用后的破产企业财产，首先应该支付所欠职工的工资和社会保险费，然后再交纳所欠的税款、清偿其他债务。

1. 付所欠职工的工资和社会保险费的核算

支付时，按实际支付的金额，借记“应付工资”、“应付福利费”账户，贷记“现金”、“银行存款”账户。清算期间，原未计提但实际支付给职工的各项费用，均直接计入清算费用，不通过“应付工资”、“应付福利费”账户核算。

【例 13-12】东盛公司清算组在清算期间支付所欠职工的工资和福利费的情况及账务处理如下：

（1）支付应负的各项福利费 817 800 元，其中 8 700 元以现金支付，其余以银行存款支付。编制会计分录如下：

借：应付福利费 817 800

　贷：现金 8 700

　　银行存款 809 100

（2）以银行存款支付所欠职工的工资 152 830 元。编制会计分录如下：

借：应付工资 152 830

贷:银行存款　　152 830

2. 上交所欠的税款

上交所欠税款时,按实际交纳的金额,借记“应交税费”、“其他应交款”,贷记“银行存款”等账户。

【例13-13】 东盛公司清算组在清算期间以银行存款全额交纳所欠的税款3 017 432元和其他应交款35 426元。编制会计分录如下:

借:应交税费　　3 017 432

　其他应交款　　35 426

　贷:银行存款　　3 052 858

3. 清偿其他破产债务的核算

偿还债务时,按实际清偿额,借记“应付票据”、“其他应付款”、“借款”等债务,贷记“现金”、“银行存款”等账户。

【例13-14】 东盛公司由于剩余的破产企业财产不足以清偿其他破产债务,因此应按比例清偿如下:

清偿比例=银行存款余额/其他破产债务余额×100%

　　　=3 143 978/9 022 480×100%=34.85%

依据清偿比例,计算各有关破产债务的清偿金额如下:

借款为:5 083 770×34.85%=1 771 669.45(元)

应付票据为:1 281 800×34.85%=446 707.30(元)

其他应付款为:3 143 978−1 771 669.45−446 707.30= 925 601.25(元)

借:借款　　1 771 669.45

　应付票据　　446 707.30

　其他应付款　　925 601.25

　贷:银行存款　　3 143 978

4. 结转“清算费用”账户和“土地转让收益”账户余额的核算

清偿债务后,清算组应结平“清算费用”和“土地转让收益”账户。

【例13-15】 东盛公司清算组在清算终结时,将“清算费用”账户的余额和“土地转让收益”账户的余额转入“清算损益”账户。

(1)将“清算费用”账户的余额转入“清算损益”账户。编制会计分录如下:

借:清算损益　　2 521 840

　贷:清算费用　　2 521 840

(2) 将土地使用权转让净收益709 050元转入“清算损益”账户。编制会计分录如下:

借:土地转让收益　　709 050

　贷:清算损益　　709 050

5.注销不再清偿债务的核算

当企业破产财产不足以清偿债务时，依据有关规定，尚欠的债务不再清偿。清算组在注销为偿还的债务时，应借记“应付票据”、“其他应付款”、“借款”等账户，贷记“清算损益”账户。

【例 13-16】东盛公司清算组注销不再偿还债务的情况如下：

注销的借款为：5 083 700－1 771 669.45＝3 312 030.55(元)

注销的应付票据为：1 281 800－446 707.30＝835 092.70(元)

其他应付款为：2 656 980－925 601.25＝1 731 378.75(元)

注销的债务金额转入“清算损益”时，编制会计分录如下：

借：借款　　3 312 030.55

　应付票据　　835 092.70

　其他应付款　　1 731 378.75

　贷：清算损益　　5 878 502

至此，所有账户的余额都已结清，其中“清算损益”账户的借、贷方金额合计数为 6 993 552 元。

（七）编制清算财务报表

清算工作结束，应根据破产清算的账务处理结果编制清算损益表和债务清偿表，并向破产企业原登记机关办理注销登记。

【例 13-17】东盛公司清算工作结束，清算组根据上述账务处理结果编制清算结果时的清偿债务表见表 13-10，清算损益表见表 13-11 所示。

表 13-10　清偿债务表

编制单位：东盛有限责任公司　　20×7 年 8 月 20 日　　单位：元

债务项目	账面金额	确认金额	偿还比例	实际需要偿还金额	本期偿还金额	累计偿还金额	尚未偿还金额
有担保债务							
小计							
普通债务							
应付职工薪酬	2 346 100	2 346 100	100%	2 346 100	2 346 100	2 346 100	0
应交税费	3 052 858	3 052 858	100%	3 052 858	3 052 858	3 052 858	0
借款	5 083 700	5 083 700	34.85%	5 083 700	1 771 669.46	1 771 669.46	0
应付票据	1 281 800	1 281 800	34.85%	1 281 800	446 707.30	446 707.30	0
其他应付款	2 656 980	2 656 980	34.85%	2 656 980	925 601.24	925 601.24	0
小计	14 421 438	14 421 438		14 421 438	8 542 936	8 542 936	0
合计	14 421 438	14 421 438		14 421 438	8 542 936	8 542 936	0

表 13-11　清算损益表

编制单位:东盛有限责任公司　20×7年6月18日～8月20日　单位:元

项　目	本期数	累计数
一、清算损益	−4 065 712	−4 065 712
二、清算费用	2 521 840	2 521 840
三、土地转让收益	709 050	709 050
其中:土地转让收入	4 437 000	4 437 000
安置职工支出	3 320 000	3 320 000
四、清算净收益	−5 878 502	−5 878 502

第四节　企业重组会计

一、企业重组会计的内容

企业重组中的会计问题可以从不同的角度进行讨论。可以从企业重组程序、企业重组的方式进行探讨。

(一)企业重组实施前的会计问题

该阶段的会计问题,主要是指在企业进行资产重组、债务重组和产权重组之前,对原企业进行价值评估和产权界定中的会计问题。

(二)企业重组过程中的会计问题

该阶段的重点在于企业资产重组引起的资产剥离、利润分割、关联交易、企业负债重组方式和净资产折股等相应的会计处理等问题。

(三)企业并购重组中的会计问题

企业并购重组涉及企业合并、兼并、收购等。不仅企业并购重组有其特殊性,而且其会计处理也有特殊性。

(四)企业收缩重组中的会计问题

企业收缩重组涉及企业分立、分拆、出售、破产等。从会计角度可以研究这些重组方式下的会计计量、记录与报告等问题。

二、企业重组会计及会计处理

(一)资产重组的性质及程序

资产重组的定义很多。广义的资产重组是指通过不同的法人主体的法人财产权、出资人及所有权及债权人进行符合资本最大增值目的的相互调整与改变，对实业资本、金融资本、产权资本和无形资本的重新组合。广义的资产重组既包括会计学意义上的资产重组，又包括对债权、产权的重组，实际上属于企业重组。狭义的资产重组是指会计学意义上的资产重组，即是指企业股份制改造过程中将原有企业的存量资产，经过剥离、分立和合并等方式，对企业的资产和组织重新组合及设置，确定合理资产结构行为。在此，我们将资产重组做狭义解释。

资产重组的程序与内容如下：

1. 资产重组的准备阶段

(1)制定资产重组方案。制定资产重组方案是企业资产重组的关键步骤，它对资产重组各环节与内容进行初步规划，以保证资产重组有序进行。

(2)财产清查。财产清查是资产重组的基础。进行资产重组，首先应摸清家底，搞清资产的存量结构与质量。

(3)企业价值评估与产权界定。资本经营中的资产重组，不是一个单纯的资产实用价值及价值问题，而是涉及资产的所有权问题。因此，进行价值评估与产权界定是资产重组不可缺少的基础环节。

2. 资产重组的实施阶段

(1)资产剥离。资产剥离包括：将非经营资产从企业资产中剥离出去；将不符合企业发展战略的经营资产或非主营资产从企业经营资产中剥离出去等等。通过资产剥离，使企业以优质的经营资产投入到改制后的企业。

(2)资产重组。企业股份制改造中的资产重组，通常是在资产剥离的基础上，根据企业重组目标的需要，进行资产存量结构的调整、并购相关企业或资产、吸收外部投资等等。

3. 资产重组的完成阶段

(1)转让与交易。产权转让与交易包括：剥离出来的资产的处理，如非经营资产上交政府过程中产权转让，剥离出来的非主营资产的分立、出售或破产处理中的产权转让与交易；资产重组中的处理，如兼并中的产权交易、收购中的产权交易等。

(2)会计建账核算。资产重组乃至企业重组的完成，应在企业资产负债表上体现出新的资产规模、资产结构及资本结构。而这些都需要以会计建账与核算为基础。只有会计建账核算对资产重组进行了全面反映，才标志着资产重组的完成。

(二) 资产重组的会计处理

无论是资产置换还是非货币性资产进行的股权投资，无疑都是归属于广义的资产置换范畴，但是由于其直接关系到企业的产权重组，所以，资产重组中涉及产权、资产剥离、企业分立等有关会计处理问题，将在以后单独介绍。因非货币性交易的会计处理在中级财务会计中已作了详尽的介绍，在此不做赘述。

三、企业产权重组及其会计处理

(一)企业产权重组的性质及其股权设置的办法

产权重组,也称股权重组,是指对企业所有者权益的重新组合 。企业重组过程中的产权重组,是指对企业产权重组重新界定的基础上,对企业股权规模和结构的重新设置,经过股权调整与转让流通等方式,确定合理的股权规模与结构的重组行为。产权重组从广义上可延至产权与负债结构的重组。

股权设置方式根据股份有限公司设立情况不同而有所区别。股份公司设立可分为改组设立和新设立两种情况。

1.改组设立股份有限公司的股权设置方法

改组设立通常是指国有企业改组为股份制企业 ,其股权设置根据改组情况不同又有所不同。

(1)全部资产整体改组。国家直接投资设立的国有企业以其全部资产整体改组为股份制企业,原企业法人单位应予撤销,原企业的国家净资产折成的股份设置为国家股。

(2)部分资产整体改组。国家直接投资设立的国有企业以其部分资产(连同部分负债)整体改组为股份制企业,未进入股份公司的部分只限于少量与生产经营活动无关的生活、服务性资产,原企业法人单位应予撤销,原企业进行股份制改组范围的国家净资产折成的股份设置为国家股;未进入股份制改组的范围的部分则可实行分立,独立经营,或以租赁、托管等方式暂交股份制企业有偿使用。必要时,可保留原企业法人单位,由国有资产管理部门或经国有资产管理部门核准后,委托原企业法人单位在一定时期内,以预定条件代股份公司国家股权行使管理职能或持有股权。待条件成熟时,原法人单位消失或改变为实体,股份公司国家股转归政府授权的部门或机构直接持有。

(3)部分生产经营整体改组。国家直接投资设立的国有企业,根据生产经营的需要,只将原企业的部分生产经营资产(连同部分负债)整体改组为股份制企业,未进入股份公司的部分,其股权设置有两种方法:

第一,撤销原企业法人单位,原企业进入股份制改组范围的国家净资产形成的股份设置为国家股,未进入的部分则与股份公司实行分立,独立经营,二者无产权关系。

第二,保留原企业法人单位,原企业进入股份公司范围的净资产折成的股份设置为法人股;未进入股份公司的部分,其产权归原企业法人单位持有,可以成为原企业的组成部分或原企业下属的企业。

(4)非国家直接投资企业整体改组。自本属于独立于该企业的其他国有企事业单位所拥有的企业,包括产权关系经过界定和确认的国有企业的全资子公司或公司、控股企业或公司，以其全部或部分资产整体改制为股份制企业，该企业进入股份制改组范围的净资产折成的股份设置为国家股。

2.新设立股份公司的股权设立方法

新设立的股份制企业的股权设置可分为以下两种情况进行：

(1) 国家直接投资股份公司的股权设置。有权代表国家投资的政府部门或机构直接将新设立的股份公司投资入股形成的股份设置为国家股。

(2) 国有企业投资股份公司的股权设置。国有企业或国有企业全资子公司和控股子公司，以其依法占用的法人资产直接将新设立的股份公司投资入股形成的股份设置为国家股。

(二)产权重组的会计处理

企业产权重组的会计问题，主要包括股权设置中净资产折股的会计处理、股权调整的会计处理。

1.净资产折股的会计处理

国有企业在改组为股份制企业时，会计处理的关键问题是如何进行净资产折股的账务处理。我国公司法规定，有限责任公司依法经批准变更为股份有限公司时，折合的股份总额应当等于公司的净资产额，即改组前企业的净资产折合为改组后股份公司的股份时不会产生股本溢价。财政部在《企业公司制改建有关国有资本管理与财务处理的暂行规定》中明确指出：企业实行整体改建的，改建企业的国有资本应当按照评估的结果全部折算为国有股份，由原企业国有资本持有单位持有，并将改建企业全部资产转入公司制企业。根据这些规定，国有企业将净资产折股的账务处理方法有以下两种：

(1) 沿用原企业账册。如果沿用原企业账册，在净资产折股时，仍保留改组前企业有关资产、负债各账户的账面余额。在此前提下，只需将原企业的"实收资本"、"资本公积"、"盈余公积"及"利润分配"等有关所有者权益余额予以注销，同时登记折股的股本金额。有关账务处理如下：

借：有关所有者权益类账户　　　　(改组前企业的所有者权益各账户余额)

　贷：股本　　　　(净资产折合股份的面值总额)

(2)结束旧账另立新账。如果结束旧账另立新账，则首先须将改组前原企业的资产、负债、所有者权益账户余额予以注销；然后将这些资产、负债以及按净资产折合的股本总额作为改组后企业的会计要素重新入账。有关账务处理如下：

①结束旧账。

借：有关负债类账户　　　　(改组前企业负债各账户余额)

　　累计折旧等账户　　　　(改组前企业有关资产备抵各账户余额)

　　有关所有者权益类账户　　　　(改组前企业所有者权益各账户余额)

　贷：有关资产类账户　　　　(改组前企业资产类账户余额)

②另立新账。

借:有关资产类账户　　（重新入账的有关资产账户余额）
　贷:有关负债类账户　　（重新入账的有关负债余额）
　　累计折旧等账户　　（重新入账的有关资产备抵账户余额）
　　股本　　（原企业净资产折合股本总额）

这里应注意的是:①无论是沿用旧账还是结束旧账另立新账,原企业净资产折股的账务处理的结果实质上都是一致的;②无论是沿用旧账还是结束旧账另立新账,改组后企业向外界发行股票的账务处理时一样的,即:

借:银行存款　　（向外界发行股票实际收到的款项）
　贷:股本　　（向外界发行股票的面值总额）
　　资本公积　　（向外界发行股票的股本溢价）

2.股权调整的账务处理

(1) 股权置换的会计处理。股权置换这一类涉及企业产权重组的事项,往往与企业并购重组有关。因此在并购重组中再作介绍。

(2) 股票回购的会计问题。股份有限公司按法定程序报经批准减少注册资本而回购已发行在外的本公司股票时,关键问题是如何处理回购价格与回购股票的面值之间的差额。

【例13-18】某公司为达到减资的目的在按法定程序报经批准后,按3元的价格回购已发行在外的每股面值1元、发行价格为2.6元的普通股400 000股。该公司盈余公积为60 000元,未分配利润余额为100 000元。回购时的账务处理为:

借:股本　　400 000
　资本公积——股本溢价　　640 000
　盈余公积　　60 000
　利润分配——未分配利润　　100 000
　贷:银行存款　　1 200 000

【例13-19】资料同【例13-18】。假定上述公司回购股票的价格为每股2.4元。则回购时的账务处理为:

借:股本　　400 000
　资本公积　　560 000
　贷:银行存款　　960 000

【例13-20】资料同【例13-18】。假定上述公司回购股票的价格为每股0.9元。则回购时的账务处理为:

借:股本　　400 000
　贷:银行存款　　360 000
　　资本公积——股本溢价　　40 000

值得注意的是，我国股票回购业务处理方法与“库藏股”的处理方法的不同。我国对已经批准回购的已发行在外的股票，不设置“库藏股”账户核算，而是在实际收回股票发还股款时直接冲减“股本”账户。

库藏股是公司购回或受赠后尚未注销的公司股票。库藏股不是公司的财产，而是公司股东权益的减项。根据库藏股的这一性质，在库藏股的核算中不许确认损益。

库藏股的核算方法因回购股票的目的不同而异。公司有意减资而尚未及时办理减资手续的，形成的库藏股采用面值法核算；公司无意减资而是准备日后发行的，形成的库藏股采用成本法合算。面值法与成本法的区别主要在于库藏股是按面值入账还是按回购成本入账。

(3) 股票分割与合并的会计问题。股票分割与合并的目的主要是调整股票的市价，使股票市价下降或回升至公司所期望的水平。

(4) 无论是股票分割还是股票合并，都既不改变股本总额，也不影响其他股东权益。所以，在会计上不必进行账务处理，但须更改股票面值及股数。

3.股权变动方式下的会计处理

其他股权变动方式变动包括增资扩股、资本公积、盈余公积转增资本、发放股票股利、可转换债券转换成股本等等，在中级财务会计已论述，在此不再赘述。

四、企业并购重组及其会计处理

(一)企业并购重组的性质及其形式

企业并购重组，是指企业在原实体的基础上，通过合并、兼并、收购等方式吸收了一些经济实体后进行重组的行为。企业并购重组的具体形式包括：

(1) 合并。是指两个或更多个企业组合在一起，原有的所有企业都不以法律实体形式存在，而建立一个新的公司。

(2) 兼并。是指两个或更多个企业组合在一起，其中一个企业保持其原有名称，而其他企业不再以法律实体形式存在。

(3) 收购。是指一个企业以购买全部或部分股票的方式购买了另一企业的全部或部分所有权，或者以购买全部或部分资产的方式购买另一企业的全部或部分所有权。收购的目的是获得对企业目标企业的控制权，目标企业的法人地位并不消失。

(4) 接管后接收。是指某公司原具有控股地位的股东由于出售或转让股权，或者股权持有量被他人超过而控股地位旁落的情况。

(5) 标购。是指一个企业直接向另一个企业的股东提出购买他们所持有的该企业股份的要约，达到控制该企业的目的的行为。

在上述各种企业扩张重组的界定中，以合并、兼并和收购方式运用得较多，而且可将合并、兼并和收购作为一个固定的词组来使用，简称并购。

（二）企业并购重组的会计处理

企业并购重组的实施分为现金收购和换股合并两种主要方式。相应的，企业并购的会计处理方法也有购买法和权益联合法两种。

五、企业收缩重组及其会计处理

（一）企业收缩重组的性质及形式

企业收缩重组，是指企业在原实体的基础上，通过剥离、分立、分拆、出售、破产等形式进行重组的行为。其具体形式包括：

（1）剥离。这是企业根据要求，将企业的部分资产、子公司、生产线等，以出售或分立的方式，将其与企业分离的过程。因此，剥离应含有售卖、分立和分拆三种方式。

（2）售卖。根据上述剥离的含义，售卖是剥离的一种方式。售卖是指企业将其所有的资产出售给其他企业，以获取现金和有价证券的交易。在国有企业改制中，国有资本所有者根据资本经营总体目标要求，将小型国有企业整体出售，也属于售卖范畴。

（3）分立。是指公司将其在子公司中拥有的全部股份按比例分配给公司的股东，从而形成两家相互独立的股权相同的公司。这一定义实质上与我国国有企业股份制改造中的资产剥离含义基本相同。我国国有企业改制中的资产剥离往往是将国有企业非经营资产或非主营资产，以无偿划拨的方式，与企业经营资产或主营资产分离的过程。分立是剥离的形式之一。

（4）分拆。是指企业将部分业务或资产从企业分离出来组成新的公司。企业与新公司之间是投资与被投资的关系。我国企业改制中通过对经营资产的剥离，特别是通过对主营资产剥离组建成股份有限公司。该公司与原企业之间实际上是投资与被投资的关系，因此，是一种典型的分拆关系。

（5）破产。是指无力偿付到期的债务。企业长期处于亏损状态，不能扭亏为盈，并逐渐发展为无力偿付到期债务的一种企业失败。企业失败可分为经营失败和财务失败两种类型。财务失败又分为技术上无力偿债和破产。破产是财务失败的极端形式。国有企业改制中的破产，实际上是企业改组的程序，也是社会资产重组的形式。

（二）企业收缩重组的会计处理

企业收缩重组分剥离、售卖、分立、分拆和破产形式。企业破产的会计处理已在本章前一部分中作了阐述，此处不赘述。

1. 售卖

企业对子公司、业务部分或地区部分的整体售卖，可称为转让企业分部分。无论是售卖单项资产还是转让企业分部，两种在会计处理上的共同点是：一方面，要在注销所售卖资产或转让分部的账面价值的同时，反映企业取得的售卖收入或转让收入；另一方面，要确认相关的损益。

如果售卖的尽是单项资产，则其会计处理与一般的固定资产清理业务应无本质的区别。有关资产处置损益作为固定资产清理损益，列入营业外收支。

如果卖出的是企业分部，其售卖的损益的处理与披露，则是我们现在需要解决的主要问题。

(1) 售卖企业分部与"终止经营"

美国会计原则委员会第30号意见书将企业分部定义为"企业主体的组成单元，其业务代表单独的主要产业或客户类别，这种单元可能包括企业部门、分支或子公司"。这种单元符合其中的营业类型之一，并且其经营资产和成果及其他活动明显区别于企业的经营资产和成果及其他活动。

《国际会计准则(第35号)——终止经营》对终止经营的对象和方式作了规范。企业被终止经营的应是企业的如下组成部分：该组成部分代表一个独立的主要业务范围或主要经营地区，进行财务报告使该组成部分可与其他经营区分开来。终止经营的方式包括：①对该组成部分进行整体处置，如在一项单独交易中出售该部分、分拆该部分或以该部分的所有权换入其他企业的股份后分给企业股东；②对该组成部分进行零星处置，如逐项出售该部分的资产清偿其负债；③通过放弃终止该组成部分。可见，售卖企业分部实质上就是："终止经营"。

(2) 终止经营的确认、计量与披露

根据《国际会计准则(第35号)》，企业应运用其他国际会计准则中所设立的确认和计量的原则，来确定何时及如何确认和计量终止经营有关的资产、负债、收入、费用及现金流量的变化。这里的其他国际会计准则是指《国际会计准则》(第36号——资产减值)、《国际会计准则》(第37号——减值准备、或有负债和或有资产)等。终止经营前各会计要素的确认与计量，仍然遵循有关的持续经营情况下的会计规范。

2.分立、分拆的确认和计量

(1) 分立。如果企业将剥离的非经营资产交给政府管理，或者将剥离的非经营资产实行分立、组成与原企业或新建的经营企业之间没有产权关系的新的经济实体，原企业在剥离资产时的会计处理思路视同将该部分资产无偿调出。一般的无偿调出资产业务有关的账务处理是：将调出资产的价值贷记有关资产账户的同时，借记"资本公积"账户。但是，企业重组中剥离资产后，原企业如果不进行股份制改造，引起产权发生变动也必然涉及产权变更登记问题，企业将重新确定实收资本及资本公积的价值；原有企业如果进行股份制改造，需要按剥离后净资产折合设置国家股并确定其他具体的股东权益金额。所以，在进行资产剥离时，不必确定应冲减哪个具体的所有者权益项目，可以将剥离的非经营和非主营的净资产直接抵减原企业的净资产。原企业和分立关于资产剥离的账务处理见表13-12所示。

表13-12　资产剥离的账务处理

原企业	分立企业
借：有关负债（剥离的负债） 　净资产（剥离的净资产） 　贷：有关资产（剥离的资产）	借：有关资产 　贷：有关负债 　　实收资本（注册资本额） 　　资本公积

（2）分拆。如果企业剥离的非经营资产或非主营资产组成了与原有企业或新的经营企业之间的有产权关系的新的经济实体，那么原有企业与新经济实体之间就构成投资与被投资的关系。这种重组方式下的会计处理方式比较简单。原企业分拆出部分业务或资产同时，视同股权投资，有关的账务处理为：

借：长期股权投资

　有关负债

　贷：有关资产

新公司根据剥离过来的资产或业务组建股份有限公司或有限责任公司时，按设立新公司进行处理，即在增加资产、负债的同时，增加股本或实收资本。

3.资产剥离中的关联方交易

为了避免企业在相关联方转让资产的过程中利用显失公允的关联交易达到操纵利润的目的，各国对关联方交易分别规定了相应的处理方法。

美国《SAB48——对发起人、股东转让非货币性资产》中规定："公司首次公开发行股票时或在此之前，大股东、发起人以非货币性资产投入公司，通常应根据该资产在大股东、发起人的账面价值入账。"

加拿大《CICA3840——关联交易》规定，对关联方之间正常生产经营活动中的交易，按实际交易价格进行确认和计量；对关联方之间非正常生产经营活动中的交易，只有在资产的转让、服务的提供具有实质性以及交易价格有独立证据支持的条件下，才可以按实际交易价格计量。

本章小结

本章主要阐述企业清算与企业重组的基本理论和会计处理。通过本章的学习，应了解企业清算的原因、企业清算的一般业务程序和企业破产的程序；明确企业清算的类型以及清算工作的内容；掌握破产清算的会计核算；了解企业重组的性质及模式；掌握企业重组的账务处理。企业清算的类型：解散清算可分为非完全解

散清算和完全解散清算。破产清算。企业清算的业务程序

无论是哪一种清算,其清算的业务程序基本上是一致的。清算业务的一般程序为:成立清算组、清产债务、清查财产和债权、清偿债务、分配剩余财产、编制清算报告和办理企业注销手续。清算会计工作的内容:按企业清算的程序,清算会计工作的内容主要包括:进行财产清查、编制资产负债表和财产目录,核算和监督清算费用的支付,核算和监督债权的收回和债务的偿还,核算和监督企业的清算损益,核算和监督剩余财产的分配,编制清算财务报表。企业重组的性质及模式:原续型重组模式、合并型重组模式。

中英文对照专业名词

破产会计 (Bankruptcy Accounting)
清算会计 (Liquidation Accounting)
重组会计 (Accounting Reorganization)
清算损益 (Liquidation Profit and Loss)
原续型重组 (Continuation Reorganization)
收缩重组 (Contraction Reorganization)
关联方交易 (Related Party Transaction)
资产剥离 (Divestiture)
合并型重组 (Merger and Acquisition)
财产清查 (Property Checks)

思考与练习

一、思考题

1. 企业解散的原因有哪些?试举例说明。
2. 简述企业破产和清算的范围和程序。
3. 怎样编制"清算日的资产负债表"?
4. 试述企业破产清算会计的程序及其核算。
5. 何谓清算损益?其账户特点如何?
6. 简述企业重组及其企业承租的类型。
7. 论述企业债务重组与企业重组的联系与区别。
8. 简述企业资产重组的账务处理。

二、练习题

大华有限责任公司有甲、乙两方所占的投资比例分别为60%和40%。由于经营期满，于20×7年6月1日解散公司，6月30日清算结束。其解散清算前一日的资产负债表见表13-13所示。

表13-13　资产负债表

编制单位：大华有限责任公司　　　　20×7年5月31日　　　　单位：元

资产	金额	负债及所有者权益	金额
流动资产		流动负债	
货币资金	6 462 500	短期借款	912 500
应收票据	112 500	应付票据	250 000
应收账款	752 500	应付账款	450 000
其他应收款	200 000	应付职工薪酬	347 500
存货	1 502 500	应交税费	200 000
流动资产合计	9 030 000	流动负债合计	2 160 000
固定资产		所有者权益	
固定资产原价	7 850 000	实收资本	430 000
减：累计折旧	5 400 000	资本公积	1 025 000
固定资产净值	2 450 000	盈余公积	1 337 500
无形资产	92 500	未分配利润	2 750 000
		所有者权益合计	9 412 500
资产总计	11 572 500	负债及所有者权益合计	11 572 500

资产负债表中有关项目金额的详细资料如下：货币资金6 462 500元，其中：现金为73 750元，银行存款为6 388 750元；存货为1 502 500元，其中：原材料为425 000元，库存商品为975 000元，低值易耗品为102 500元；实收资本为4 300 000元，其中，甲、乙双方投资额分别为2 580 000元和1 720 000元。

要求：

1. 全面清查财产并编制清查后的财产盘点表和资产负债表

在企业清算工作开始时，应进行全面的财产清查，编制财产盘点表与清点前的资产负债表。根据财产清查结果进行账务处理：

(1)将确实无法收回的应收账款25 000元核销，列为坏账损失。

(2)存货中原材料盘盈75 000元，库存商品100 000元。

(3)清查固定资产，发现短少机器一台，原价400 000元，已提折旧120 000元。

(4)核销确实无法支付的应付账款50 000元。

根据以上账务处理后的账户余额编制清查后的资产负债表。

2.核算和监督财产物资的处置、债权的收回、债务的偿付以及清算费用的支付和结转

有关大华有限责任公司财产物资的处置、债权的回收、债务的偿付以及清算费用的支付和结转情况如下：

(1)将面值为112 500元的应收票据贴现，贴息为1 125元，贴现款为111 375元存入银行。贴现利息计入“清算损益”账户。

(2)收回各项应收账款752 500元存入银行。

(3)收回其他应收款200 000元存入银行。

(4)变卖各项存货，实得销售收入为2 094 500元(其中:应缴增值税312 175.2元)，所得款项存入银行。各项存货的账面价值分别为:原材料500 000元，库存商品875 000元，低值易耗品102 500元。销售收入与账面价值之差计入“清算损益”账户。

(5)出售各项固定资产，收到价款3 050 000元存入银行，同时，按收入的5%计算交纳营业税，出售收入与账面价值之差计入“清算损益”账户。

(6)出售无形资产(专利权)，收到价款80 000元存入银行，按收入的5%计算交纳营业税，出售收入与账面价值之差计入“清算损益”账户。

(7)计算清算过程应交的城市维护建设税32 807.28元和教育费附加7 030.12元。

(8)以银行存款归还短期借款912 500元，支付借款利息13 750元。借款利息计入“清算损益”账户。

(9)以银行存款支付不带息应付票据本金250 000元。

(10)以银行存款偿付应付账款400 000元。

从银行提取现金172 500元，支付应付的职工工资。

(11)以现金150 000元发放职工的遣散补助费，其中，172 500元应从福利费中开支，其余列入“清算损益”账户。现金不足的部分226 250元从银行提取。

(12)以银行存款交纳各种应交税费347 891.24元和教育费附加9 880.12元。

(13)以银行存款140 000元支付各项清算费用。

(14)将清算费用计265 000元转入“清算损益”账户。

3.计算清算损益并编制清算损益表和清算结束日的资产负债表

将大华有限责任公司上述的各项清算损益登记入账并结账，计算出“清算损益”账户余额为贷方余额463 082.28元，为清算收益。依据有关规定，清算净收益

应视同利润，再按规定抵补以前年度亏损后交纳所得税。该公司没有以前年度未弥补的亏损事项，因此净收益应按全额33%计算缴纳所得税。计算出应交的所得税为152 817.16元。

将税后的清算净收益230 265.12元转入“利润分配——未分配利润”账户。

依据上述清算结果编制大华有限责任公司清算损益表和清算结束日的资产负债表。

4.归还投资各方资本和分配剩余财产及结平各账户

根据分配结果，用银行存款支付时，编制会计分录。

第十四章　企业年金基金

本章主要阐述企业年金基金是一种积少成多的整体组合投资方式。企业年金基金按变现方式不同可分为封闭式基金和开放式基金两大类。了解企业年金基金的各项资产包括的内容及账务处理。掌握企业年金基金运营形成的各项负债包括的内容及会计处理。企业年金基金的收入、费用包括的内容及账务处理。了解企业年金基金净资产的会计处理。了解企业年金基金报表的编制。

第一节　企业年金基金概述

一、企业年金基金的概念

根据企业会计准则的规定，企业年金基金是根据依法制定的企业年金计划筹集的资金及其投资运营收益形成的企业补充养老保险基金。

企业年金基金是指企业及其职工在依法参加基本养老保险的基础上，自愿建立的补充养老保险制度。企业年金基金由企业缴费、职工个人缴费和企业年金基金投资运营收益组成，实行完全积累，采用个人账户方式进行管理。企业缴费属于职工薪酬范围。

企业年金基金作为一种信托财产，独立于委托人、受托人、账户管理人、托管人、投资管理人等的固定资产及其他资产，应当存入企业年金基金专户，作为独立的会计主体进行确认、计量和列报。

企业年金基金是一种积少成多的整体组合投资方式，即投资者将资金交给基金管理人管理；基金管理人根据国家法律、法规以及《基金契约》的约定，采用投资组合的原理，将资金分散投资于股票和债券，以达到分散投资风险、获取投资收益的目的，并将投资收益按基金投资者的比例进行分配。企业年金基金对于那些资金不多，或没有时间和精力，或缺少证券投资专门知识的投资者而言，是一种较好的投资选择。企业年金基金具有以下特点：

(一) 专家理财、专业管理

企业年金基金由专业管理公司——基金管理公司进行专业管理，并有投资专家负责资金运作，投资于上市流通的各种股票和债券。这些专家不仅掌握投资分析及投资组合方面的理论知识，在投资领域也积累了极为丰富的经验，企业年金基金交给这些专家进行管理，从而克服了一些中小投资者专业知识缺乏、时间和精力不足的缺点，有利于提高资金的使用效益。

（二）投资组合、分散风险

企业年金基金来自于企业和员工的缴费等，是受益人（职工）退休后的养老保障，其安全性要求高，同时年金缴费、支出和个人账户转移等致使年金基金流入流出频率较高且具有不确定性，所以企业年金基金投资运营应当遵循谨慎、分散风险的原则，充分考虑企业年金基金财产的安全性和流动性。企业年金基金通过汇集众多投资者的小额资金，吸收社会闲散资金，形成巨大的投资实力，同时根据科学的投资组合原理，将投资者的资金分散投资于上市流通的各种股票和债券，分散了投资风险，有利于实现较高的投资收益。

（三）稳定证券市场

企业年金基金应当严格按照国家相关规定进行投资运营。现行法规对于企业年金基金财产的投资范围，限于银行存款、国债和其他具有良好流动性的金融产品，包括短期债券回购、信用等级在投资级以上金融债和企业债、可转换债、投资性保险产品、证券投资基金、股票等。投资银行定期存款、协议存款、国债、金融债、企业债等固定收益类产品及可转换债、债券基金的比例，不得高于基金净资产的50%，其中，投资国债的比例不低于基金净资产的20%。投资银行活期存款、中央银行票据、短期债券回购等流动性产品及货币基金市场的比例，不得低于基金净资产的20%。投资股票等权益类产品及投资性保险产品、股票基金的比例，不得高于基金净资产的30%，其中投资股票的比例不得高于基金净资产的20%。

证券市场稳定与否，同市场的投资者结构密切相关。企业年金基金出现之前，证券市场个人投资者占多数，一般而言，一个个人投资者占多数的证券市场，不是一个稳定而成熟的市场。企业年金基金的出现，能有效地改善证券市场的投资者的结构，扩大机构投资者的投资比重，从而对稳定市场起一定的作用。同时，基金一般注重资本的长期增长，多采取长期投资的行为，不会在证券市场上频繁进出，能减少证券市场上的波动。基金作为一种主要投资于证券市场的金融工具，它的出现和发展增加了证券市场的投资品种，扩大了证券市场的交易规模，能够起到稳定和活跃市场的作用。

企业年金基金是一项企业福利制度，不是社会保险，也不是商业保险，是一种激励性和补偿性制度的安排，是社会保障体系的组成部分，企业或职工承担企业年金计划产生的有关风险。

二、企业年金基金的分类

企业年金基金按变现方式不同可分为封闭式基金和开放式基金两大类。

（一）封闭式基金

封闭式基金是指事先确定发行总额，在封闭期内基金单位总数不变，基金上市后，投资者可以通过证券市场买卖基金的一种基金。

（二）开放式基金

开放式基金是指基金发行总额不固定，基金单位总数随时增减，投资者可以按基金的申购或赎回价格在基金管理公司指定的直销或代销机构申购或赎回基金单位的一种基金。据有关资料介绍，在世界金融市场中有 90%以上是开放式基金，开放式基金已成为国际金融市场的主流品种。

（三）封闭式基金和开放式基金的区别

开放式基金和封闭式基金的区别主要有以下四点：一是基金规模不同。封闭式基金在宣告设立时确定基金规模不再改变；而开放式基金没有规模的限制，投资者可随时提出申购或赎回申请，基金的规模随之变动。二是决定交易价格的因素不同。封闭式基金价格由市场决定，受供求关系的影响很大；开放式基金价格则是由基金单位净值决定，不直接受市场供求关系的影响。三是交易方式不同。封闭式基金在证券交易所上市交易，买卖行为在投资者之间进行；开放式基金由投资者提出申请，到基金管理公司指定的直销和代销机构办理。四是期限不同。封闭式基金有固定的封闭期，一般为 5～15 年；开放式基金没有期限，只要有投资者购买，可一直延续下去。

此外，按投资标的不同，企业年金基金可分为股票基金、债券基金、货币基金、黄金基金、期货基金和衍生证券基金；按投资目标不同，企业年金基金可分为成长性基金、收入性基金和平衡性基金。

三、企业年金基金会计核算的特点

（一）企业年金基金为会计核算的主体

会计主体是会计为之服务的对象。就会计主体而言，企业年金基金会计与企业会计存在明显的差别。企业会计核算以企业为会计核算的主体，会计人员围绕企业经营活动进行确认、计量、记录和报告。而企业年金基金会计是以企业年金基金为会计核算的主体，独立建账，独立核算，不同基金之间在名册登记、账户设置、资金划拨、账簿记录等方面相互独立。界定这一会计主体的意义在于：一是将企业年金基金的管理主体——基金管理公司的经营活动与企业年金基金的经营活动区别开来。基金管理公司属于金融企业，执行国家统一的会计制度，其管理的企业年金基金，应以基金为会计核算的主体，独立建账、封闭运行。二是将基金管理公司的不同基金之间的经营活动区别开来，不同基金之间在名册登记、账户设置、资金划拨、账簿记录等方面相互独立。明确了会计主体，从而界定了从事会计工作和提供信息的空间范围。

（二）估值日须计算基金净值和基金单位净值，并按规定予以公告

基金单位净值是指某一时点上某一基金单位实际代表的价值。每只基金在初次发行时都将基金分成若干个等额的基金单位，每一份额为“一个基金单位”。在基金运作过程中，基金单位价格随证券市场市价的波动而发生增减，基金单位净值也随之发生变化，而每一基金单位实际代表的价值即为基金单位净值。基金单位净值相对于开放式基金和封闭式基金而言，其意义有所不同。对于开放式基金而言，基金单位的申购或赎回价格直接按基金单位净值计算，即基金单位净值等于基金申购、赎回价格，因此，基金单位净值决定了开放基金的申购、赎回价格。对于封闭式基金而言，由于封闭式基金在证券交易所上市交易，其价格取决于基金单位净值外，还受到市场供求关系、经济形势、政治环境等多种因素的影响，所以，封闭式基金单位价格与基金单位净值基本趋于一致，即基金净值增长，基金价格也随之提高，封闭式基金的价格总是围绕基金单位净值上下波动。基金单位净值是衡量一只基金经营好坏的主要指标，也是投资者进行投资决策的主要依据，因此，在企业年金基金会计当中，基金净值和基金单位净值的计算就显得尤为重要。

与一般的企业比较，基金净值的信息披露具有特殊性。目前我国封闭式基金的基金单位净值，通过《中国证券报》、《上海证券报》和《证券时报》等证券类报纸每周向社会公告一次；开放式基金的基金单位净值通过报纸每天向社会公告。所以，估值日计算基金净值和基金单位净值，在证券投资基金会计中十分重要。

（三）估值日须对基金持有的有价证券进行估值

估值日对基金持有的上市流通的各种股票和债券进行估值，是企业年金基金会计区别于其他会计的另一显著特征。所谓估值是指对基金持有的有价证券按照公允价值进行的估算。每一只基金在初次发行时都将基金总额分成若干个等额的基金单位，在基金运作的过程中，基金单位价格随着证券市场市价的波动而发生增减变化。为了比较准确地对基金进行计价和报价，使基金价格能够较正确地反映基金的真实价值，必须在每日沪、深两市收市时，对基金持有的有价证券进行估值，并将估值的结果以基金单位净值的形式予以公布。对基金持有的有价证券进行估值是计算基金净值和基金单位净值的关键，只有每日对基金资产重新计算，才能及时反映基金的投资价值。

（四）每日必须计算并确认基金损益

每日必须计算并确认基金收入和基金费用，也是企业年金基金会计区别于其他会计的又一特征。由于基金损益的计算直接影响基金净值的变动，为了保证基金净值的准确性，需要逐日对基金收入和基金费用进行确认和计量。如要逐日计提债券持有期间的利息收入、逐日计提银行存款、清算备付金存款的利息收入、逐日计提基金管理人报酬和基金托管费用等。

四、企业年金基金核算应当设置的会计科目

企业年金基金应当设置“银行存款”、“应收利息”、“结算备付金”、“应收申购

款"、"证券清算款"、"交易保证金"、"买入返售债券"、"其他应收款"、"交易性金融资产"、"可供出售投资"、"应付赎回款"、"应付赎回费"、"应付收益人待遇"、"应付投资管理人管理费"、"应付托管费"、"应付销售服务费"、"应付年金基金受托人费用"、"应付账户管理费"、"实收基金"、"损益平准金"、"企业年金基金净值"、"债券差价收入"、"股票差价收入"、"其他收入"、"基金差价收入"、"利息收入"、"买入返售资产收入"、"公允价值变动损益"、"投资管理人管理费"、"托管费"、"销售服务费"、"年金基金受托人费用"、"账户管理费"、"交易费用"、"其他费用"等总账科目，进行总分类核算。

五、企业年金基金的初始计量及后续计量

初始取得投资时，应当以交易日支付的价款作为其公允价值入账，计入交易性金融资产。发生的交易费用及相关税费直接计入当期损益，计入交易费用。购入股票、债券等已宣告但尚未发放的股利、利息计入初始投资成本，增加交易性金融资产；实际收到发放的股利、利息冲减初始投资成本，即冲减交易性金融资产。

企业年金基金应当按日估值，至少按周估值，即将每个工作日结束或每周五确定为估值日。估值日对投资进行估值时，应当以估值日的公允价值计量，以此调整原账面价值，增加(或冲减)交易性金融资产。公允加之与原账面加之的差额作为公允价值变动收益。

六、企业年金投资管理风险准备金的提取与补亏

投资管理人应当根据国家有关规定，按当其收取的管理费一定比例提取企业年金基金投资管理风险准备金，作为专项用于弥补企业年金基金投资亏损。

企业年金基金投资管理人管理费，应当按照应付的实际金额记入投资管理人管理费，同时确认为负债。根据现行规定，企业年金基金投资管理风险准备金提取比例为20%。企业年金基金投资风险管理准备金在托管银行专户储存，余额达到投资管理企业年金基金净资产的10%时可不再提取。企业年金基金取得投资管理人交纳的风险准备金不亏时，应当按照收到或应收的实际金计入其他收入。

第二节　企业年金基金资产

企业年金基金缴费及运营形成的各项资产包括货币资金、应收债券清算款、应收利息、买入返售证券、其他应收款、债券投资、基金投资、股票投资、其他投资等。

企业年金基金在运营中根据国家规定的投资范围取得的国债、信用等级在投资级以上的金融债和企业债、可转换债、投资性保险产品、证券投资基金、股票等具有良好流动性的金融产品，初始取得和后续估值应当以公允价值计量：(1)初始取

得投资时，应当以交易日支付的成交价款作为其公允价值。发生的交易费用直接计入当期损益。(2)估值日对投资进行估值时，应当以其公允价值调整原账面价值，公允价值与原账面价值的差额计入当期损益。

一、货币资金的核算

企业年金基金的货币资金包括现金和银行存款两大类。

(一) 货币资金增加的核算

1.基金认购业务

封闭式基金募集发行期结束，按照实际收到的金额，借记“银行存款”科目，按基金单位发行的总额，贷记“实收基金”科目，按其差额，贷记“其他收入”科目。开放式基金募集发行期结束，按照实际收到的金额，借记“银行存款”等科目，贷记“实收基金”科目。

【例 14-1】某开放式企业年金基金发行期结束，扣除基金认购费后，实际收到募集资金3亿元存入银行，应作如下会计处理：

借:银行存款　　300 000 000

　贷:实收基金　　300 000 000

2.卖出投资业务

企业年金基金通过证券交易所等卖出债券、股票、基金时，在证券交易日，按应收取或实际收取的金额，借记“银行存款”、“证券清算款”等科目，按相关费用借记“交易费用”科目，按相应的债券、股票、基金等投资成本和估值增值或减值等，贷记“交易性金融资产”等科目，按应支付的佣金，贷记“其他应付款——应付佣金”科目，按其差额，贷记“债券差价收入”、“股票差价收入”、“基金差价收入”等科目。

企业年金基金通过证券交易所卖出证券时，在资金交收日，如果卖出证券成交总额大于买入证券成交总额，按资金交收日实际收到的金额，借记“银行存款”或“结算备付金”科目，贷记“证券清算款”科目。

【例 14-2】某开放式企业年金基金在证券交易所卖出债券，在资金交收日，卖出债券成交总额大于买入债券的成交总额，实际收到款项为60 000元。假定不考虑其他因素。该开放式企业年金基金的会计处理如下：

借:银行存款　　60 000

　贷:证券清算款　　60 000

3.收取年金缴费

企业年金基金按企业年金计划向企业和职工个人收取年金缴费，借记“银行存款”等科目，贷记“企业年金基金净值”科目。

【例 14-3】某开放式企业年金基金按照计划向企业和职工个人收取年缴费24 000元。该开放式企业年金基金的会计处理如下：

借:银行存款　　24 000

　贷:企业年金基金净值　　24 000

(二) 货币资金减少的核算

1.买入投资

企业年金基金通过证券交易所等买入债券、股票、基金等时,按成交总额借记"交易性金融资产"等科目,按相关费用借记"交易费用"科目,按应支付或实际支付的金额,贷记"证券清算款"、"银行存款"等科目,按应支付的佣金,贷记"其他应付款——应付佣金"科目。如果买入证券成交总额大于卖出证券成交总额,按资金交收日实际支付金额,借记"证券清算款"科目,贷记"银行存款"、"结算备付金"等科目。

【例14-4】某开放式企业年金基金通过证券交易所买入债券,买入证券成交总额大于卖出证券成交总额,支付款项86 000元。假定不考虑其他因素,该开放式企业年金基金的会计处理如下:

借:证券清算款　　86 000

　贷:银行存款　　86 000

企业年金基金申购或赎回ETF结转现金替代款时,按照结转的现金替代款,借记"证券清算款"科目,贷记"银行存款"科目。

【例14-5】某开放式年金基金结转ETF现金替代款64 000元,会计处理如下:

借:证券清算款　　64 000

　贷:银行存款　　64 000

2.收益人领取企业年金待遇

收益人领取企业年金待遇时,按照领取的企业年金待遇金额,借记"应付收益人待遇"科目,贷记"银行存款"科目。

【例14-6】某开放式企业年金基金收益人领取待遇24 000元,会计处理如下:

借:应付收益人待遇　　24 000

　贷:银行存款　　24 000

3.支付相关费用

企业年金基金支付投资管理人管理费、托管人托管费、销售机构销售服务费、年金基金受托人费用、账户管理费用时,按照支付相关费用的金额,借记"投资管理人费用"、"托管费"、"销售服务费"、"年金基金受托人费用"、"账户管理费用"等科目,贷记"银行存款"科目。

【例14-7】某开放式企业年金基金支付投资管理人管理费4 600元,支付托管人管理费4 200元,支付销售机构销售服务费2 400元,均以银行存款支付。该开放式企业年金基金的会计处理如下:

借:投资管理人管理费　　4 600

托管费 4 200

销售服务费 2 400

贷:银行存款 11 200

二、应收账款的核算

(一)证券清算款

1.卖出投资

企业年金基金通过证券交易所等卖出股票、基金等时,在证券交易日,按应收取或实际收取的金额,借记“银行存款”、“证券清算款”等科目,按相关费用借记“交易费用”科目,按相应债券、股票、基金等投资成本和估值增值或减值等,贷记“交易性金融资产”等科目,按应支付的佣金,贷记“其他应付款——应付佣金”科目,按其差额,贷记“债券差价收入”、“股票差价收入”、“基金差价收入”等科目。如果卖出证券成交总额大于买入证券成交总额,按资金交收日实际收到的金额,借记“银行存款”、“结算备付金”等科目,贷记“证券清算款”科目。

【例14-8】某开放式企业年金基金在证券交易所卖出债券,在证券交易日,应收取的款项为64 000元,发生交易费用4 000元,交易性金融资产的账面余额为56 000元。假定不考虑其他因素。该开放式企业年金基金的会计处理如下:

借:证券清算款 64 000

交易费用 4 000

贷:交易性金融资产 56 000

债券差价收入 12 000

2.ETF现金替代

企业年金基金申购ETF发生现金替代时,借记“证券清算款——现金替代款”科目,贷记有关科目。结转现金替代款时,借记“银行存款”、“结算备付金”等科目,贷记“证券清算款——现金替代款”科目。赎回ETF发生现金替代时,借记有关科目,贷记“证券清算款——现金替代款”科目;结转现金替代款时,借记“证券清算款——现金替代款”科目,贷记“银行存款”、“结算备付金”等科目。

确认申购ETF份额及构成并计算现金差额时,借记“证券清算款——现金差额”等科目,贷记有关科目;结转现金差额时,借记“银行存款”、“结算备付金”等科目,贷记“证券清算款——现金差额”科目。确认赎回ETF份额及构成并计算现金差额时,借记有关科目,贷记“证券清算款——现金差额”科目;结转现金差额时,借记“证券清算款——现金差额”科目,贷记“银行存款”、“结算备付金”等科目。

【例14-9】某开放式企业年金基金结转申购ETF现金替代款2 400元,结转赎回现金替代款6 400元;结转确认申购ETF份额现金差额8 600元,结转确认赎回ETF份额现金差额9 000元。该开放式企业年金基金的会计处理如下:

借:结算备付金　　2 400
　贷:证券清算款——现金替代款　　2 400
借:证券清算款——现金替代款　　6 400
　贷:结算备付金　　6 400
借:结算备付金　　8 600
　贷:证券清算款——现金差额　　8 600
借:证券清算款——现金差额　　9 000
　贷:结算备付金　　9 000

(二)应收申请款

企业年金基金应自基金注册登记人接受基金投资人有效申请之日起,在规定的工作日内收取申购款项或转换转入款项,尚未收到之前作为应收申购款入账。办理申购业务或转换业务的机构按规定收取的申购费或转换费,如在基金申购或转换转入时收取的,由办理申购业务或转换业务的机构直接向投资人收取,不纳入基金会计核算范围;如在基金赎回或转换转出时收取的,待基金投资人赎回或转换转出时从赎回款或转出款抵扣。

基金申购或转换转入确认日,按有效申购款或转换转入款,借记"应收申购款"科目,按有效申购款或转换转入款中含有的实收基金,贷记"实收基金"科目,按其差额,贷记"损益平准金"科目。收到的申购款或转换转入款时,借记"银行存款"科目,贷记"应收申购款"科目。

【例14-10】甲公司申请购买某开放式企业年金基金,有效申购款为108万元,其中,实收基金为104万元,损益平准金为4万元。该开放式企业年金基金的会计处理如下:

借:应收申购款　　1 080 000
　贷:实收基金　　1 040 000
　　损益平准金　　40 000

收到甲公司交来的有效申购款时,该开放式企业年金基金的会计处理如下:

借:银行存款　　1 080 000
　贷:应收申购款　　1 080 000

三、投资的核算

(一)买入投资

企业年金基金通过证券交易所等买入债券、股票、基金时,按成交总额借记"交易性金融资产"等科目,按相关费用借记"交易费用"科目,按应支付或实际支付的金额,贷记"证券清算款"、"银行存款"等科目,按应支付的佣金,贷记"其他应付款——应付佣金"科目。如果买入证券成交总额大于卖出证券成交总额,按资金交收日实际支付的金额，借记“证券清算款”科目，贷记“银行存款”、“结算备付金”等科目。

【例14-11】某开放式企业年金基金通过证券交易所买入股票，成交金额为20 000 000元，应支付券商佣金20 000元，印花税4 000元，款项尚未支付。该开放式企业年金基金的会计处理如下：

借：交易性金融资产	20 000 000
交易费用	24 000
贷：其他应付款	20 000
证券清算款	20 004 000

（二）投资估值

1.投资估值的原则

估值是指对运用基金资产所购买的上市证券按公允价值进行的估算。估值日对基金资产进行估值，是为了准确地反映每一基金单位的真实价值。每只基金在初次发行时，在没有进行投资运作时不需要估值；基金投入运作，在基金运作过程中，基金单位价格随着证券市场市价的波动而发生增减变化。为了比较准确地反映基金的真实价值，必须对每一基金单位实际代表的价值予以估算，并将估算的结果以基金净值和基金单位净值的形式予以公布。基金净值等于持有人权益，等于基金资产减去基金负债。

基金估算结果是否正确，是否确切地反映基金的真实价值，关键是遵循什么样的估值原则。企业年金基金对投资的估值，应当遵循以下原则：

任何上市流通的有价证券，以其估值日在证券交易所挂牌的市价（平均价或收盘价）估值；估值日无交易的以最近交易日的市价估值。根据这一估值原则，基金持有的有价证券，包括股票和债券，应于交易日按照沪、深两市证券交易所挂牌的市价进行估值。证券交易所挂牌的市价有平均价和收盘价两种价格可供选择，既可选择平均价值估值，也可以选择收盘价估值，一旦选择一种方法不可随意改变，除非国家法律、法规和国家统一的会计制度发生变化，要求采用新的会计政策，或者会计政策的变更能够提供更可靠、更相关的会计信息。

未上市的股票应区分两种情况处理：(1)配股或增发新股，按估值日在证券交易所挂牌的同一股票的市价估值；(2)首次公开发行的股票，按成本估值。

配股权证，从配股出权日起到配股确认日止，按市价高于配股价的差额估值；如果市价低于配股价的，不估值。配股权证是上市公司给予老股东的一种认购该公司股份的权利证明。配股权证分配方案的产生，一般由上市公司董事会提出配股方案，经股东大会审议通过，并报有关部门核准后向社会公告，公告必须载明配股股权登记日、配股价（一般低于市价）、配股比例和配股权缴款期限（一般为10个交易日）等项内容。证券交易所按股权登记日闭市后的股东持股数量和配股比例，在配股权缴款期内实施配股。企业年金基金因持有股票而享有的配股权，其市价高于配股价的差额，应当作为配股权证的价值，从配股除权日起到配股确认日止的期间内进行确认。如果配股价低于市价，配股权证持有者一般会放弃配股，这时配股权证不估值。

如有确凿证据表明按上述方法对基金进行估值不能客观反映其公允价值，基金管理公司可根据具体情况与基金托管银行商定后，按最能反映公允价值的价格估值。

2.投资估值的会计处理

企业年金基金在估值日，按照投资估值增值金额，借记“交易性金融资产”等科目，贷记“公允价值变动损益”科目；按照投资估值减值金额，借记“公允价值变动损益”科目，贷记“交易性金融资产”、“可供出售金融资产”等科目。

【例 14-12】某开放式企业年金基金对所有的股票投资和债券投资进行估值，股票投资增值 42 000 元，债券投资减值 64 000 元。该开放式企业年金基金的会计处理如下：

借：交易性金融资产——股票投资	42 000	
贷：公允价值变动损益		42 000
借：公允价值变动损益	64 000	
贷：交易性金融资产——债券投资		64 000

(三)卖出投资

企业年金基金通过证券交易所等交易日，按应收或实际收取的金额，借记“银行存款”、“证券清算款”等科目，按相关费用借记“交易费用”科目，按相应债券、股票、基金等投资成本和估值增值或减值等，贷记“交易性金融资产”等科目，按应支付的佣金，贷记“其他应付款——应付佣金”科目，按其差额，贷记“债券差价收入”、“股票差价收入”、“基金差价收入”等科目。如果卖出证券成交总额大于买入证券成交总额，按资金交收日实际收到的金额，借记“银行存款”、“结算备付金”等科目，贷记“证券清算款”科目。

【例 14-13】某开放式企业年金基金在证券交易所卖出所持有的股票投资和债券投资，实得款项 10 800 000 元，其中股票投资实得款项 5 800 000 元，债券投资实得款项 5 000 000 元。股票投资的账面余额为 5 600 000 元，债券投资的账面余额为 4 600 000 元。假定不考虑其他因素，该开放式企业年金基金的会计处理如下：

借：证券清算款	5 800 000	
贷：交易性金融资产——股票投资		5 600 000
股票差价收入		200 000
借：证券清算款	5 000 000	
贷：交易性金融资产——债券投资		4 600 000
债券差价收入		400 000

第三节 企业年金基金负债

根据企业会计准则的规定，企业年金基金运营形成的各项负债包括应付证券清算款、应付收益人待遇、应付受托人管理费、应付投资管理人管理费、应交税费、卖出回购证券款、应付利息、应付佣金和其他应付款等。

一、应付赎回款

应付赎回款核算企业年金基金按规定应付投资人的赎回款和转换转出款。通常情况下，基金应当在基金注册登记机构接受投资人有效申请之日起，在规定的工作日内支付赎回款项或转换转出款项，尚未支付前作为应付赎回款或转换转出入账。开放式基金按规定收取的赎回费或转换转出费，其中基本手续部分归办理赎回或转换业务的机构所有，尚未支付之前作为应付赎回费或转换转出费入账；赎回费或转换转出费在扣除基本手续费后的余额归基金所有，作为其他收入入账。

企业年金基金赎回或转换转出确认日，按赎回款或转换转出款中含有的实收基金，借记"实收基金"科目，按赎回款或转换转出款中含有的未分配利润，借记"损益平准金"科目，按应付投资人的赎回款或转换转出款，贷记"应付赎回款"科目，按赎回费或转换转出费中办理赎回业务或转换转出业务的机构所有部分，贷记"应付赎回费"科目，按赎回费或转换转出费中属于基金所有的部分，贷记"其他收入——赎回转出费"科目。支付赎回款或支付转换转出款时，借记"应付赎回款"科目，贷记"银行存款"科目。

【例14-14】某开放式企业年金基金的投资人申请赎回投资款项，金额为860万元，其中实收基金为640万元，未分配利润为220万元。这一款项中，属于投资人所有的部分为680万元，属于办理赎回业务的机构所有的部分为160万元，属于基金所有的部分为20万元。该开放式企业年金基金的会计处理如下：

借：实收基金	6 400 000	
损益平准金	2 200 000	
贷：应付赎回款		6 800 000
应付赎回费		1 600 000
其他收入		200 000

该开放式企业年金基金实际支付赎回款时，会计处理如下：

借：应付赎回款	6 800 000	
贷：银行存款		6 800 000

二、应付赎回费

企业年金基金赎回或转换转出确认日，按赎回款或转换转出款中含有的实收基金，借记“实收基金”科目，按赎回款或转换转出款中含有的未分配利润，借记“损益平准金”科目，按应付投资人的赎回款或转换转出款，贷记“应付赎回款”科目，按赎回费或转换转出费中属于办理赎回业务的机构所有的部分，贷记“应付赎回费”科目，按赎回费或转换转出中属于基金所有的部分，贷记“其他收入——赎回转出费”科目。支付赎回款或支付转换转出款时，借记“应付赎回费”科目，贷记“银行存款”科目。

【例 14-15】沿用【例 14-14】的资料。该开放式企业年金基金支付赎回的会计处理如下：

借：应付赎回费	1 600 000	
贷：银行存款		1 600 000

三、应付其他费用

(1)企业年金基金按期计算应付收益人年金待遇时，借记“企业年金基金净值”科目，贷记“应付收益人待遇”科目。收益人实际领取年金待遇时，借记“应付收益人待遇”科目，贷记“银行存款”等科目。

(2)企业年金基金逐日计提投资人管理费用时，借记“投资人管理费用”科目，贷记“应付投资人管理费用”科目；支付时，借记“应付投资人管理费用”科目，贷记“银行存款”科目。

(3)企业年金基金逐日计提托管人托管费用时，借记“托管费”科目，贷记“应付托管费”科目；支付托管费时，借记“应付托管费”科目，贷记“银行存款”科目。

(4)企业年金基金逐日计提基金销售机构的销售服务费时，借记“销售服务费”科目，贷记“应付销售服务费”科目；支付销售服务费时，借记“应付销售服务费”科目，贷记“银行存款”科目。

(5)企业年金基金逐日计提年金基金受托人费用时，借记“年金基金受托人费用”科目，贷记“应付年金基金受托人费用”科目；支付年金基金受托人费用时，借记“应付年金基金受托人费用”科目，贷记“银行存款”科目。

(6)企业年金基金按规定计提账户管理人管理费用时，借记“账户管理费”科目，贷记“应付账户管理费”科目；支付账户管理费时，借记“应付账户管理费”科目，贷记“银行存款”科目。

【例 14-16】某开放式企业年金基金本期计算的应付收益人年金待遇为 64 000 元，计提的投资人管理费为 4 600 元，计提的托管人管理费为 8 600 元，计提的销售机构的服务费为 24 600 元，计提的年金基金受托人管理费为 12 600 元，计提的账户管理人员管理费为15 600元。该开放式年金基金的会计处理如下：

借：企业年金基金净值	64 000	
贷：应付收益人待遇		64 000
借：投资管理人管理费	4 600	
贷：应付投资人管理费		4 600
借：托管费	8 600	
贷：应付托管费		8 600
借：销售服务费	24 600	
贷：应付销售服务费		24 600
借：年金基金受托人费用	12 600	
贷：应付年金基金受托人费用		12 600
借：账户管理费	15 600	
贷：应付账户管理费		15 600

第四节　企业年金基金收入和费用

一、企业年金基金收入

根据企业会计准则规定，收入应按照下列规定确认和计量：(1)存款利息收入，按照本金和适用的利率确定；(2)买入返售证券的收入，在融券期限内按照买入返售证券价款和协议约定的利率确定；(3)公允价值变动收益，在估值日按照当日投资公允价值与原账面价值(即上一估值日投资公允价值)的差额确定；(4)投资处置收益，在交易日按照卖出投资所得的价款与账面价值的差额确定；(5)风险准备金补亏的其他收入，按照实际发生的金额确定。

(一) 利息收入

年金基金确认利息收入时，按照计算确定的利息收入金额，借记“应收利息”科目，贷记“利息收入”科目。

【例14-17】某开放式企业年金基金6月份计算确定的利息收入金额为24 000元。该开放式企业年金基金的会计处理如下：

借：应收利息	24 000	
贷：利息收入		24 000

(二) 买入返售证券收入

企业年金基金通过国家规定的场所进行资产回购业务时，按照计算确定的买入返售资产利息收入，借记“买入返售资产”科目，贷记“买入返售资产收入”科目。在返售日，按照收到的返售资产价款，借记“银行存款”等科目，按计提的买入返售资产减值准备，借记“坏账准备”科目，按照买入返售资产账面余额，贷记“买入返售资产”科目，按照借贷双方之间的差额，贷记“买入返售资产收入”科目。

【例 14-18】某开放式企业年金基金 7 月 31 日计算确定的某返售资产利息收入为 48 000 元。8 月 1 日，该开放式企业年金基金持有的某买入返售资产到期，出售价款为 1 700 000 元，款项已存入银行，该买入返售资产账面余额为 1 660 000 元。假定不考虑其他因素，该开放式企业年金基金的会计处理如下：

借：买入返售资产　　48 000

　贷：买入返售资产收入　　48 000

借：银行存款　　1 700 000

　贷：买入返售资产　　1 660 000

　　买入返售资产收入　　40 000

（三）公允价值变动损益

企业年金基金在估值日，按照投资估值增值金额，借记“交易性金融资产”、“可供出售金融资产”等科目，贷记“公允价值变动损益”科目；按照投资估值减值的金额，借记“公允价值变动损益”科目，贷记“交易性金融资产”、“可供出售金融资产”等科目。

【例 14-19】某开放式企业年金基金对所持有的股票投资和债券投资进行估值，股票投资增至 4 000 元，债券投资增至 6 000 元。该开放式年金基金的会计处理如下：

借：交易性金融资产——股票投资　　4 000

　　　　　　　　——债券投资　　6 000

　贷：公允价值变动损益　　10 000

（四）其他收入

（1）企业年金基金买进替代证券或强制退款时，按照确定的金额（替代价格与该替代证券市价之差乘以替代数量）借记“其他应付款——可退替代款”科目，按照确定的金额（替代价格与实际买入成本或强制退款成本之差乘以替代数量）贷记“其他应付款——应付替代款”科目，按其差额，贷记或借记“其他收入——ETF 替代损益”科目。

（2）企业年金基金权证以证券方式行权时，按照行权价款及交易费用的差额，借记“证券清算款”科目，按照应结转的公允价值变动损益，借记“公允价值变动损益”科目，按相关费用，借记“交易费用”科目，按结转的权证成本和估值增值或减值，贷记“交易性金融资产——权证投资”科目，按结转的股票成本和估值增值或减值，贷记“交易性金融资产——股票投资”科目，按应付券商的佣金，贷记“其他应付款——应付佣金”科目，按其差额，贷记或借记“其他收入”科目。

（3）企业年金基金权证以现金结算方式行权时，按照确定的金额扣减交易费用，借记“证券清算款”科目，按照应结转的公允价值变动损益，借记“公允价值变动损益”科目，按照相关费用借记“交易费用”科目，按照结转的权证成本和估值增值或减值，贷记“交易性金融资产——权证投资”科目，按其差额，贷记或借记“其他收入”科目。

(4)企业年金基金放弃行权确定日，按照应结转的公允价值变动损益，借记“公允价值变动损益”科目，按照结转的权证成本和估值增值，贷记“交易性金融资产——权证投资”科目，按其余额，贷记或借记“其他收入”科目。

(5)企业年金基金发生的其他收入，按照其他收入的金额，借记“银行存款”等科目，贷记“其他收入”科目。

二、企业年金基金费用

根据企业会计准则规定，企业年金基金运营发生的各项费用包括交易费用、受托人管理费、托管人管理费、投资人管理费、卖出回购证券支出和其他费用。费用应当按照下列规定确认和计量：①交易费用，包括支付给代理机构、咨询机构、券商的手续费和佣金及其他必要支出，按照实际发生的金额确定；②受托人管理费、托管人管理费和投资管理人管理费，根据相关规定按实际计提的金额确定；③卖出回购证券支出，在融资期限内按照卖出回购证券价款和协议约定的利率确定；④其他费用，按照实际发生的金额确定。

(1)企业年金基金进行股票、债券、基金、权证等交易过程中产生的计入当期损益的交易费用，在发生时按照确定的金额，借记“交易费用”科目，贷记“银行存款”、“结算备付金”等科目。

(2)企业年金基金按期计算应付收益人年金待遇时，借记“企业年金基金净值”科目，贷记“应付收益人待遇”科目。收益人实际领取年金待遇时，借记“应付收益人待遇”科目，贷记“银行存款”科目。

(3)企业年金基金逐日计提投资人管理费用时，借记“投资人管理费用”科目，贷记“应付投资人管理费用”科目；支付时，借记“应付投资人管理费用”科目，贷记“银行存款”科目。

(4)企业年金基金逐日计提托管人托管费用时，借记“托管费”科目，贷记“应付托管费”科目；支付托管费时，借记“应付托管费”科目，贷记“银行存款”科目。

(5)企业年金基金逐日计提基金销售机构的销售服务费时，借记“销售服务费”科目，贷记“应付销售服务费”科目；支付销售服务费时，借记“应付销售服务费”科目，贷记“银行存款”科目。

(6)企业年金基金逐日计提年金基金受托人费用时，借记“年金基金受托人费用”科目，贷记“应付年金基金受托人费用”科目；支付年金基金受托人费用时，借记“应付年金基金受托人费用”科目，贷记“银行存款”科目。

(7)企业年金基金按规定计提账户管理人管理费用时，借记“账户管理费”科目，贷记“应付账户管理费”科目；支付账户管理费时，借记“应付账户管理费”科目，贷记“银行存款”科目。

(8)企业年金基金发生的除上述费用以外的其他各项费用，如注册登记费、上市年费、信息披露费用、账户服务费、持有人大会费用、审计费用、律师费用等，如果基金影响份额净值小数点后四位的，应采用待摊或预提的方法，待摊或预提计入基金损益；如果不影响基金份额净值小数点后四位的，应于发生时直接计入基金损益。

具体来说，企业年金基金发生的其他费用，如不影响估值日基金份额净值小数点后第四位数，发生时直接计入基金损益，借记“其他费用”科目，贷记“银行存款”等科目。

企业年金基金已经发生的其他费用，如影响估值日基金单位净值小数点后第四位，采用摊销方法的，发生时，借记“待摊费用”科目，贷记“银行存款”科目；摊销时，借记“其他费用”科目，贷记“待摊费用”科目。采用预提方法的，预提时，借记“其他费用”科目，贷记“预提费用”科目；实际支付时，借记“预提费用”科目，贷记“银行存款”科目。

【例 14-20】某企业年金基金 20×8 年 2 月 1 日基金净值为 70 亿元，该日发生信息披露费 60 000 元，由于小于当日基金净值的十万分之一，可采用直接计入法计入基金损益。该日发生的信息披露应作如下会计处理：

借：其他费用　　60 000

　贷：银行存款　　60 000

【例 14-21】某会计师事务所对某企业年金基金的 20×7 年度财务会计报告进行审计，20×8 年发生注册会计师审计费用 42 万元，假设 4 月 1 日前的基金净值均为 72 亿元。经过计算，基金净值的十万分之一为 72 000 元，可认定发生的审计费用影响基金净值小数点后五位数。由于是对该基金 20×7 年财务会计报告进行审计而发生的审计费用，可认定费用的作用期是以前年度，应采用预提的方法预提计入基金损益。实务操作时可分为 6 次预提计入损益基金，每次预提的审计费用为 70 000 元(420 000/6)。会计处理如下：

企业年金基金预提审计费用时：

借：其他费用　　70 000

　贷：预提费用　　70 000

4 月 1 日发生 420 000 元审计费用时：

借：预提费用　　420 000

　贷：银行存款　　420 000

第五节　企业年金基金净资产

一、实收基金

(一)实收基金的核算原则

(1)封闭式基金事先确定发行总额,在封闭期内基金份额总数不变。基金成立时,实收基金按实际收到的基金份额发行总额入账。基金发行费收入扣除相关费用后的余额,作为其他收入处理。

(2)开放式基金的基金份额总额不固定,基金份额总额随时增减。基金合同生效时,实收基金按实际收到的基金份额发行总额入账;基金合同生效后,实收基金应于基金申购、赎回确认日,根据基金合同和招募说明书中载明的有关事项进行确认和计量。

(3)基金注册登记机构应于收到基金投资人申购或转换申请之日起在规定的工作日内,对该交易的有效性进行确认。确认日,按照实收基金、未分配利润和损益平准金的余额占基金净值的比例,将确认为有效的申购或转换转入款项分割成两部分,分别确认为实收基金、损益平准金的增加或减少。

(二)实收基金的主要账务处理

1.封闭式基金

基金募集发行期结束,按照实际收到的金额,借记“银行存款”科目,按基金单位发行额,贷记“实收基金”科目,按其差额,贷记“其他收入”科目。

2.开放式基金

(1)基金募集发行期结束,按照实际收到的金额,借记“银行存款”科目,贷记“实收基金”科目。

(2)基金申购或转换转入确认日,按基金申购款和转换转入款,借记“应收申购款”等科目,按基金申购款或转换转入款中含有的实收基金,贷记“实收基金”科目,按基金申购款或转换转入款中含有的未分配利润,贷记“损益平准金”科目。

(3)基金赎回或转换转出确认日,按基金赎回款或转换转出款中含有的实际基金,借记“实收基金”科目,按基金赎回款或转换转出款中含有的未分配利润,借记“损益平准金”科目,按应付投资人赎回款或转换转出款,贷记“应付赎回款”科目,按赎回费或转换转出费中基本手续的部分,借记“应付赎回费”科目,按赎回费或转换转出费扣除基本手续费后的部分,贷记“其他收入——赎回转出费”科目。

(4)基金红利再投资确认日,按基金红利再投资的基金,借记“应付股利”科目,按基金红利再投资金额中含有的实收基金,贷记“实收基金”科目,按基金红利再投资中含有的未分配利润,贷记“损益平准金”科目。

【例14-22】某开放式企业年金基金收到乙公司申购的申请，经确认有效申请为5 000 000元，其中实收基金3 600 000元，未分配利润1 400 000元。该开放式年金基金的会计处理如下：

借：应收申购款	5 000 000	
贷：实收基金		3 600 000
损益平准金		1 400 000

【例14-23】某开放式企业年金基金的投资人申请赎回投资款项，金额为17 000 000元，其中实收基金为13 000 000元，未分配利润为4 000 000元。这一款项中属于投资人所有的部分为13 600 000元，属于办理赎回业务的机构所有的部分为3 200 000元，属于基金所有的部分为200 000元。该开放式年金基金的会计处理如下：

借：实收基金	13 000 000	
损益平准金	4 000 000	
贷：应付赎回款		13 600 000
应付赎回费		3 200 000
其他收入		200 000

二、损益平准金

企业年金基金申购、转入和确认日，按基金申购款或转换转入款，借记"应收申购款"科目，按基金申购款或转换转入款中含有的实收基金，贷记"实收基金"科目，按基金申购款或转换转入款中含有的未分配利润，贷记"损益平准金"科目。

基金赎回、转出确认日，按基金赎回款或转换转出款中含有的实收基金，借记"实收基金"科目，按赎回款或转换转出款中含有的未分配利润和公允价值变动损益，借记"损益平准金"科目，按应付投资人赎回款或转换转出款，贷记"应付赎回款"科目，按赎回费或转换转出费中属于基本手续费的部分，借记"应付赎回费"科目，按赎回费或转换转出费扣除基本手续后的余额部分，贷记"其他收入——赎回转出费"科目。

基金红利再投资确认日，按基金红利再投资的金额，借记"应付利润"科目，按基金红利再投资金额中含有的实收基金，贷记"实收基金"科目，按基金红利再投资金额中含有的未分配利润，贷记"损益平准金"科目。

三、企业年金基金净资产

根据企业会计准则的规定，企业年金基金的净资产是指企业年金基金的资产减去负债后的余额。资产负债表日，应当将当期各项收入和费用结转至净资产。净资产应当分别企业和职工个人设置账户，根据企业年金计划按期将运营收益分配计入账户。

净资产应当按照下列规定确认和计量:①向企业和职工个人收取的缴费,按照收到的金额增加净资产;②向收益人支付的待遇,按照应付的金额减少净资产;③因职工调入企业而发生的个人账户转入金额,增加净资产;④因职工调离企业而发生的个人账户转出金额,减少净资产。

(1)按企业年金计划向企业和职工个人收取年金缴费,借记"银行存款"等科目,贷记"企业年金基金净值"科目。

(2)向收益人支付的年金待遇,借记"企业年金基金净值"科目,贷记"应付收益人待遇"科目。

(3)因职工调入企业而发生的个人账户转入,借记"银行存款"科目,贷记"企业年金基金净值"科目。

(4)因职工调出企业而发生的个人账户转出,借记"企业年金基金净值"科目,贷记"银行存款"科目。

(5)资产负债表日,将"利息收入"、"买入返售证券收入"、"公允价值变动损益"、"投资收益"、"其他收入"等收入类科目的余额转入"企业年金基金净值"科目,借记"利息收入"、"买入返售证券收入"、"公允价值变动损益"、"投资收益"、"其他收入"等科目,贷记"企业年金基金净值"科目。

将"交易费用"、"投资管理人管理费"、"托管费"、"年金基金受托人费用"、"账户管理费"、"卖出回购证券支出"、"其他费用"等费用类科目的余额转入"企业年金基金净值"科目,借记"企业年金基金净值"科目,贷记"交易费用"、"投资管理人管理费"、"托管费"、"年金基金受托人费用"、"账户管理费"、"卖出回购证券支出"、"其他费用"等科目。

第六节　企业年金基金财务报表

根据企业会计准则的规定,企业年金基金的财务报表包括资产负债表、净资产变动表和附注。

受托人是编制和对外报告企业年金基金财务报表的法定责任人,在每季度结束后 15 日内和年度结束后 45 日内向委托人提交季度、年度企业年金基金管理报告,其中年度企业年金基金财务会计报告须经会计师事务所审计。

托管人应当在每季度结束 10 日内和年度结束 30 日内向受托人提交季度、年度企业年金基金托管和财务会计报告,其中年度财务报告须经会计师事务所审计。

账户管理人应当在每季度结束后 10 日内和年度结束 30 日内向受托人提交托管人确认的季度、年度企业年金基金投资组合报告。

一、资产负债表

资产负债表是反映企业年金基金在某一特定日期的财务状况，应当按照资产、负债和净资产分别列示。

(一)资产负债表至少应当列示的信息

资产类项目至少应当列示下列的信息：①货币资金；②应收证券清算款；③应收利息；④买入返售证券；⑤其他应收款；⑥债券投资；⑦基金投资；⑧股票投资；⑨其他投资；⑩其他资产。

负债类项目至少应当列示的信息：①应付证券清算款；②应付收益人待遇；③应付托管人管理费；④应付受托人管理费；⑤应付投资管理人管理费；⑥应交税费；⑦卖出回购证券款；⑧应付利息；⑨应付佣金；⑩其他应付款。

净资产类项目列示企业年金基金净值。

(二)资产负债表格式及填列方法

根据企业会计准则的规定，企业年金基金资产负债表格式如表14-1所示。

表14-1　资产负债表　　会年金01表

编制单位：　　　　年　　月　　日　　　　单位：元

资　　产	行次	年初数	期末数	负债和净资产	行次	年初数	期末数
资　产：				负　债：			
货币资金				应付证券清算款			
应收证券清算款				应付收益人待遇			
应收利息				应付受托人管理费			
买入返售证券				应付托管人管理费			
其他应收款				应付投资管理人管理费			
债券投资				应交税费			
基金投资				卖出回购证券款			
股票投资				应付利息			
其他投资				应付佣金			
其他资产				其他应付款			
				负债合计			
				净资产：			
				企业年金基金净值			
资产总计				负债和净资产总计			

企业年金基金资产负债表各项目的填列方法如下：

(1)“货币资金”项目，反映企业年金基金拥有的货币资金。本项目应当根据“现金”、“银行存款”等科目的借方余额汇总填列。

(2)“应收证券清算款”项目，反映企业年金基金因买卖证券、回购证券、申购新股、配售股票、ETF现金替代等业务而向证券交易所收取的款项。本项目应根据“应收证券清算款”科目的余额分析填列。

(3)“应收利息”项目，反映企业年金基金已确认尚未收取的利息。本项目应根据“应收利息”科目的借方余额分析填列。

(4)“买入返售证券”项目，反映企业年金基金在回购协议下所持有的证券。本项目根据“买入返售资产”科目的期末借方余额，减去“坏账准备”科目有关明细科目后的余额填列。

(5)“其他应收款”项目，反映企业年金基金除上述各项应收款项以外的其他应收款项。本项目应根据“其他应收款”科目的期末借方余额，减去“坏账准备”科目有关明细科目后的余额填列。

(6)“债券投资”项目，反映企业年金基金持有的债券投资。本项目应根据“交易性金融资产”、“可供出售的金融资产”等科目的借方余额所属的有关明细科目的金额填列。

(7)“基金投资”项目，反映企业年金基金持有的基金投资。本项目应根据“交易性金融资产”、“可供出售的金融资产”等科目的借方余额所属的有关明细科目的金额填列。

(8)“股票投资”项目，反映企业年金基金持有的股票投资。本项目应根据“交易性金融资产”、“可供出售的金融资产”等科目的借方余额所属的有关明细科目的金额填列。

(9)“其他投资”项目，反映企业年金基金持有的其他投资。本项目应根据“交易性金融资产”、“可供出售的金融资产”等科目的借方余额所属的有关明细科目的金额填列。

(10)“其他资产”项目，反映企业年金基金除上述各项资产以外的其他资产。本项目应根据“应收申购款”等科目的期末余额分析填列。

(11)“应付证券清算款”项目，反映企业年金基金因买卖证券、回购证券、申购新股、配售股票、ETF现金替代等业务而应向证券交易所所支付的款项。本项目应根据“证券清算款”科目的余额分析填列。

(12)“应付收益人待遇”项目，反映企业年金基金应支付给参与企业年金基金的职工或其他收益人的年金待遇。本项目应根据“应付收益人待遇”科目的期末贷方余额分析填列。

(13)“应付受托人管理费”项目，反映企业年金基金应支付给年金基金受托人的费用。本项目应根据“应付年金基金受托人费用”科目的期末贷方余额分析填列。

(14)“应付托管人管理费”项目,反映企业年金基金应支付给托管人的托管费。本项目应根据“应付托管费”科目的期末贷方余额分析填列。

(15)“应付投资管理人管理费”项目,反映企业年金基金应支付给投资管理人的报酬。本项目应根据“应付投资管理人管理费”科目的贷方余额分析填列。

(16)“应交税费”项目,反映企业年金基金应支付的各项税金。本项目应根据“应交税费”科目的贷方余额分析填列。

(17)“卖出回购证券款”项目,反映企业年金基金按回购协议卖出证券收到的款项。本项目应根据“卖出回购证券款”科目的期末贷方余额分析填列。

(18)“应付利息”项目,反映企业年金基金应付未付的利息。本项目应根据“应付利息”科目的期末贷方余额分析填列。

(19)“应付佣金”项目,反映企业年金基金应付未付的佣金。本项目应根据“应付佣金”科目的期末贷方余额分析填列。

(20)“其他应付款”项目,反映企业年金基金其他应付未付的款项。本项目应根据“其他应付款”科目所属有关明细科目的期末贷方余额分析填列。

(21)“企业年金基金净值”项目,反映企业年金基金的净资产,本项目应根据“企业年金基金净值”、“实收基金”、“损益平准金”等科目的期末贷方余额分析填列。

二、净资产变动表

(一)净资产变动表的内容

净资产变动反映企业年金基金在一定会计期间的净资产增减变动情况,应当列示下列信息:①期初净资产;②本期净资产增加数,包括本期收入、收取企业缴费、收取职工个人缴费、个人账户转入;③本期净资产减少数,包括本期费用、支付收益人待遇、个人账户转出;④期末净资产。

(二)净资产变动表的格式及填列方法

根据企业会计准则规定,净资产变动表的格式见表14-2。

净资产变动表各项目的内容及填列方法如下:

(1)“期初净资产”项目,反映企业年金基金期初资产的金额。本项目应当根据上月本表“期末净资产”项目的金额填列。

(2)“本期净资产增加数”项目,反映企业年金基金本期净资产增加的金额。本项目应当根据本表“本期加收入”、“收取企业缴费”、“收取职工个人缴费”、“个人账户转入”等项目的金额合计填列。

(3)“本期收入”项目,反映企业年金基金本期实现的收入金额。本项目应当根据本表“存款利息收入”、“买入返售证券收入”、“公允价值变动损益”、“投资处置收益”、“其他收入”等项目的金额合计填列。

(4)“收取企业缴费”项目，反映企业年金基金本期向企业收取的费用。本项目应当根据“企业年金基金净值”有关明细科目的期末贷方余额分析填列。

(5)“收取职工个人缴费”项目，反映企业年金基金本期向职工个人收取的费用。本项目应当根据“企业年金基金净值”有关明细科目的期末贷方余额分析填列。

表14-2　净资产变动表　　会年金02表

编制单位：　　年　　月　　单位：元

项　　目	行　　次	本月数	本年累计数
一、期初净资产			
二、本期净资产增加数			
(一)本期收入			
1.存款利息收入			
2.买入返售证券收入			
3.公允价值变动收益			
4.投资处置收益			
5.其他收入			
(二)收取企业缴费			
(三)收取职工个人缴费			
(四)个人账户转入			
三、本期净资产减少数			
(一)本期费用			
1.交易费用			
2.受托人管理费			
3.托管人管理费			
4.投资管理人管理费			
5.卖出回购证券支出			
6.其他费用			
(二)支付收益人待遇			
(三)个人账户转出			
四、期末净资产			

(6)“个人账户转入”项目，反映企业年金基金本期向职工个人账户转入的金额。本项目应当根据“企业年金基金净值”有关明细科目的期末贷方余额分析填列。

(7)“本期净资产减少数”项目，反映企业年金基金本期净资产减少的金额。本项目应当根据本表“本期费用”、“支付收益人待遇”、“个人账户转出”等项目的金额合计填列。

(8)“本期费用”项目，反映企业年金基金本期发生的费用金额。本项目应当根据本表“交易费用”、“受托人管理费”、“托管人管理费”、“投资管理人管理费”、“卖出回购证券支出”、“其他费用”等项目的金额合计填列。

(9)“支付收益人待遇”项目，反映企业年金基金本期向收益人支付的待遇。本项目应当根据“企业年金基金净值”有关明细科目本期发生额分析填列。

(10)“个人账户转出”项目，反映企业年金基金本期个人账户转出的金额。本项目应当根据“企业年金基金净值”有关明细科目本期发生额分析填列。

(11)“期末净资产”项目，反映企业年金基金本期末净资产的金额。本项目应当根据“期初资产”、“本期净资产增加数”、“本期净资产减少数”等项目的金额分析填列。

三、附　注

根据企业会计准则的规定，附注应当披露以下信息：①企业年金计划的主要内容及重大变化；②投资种类、金额及公允价值的确定方法；③各类投资占投资总额的比例；④可能使投资价值受到重大影响的其他事项。

除此以外还应披露以下内容：(1)财务报表编制的基础，主要包括：会计年度、记账本位币、会计计量所运用的基础。(2)重要会计政策和会计估计变更记账差错更正的说明。(3)重要报表项目的说明，包括：货币资金、买入返售证券、债券投资、基金投资、股票投资、其他投资、其他资产、卖出回购证券款、支出受益人待遇、受托人管理费、托管人管理费、投资管理人管理费、其他应付款等。(4)或有和承诺事项、资产负债表日后事项、关联方关系及其交易说明。(5)风险管理，包括风险管理政策、信用风险、流动风险、市场风险等。

本章小结

企业年金基金是根据依法制定的企业年金计划筹集的资金及其投资运营收益形成的企业补充养老保险基金。企业年金基金是一种积少成多的整体组合投资方式。企业年金基金按变现方式不同可分为封闭式基金和开放式基金两大类。企业年金基金缴费及运营形成的各项资产包括货币资金、应收债券清算款、应收利息、买入返售证券、其他应收款、债券投资、基金投资、股票投资、其他投资等。根据企业会计准则的规定，企业年金基金运营形成的各项负债包括应付证券清算款、应付收益人待遇、应付受托人管理费、应付投资管理人管理费、应交税费、卖出回购证券款、应付利息、应付佣金和其他应付款等。根据企业会计准则规定，收入应按照下列规定确认和计量：(1)存款利息收入，按照本金和适用的利率确定；(2)买入返售证券的收入，在融券期限内按照买入返售证券价款和协议约定的利率确定；(3)公允价值变动收益，在估值日按照当日投资公允价值与原账面价值(即上一估值日投资公允价值)的差额确定；(4)投资处置收益，在交易日按照卖出投资所得的价款与账面价值的差额确定；(5)风险准备金补亏的其他收入，按照实际发生的金额确定。

中英文对照专业名词

年金基金 (Pension Found)
年金资产 (Pension Assets)
开放式基金 (Open-ended Found)
封闭式基金 (Close-ended Found)
证券清算款 (Securities Liquidation)
交易费用 (Trading Fee)
投资估值 (Investment Valuate)
交易性金融资产 (Exchange Financial Assets)
实收基金 (Real Found)
年金基金收入 (Revenue of Pension Found)

思考与练习

一、思考题

1. 什么是企业年金基金？有哪些种类？
2. 简述企业年基金会计处理的特点。
3. 企业年金基金资产包括哪些内容？
4. 试述企业年金基金资产会计处理。
5. 企业年金基金负债包括哪些内容？
6. 试述企业年金基金负债的账务处理。
7. 企业年金基金收入及费用有哪些内容？
8. 试述企业年金基金收入及费用的会计处理。
9. 企业年金基金净资产包括哪些内容？
10. 试述企业年金基金净资产的账务处理。

二、练习题

1.某开放式企业年金基金发行期结束,扣除基金认购费后,实际收到募集资金6亿元存入银行。

2.某开放式企业年金基金在证券交易所卖出债券,在资金交收日,卖出债券成交总额大于买入债券的成交总额,实际收到款项为120 000元。假定不考虑其他因素。

3.某开放式企业年金基金按照计划向企业和职工个人收取年缴费48 000元。

4.某开放式企业年金基金通过证券交易所买入债券,买入证券成交总额大于卖出证券成交总额,支付款项172 000元。假定不考虑其他因素。

5.某开放式年金基金结转ETF现金替代款128 000元。

6.某开放式企业年金基金收益人领取待遇48 000元。

7.某开放式企业年金基金支付投资管理人管理费9 200元,支付托管人管理费8 400元,支付销售机构销售服务费4 800元,均以银行存款支付。

8.某开放式企业年金基金在证券交易所卖出债券,在证券交易日,应收取的款项为128 000元,发生交易费用8 000元,交易性金融资产的账面余额为56 000元。假定不考虑其他因素。

9.某开放式企业年金基金结转申购ETF现金替代款4 800元,结转赎回现金替代款12 800元;结转确认申购ETF份额现金差额17 200元,结转确认赎回ETF份额现金差额18 000元。

10.甲公司申请购买某开放式企业年金基金,有效申购款为216万元,其中,实收基金为208万元,损益平准金为8万元。

11.某开放式企业年金基金的投资人申请赎回投资款项,金额为1 720万元,其中实收基金为680万元,未分配利润为440万元。这一款项中,属于投资人所有的部分为1 360万元,属于办理赎回业务的机构所有的部分为320万元,属于基金所有的部分为40万元。

12.某开放式企业年金基金本期计算的应付收益人年金待遇为128 000元,计提的投资人管理费为9 200元,计提的托管人管理费为17 200元,计提的销售机构的服务费为49 200元,计提的年金基金受托人管理费为25 200元,计提的账户管理人员管理费为31 200元。

13.某开放式企业年金基金7月31日计算确定的某返售资产利息收入为96 000元。8月1日,该开放式企业年金基金持有的某买入返售资产到期,出售价款为3 400 000元,款项已存入银行,该买入返售资产账面余额为3 320 000元。(假定不考虑其他因素)

14.某开放式企业年金基金对所持有的股票投资和债券投资进行估值,股票投资增至8 000元，债券投资增至12 000元。

15. 某会计师事务所对某企业年金基金的20×7年度财务会计报告进行审计，20×8年发生注册会计师审计费用84万元，假设4月1日前的基金净值均为144亿元。经过计算，基金净值的十万分之一为144 000元，可认定发生的审计费用影响基金净值小数点后五位数。由于是对该基金20×7年财务会计报告进行审计而发生的审计费用，可认定费用的作用期是以前年度，应采用预提的方法预提计入基金损益。实务操作时可分为6次预提计入损益基金，每次预提的审计费用为140 000元(840 000/6)。

16. 某开放式企业年金基金收到乙公司申购的申请，经确认有效申请为10 000 000元，其中实收基金7 200 000元，未分配利润2 800 000元。

17. 某开放式企业年金基金的投资人申请赎回投资款项，金额为34 000 000元，其中实收基金为26 000 000元，未分配利润为8 000 000元。这一款项中属于投资人所有的部分为27 200 000元，属于办理赎回业务的机构所有的部分为6 400 000元，属于基金所有的部分为400 000元。

要求：

编制以上各项业务的会计分录。

第十五章 政府补助

本章主要阐述了政府补助的分类，政府补助核算会计科目的设置，政府补助的会计处理；掌握会计处理方法，其方法有资本法和收益法；了解政府补助的确认和计量；了解政府补助的列示与披露。

第一节 政府补助概述

一、政府补助的概念和基本特征

(一)政府补助的概念

政府补助是指企业从政府无偿取得货币性资产或非货币性资产，但不包括政府作为企业所有者投入的资本。政府向企业提供补助的目的在于，鼓励企业采取某些行动。在正常生产经营活动过程中，如果政府不提供补助，企业就不会采取某些行动。政府补助定义中所指的货币性资产，是指企业持有的货币资金和将以固定的或可确定的金额收取的资产，包括现金、银行存款、应收账款和应收票据以及准备持有至到期的债券投资等。

例如，现金、银行存款和其他货币资金是企业所持有的实实在在的货币资金，它的金额是固定的，符合货币性资产的定义，属于货币性资产。应收账款作为企业的债权，是企业因销售商品、产品或者提供劳务等原因，应向购货客户或接受劳务的客户收取的款项或代垫运杂费等。企业发生的应收账款有相应发票等原始凭证为依据，虽然在收款过程中有可能发生坏账损失，但是，国家对坏账损失的计提有一套严格的规定，企业可以在以往与购货方交往经验的基础上，根据国家的有关规定估计出发生坏账的可能性以及坏账损失的金额。基于此，应收账款将来为企业带来的经济利益是固定的，或可确定的，符合货币性资产的定义，所以，应收账款属于货币性资产。应收票据属于企业收到的商业汇票，是由出票人签发的，委托付款人在指定日期无条件支付确定的金额给收款人或者持票人的票据。只有在银行开立存款账户的法人以及其他组织之间，在具有真实的交易关系或者债权债务关系时，才能使用商业汇票。应收票据是企业将来收款的依据，分带息票据和不带息票据两种。不带息应收票据，在将来收款时企业可根据其面值收到款项；带息的应收票据，在将来收款时可根据面值、持有期间和票面利率计算出在将来收到的款项。基于此，应收票据在将来为企业带来的经济利益是固定的，或可确定的，符合货币性资产的定义，所以，应收票据属于货币性资产。准备持有至到期的债权投资，属于企业对外投资的一种，是指企业以购买债券的方式对其他企业的投资。这里所讲的投资，是指企业通过分配来增加财富，或为谋求其他利益，而将资产让渡给其他单位所获得的另一项资产。就准备持有至到期的债权投资而言，因为企业准备持有至到期，所以在计算将来应收到款项时，企业可根据债券的面值、票面利率和持有期间计算得出，所以，准备持有至到期的债权投资在将来为企业带来的经济利益是固定的，或可确定的，符合货币性资产的定义，所以，准备持有至到期的债权投资属于货币性资产。

政府补助中的非货币性资产，是指货币性资产以外的资产，包括存货、固定资产、无形资产、股权投资以及不准备持有至到期的债权投资等。这里的存货，包括原材料、包装物、低值易耗品、库存商品、委托加工物资、委托代销商品、分期收款发出商品等。例如，存货是企业的一项重要资产，是指企业在生产经营过程中为销售或耗用而储备的各种资产。企业持有存货的主要目的，或者为了在正常的生产经营过程中通过直接销售获利(如库存商品、委托代销商品等)；或者是为了作为劳动对象，在正常的生产经营过程中通过对其进行加工形成的商品，然后通过销售获利(如原材料、委托加工物资等)；或者是为了作为辅助手段，在正常的生产经营过程中有助于销售过程或有助于加工过程(如包装物、低值易耗品等)。在一系列的过程中，存货在将来为企业带来的经济利益，可能受内部、外部主客观因素的影响，是不固定的，或是不可确定的，不符合货币性资产的定义，所以，存货属于非货币性资产。

固定资产也是企业的一项重要的资产，它是指同时具有以下特征的有形资产：①为生产商品、提供劳务、出租或经营管理而持有的；②使用寿命超过一个会计年度。企业持有固定资产的主要目的是作为劳动手段(如机器设备)，在正常生产经营过程中作用于劳动对象(如原材料)，或服务于生产经营过程(如厂房)，在这一过程中以折旧的方式将其磨损的价值转移到产品成本中，最后通过产品销售获利。在固定资产的这一系列转化过程中，它在将来为企业带来的经济利益，可能受内部、外部主客观因素的影响，是不固定的，或是不可确定的，不符合货币性资产的定义，所以，固定资产属于非货币性资产。

无形资产属于企业资产的一种，是指企业拥有或者控制的没有实物形态的可辨认非货币性资产。由于无形资产一般需要借助于有形资产才能发挥作用，其经济价值在很大程度上受外部经济因素的影响，预期的获利能力不能准确地加以确定。基于此，无形资产能够给企业带来的经济利益的大小具有很大程度上的不确定性，是不固定的，不符合货币性资产的定义，所以，无形资产属于非货币性资产。

股权投资属于企业对外投资的一种，是指企业以购买其他企业股权的方式进行的投资。企业通过股权投资取得的经济利益，主要是通过其他单位使用投资者投入的资产创造效益后分配而取得的，或是通过投资改善贸易关系等获取的。在这一过程中，股权投资在将来为企业带来的经济利益，可能受内部、外部主客观因素的影响，是不固定的，或是不确定的，不符合货币性资产的定义，所以股权投资不属于货币性资产，股权投资属于非货币性资产。

不准备持有至到期的债权投资，属于企业对外投资的一种，是指企业以购买其他企业的债券的方式进行的投资。就不准备持有至到期的债券投资而言，因为企业不准备持有至到期，所以在将来为企业带来的经济利益，不能根据债券的面值、票面利率和持有期间计算得出，此外，企业基于管理目的可随时处置债券投资；债券投资的市场价格也受多种因素的影响。因此，不准备持有至到期的债券投资在将来为企业带来的经济利益是不固定的，或是不确定的，不符合货币性资产的定义，所以，不准备持有至到期的债券投资属于非货币性资产。

（二）政府补助的基本特征

（1）单方面的、无偿的，属于非互惠交易，政府并不因此享有企业的所有权，企业未来也不需要向政府提供服务、转让资产等方式偿还。

（2）通常附有一定的条件，包括：政策条件，符合政府补助的政策规定；使用条件，符合政府补助规定的用途。

（3）政府资本性投入不属于政府补助。政府投资者身份向企业投入资本，享有企业相关的所有权，政府与企业之间是投资者与被投资者的关系，属于互惠交易。政府的资本性投入无论采用何种形式，均不属于政府补助的范畴，如再补助时规定作为“资本公积”处理的专项拨款等。

（4）向出口企业退还的增值税不属于政府补助。税法规定，增值税出口货物实行零税率：出口环节免征增值税；退回出口货物前道环节所征进项税额。

（5）免税、减税、增加计税抵扣或抵免等税收优惠不适用政府补助准则，如企业利用“三废”生产的产品，5年内减征或免征所得税。

（6）政府与企业间的债务豁免不属于政府补助。

二、政府补助的分类与形式

（一）政府补助的分类

政府补助分为与资产相关的政府补助和与收益相关的政府补助。其中，与资产相关的政府补助是指企业取得的、用于购建或以其他方式形成长期资产的政府补助。与收益相关的政府补助是指除与资产相关的政府补助之外的政府补助。

（二）政府补助的主要形式

（1）财政拨款，如技术改造专项资金、粮食定额补贴、研发补贴等。

（2）财政贴息，如向中小企业贴息贷款、向高新企业贴息贷款。财政贴息资金直接拨付给受益企业；财政贴息资金拨付贷款给贷款银行，由银行以优惠利息向企业贷款。

(3)税收返还,按照先征后返、即征即退等办法向企业返还的税款,属于以税收优惠给予的政府补助,应确认为当期损益。但是,直接免税、减征、抵免、增加计税抵扣额等不属于政府补助。

(4)无偿划拨非货币性资产,如行政划拨土地使用权、天然起源的天然森林等。

三、政府补助会计核算应当设置的会计科目

为了核算收到的政府补助,企业应当设置“营业外收入”、“递延收益”等总账科目进行核算。

四、政府补助的会计处理方法

关于政府补助的会计处理方法主要有:资本法和收益法。

(一) 资本法

所谓资本法,是指政府补助直接贷记所有者权益的一种会计处理方法。支持采用这一方法的理由主要有:

(1) 政府补助是一种融资手段,应在企业的资产负债表中进行处理,而不是通过利润表去抵消其补偿的费用项目。考虑到企业不需要归还,因此政府补助应当直接计入所有者权益项目。

(2) 在利润表直接确认政府补助是不恰当的,因为企业获得的政府补助不是企业在生产经营活动中赚取的,而是政府给予的与成本无关的奖励。

(二)收益法

所谓收益法,是指将政府补助直接计入利润表的一种会计处理方法。支持采用这一方法的理由主要有:

(1) 政府补助不是来自所有者投入的来源,不应直接计入所有者权益,而应在合适的期间确认为利润的组成部分。

(2) 政府补助很少是无偿的,企业接受政府补助是有条件的,因此,政府补助应在适当的期间确认为利润的组成部分,并与将来拟补偿的成本向配比。

(3) 正如所得税费用要从利润中扣减一样,政府补助作为政府政策的一种延伸,在利润表中确认是符合逻辑的。

采用收益法核算政府补助的基础在于,在与有关的费用相配比的期间内,采用系统、合理的方法将政府补助确认为利润的组成部分。在大多数情况下,企业能够提出与政府补助有关的费用的确认期间,从而在确认相关费用的期间内将与特定政府补助有关的补助确认为利润的组成部分。同样的道理,对于与应折旧资产相关的政府补助,一般也是按照这些资产计提折旧的比例在相同的期间内确认为利润的组成部分。

根据我国企业会计准则的规定，政府补助应当采用收益法进行核算。

第二节 政府补助的确认和计量

一、政府补助确认的条件

根据企业会计准则的规定，政府补助同时满足下列条件的，才能予以确认：

（一）企业能够满足政府补助所附条件

政府向企业提供的政府补助，通常是附有条件的。因此，企业收到的政府补助，应当在满足一定条件时，才能加以确认。如果不满足一定的确认条件。则不能加以确认。企业收到政府补助这一事实本身，并不能表明企业一定能够获得这一政府补助。政府补助是以企业能够满足政府补助的相关条件为前提的。

（二）企业能够收到政府补助

企业要确认政府补助，还要以能够收到政府补助为前提。如果企业不能获得政府补助，则不能加以确认。

二、政府补助的初始计量

政府向企业提供的补助，既有可能是货币性资产的，也有可能是非货币性资产。对不同的政府补助，其会计处理基本相同，即均需要按照政府补助的公允价值进行计量。

（一）政府补助为货币性资产

根据企业会计准则规定，政府补助为货币性资产的，应当按照收到或应收的金额计量。具体来说，企业应当按照收到或应收到的政府补助金额，借记"银行存款"、"其他应收款"等科目，贷记"递延收益"科目。

【例 15-1】 20×7 年 1 月 1 日，甲公司收到当地政府通知，将向其提供240 000元的政府补助，以鼓励甲公司安排相关的残疾人员就业。有关款项已存入甲公司。甲公司的会计处理如下：

借：银行存款	240 000	
贷：递延收益		240 000

（二）政府补助为非货币性资产

根据企业会计准则的规定，政府补助为非货币性资产的，应当按照公允价值计量；公允价值不能可靠取得的，按照名义金额计量。具体来说，企业应当按照非货币性资产的公允价值，借记"固定资产"、"无形资产"、"长期股权投资"等科目，贷记"递延收益"、"营业外收入"等科目。

【例 15-2】 20×7 年 3 月 15 日，乙公司收到当地政府通知，将向其提供一台不需要安装的固定资产的政府补助，以鼓励乙公司在环境保护方面继续采取相关的措施。该固定资产已办妥相关手续，公允价值为86 000元。假定不考虑其他因素。乙公司的会计处理如下：

借：固定资产　　86 000

　贷：递延收益　　86 000

【例15-3】20×7年3月1日，甲公司收到省级人民政府的通知，将向其提供生产线政府补助，以鼓励甲公司继续生产环境保护产品。该生产线的公允价值为42 000元。甲公司为安装该生产线领用本公司生产的一批产品，成本为40 000元，计税价格为42 000元，使用的增值税税率为17%；安装过程中发生安装人员的薪酬4 600元。不考虑其他因素。甲公司的会计处理如下：

借：在建工程　　42 000

　贷：递延收益　　42 000

借：在建工程　　51 740

　贷：库存商品　　40 000

　　应交税费——应交增值税（销项税额）　　7 140

　　应付职工薪酬　　4 600

借：固定资产　　93 740

　贷：在建工程　　93 740

【例15-4】20×7年8月1日，丙公司接到当地政府通知，将向其提供一台不需要安装的办公设备。该办公设备的公允价值无法可靠计量，名义价值为80 000元。假定不考虑其他因素。丙公司的会计处理如下：

借：固定资产　　80 000

　贷：营业外收入　　80 000

三、政府补助的后续计量

政府向企业提供的补助，既有与资产相关的政府补助，也有与收益相关的政府补助。对于不同类型的政府补助其后续计量是不同的。

（一）与资产相关的政府补助

根据企业会计准则的规定，与资产相关的政府补助，应当确认为递延收益，并在相关资产使用寿命内平均分配，记入当期损益。企业收到的与资产相关的政府补助，在计提折旧或进行摊销时，按照折旧或摊销金额，借记“递延收益”科目，贷记“累计折旧”、“累计摊销”等科目。

【例15-5】20×7年11月30日，甲公司计提与政府补助有关的一台固定资产折旧2 400元，摊销与政府补助有关的某项专利权8 000元。甲公司的会计处理如下：

借：递延收益　　10 400
　贷：累计折旧　　2 400
　　累计摊销　　8 000

（二）以收益相关的政府补助

根据企业会计准则规定，与收益相关的政府补助，应当分别下列情况处理：

(1)用于补偿企业以后期间的相关费用或损失的，确认为递延收益，并在确认相关费用的期间，计入当期损益。企业应当按照与费用有关的政府补助金额，借记"递延收益"科目，贷记"生产成本"、"管理费用"、"制造费用"等科目。

【例 15-6】 20×7 年 5 月，甲公司为生产产品发生支出 24 000 元，均以银行存款支付；政府补助有关的支出为 16 000 元。假定不考虑其他因素。甲公司的会计处理如下：

借：生产成本　　24 000
　贷：银行存款　　24 000
借：递延收益　　16 000
　贷：生产成本　　16 000

(2)用于补偿企业已发生的相关费用或损失的，直接计入当期损益。企业应当按照收到的政府补助的政府补助金额，借记"银行存款"、"固定资产"、"无形资产"等科目，贷记"生产成本"、"管理费用"、"制造费用"等科目。

【例 15-7】 20×7 年 9 月 1 日，甲公司收到政府补助 240 000 元，用于补偿甲公司已经发生的管理费用。甲公司的会计处理如下：

借：银行存款　　240 000
　贷：管理费用　　240 000

（三）需要返还的政府补助

根据企业会计准则的规定，已确认的政府补助需要返还的，应当分别下列情况处理：

(1) 存在相关递延收益的，冲减相关递延资产收益的账面余额，超出部分计入当期损益。企业应当按照相关的递延收益的金额，借记"递延收益"科目，按照返还的金额超过递延收益的差额，借记"管理费用"、"营业外支出"等科目，贷记"银行存款"科目。

【例 15-8】 20×7 年 7 月 1 日，甲公司向政府返还政府补助 16 000 元，与此有关的递延收益金额为 14 000 元。假定甲公司此前的政府补助计入管理费用。甲公司的会计处理如下：

借：递延收益　　14 000
　　管理费用　　2 000
　贷：银行存款　　16 000

(2)不存在相关递延收益的,直接计入当期损益。企业应当按照需要返还的政府补助金额,借记"营业外支出"科目,贷记"银行存款"科目。

【例15-9】20×7年8月12日,乙公司向政府返还政府补助2 400元。乙公司的会计处理如下:

借:营业外支出　　2 400

　贷:银行存款　　2 400

第三节　政府补助的列示与披露

一、政府补助的列示

1.资产负债表中"其他应收款"、"其他应付款"、"其他流动负债"等资产负债类项目。

2.利润表中"营业外收入"、"营业外支出"等损益类项目。

3.现金流量表中,企业收到的税费返还等,列入"收到的税费返还"项目,如为其他现金形式补助,列入"收到的其他与经营活动有关的现金"项目;以现金返还的政府补助,列入"支付的其他与经营活动有关的现金"项目。

二、政府补助的披露

根据企业会计准则的规定,企业应当在附注中披露与政府补助有关的下列信息:

1.政府补助的种类及金额,这是指企业应当在附注中披露收到的政府补助的种类及金额。

2.计入当期损益的政府补助金额,这是指企业应当在附注中披露本期计入损益的政府补助金额。

3.本期返还的政府补助金额及原因,这是指企业应当在附注中披露本期向政府返还的政府补助的金额及返还的原因。

本章小结

政府补助是指企业从政府无偿取得的货币性资产或非货币性资产,但不包括政府作为企业所有者投入的资本。政府向企业提供补助的目的在于,鼓励企业采取某些行动。政府补助分为与资产相关的政府补助和与收益相关的政府补助。企业应当设置"营业外收入"、"递延收益"等总账科目进行核算。关于政府补助的会计处理方法主要有:资本法和收益法。根据企业会计准则的规定,政府补助同时满足下列条件的，才能予以确认：企业能够满足政府补助所附条件、企业能够收到政府补助。政府补助的初始计量。政府向企业提供的补助，既有可能是货币性资产，也有可能是非货币性资产。对不同的政府补助，其会计处理基本相同，即均需要按照政府补助的公允价值进行计量。

中英文对照专业名词

政府补助 (Government Assistance)　资本法 (Capital Approach)

收益法 (Income Approach)　递延收益 (Deferred Income)

思考与练习

一、思考题

1. 什么是政府补助？
2. 政府补助有哪些类别？
3. 政府补助需要设置哪些会计科目？怎样进行会计处理？
4. 政府补助怎样确认和计量？
5. 政府补助应披露哪些内容？

二、练习题

1. 20×7年1月1日，甲公司收到当地政府通知，将向其提供480 000元的政府补助，以鼓励甲公司安排相关的残疾人员就业。有关款项已存入甲公司。

2. 20×7年3月15日，甲公司接到当地政府通知，将向其提供一台不需要安装的固定资产的政府补助，以鼓励甲公司在环境保护方面继续采取相关的措施。该固定资产已办妥相关手续，公允价值为172 000元。假定不考虑其他因素。

3. 20×7年3月1日，甲公司收到省级人民政府的通知，将向其提供生产线政府补助，以鼓励甲公司继续生产环境保护产品。该生产线的公允价值为84 000元。甲公司为安装该生产线领用本公司生产的一批产品，成本为80 000元，计税价格为84 000元，使用的增值税税率为17%；安装过程中发生安装人员的薪酬9 200元。假定不考虑其他因素。

4. 20×7年8月1日，甲公司接到当地政府通知，将向其提供一台不需要安装的办公设备。该办公设备的公允价值无法可靠计量，名义价值为160 000元。假定不考虑其他因素。

5. 20×7年11月30日，甲公司计提与政府补助有关的一台固定资产折旧

4 800元，摊销与政府补助有关的某项专利权16 000元。

6. 20×7年5月，甲公司为生产产品发生支出48 000元，均以银行存款支付；政府补助有关的支出为32 000元。假定不考虑其他因素。

7. 20×7年9月1日，甲公司收到政府补助480 000元，用于补偿甲公司已经发生的管理费用。

8. 20×7年7月1日，甲公司向政府返还政府补助32 000元，与此有关的递延收益金额为28 000元。假定甲公司此前的政府补助计入管理费用。

9. 20×7年8月12日，甲公司向政府返还政府补助4 800元。

要求：

编制甲公司的有关会计分录。

参考文献

1 中国注册会计师协会. 会计. 北京:中国财政经济出版社,2006

2 裘宗舜. 高级财务会计. 大连:东北财经大学出版社,2002

3 郭惠云,丁晓东. 高级财务会计. 北京:经济科学出版社,2002

4 新企业会计准则重点难点编写组. 新企业会计准则:重点难点解析. 北京:企业管理出版社,2006

5 中华人民共和国财政部. 最新企业会计准则讲解与运用. 上海:立信会计出版社,2006

6 于晓镭,徐兴恩. 新企业会计准则实务指南与讲解. 北京:机械工业出版社,2006

7 刘永泽,傅荣. 高级财务会计. 大连:东北财经大学出版社,2003

8 胡燕. 高级财务会计(第2版). 北京:经济科学出版社,2002

9 孙灿明,李宇飞. 高级财务会计. 北京:中国人民公安大学出版社,2002

10 徐兴恩. 高级会计学. 北京:首都经济贸易大学出版社,2005

11 余玉苗. 中级财务会计学. 北京:清华大学出版社,2004

12 张文贤,高建兵. 高级财务会计. 北京:首都经济贸易大学出版社,2003

13 魏林燕. 财务会计报告理论与实务. 北京:经济科学出版社,2002

14 杜兴强. 高级财务会计. 厦门 :厦门大学出版社,2004

15 阎达五,耿建新,戴德明. 高级会计学(第2版). 北京:中国人民大学出版社,2002

16 企业会计准则研究组. 企业会计准则讲解:特殊会计业务分册. 大连:东北财经大学出版社,2006

17 程明娥,赵志明. 高级财务会计. 徐州:中国矿业大学出版社,2003

18 薛玉连,方拥军. 高级财务会计学. 成都:西南财经大学出版社,2002

19 张俊民,李远鹏. 高级财务会计教程. 上海:立信会计出版社,2001

20 王华. 高级财务会计. 大连:东北财经大学出版社,2004

21 余国杰. 高级财务会计. 武汉:武汉大学出版社, 2002

22 万宇洵. 高级财务会计学. 成都:西南财经大学出版社,2004

23 李现宗. 高级财务会计学. 北京:首都经济贸易大学出版社,2005

24 财政部会计司. 企业会计准则. 北京:经济科学出版社,2006

25 朱海林. 金融工具会计论. 上海:立信会计出版社,2004

26 FASB. FAS156:Accounting for Servicing of Financial Assets and Amendment of FASB Statement No. 140,March 2006

27 IASB. IAS39:Financial Instruments:Recognition and Measurement,Dec 1998

28 FASB. FAS125:Accounting for Transfers and Servicing of Financial Assets and Extinguishments of Liabilities,June 1999

28 张文贤,高伟富. 高级财务会计理论与实务. 大连:东北财经大学出版社,2005

29 梁莱歆. 高级财务会计. 北京:清华大学出版社,2004

30 张余文. 高级财务会计. 北京:经济科学出版社,2002